発見学習論

～学力のノエシス――ノエマ構造～

江上英雄

東京図書出版

序章　理論と実践の出会いを求めて

私は30年以上にわたって、高等学校の現場に身を置き、教育実践に携わった。このような人生の選択をするきっかけは、私が思春期のある時期から周囲からしばしばかけられる次のような言葉に関心を持つようになったことである。それは「みなさんは一人ひとり無限の可能性を持っている。その実現のために今は精一杯の努力をしなければならない」という言葉である。私はこの言葉を聞いて「自分にも無限の可能性があるとしたら、自分の可能性とは何だろう？何より可能性とはどのようなもので、どのようにして手にすることができるのか？」という思いを持つようになり、この思いはその後も継続し、むしろ次第に強くなっていったのである。こうしたいきさつから大学では私は教育学を専攻した。そこで教育学に関する講義や演習を受ける一方、教育と銘打った書籍は何でも購入し、また図書館から借用し、それらを読み耽った。もちろん目指したのは「可能性とは何か？」という問いに対する答えと出会うことであった。そうした中で私のこのような関心の方向性は意識論としての学力論であり、意識論とは主として哲学や心理学の分野にかかわる主題であることに私は気づいた。つまり、可能性に関する私の関心は、思考・感覚・感情・意志等を含む、広く精神的・心的なものの総体としての意識についての関心であることに気づいたのである。それ以来、私の主な関心は哲学や心理学の分野に移っていったが、他方で「可能性とは何か？」という問いの答えを教育学の中に見出したいという欲求も依然として強かった。そのためにはそれまでのような諸理論中心の研究のみならず、自らが教育実践を行い、それを通して得られる経験と、それに基づく諸理論の検証が不可欠であると考えるようになり、最終的に教育現場に立つという選択をすることになった。

教育現場においては、赴任したいくつかの学校において、教科の授業をはじめとして、学級担任、学年主任、教務、生徒指導、進路指導、部活動指導等、ほとんどすべての業務に携わり、教育実践を行う機会を得た。このようなさまざまな教育実践を行う中で常に私の頭から離れなかったものが「学力とは何か」という問いであった。というのは、あらゆる教育実践の中で常に問われたのが「学力の向上」であったからである。これは基本的には授業の成果として問われた。学力の向上を判定する最も一般的な方法は、履修内容について行われた試験の点数による評価方法である。たとえば、ある範囲の学習内容の授業が終わると、小テストや定期考査や実力テスト等を行い、それによって子どもたちが得た点数の平均値を算出し、その数値を前回と比較することによって評価する方法である。すなわち、平均値が前回を上回れば学力が向上した、下回れば学力が低下したという判定を行うのである。また点数の平均値ではなく、偏差値を使用しても同様な判定が行われる。このようにあらゆる教育現場では、こうした評価方法による「学力の向上」を目指す取り組みが基本となっていた。私自身も「学力とはこのようにして表現され、評価されるところのもの」という考え方を踏襲し、自らの指導力の向上に努めていった。この時点で私の「可能性とは何か」という問いに対する答えは、「学力の向上」と軌を一にしていたと言える。

こうした私の教育実践に大きな転機をもたらす出来事が起こった。それはいわゆる教育現場への「ゆとり教育」の導入であった。「ゆとり教育」とは、平成8年7月の中央教育審議会第一次答申においてこれからの学校教育のあり方として打ち出されたものである。すなわち、これからの学校教育のあり方としてゆとりの中で自ら学び、自ら考える力などの生きる力の育成を基本とし、教育内容の厳選と基礎・基本の徹底を図ること、一人ひとりの個性を生かすための教育を推進すること、横断的・総合的な指導を推進するため「総合的な学習」の時間を設けること、完全な学校週五日制を導入すること等が提言されたのである。この中央教育審議会第一次答申がこれからの学校教育のあり方として打ち出した教育目標には、当時日本社会が抱えていた課題、すなわち、さまざまな規制緩和に象徴される日本社会の抜本的な構造改革に適応できる新しい人材の育成をめざすという背景があったと考えられる。この答申をうけてやがて小学校、中学校、高等学校のすべての学校で「総合的な学習」の時間が設定され、これまでの教科中心の学習の中に、話し合いや体験を重視した学習の導入がはかられた。しかし、この「総合的な学習」の導入は教育現場に限りない困惑と混乱を引き起こすことになった。私自身も同様にこの困惑と混乱の中に引き込まれることになった。それは一言で言えば、

「何を、どうしたらいいかわからない」であった。というのは、この「総合的な学習」においては、教科の学習の場合のように教科書もなければ、参考とすべき資料もない、模範とすべき事例もない中で、ただ「ゆとりの中で自ら学び、自ら考える力などの生きる力（学力）の育成をはかる」授業をしなければならなかったからである。困惑と混乱の渦に巻き込まれたのは、私ばかりでなくほとんどすべての現場の教師たちであった。私はこの時初めて「生きる力としての学力」に出会った。つまり、これまでの教科の学習におけるように、テストや試験により測定され、実体化される学力ではない、もう一つの学力の存在に出会ったのである。

「総合的な学習」の導入に向けて、各学校ではそれぞれ校内で協議を行い、学習内容（教材）、教育課程を作成する独自の対応を行った。さまざまな授業計画が立案されたが、共通するコンセプトは子どもたちがさまざまな職業体験をすることを通して、自ら希望する進路の実現をはかることであった。これに基づき、3年間を通した授業指導計画が立てられた。具体的な例を挙げると、たとえば大学進学を希望する子どもたちが多い学校では、一年時ではまず子どもたちに自己理解を深めるための意識調査（アンケート）や面談を行い、それに基づき興味や関心のある職場を実際に訪問する、その結果をレポートにまとめ、グループごとに、あるいは学級全体で、そして最終的には学年全体で意見発表を行い、質疑応答を行うという過程がとられた。これを受けて二年時では、自らが希望する職業に就くためにはどういう道をたどらねばならないかを研究する。たとえば、弁護士になりたいならば、大学の法学部に進学し、そこで法律の勉強を行い、そして司法試験を受けて合格する……、を知り、それでは具体的にどの大学を選択するかまでを調査する。最終学年の三年時には、選択した大学への進学を実現することに向けて、学級担任や教科担当教師との面談を行い、自分の学力をさらにアップするためには、今何をしなければならないか、たとえば不得意科目を得意科目にするにはどうしたらいいか、等々の取り組みをする。また学校側はそのために補習授業を実施するなど、対応策を講じる、というものであった。

私自身は現場の一人の教師としていくつかの学校でこうした「総合的な学習」の実践に取り組むことになった。それは「生きる力としての学力」の育成という、まさに手探りの、あてどもない実践であった。しかし、そうした実践の中で、数値化されることで、実体化される学力とは異なる、もう一つの学力の存在を、私は確信するようになった。それは、数値化されることで実体化される学力の基礎となる、あるいは原動力となる意識の作用としての学力である。つまり、さまざまな経験や体験を、子どもたちの成長や発達へと導くところの意識の作用としての学力である。この学力こそ、数値化されることで実体化される学力の本来の姿、すなわち、学力の実体ではないかと考えるのである。

私がこうした学力の存在を確実なものとして確信したいと思うようになったのは、やがてしだいに高まりをみせたこうした「ゆとり教育」への批判に直面してであった。批判の最大の理由は学力の低下である。それによれば、「総合的な学習」の導入によって各教科の授業時間数を大幅に削減した結果、子どもたちの学力が「ゆとり教育」導入以前と比較してかなり低下したというのである。当時公表された世界各国の子どもたちの学力調査では、我が国の子どもたちの学力の低下傾向に歯止めがかかっていないことが大きく取り上げられていた。こうした「ゆとり教育」への批判の急速な高まりを受けて、文部科学省もこうした声に引きずられるようにして、「ゆとり教育」や「総合的な学習」の見直しに着手したのである。確かにこの「ゆとり教育」の導入は、現場の教師たちにその意義が十分に理解されず、そのために十分な準備や取り組みがなされなかったこともあり、必ずしも十分な成果を上げ得たとは言えなかったのも事実である。私はこれらの見直しの考え方に必ずしも反対するものではないが、他方で現場で実践に携わった者として大きな違和感を禁じ得ないのである。というのも、もし、「ゆとり教育」を見直すことが、かつての学習のあり方、すなわち、膨大な知識の暗記や「身体表現」と切り離して頭の中でのみ考えさせるやりかたにもどすことであるならば、子どもたちの教育は再び「ゆとり教育」導入以前の、見通しのたたない、困難な状況に陥るであろうことは目に見えているからである。では、「ゆとり教育」の見直しが叫ばれる今、かつてのこうした困難な状況は乗り越えられたのであろうか。言い換えれば、「ゆとり教育」の実践を通してそれまでのやり方では得られなかった何かが得られたと思われるが、それは見直し以後に生かされるのであろうか。

私は「ゆとり教育」の見直しがはかられる現在、まさにここに教育理論と教育実践との出会いがあるのであり、「ゆとり教育」について十分に議論され、適正に評価される必要があると考える。あらゆる学問分野において理論と実践とはともに欠かすことができないものであり、本来一体のものである。理論と実践との調和がとれて初めてその学問分野のあるべき姿が誕生する。このことは、教育の分野においても同様であると考える。教育の現場では日々膨大な量の実践が行われている。実践の内容は実に多種多様であってその全体を把握することはほとんど不可能に近い。他方、大学の研究機関や行政の専門機関では、同様に理論の構築やその検証に日々真摯な努力が傾注されている。これらの理論と実践とが出会うとは、理論と実践とが交わることである。理論と実践とが交わるとは、理論と実践とが一つになることである。しかし、長年教育実践に携わった経験からすると、これらの領域での成果が教育現場で出会い、交わることがほとんどなかったのが実情である。教育の分野における理論と実践の出会いが乏しいことが、先述した「総合的な学習」の事例にみるように、教育の現場にさまざまな困難と困惑とをもたらしている。

「ゆとり教育」の目玉として導入された「総合的な学習」の挫折は、わが国の教育がかかえる課題の一つを浮き彫りにした。それは学力とはどういうものであり、それを向上させるための学習とはどういう学習かについての確固とした信念と、それについての共通理解が不足していることである。言い換えれば、学習することにおいて人間の中でどういうことが起こっているのかということについての概念的理解が極度に不足していることである。このことは教育現場における教育実践が基本的に〝行き当たりばったり〟であることに終始していることに見られる。実際いろいろな教育研究会での実践報告に接すると、「こうしたらうまくいった」式の報告が大半を占める。このような実践は、その学校の置かれた環境や地域事情、実践した教師の個人的な力量や興味、関心等に基づく特別な事例として考えられ、誰にでも実践できるというわけでもないのが実情である。こうした場でよく言われるのは、「こうした実践例を参考にして、一人ひとりの教師がそれぞれに創意工夫をして、子どもたちの学力の向上に努めて欲しい」である。確かに基本はその通りであるが、そこには必要最小限の学力についての、そしてそれに基づく学習方法についての共通理解がなければならない。ちなみに私は「総合的な学習」における話し合いや体験を重視した学習の導入は、真の学力の構造に基づく、学習の本質的な方法として、今後導入がはかられるであろういかなる学習方法においても欠かすことができないと考えるのである。

教育学における理論と実践との出会いを模索し、教育における理論と実践との間の断絶を少しでも埋めようとするのが私たちの本書の目的である。私たちの探求は教育学における教育方法の領域に属する。一般に教育方法の領域は教育学においては、教育実践のための技術的な問題を論じる領域とされている。たとえば、どのような内容を、どのように教えるかという教育課程、どのように学習集団を編成するか、どのように授業を展開するかという授業過程などの問題を探求する領域である。言い換えれば、教育方法の領域とは教育実践の中心となる「授業をどうするか」について論じる領域である。この「授業をどうするか」は、子どもたちの学力の向上をはかることを目的としているのであり、したがってこの議論の基礎になるものとして、「学力とは何か」が明らかにされていなければならない。膨大な量の教育実践が〝行き当たりばったり〟とならないように、少なくともこれについての最低限の共通理解がなければならない。哲学者のカントは「我々は現在（大学で）行われているような、青年の判断力の成熟するまで批判的見解に接することを避けさせようとすることは馬鹿げたことであると考える。純粋理性の批判に関する根本的な教授が行われたならば、批判の原理をできるだけ早期に稽古させ、相手方の根拠のない主張を見抜くことができるようにすべきである。」と述べている。[註1]これは真の認識のためには、議論することが不可欠であることを言っている。果たして私たちは議論することの意義についてここまでの確信を持つことができているであろうか。私たちは「ゆとり教育」の遺産をしっかりと相続しなければならない。

発見学習論◇目次

前編 学力論

第一章　「生きる力」の育成

第一節　教育の目的

教育の目的

教育の目的は時と所によって変わる。かつては国家や社会が「あるべき人間像」や「理想的人間像」を掲げ、それに向けて子どもたちを教育することが教育の目的となった。たとえばわが国においては、かつては聖徳太子、二宮金次郎、野口英世などが理想の人間像とされた。このような特定の人物が引き合いに出され、その生き方や考え方が模範とされる時は、その時の国家や社会が何か重大な危機に直面していたり、課題を抱えている時であることが多い。たとえば近年では二宮金次郎がしばしば取り上げられ話題にされる。この背景には21世紀初頭のわが国の国家財政の累積赤字が膨大な額にのぼっていることがある。わが国の国家財政は過去からの膨大な累積赤字を抱えながら、しかも現在もなお毎年財政赤字の額は膨らむ一方であり、このままの状態が続けばわが国は近い将来財政破綻するのではないかと危惧されている。今から200年ほど前、貧農出身の二宮金次郎は報徳思想と呼ばれる独特の考え方で、当時極度の財政難にあえいでいた諸藩の財政立て直しに多大な貢献をすることができたのである。今、二宮金次郎が取り上げられ、話題にのぼるゆえんであると考えられる。しかし、第二次世界大戦後のわが国の教育の場では、具体的な人物が理想の人間像として取り上げられ、子どもたちの学習の対象とされることはきわめて少ない。これはある意味では第二次世界大戦前の極端な国家主義教育に対する反動という一面があるものと推測される。それは第二次世界大戦においてわが国は周辺諸国に対して多大な被害を与えたという反省の念とも深くつながっており、このような傾向は教育全般にわたって現在においてもなお継続している。

一般に国家による教育目的の設定のしかたには三つあるとされる。一つはその国や地域で古来より高い評価を受けてきた特定の人物の言動を模範として教育の目的とするやり方である。しかし、現代社会では国家や社会がこうした理想的人間像を国民や市民に示し、教育の目的とすることは馴染まなくなっている。この最大の理由は国民や市民の間における価値観の多様化である。時代の進歩は人間のあり方、生き方の選択幅を拡大するという形で進行している。人生についてどういう考え方をするか、あるいは自らどういう生き方をするかは国民や市民一人ひとりが自分の責任で決定することが望ましいとされる時代である。したがって教育の場で、すべての子どもたちに共通する教育の目的を設定することは、なかなか困難であるといわなければならない。二つめはどのような形でも特別に教育の目的を設定しないやり方である。これはアメリカ、イギリス、フランス、西ドイツ等でみられるやり方である。このようなやり方をする理由としては、これらの国々にはそれぞれ歴史的に、あるいは伝統的に模範とするべき理想的人間像があり、それが国民や市民の間にしっかり根付いているからと考えられる。そして三つめは法律によって教育目的を示すやり方である。日本をはじめスウェーデン、デンマーク、フィンランド、ノルウェー等でみられるやり方である。

わが国では共通の教育目的を設定するのに法律によって規定するというやり方をとっている。その法律とは憲法、教育基本法、学校教育法、学習指導要領等々である。憲法では前文で「……日本国民は、恒久の平和を念願し、人間相互の関係を支配する崇高な理想を深く自覚するのであって、……われらは、平和を維持し、専制と隷従、圧迫と偏狭を地上から永遠に除去しようと努めている国際社会において、名誉ある地位を占めたいと思う」と述べている。最高法規である日本国憲法のこの前文の内容は、教育の第一の目的となる。教育基本法第一条では、「教育は、人格の完成を目指し、平和で民主的な国家及び社会の形成者として必要な資質を備えた心身ともに健康な国民の育成を期して行われなければならない」とされている。(註2) さらにこれを受けて具体化された教育の目標については、学校教育法の第二章以下に詳細に定められている。(註3) 私たちは基本的にはこうした法律のもとに身を置きつつ、学力の本来の姿形に基づく教育の目的を探求していくつもりである。

「学習指導要領」における学習の目標

学校教育法は、昭和22年に教育基本法とともに公布され、学校の目的や教育目標等について、さらに詳細に定めている。そして学校教育における学習内容については、文部科学省が発行する「学習指導要領」の中に各教科別にそれぞれの目標と指導方法等の概略が述べられている。ここでは高等学校の「学習指導要領」を取り上げる。国語では、「国語を適切に表現し的確に理解する能力を育成し、伝え合う力を高めるとともに、思考力や想像力を伸ばし、心情を豊かにし、言語感覚を磨き、言語文化に対する関心を深め、国語を尊重してその向上を図る態度を育てる」を目標として掲げている。地理歴史では、「我が国及び世界の形成の歴史的過程と生活・文化の地域的特色についての理解と認識を深め、国際社会に主体的に生き平和で民主的な国家・社会を形成する日本国民として必要な自覚と資質を養う」を目標として掲げている。公民では、「広い視野に立って、現代の社会について主体的に考察させ、理解を深めさせるとともに、人間としての在り方生き方についての自覚を育て、平和で民主的な国家・社会の有為な形成者として必要な公民としての資質を養う」を目標として掲げている。数学では、「数学的活動を通して、数学における基本的な概念や原理・法則の体系的な理解を深め、事象を数学的に考察し、表現する能力を高め、創造性の基礎を培うとともに、数学のよさを認識し、それらを積極的に活用して数学的論拠に基づいて判断する態度を育てる」を目標として掲げている。理科では、「自然の事物・現象に対する関心や探求心を高め、目的意識をもって観察、実験などを行い、科学的に探求する能力と態度を育てるとともに自然の事物・現象についての理解を深め、科学的な自然観を育成する」を目標として掲げている。保健体育では、「心と体を一体としてとらえ、健康・安全や運動についての理解と運動の合理的、計画的な実践を通して、生涯にわたって豊かなスポーツライフを継続する資質や能力を育てるとともに健康の保持増進のための実践力の育成と体力の向上を図り、明るく豊かで活力ある生活を営む態度を育てる」を目標として掲げている。芸術では、「芸術の幅広い活動を通じて、生涯にわたり芸術を愛好する心情を育てるとともに、感性を高め、芸術の諸能力を伸ばし、芸術文化についての理解を深め、豊かな情操を養う」を目標として掲げている。外国語では、「外国語を通じて、言語や文化に対する理解を深め、積極的にコミュニケーションを図ろうとする態度の育成を図り、情報や考えなどを的確に理解したり適切に伝えたりするコミュニケーション能力を養う」を目標として掲げている。家庭では、「人間の生涯にわたる発達と生活の営みを総合的にとらえ、家族・家庭の意義、家庭と社会のかかわりについて理解させるとともに、生活に必要な知識と技術を習得させ、男女が協力して主体的に家庭や地域の生活を創造する能力と実践的な態度を育てる」を目標として掲げている。情報では、「情報及び情報技術を活用するための知識と技能を習得させ、情報に関する科学的な見方や考え方を養うとともに、社会の中で情報及び情報技術が果たしている役割や影響を理解させ、社会の情報化の進展に主体的に対応できる能力と態度を育てる」を目標として掲げている。さらに「学習指導要領」では主として専門学科において開設される各教科として農業、工業、商業、水産などにおいてそれぞれの目標を掲げている。

「学習指導要領」に掲げられた学習の目標をあらためてみていくと、そこには次のような共通した語句や表現を見出すことができる。その一つは国家、世界、社会、家庭、生活、文化、自然の事物・現象、情報である。もう一つは表現、理解、認識、関心、自覚、資質、創造性、能力、態度である。前者は一般的に人間を囲んでいる環境や世界を、後者はその環境や世界の中で生きていくために、環境や世界を取り入れ、理解し、かかわることである。つまり、学校教育の現場で子どもたちが学ぶ目的は、大きく二つの領域から構成されていると考えることができる。一つは子どもたち自身を囲む世界についての理解と認識の形成であり、もう一つはその世界の中で生きていくための資質や行動力の育成である。これらの目的は、作成後70年以上を経過した現在でもほとんどそのまま受け入れることができる内容となっており、普遍的な目的であるということができる。むしろ今の子どもたちを取り巻く状況は、この目的に向けての取り組みの緊急性を感じさせるものである。

今日の社会の状況

21世紀に入って10年以上を経過した現在、わが国はさまざまな分野で数多くの課題を抱えている。なかでも最大の課題といわれるのが経済の分野である。日本は第二次世界大戦後、いわゆる高度経済成長をなしとげ、わずか20年ほどの間に国民総生産（ＧＮＰ）ではアメリカ合衆国につぐ規模となり、１９７０年代にはいると「経済大国」と呼ばれ、世界経済の一角を占めるまでになった。これには「奇跡の経済発展」として世界中から驚きと称賛の声があがった。その後も日本の経済発展は続き、これにともなって社会的な分野や文化的な分野でも発展を続け、その他の多くの分野で日本は欧米の先進諸国に伍するまでになった。

しかし、20世紀最後の10年間は、未曾有の経済不況に見舞われ、いわゆる「失われた10年」と呼ばれる苦難の時期となった。経済的な不況は21世紀に入っても続き、国民の生活はしだいに苦しいものになっていった。この間日本政府は経済不況からの脱出をはかるべく、毎年毎年多額の財政支出を行った結果、多額の財政赤字が累積することになった。やがてその累計額は１０００兆円にも達した。わが国は世界最大の財政赤字国となり、今後の経済の先行きに大きな重しとなっている。このような状況の中で、今後の若い世代はどう生きていくべきか、等多くの課題が浮き彫りになった。

また、現代は経済のグローバル化の時代である。ここでいう経済のグローバル化とは、経済活動がこれまでの一国単位や地域単位ではなく、地球規模に拡大していることをさしている。このような現象の背景には、近年各国がさまざまな規制緩和を進めてきたことにより、国際貿易取引や国際資本取引が盛んにおこなわれるようになったことがある。これは先進国間のみならず、発展途上国の中でも新興市場国と呼ばれる国々は、資本流入や技術移転を通じて、めざましい経済成長をとげてきている。この経済のグローバル化（グローバリゼーション）においては、各国間や各企業間で激しい競争が展開されている。このめまぐるしく展開する経済活動の中で資源の乏しいわが国は、国民がその豊かな生活を維持し、発展させていくために、貿易立国として各国との間の交流をより盛んにすることを通して、国際社会の中で伍して生きていかなければならない。そのためには、心身ともに健康で、意欲にあふれた人材を数多く必要としている。特に若い世代には、こうした厳しい競争を乗り越えるたくましさが求められている。

わが国の試練はこれだけにとどまらない。２０１１年3月11日、日本の東北地方を中心にした地域を「１０００年に一度」と言われる大地震とそれにともなう大津波が襲った。２万人を超す人々が死亡したり、行方不明となった。さらにこれに追い打ちをかけるように原子力発電所の事故が発生した。多量の放射能が雲散し、その被害はかなりの広範囲におよんだ。これらの復興は未だに継続されており、まだ道半ばである。さらに、このような自然災害はこれだけにとどまらない。雨季（梅雨）の集中豪雨による河川の氾濫、土砂流出、台風による被害、温暖化の影響とみられる異常気象などによる被害なども頻繁に起こっている。もちろん、このような状況はわが国のみに限っていることではない。これらの原因の一つには、世界的な環境汚染による異常気象があるとされている。したがって、地球上のさまざまな国や地域でわが国におけるのと同様な出来事や災害が多発しているのも事実である。しかし、わが国の場合はそうした近年の要因を勘案したとしても、歴史的にみると絶えずこのような状況にしばしば遭遇しており、日本の地理的な、あるいは地質的な要因が個別的に存在し、なかば宿命的ともいえるのである。このような繰り返される困難な状況を宿命づけられているわが国の国民は、今後どのように生きていけばよいのだろうか。これはわが国のすべての国民に課せられた課題であるが、とりわけこの課題の解決の鍵を握っているのが、これからのわが国の社会を支える若い世代の子どもたちである。わが国はこれまで概観したように数多くの分野で、これから取り組まねばならない課題を抱えている。そしてこれらの課題の解決に、この若い世代が果たす役割はきわめて大きいものがある。解決すべき課題が山積していることは、わが国の若い世代がより大いなる可能性を手にする機会に恵まれているということである。というのは、これらの課題の解決を通して若い世代は、自らの思考力をはじめ創造力、他者への理解力などのさまざまな学力を向上させることができるからである。こうした意味で、わが国で育まれる若い世代は、他国の若い世代に比してより大きな可能性を持っているのである。

今日の子どもたちの状況

今日の教育の分野における最大の課題は、これからの新しい時代をたくましく生きていくことができる多くの若い世代の育成である。すなわち、たくましく「生きる力」を身につけた子どもたちの育成である。私たちはこのたくましく「生きる力」を次のように考える。それは、子どもたち一人ひとりが自分の人生を生きていく中で遭遇するであろう困難や障害等の諸問題を、自分で見つけ、自分で解決しようとしていく力である。もちろん、子どもたちは一人で生きているわけではないので、すべての問題はその問題や自らに何らかのかかわりをもつ多くの他者との協同によって解決していくのである。したがって、より正確に言えば、「生きる力」とは自らの前に、あるいは周辺において遭遇する諸問題を見出し、それらを他者との協同において解決していく力ということになるだろう。

これからの子どもたちにこうした意味での「生きる力」が必要だという認識はすでに20年以上前から多くの分野でもたれるようになっていた。先ほどの序章でも触れたが、わが国では平成8年7月に政府の諮問機関である中央教育審議会が次のような第一次答申を出している。その中で「……これからの学校教育の在り方として『ゆとり』の中で自ら学び、自ら考える力などの『生きる力』の育成を基本とし、教育内容の厳選と基礎・基本の徹底を図ること、一人一人の個性を生かすための教育を推進すること、横断的・総合的な指導を推進するために『総合的な学習の時間』を設けること、完全学校週五日制を導入すること、……」等を提唱した。この答申を受けて、全国の教育の現場に「ゆとり教育」が導入された。その結果授業時間数はかなり削減され、土曜、日曜は原則として休業日となった。この答申は子どもたちの「生きる力」を育成するためには、まず「ゆとり」が必要であるという趣旨を主な内容としている。少なくともこの答申にみるかぎり、当時の学校教育のやり方では、子どもたちに新しい「生きる力」を育成することは困難であると考えられていたのである。その理由が、自ら学び、自ら考える力としての「生きる力」の育成のためには、まず子どもたちの学校における教科の授業時間が多すぎると判断されたのである。

しかし、結果から言えば、このような教育改革は、わずか十年あまりで大きく軌道修正されることになった。その最大の理由が学力の低下であった。特に注目されたのは、世界の主要な国の子どもたちを対象とした学力テストの結果である。それによれば、日本の子どもたちの学力は、いわゆる「ゆとり」の導入以前と比較して大幅に低下していたのである。わが国では現在高校進学率は90％を超え、さらに短大を含めた大学への進学率が50％を上回っている。これは数字だけをとってみると、世界的にみても非常に高い数字であり、もしこれだけで判断するとしたら、わが国の子どもたちの学力は相当高い水準にあってしかるべきである。しかし、「ゆとり」導入による子どもたちの学力低下に対する批判はしだいに高まりをみせていった。やがてこの「ゆとり」世代が社会に出ると、基本的な知識がない、職場での社会性や協調性がない等多方面にわたってその弊害が指摘された。「ゆとり世代」はある意味で、他の世代から特別な目で見られ、特別な扱いを受けることになった。こうした「ゆとり」教育への批判から、その見直しの動きが徐々にではあるが、教育現場で確実に拡大しつつあるのが現状である。

私たちはこのような「ゆとり」教育をめぐる混乱に対して、次のように考える。「ゆとり」教育は、結果として子どもたちに何もしないでよい時間を多く与えただけになったし、学校側も「ゆとり」教育の導入に対応してよりきめ細かな、より具体的な方策をうちたてることができなかった。この最大の原因は文部科学省を始め、各教育現場が「ゆとり」教育導入に対するしっかりした備えが出来ていなかったことにある。私たちは「ゆとり」教育には、しっかりした科学的な理論の裏付けと教育現場での実践をささえる、より具体的な教育指導計画が立てられるべきであったと考える。「ゆとり」教育は、子どもたちがたくましく「生きる力」を育成するための改革だったはずである。そしてそれは何よりも学習方法の改革でなければならなかった。しかし、この「ゆとり」教育が提唱された初期の段階においては、このことがほとんど気づかれないでいたと言っても過言ではなかった。したがって、この学習方法の改革についての議論は実質的にほとんどなされておらず、「ゆとり」教育はまさに手探りの改革として始まり、挫折したのである。

教育の目的としての〝知恵袋国家〟の建設

今日のこのような状況は、現代の子どもたちへの教育がめざすべき一つの方向を示していると考えられる。日本は２０００年以上の長い歴史をもつ国であるが、その間に未曾有の困難に数えきれないほど遭遇してきた。すなわち、大和朝廷による統一時代、大化の改新、奈良時代の政争、律令政治の崩壊、武士の登場、元寇、戦国時代、鎖国政策から開国政策への転換、日露戦争、第一次世界大戦、第二次世界大戦、そして１９９５年1月、２０１１年3月の相次ぐ巨大地震による悲惨な震災等々、言語を絶するような事態に幾度も直面してきた。おそらくこれからの長い歴史の中でも幾度となくこうした困難に遭遇するものと予想される。しかし、そのたびにわが国はそれらの困難を乗り越え、着実に発展してきた。言い換えれば、この幾度となく訪れる困難に際して、日本人はそのつど〝知恵〟を出してそれらの困難を乗り切ったのである。たとえていえば、困難の数だけ〝知恵〟の数があったのである。しかもその困難が深刻であればあるだけ、それだけより深い〝知恵〟が生み出されたことであろう。いわば日本の歴史は、さまざまな〝知恵〟の創造の歴史といっても過言ではない。このことは、これからの日本の将来を見通す時に大いに参考になることである。

私たちはこれからの国際社会における日本の果たすべき役割の一つを次のように考える。それは、日本は世界の〝知恵袋国家〟になるべきだということである。〝知恵袋国家〟とは、世界中のすべての国や地域が、いろいろな困難に出会い、苦しんだり、悩んだりしている時、積極的に相談相手となり、自らが所有する知恵を伝授して困窮する国々を支援する国家のことである。私たちは日本はこのような国家としてこれからの国際社会を生きていくべきだと考えるのである。具体的な事例としては、たとえば先述した２０１１年3月11日に起こった東日本大震災がある。日本は世界でも有数の地震国であり、常日頃から巨大地震への備えや対応がいろいろな分野で議論され、実施されてきていた。しかし、現実に起こった大地震は、あらゆる想定や予想をはるかに超える規模の地震であった。いわゆる想定外という表現がいたるところで使用された。一般的には想定外という表現には、「しかたがない」、「やむを得ない」といったあきらめの意味合いが込められている。しかし、震災後のわが国ではこの想定外であるという表現に対して厳しい批判が行われた。それは想定についての考え方や基準そのものが十分でなかったのではないか、という批判である。その結果、あらためてこれまで想定されていたすべての基準の見直しが行われ、これまでよりもはるかに厳しい基準が設定されることになった。また、被害を受けた人々からの詳細な聞き取りを行い、実際にどのような行動をとったのか、うまくいかなかったことは何か、その理由や判断の根拠は何かなどの意見を集約した。これらのことは、わが国における今後の巨大地震への万全の対応策にもなることであるが、同時にわが国と同様に巨大地震に備える世界の国々にも、もし問い合わせがあれば適切なアドバイスができることであろう。

日本がこのような〝知恵袋国家〟としての役割を果たすことができるようになるには、日本国民一人ひとりが日本という国に生まれ、育ったことで、共通して遭遇する困難があり、それに伴う苦しみや悩みがあり、そしてそれらを乗り越えるために国民一人ひとりが創り出した〝知恵〟があったはずであり、それらの〝知恵〟を出し合い、みんなで協力し合い一つの〝知恵〟にまとめていく努力が必要である。一般に〝知恵〟は、事の道理や筋道をわきまえ、正しく判断する心のはたらきとされる。哲学の領域では、知恵は単なる学問的知識や頭の良さではなく、人生経験や人格の完成を俟って初めて得られる、人生の目的・物事の根本の相にかかわる深い知識とされる。日本がこのような〝知恵袋国家〟になるためには、教育の果たす役割が何よりも重要である。教育には必ず教育を行う目的がある。現代日本の教育は教育基本法第一条に示された人格の完成をめざして行われることになっている。平和と民主主義と基本的人権の尊重という原理もここに集約的に表現されている。国家目標としての〝知恵袋国家〟の建設と国民一人ひとりの人格の完成をめざすこととは軌を一にする。すなわち、国家として国民を教育する目的である国民一人ひとりの人格の完成は、他方で国民一人ひとりが教育を受ける目的でもある。教育の目的が国家と個人の双方に共通するものであることは、民主主義国家であるためには不可欠なことである。

第二節　「生きる力」の育成

「生きる力」の育成

「生きる力」とはどういうものだろうか。本質的には子どもの「生きる力」であるから、子ども自身の中にある力である。言い換えれば、子どもたちに生得的に具わっている力である。しかし、教育現場でしばしば誤解されるのは、いわゆる心身ともに元気であることと、この「生きる力」とを同一視していることである。「ゆとり」教育の初期の段階で、教育現場でよく見られた光景であるが、「生きる力」を育てることとしての「ゆとり」教育は、子どもたちを元気にすることだと受け取られ、とにかく子どもたちが楽しそうにしている、あるいは元気にしているという印象を持たれるような授業や取り組みが行われた。たとえば、「総合的な学習」における料理作り、ペットボトルでのロケット飛ばし、職場訪問、社会福祉施設での交流会などがそうである。このような元気であることは、身体の動きについての、その表面的な印象である。そして元気であることには、必ず何らかのそれに対応した対象となる事柄（健康である、良いことがある等）が存在している。これに対して「生きる力」とは、それに対応する何らかの対象の存在に関わりがない、人格そのものの在り方である。人格とは、一般に個人のもつ一貫した行動傾向、心理的特性とされ、いわば一人の人間の存在の構造的な面の印象である。したがって、人格としての「生きる力」を育成することは、単純に身体を動かすことでもなければ、具体的な何かを手にいれることでもない。それは、人間の認識や理解の形成にかかわることである。つまり「生きる力」とは学習によって獲得されるところのものである。

「生きる力」が学習によって形成、獲得されるものであることは次のような理由による。「生きる力」とは、先述したように自ら学び、自ら考える力であり、言い換えれば、自ら課題や問題を見つけ、自ら解決していこうとする力である。単に他者から与えられた課題や問題について考え、それを解決する力とは異なる。すなわち、これらの相違はさまざまな課題や問題を自らみつけるのか、他者から与えられるのかである。それらの課題や問題を自ら解決するという点は共通している。しかし、この両者の間の相違は、単純な課題や問題の与えられ方という手続き上の相違ではなく、本質的な相違である。というのも、学校などの教育機関では、子どもたちは基本的に保護された環境の中にあるので、子どもたち自身がいかに生きていくべきかについて切迫した状態で問われることはまずない。それに対して社会に出ると、子どもたちは基本的な保護はされておらず、いついかなる形でいかに生きていくべきかを真剣に問われる出来事に何度も遭遇することになる。このような時に発揮されるのが「生きる力」である。しかし、真の「生きる力」とは、完全に窮地に陥ってもはやどうすることもできない時に発揮される力ではないことは明らかである。完全な窮地に陥るまでに、そのような状況の接近を感知し、それに対してどうすべきかを考え、事前に対応策を練ったり、行動したりする力こそが真の「生きる力」である。すなわち、表面的には何の変化もみられない、あるいは何らの変化も予測されないような状況の中で、来るべき将来の困難な状況を感知する力こそ真の「生きる力」である。このような「生きる力」は、日頃から自ら課題や問題を見つけ、自ら解決していこうとする学習の中でのみ養われていくものである。他者から課題や問題を与えられるのを待ち、それらを解決するという学習の反復によっては決して養われることはできない。来るべき将来の困難な状況を感知する力としての真の「生きる力」は、世界が外的地平と内的地平とからなる全体とすれば、目前の対象を志向することによって形成される外的地平への、これまでの学習の蓄積から志向されることによって形成される内的地平の刺激によって生まれる「問い」を発する力と考えることができる。すなわち、「生きる力」とは、「問い」を発する力として自らを顕わにするところのものであるということができる。この「問い」を発する力が、日常的に自ら課題や問題を見つけ、自ら解決しようとする学習によって養われることに起源をもつということは、容易に首肯されるであろう。そして、来るべき将来の困難な状況を感知する力とは、来るべき将来の困難な状況を「発見する力」である。したがって「生きる力」とはまた、このような意味での「発見する力」でもある。

内的要因としての「生きる力」

私たちはこれからの時代の子どもたちの教育の最重要目標は「生きる力」の育成であると考える。そこで、あらためて「生きる力」とはどのようなものであるかを考察する。子どもたちは誕生以来、一般に着実な段階をへて成長していく。ここでいう成長とは、子どもの各器官の発達、すなわち、それらの形態的あるいは量的増大としての発達に伴う変化のことである。この子どもたちの成長過程は、「人間であること」の経験を重ねることによって、より「人間らしい人間になること」への過程である。すなわち、「人間であること」の経験とは、内的要因としての子どもたちの内にある素質としての「人間らしさ」が、社会的文化的環境という外的要因の刺激を受けて、発芽し生育していくことである。この社会的文化的経験は、人間を無知で、無力な依存の状態から、知性と行動力に富む自立の状態へと変化させる。いわばこのような過程が「生きる力」の育成の過程である。

子どもたちの成長過程を考える時、この過程に私たちはおのずから内的要因と外的要因という二つの要因を設定していることに気づく。いわば人間には生得的に「人間らしさ（＝人間性）」という種子があって、これが内的要因に相当するが、これに太陽の光や水分といった、社会的文化的環境という外的要因がはたらきかけるのである。こうした二つの要因があって、相互に刺激し合いながら、人間の人間性（＝人間らしさ）は芽生え、生育していくのである。ここで私たちが注目するのは、内的要因である。つまり人間の中にあらかじめ仕込まれている人間性の種子という要因である。これは個々人により程度の差はあるが、すべての人間に共通する要因である。では、この内的要因とは具体的にどのようなものであろうか。私たちはともすれば自明なものとして見過ごしてしまいがちなこの内的要因について、人間性の種子という表現をした。この種子は植物などの種子と異なり、人間の身体の誕生とともに芽吹いて、自然の状態のままで成長するものではない。この人間性の種子は、人間と共に生きる中でしか発芽しないし、生育しないのである。

人間にとっての教育の必要性を根拠づけるものとして、有名なインドの狼に育てられたとされる野生児の例がある。母狼に育てられた二人の少女は、姿形はまぎれもなく人間であったが、昼間はうずくまったままで、暗闇を好み、夜になると狼のようなほえ声をたて、戸外をはい回ったりした。その行動は狼の習慣そのものであった。やがて二人の少女は、孤児院にひきとられ、育てられることになり、少しずつではあるが人間としての生活習慣を身につけ、人間らしさをみせるようになった。このことは、人間は人間に生まれないこと、人間は人間との交流によって人間としての人間らしさを身につけることを示している。つまり、人間らしさとしての〝人間性〟の発芽と生育には、内的要因と外的要因が必要であるということである。この狼に育てられた二人の少女の例から、内的要因としての人間性の種子は、どのような構造をもつのか、またどのような性質をもつのか、他方で外的要因としての人間同士のどのような交流が人間らしさを引き出してくるのか、等の課題が浮き彫りになった。私たちは特にこの内的要因と外的要因との交叉ないしは交流は、何によって、どのように行われるかについて特別な関心を持つのである。

人間の人間性を生み出す内的要因と外的要因との交流ないしは交叉は、また「生きる力」をも生み出す要因でもある。すなわち、人間性を育成しようとする意図としての要因、すなわち、「生きる力」の育成を目指す試みが外的要因であり、教育はこの外的要因に所属する。したがって、人間の教育はどのように行うべきかという課題の探求は、外的要因の探求であるが、それにはまずこの内的要因の構造や性質を明らかにすることによって初めて可能となる。それはある意味では、純粋な内的要因としての意識の分析になる。これまでのわが国の教育理論においては、この純粋な内的要因の分析が十分ではなかった。それは、この分析が哲学や心理学という他の学問の領域に属すると考えられ、教育理論の独自の領域とみなされてこなかったことによると考えられる。その結果、この純粋な内的要因の分析はそうした諸学問の研究の成果を紹介したり、単なる引用という形での議論となり、独自の教育理論として形成されてこなかった。ある意味では最も困難な領域の問題を素通りしてきたのである。しかし、この問題は教育理論全体の中心となる問題であり、必ず正面から向き合わねばならない問題であると考える。

総合概念としての「生きる力」

「生きる力」は内的要因と外的要因との交叉、ないしは交流から生い立ち、形成されるものであるが、「生きる力」の探求においては、まず純粋な内的要因を分析することから始めなければならない。純粋な内的要因の分析においては、まずすべての外的要因を排除し、内的要因そのものを主題としなければならない。すべての外的要因を排除するということは、たとえば、誕生以後のかかわり、すなわち、絵本を読んで聞かせたり、動物と遊ばせて子どもの情操を発達させるといった、周囲からの子どもへのかかわりをいっさい考慮に入れないで、純粋に人間の内面をのみ考察の対象とすることである。さて、人間は一般に精神（心）と身体からなるとされる。ということは、この「生きる力」という概念も、人間の精神と身体とが融合された概念ということができる。実際に日常的に私たちが「生きる力」という概念を使用する時には、一人の人間を全体としてみている。もちろん、その具体的な内容としては、逆境に負けない強い精神をもつとか、強靱な身体を持つ等のように精神面と身体面とを個別に考えたりするが、基本的には一人の人間の全体を表現する概念として使用する。むしろこの概念は、精神面と身体面との調和がとれていることという意味合いも含んでいる。こうした意味において、「生きる力」とはあらゆる意味で子どもの成長や発達を表現する総合概念であると言える。

わが国の教育の現場では、伝統的に精神と身体との関係について、「健全なる精神は、健全なる肉体に宿る」というように、相互に深く依存しあっていることを認めながらも、本質的には両者は異なるものとする考え方が主流である。たとえば、その極端な例が「身体を動かさない学習」と「身体を動かす学習」との区別である。前者の「身体を動かさない学習」とは、いわゆる座学と言われる教科の学習で、国語、数学（算数）、理科、社会などの教科が相当する。これらの学習においては、子どもたちは教師の説明に神経を集中し、できるだけ身体を動かさないようにしてじっと聞き入ることが望ましいとされる。時には教師から子どもたちへの質問や問いかけが行われるが、単発的なものが多く、子どもたちの間や教師との間で議論が展開される機会は少ない。この学習における身体の動きといえば、教師の話や板書の内容をノートに書き取ること、教師からの質問や問いかけに答えることぐらいである。他方、後者の「身体を動かす学習」は、教科としては、音楽、美術、技術、家庭、体育のような教科が相当する。このような教科の学習では、教師の指導を受けつつ、子どもたちが自分の身体を動かして行う活動が中心に展開される。このような学習では、子どもたちの表情は概して明るく、生き生きとしており、楽しそうである。このように教育の現場では、一般に「身体を動かさない学習」が学力をつける学習であり、「身体を動かす学習」は学力とは関係のない学習と受け取られているのが実態である。前者が主要教科と呼ばれ、後者が副教科と呼ばれる背景にはこうした事情がある。しかし、私たちはこうしたわが国の学校現場の伝統的な見方に対して違和感を抱くものである。こうした見方は本来の学力についての基準に立った見方ではなく、将来の入学試験の受験科目であるか否かを基準にした、単なる表面的な見方に由来するものと考えられる。

私たちは、本来の学力についてこの身体の動きとの関係を次のように考える。子どもたちの学習の目的が、わかることとしての理解にあるとすれば、わかることは具体的な身体の動きと強いつながりがあるということである。たとえば、学力をつける学習とされる「身体を動かさない学習」は、基本的に言葉による学習である。後で詳述することになるが、哲学者ヴィトゲンシュタインは、後期の論文の中で「語の意味とは、言語の中で果たす役割であり、……言語の中でのその使用である」と述べ、言語の自律性を表明している。（註4）このことは、その言葉の意味がわかるとは、その言葉を正しく使えるようになることだということである。これは、言葉を正しく使えることは、その言葉が意味しているものを正しく使えるということである。たとえば、「鋤」という言葉の意味が真にわかるということは、「鋤」という言葉が意味する道具が正しく使えるということである。「生きる力」が精神と身体とを融合した総合的な概念だということは、「生きる力」についての探求の端緒が、具体的な子どもたちの身体の動きの中に見出されることを示していると考えられる。

第二章　学　力

第一節　教育実践における学力

学力とは何か

子どもたちが学習する目的は、学力の向上にあるとされる。これはあまりにも自明なこととして学力そのものがどういうものであるかについてはあらためて問われることはほとんどない。たとえば、一般的には学力とは学校などにおける系統的な教育を通じて獲得した能力のことで、教科内容を正しく理解し、それを知識として身につけ、その知識を応用して新しいものを創造する力であり、「(学力は学習能力として)人間性が育成されるうえで学習能力はきわめて重要な意味を持っている。」とされる。(註5)この定義からは学力という概念が二つの要素から成り立っていることがうかがわれる。一つは、学力とは本来学習しようという意志、すなわち、主体的な意識が生得的な素質へのはたらきかけを通して形成する学習する能力ということである。もう一つは、学力とは教育するというかかわりを通してその内容とその程度が決定され、それに向けて育まれる学習する能力ということである。私たちが本書で探求しようとするのは、このような学力がどういうものであるかを誰の目にも見える形で明らかにし、それによって誰でもが関わることができるようにすることであり、さらにそれによって、将来を担うこれからの子どもたちの学力をさらに向上させ、発達させていく指針を獲得することである。

これまで教育の現場やそこでの実践では、学力の内的過程についてはブラックボックス扱いをされてきており、学力そのものがどのようなものであるかについてはほとんどかえりみられることがなかった。学力についての関心や議論のほとんどは、何を教えるか、どう教えるか、それを受けてどう評価するか等々であった。つまり、これまでの学力論は教える側からの、実質的には親や教師の側に立った関心や議論であった。そしてこうした視点からの実践報告が実に数多くなされることになった。それらのほとんどは「こうしたらこのような結果もしくは成果が得られた」という形式の内容のものであった。そしてたとえば、「学力を向上させることができた」という実践報告例があると、教師たちはそれを自分の教育の実践に取り入れてみようとする試みを行うが、そうした試みの多くは実践報告どおりの成果が得られなかった。その結果、膨大な量の実践報告がなされてきたにもかかわらず、それらはより普遍的な教育方法として採用されることのない、その一つ一つが独立した、一回限りの、特殊な取り組みという性格を持っていたのである。なぜ実践報告どおりの成果が得られなかったのであろうか。学校教育の現場で学力という時、それは基本的に授業を中心とする学校での系統的な教育を通じて獲得させた子どもたちの学習する能力、すなわち、「学ぶことができる能力」を指している。そしてこの「学ぶことができる能力」の変化は、基本的には単元ごとの試験やテストで子どもたちが獲得する点数を基準に評価される。高い点数が取れた子どもは「学力がついた」と判定し、一定の基準に満たない点数しか取れなかった子どもは「学力がついていない（ないしは低下した）」と判定する。しかし、このような学力は、いわば与えられた刺激に対する反応としての学力である。したがって与えられた刺激、すなわち、作成された問題や課題の内容によって学力の評価は大きく異なってくる。たとえば、事前に多くの類似の問題を解くという準備を行った後に出会った問題に対しては、子どもたちは高い評価を獲得することができるであろう。反対にそうした十分な準備がなされなかった問題に対しては、子どもたちは低い評価しか獲得できないであろう。このように与えられた問題や課題の内容によって評価され、左右される学力は、いわば刺激に対する反応力としての学力である。しかし、近年求められている「生きる力」としての学力とは、このような学力ではなく、自ら課題を見つけ出し、自らその課題を解決していこうとする力としての学力である。このような学力は、端的に言えば日常的な経験や体験から固有の知識をつくりだす力でもある。このような学力は、子どもたちが本来自己の生得的に持つ素質の中に存在し、その主体的な意識の刺激による素質を引き出す学習を通して初めて自らの姿を顕わにするところのものである。

「知る」と「わかる」の区別

昨今、学校教育では子どもたちへの学習目標として「わかる授業」の確立が叫ばれる。私たちも基本的にこれについては同意するものである。ただ教育現場の経験から「わかる授業」という表現における「わかる」には、二つの意味が区別される。一つは「知る」こととしての「わかる」であり、もう一つは「認識する」こととしての「わかる」である。

「知る」こととしての「わかる」は、学習内容を知識として記憶することとしての「わかる」である。学習内容が「身近にある」というあり方をする段階ではこのような学習内容を「知る」ことにとどまる。つまり、学習する子どもたちにとっては学習内容が「身近にある」ことは、学習内容が知覚されて在ることであり、学習内容を「知る」ことである。実際の多くの授業ではこの学習内容を「知る」段階にとどまっている。この段階では、学習内容をありのままに受け入れ、それを記憶（保存）することで、わかったこととするのである。しかし、このような学習の段階には学力の作用としての認識の過程が含まれておらず、真の学力の向上にかかわる学習とは言えない。すなわち、学習内容が「身近にある」というあり方をする学習に留まることは、学習内容を単なる知識として自己の中に保存することを意味し、この場合の学力とは学習内容を自己の中に蓄え、必要に応じて自己の外に引き出すことができる力とみなされる。たとえば、英語の単語や文章を暗記する、数学や理科の公式を覚える、歴史の事柄を記憶する等々である。このような記憶された学習内容は、認識の過程をへていないので、基本的に学習内容と同一である。すなわち、「知る」という学習は、学習内容が認識の過程における「身分け――総合」という過程をへていない学習であり、学力の作用が起動しない学習であることを意味する。つまり、「知る」ことは、学習内容が認識の過程をへずに学習者に保存される学習であり、学習内容それ自体も学習者において何ら変化しないのである。

このような「知る」に対して「わかる」は、学習内容が「手許にある」というあり方をしており、学習内容が「身分け――総合」という認識の過程をへることによって、学習者にとって何らかに意味づけられることであり、それは明らかに学習内容とは異なるものである。この「手許にある」というあり方は、具体的には学習内容が身体の動きで表現されること、すなわち、「身体表現」されることである。「わかる」においては、子どもたちは学習内容を自己のさまざまな身体の動きで表現することを通して、自己の「身体表現」を豊かにすることとして、学ぶ力としての学力を向上させるのである。言い換えれば、学習内容は子どもたちの身体の動きで表現されることによって何らかに意味づけられ、学習内容自体も学習者において変化し、学習内容としての知識そのものを発展させることにもつながるのである。この「知る」ことと「わかる」ことを区別するものとして「問い」の存在があげられる。「知る」という学習活動では、「問い」は学習内容についての確認という意味で出され、内容的にも基本的な事柄についての確認にとどまる。このような学習においては、子どもたちは教師の説明にひたすら聞き入ることが学習活動の中心となる。いわゆる一字一句聞き漏らさないようにすることである。これに対して「わかる」という学習活動では、「問い」は学習内容そのものについての「問い」となり、時には学習内容に対する疑義を含んだ「問い」となることがある。また学習内容について教師と子どもたち同士が「問い」を出し合って議論し合う場合もある。つまり、「問い」の存在は学習する子どもたちの学習活動における学習内容との関わり合い方を判断する基準となるのである。本来目指すべき望ましい学習活動という視点からすれば、「知る」ことよりも「わかる」ことが学習目標になる。学習内容を子どもたちが「わかる」ためには、学習活動が子どもたちの身体の動きでいかに表現されながら展開されるかにかかっている。子どもたちの身体の動きは必ずしも目に見える具体的な身体の動きのみとは限らない。幼児期や小学校の低学年の段階においては目に見える具体的な身体の動きで「知る」と「わかる」とを区別することができるし、したがってそうした取り組みが中心となるだろう。しかし、小学校の高学年以後の段階においては、想像力の発達によって目に見える身体の動きではなく、意識の中で身体を動かすことが中心となり、表面的には「知る」と「わかる」を区別することが困難になる。したがって、この段階では言葉を交わし合うことを通して、「知る」と「わかる」を区別することが重要になり、対話や議論が学習方法の基礎をなすようになる。

「わかる」と身体の動き

学力とは何かという問いに対して教育実践が教えるところにしたがえば、与えられた学習内容を「わかる」ことができる力という答えが返ってくる。「わかる」ことは、その学習内容についての問われ方に応じて、理解する、認識する、判断する、等と表現される。さらにこれらは総合されて「わかる」とは、「できる」という意味を含む場合もある。この場合の「できる」とは、学習内容を「わかる」ことによって、学習内容と向き合い、学習内容を受けてどう行動すればよいかがわかるということである。「わかる授業」、「わかる指導」等々「わかる」という表現は、教育実践の場では最も頻繁に使用される言葉である。言い換えれば、さまざまな教育実践の評価の基準となる基本的な表現である。この「わかる」ことについてさらに教育実践が教えることがある。それは「わかる」ことには具体的な身体の動きが深くかかわっているということである。ここでいう身体の動きとは単なる身振りや手振りのようなことのみをさしているのではない。それを含めた目や耳の動きやいわゆる五感の総称である感覚・知覚なども含めたすべての身体の動きである。さまざまな学習においてよく「わかる」という場合がどういう場合かをあらためて振り返ってみる。まずあげられるのが視聴覚教材の利用である。たとえば、教科書の内容に沿って写真、絵図、動画、映像などを利用して説明を行うと、そうでない場合と比較して学習の理解度は格段に高まる。次にあげられるのは資料や史料の利用である。特に歴史学習においては古文書等の史料は欠かすことができない。絵図や視聴覚教材においては、たとえば古代の人々が狩猟をする様子であったり、農耕する姿であったり、中世の職人が実際にさまざまな道具を制作する様子などを具体的な身体の動きとして知ることができる。史料においてはその史料の読み取りによって、たとえばある事件の詳しい内容をより具体的に、より正確に把握することができる。また資料においてはある事実についての詳細な叙述がたとえそれらの教材が直接人間の身体の動きを描写していないにしても、さまざまな事物や動物などの動きがあれば、それらを想像し模倣することによって人間の身体の動きへと還元することができる。これらの場合に共通しているのは、それらの中に具体的な人間の身体の動きを見ることができることである。さらに、身体の動きと「わかる」との深い関係がうかがわれるのは、幼児に物事を教える場合を思い起こせば容易に頷かれよう。幼児に何かを学習させようとすれば、できるだけその何かを実際の大きな身体の動きで説明することが必要である。これは幼児の年齢が低下すればするほどこの必要性は高まる。逆に子どもの年齢が上昇していくにしたがって、このような実際の具体的な身体の動きを利用した説明の必要性は減少していく。このような傾向は、その後の子どもたちの学習活動においても見出される。すなわち、一般に年齢が上がるにつれて、子どもたちは実際の具体的な身体の動きを導入した学習活動から、そうでない学習活動へ、つまり、実際の具体的な身体の動きを必要としない学習活動へ、言い換えれば、抽象的な思考の学習活動へと移行していくのである。しかし、だからといって、それは思考の過程において具体的な身体の動きを必要としなくなっていくということではなくて、実際の具体的な身体の動きに代わって、想像力により具体的な身体の動きを想い浮かべているのであり、やはり思考の過程には、具体的な身体の動きが必要なのである。このことは「わかる」ということが本質的に具体的な身体の動きを必要としていることを示すものであると考えられる。「わかる」と具体的な身体の動きとの密接な関係は、学力のどのようなはたらきに由来するのであろうか。「わかる」と身体の動きとが深い関係にあることについては、こういう視点からの科学的な、学問的な取り組みはまだ十分に行われていない。また実際に教育実践に携わる多くの人々がこのことについて認識している、あるいは確信が持てているとも言えない。むしろ「わかる」と具体的な身体の動きとの密接な関係は、補助的であり、単なる偶然でしかないと考えられているのが実情である。また、このことを確信する人々においても教育実践における漠然とした経験的な確信にとどまっている。しかし、後述することになるが、私たちは「わかる」と具体的な身体の動きとの間には、ある普遍的な密接な関係が存在することを見出したのである。したがってもし、学力における「わかる」と具体的な身体の動きとの強い結びつきを、またその関係を学力の構造から明確にすることができるならば、すべての教育実践に携わる人々の間に学力についての確固とした共通する信念を共有することができるであろう。

「わかる」と場

教育実践はまた、「わかる」ことを可能にするものとして「場《ば》」の重要性を教えている。私たちは日常的にしばしば「その場になってみればわかる」とか「その場に立ってみて初めてわかった」という表現を使う。この表現は対象となるものを真に「わかる」ためには、対象が存在するその場所に直接居合わせる必要があること、あるいは対象となるものに直接出会ったり、触れることが必要であることを示している。こうした意味での「場」という概念は、総じて対象に限りなく接近すること、あるいは事柄としての対象の中に入ること、または合一すること、言い換えれば、事柄や対象が人間に対してある在り方をする時、それらが人間に「わかる」ことを可能にするのだということを示している。

対象に限りなく接近することとしての「場」とはどういうことかについて、たとえば奈良時代に聖武天皇が奈良の都に大仏を造立したという歴史的事実に例をとる。仮に自分がその場に居合わせる場合を想定してみる。この歴史的事実においてその場に居合わせることは、まずこのような大仏がなぜ造られることになったかその社会的背景、時代的背景を知ることを可能にする。さらにこのような巨大な銅像がどのように造られたか、すなわち、その造立技術について、また造立に動員された国民はのべ260万人とされるが、その動員の実態について知ることを可能にする。まずこのような大仏が造られることになったその社会的背景、時代的背景についてであるが、今から千三百年以上前の当時の日本の社会は、単に仏教への信仰心がきわめて高かった時代というだけでなく、異常気象や地震など天変地異が頻繁に起こり、疫病が流行し、その影響を受けて多くの人々の生活は極度に不安定であり、さまざまな犯罪も後を絶たなかったと言われる。聖武天皇はこうした社会状況を自分の政治力の不足が原因であると嘆き、仏教の教えを全国津々浦々に広めることで国家を護ろうとしたのである。まず全国66カ国と3島に国分寺を建立し、奈良の東大寺を総国分寺とした。東大寺の大仏はこの時造立されたのである。次に造立過程であるが、高さ16メートルの坐像を造るのに熟銅444トンが投入され、大仏の全身を八個に分鋳し、段々と積み重ねていくという建設方法は、八世紀頃の東西の歴史にはまったく例を見ない当時としては驚異的な技術だったと言われている。造立に動員された国民の数は当時の国民の二人に一人にあたるとされるが、これほどの国民を動員できた背景には、「人一枝草一把土を持て像を助け造らんとするものあらば、恣にこれを許せ」という聖武天皇の言葉から推し量ることができるように、聖武天皇の大仏造立にかける並々ならぬ熱意があったものと考えられる。大仏造立という歴史的事象を「わかる」ことは、こうした知識をもとに大仏造立という事象そのものに限りなく接近することによって得られる。限りなく接近するとは、「その場に居合わせること」、すなわち、実際に自分自身が大仏造立が行われた時代に生きていると想像することである。すなわち、頻繁に天変地異に見舞われ、疫病（伝染病）の大流行で身近な人や周囲の人々がつぎつぎに命を奪われ、強盗や殺人が横行するそういう状況の中に自分の身を置くことを想像することである。あるいは具体的な実際の身体の動きでその事象を感じとることである。また大仏造立の工事現場に出かけ、実際に土をこねたり、運んだり、また一握りの土や草を持参して工事に参加したりする自分の身を想像することである。

時間や空間を超えてさまざまな「場」に身を置くことは想像力によって可能である。すなわち、これを可能にするのは、これまでのすべての体験における「場」についての意識の記憶を、さまざまに結合し、あるいは切断し、そして総合するという「ある意識」のはたらきであるが、この「ある意識」を私たちは後に純粋意識と呼ぶ。人間はさまざまな「場」においてさまざまな身体の動きを体験する。それらの身体の動きは個々に体験されるが、やがて「ある意識」のはたらきにより、一つに総合され、より抽象性を高めた高度な身体の動きの表現として記憶される。この総合された「身体表現」は、対象として与えられた状況や事物と出会うと、それらがどういう状況において存在したか、あるいはどのような経緯で起こったかという「場」を再現しようとする。「わかる」とはこのように、対象におけるある意識による「場」の再現、したがって、対象の、「ある意識」による対象に相応した身体の動きでの表現によって可能になることである。「わかる」ことを可能にする身体の動きを、私たちは「わかる」ことの「場」と呼ぶ。私たちはこのような「ある意識」が学力に伴って存在すると考える。

意味の場としての「身体表現」

教育方法の領域において身体を主題とすることは、身体そのものを主題とすることではなく、身体の動きを主題とすることである。というのは、教育方法の領域においては、子どもたちに対して、かれらの身体の動きに対して周囲からどのようにかかわるかということが主題となるのであり、学習する主体そのもの、つまり生物学の対象としての学習者の身体そのものは直接の主題とはならないからである。私たちが出会う何らかの対象には、意識外の存在としての対象と意識内の存在としての対象との二つがある。意識外の存在としての対象とは身体の外にある対象である。たとえば、目前の机や本棚、あるいは遠くの太陽や雲などこれらの対象は私たちに対してすべて直接的な知覚を通して取り入れられる。これに対して意識内の存在としての対象とは身体の内にある対象である。身体の内にある対象とは、身体的知覚によって表象されるところのものであり、たとえば気分が良い、気持ちがすっきりしないなどでやはり知覚を通して取り入れられる。これらの身体の内外の対象との出会いによって、すなわち、対象による刺激によって私たちの身体は反応する。この時の身体の反応が私たちのいう身体の動きである。したがって、身体の動きは先述したように手振りや身振りのような単なる身体の動きにとどまらず、目や耳や皮膚の動き、暑い、寒い、甘い、辛い等、さまざまな刺激に対する知覚の反応としてのすべての身体の動きをも含むのである。

さらに言葉を話すことも身体の動きの一つである。人間は声帯を開閉し、振動させて声を発生させる。声は他者との間での交流を通して規則性を獲得し、やがて指示するものとしての何らかの意味を持つようになる。こうして誕生する言葉を話すことが身体の動きの一つであることは自明である。この言葉を話すことは二つの側面を持つ。人間はさまざまな刺激を受けると意識するしないの如何にかかわらず言葉を話す。この場合声に出すか出さないかは区別されない。これは刺激に対する反応としての言葉を話すことである。これが一つの側面である。そしてもう一つの側面は、人間は直接的に外的な刺激を受けることがなくても言葉を話すことである。この場合言葉を話そうとする明確な意志が存在することが前者とは根本的に異なる。この明確な意志を、私たちは自我と呼び、これは言葉を話すことと同時に、あるいは言葉を話すことに伴って自らを顕わにする。この自我を伴う言葉を話すという身体の動きは、身体の内外の刺激に反応することによって起こる場合以外に、それらから全く独立して起こる場合があるという特質を持っている。というのは、言葉を話すという身体の動きには、自我という意識の刺激によって起こされる場合が含まれているからである。このような自我は自己の内にありながら、同時に自己を超え出て自己の外にある存在である。私たちはこのような自我を、超越的自我と呼び、もう一つの自我、すなわち、身体的自我から区別する。このことは、「言葉を話す」という身体の動きもまた、超越的という特質を持つことを意味する。言い換えれば、言葉を話すことは、一方で身体の内外の対象との出会いという刺激によって起こり、他方で自らの身体に、自ら言葉を話すという刺激を与えることによって起こる場合があるのである。

人間においては外的、内的を問わずすべての対象についての意識への刺激に対して、身体の動きとその身体の動きとしての言葉を話すという二つの反応が起こる。すなわち、さまざまな身体の動きと言葉を話すとが同時に起こるのである。たとえば、手を上げる、足を曲げる、目を開ける、耳を傾ける、鳥肌が立つ等々がこの例である。教育方法において対象となる身体とはこのように表現される身体の動きであり、単なる身体そのものではない。教育方法においては基本的な身体の動きは言葉で表現されることから、私たちは探求の対象となる身体の動きを、単なる身体の動きと区別するために「身体表現」と呼ぶ。したがって、学力との関係で考えれば、学力もまた「身体表現」と強いつながりがあるということになる。というのも、学力とは学習内容を「わかる」ことを可能にする力であるが、「わかる」ことは、それに伴う身体の動きと強いつながりがあった。したがって、学力とは身体の動きを言葉で表現したところの「身体表現」と深いつながりがあると考えられる。言い換えれば、学力とは「身体表現」を介して、一方で世界における経験や体験から知識を生み出し、他方で、その知識によって世界と向き合い、世界にかかわることができる力であるということができる。これらはすべて「わかる」と表現されるところのことである。

第二節　「身体表現」意識としての精神

身体の動きと「身体表現」との区別

授業の場における子どもたちの学習活動は、それを観察する私たちの意識にどのようなものとして示されるのだろうか。授業の場における学習活動において、教師と子どもたちの様子からまず気がつくことは、教師と子どもたち一人ひとりがそれぞれの身体をもち、その身体が不断に動いていることである。子どもたちが自分の机の椅子に座っている時は、身体の動きは小さくなっており、子どもたちは身体そのものである。しかし、この時でもよく観察すると、つぶやいている口元、上下左右の首の振りなどこうした小さな動きまで含めると、子どもたちの身体は不断に動いている。こ

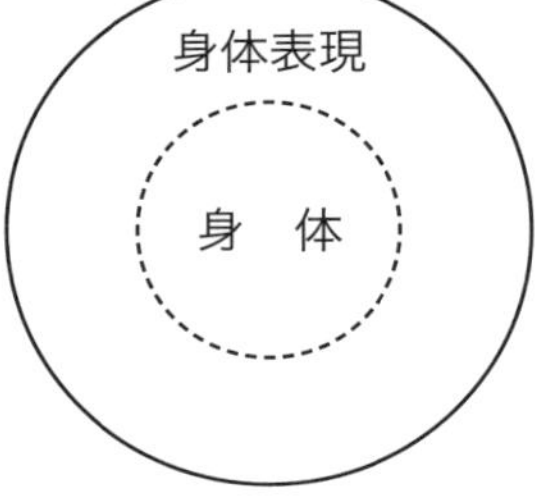

【図1　身体と「身体表現」との区別】

れは子どもたちに限らず大人である教師でも同様である。人間の身体が絶え間なく動いていることと自体は、生きているものに共通した現象であり特別な意味はない。しかし、この身体の動きが自己や他者の意識の対象となった時には、単なる身体の動きとは異なりある意味をもつことになる。私たちは人間のこの不断の身体の動きの中で、意識の対象となり、何らかの意味を持つものを「身体表現」とし、すべての身体の動きから区別する。【図1】は、身体（の動き）と「身体表現」との区別を図示したものである。

【図1】において、内側の円（点線）の領域は、身体および意識されない身体の動きを表現している。この領域は私たちの今回の探求においては対象とはならない。他方、外側の円（実線）と内側の円（点線）とで囲まれた領域は意識の対象となり、意味を持つ身体の動きの領域を表している。つまり、外側の円の内部から内側の円の内部を除いた領域が、意識の対象となる身体の動きであり、これを私たちはあらためて「身体表現」と呼ぶ。この「身体表現」の中には少なくとも私たちが精神ないし心と呼ぶものが存在している。これがこれからの私たちの探求において対象となる領域であり、またこの領域に私たちが精神ないし心と呼ぶものが存在していることから、学力もまた存在すると考えられる領域である。

一般に「人間とは何か」という問いに対する答えとして、人間は精神（心）と身体とからなるとされ、教育実践の場でもこれに準じた考え方がとられている。たとえば、精神は物事の認識、知識の理解や記憶をつかさどるので、主に身体を動かすこととは無関係な学習においてはたらくと考えられている。これに対して身体はこのような精神を間接的に支えるものとして、その強さやたくましさが求められ、主に身体を動かす学習に関係すると考えられている。こうしたことがやがて「身体を動かさない学習」と「身体を動かす学習」との区別となって教育の現場に深く根をおろしたものとみられる。このような見方による精神と身体とを区別する考え方は、今日まで長い年月にわたって教育現場における教育実践に一定の混迷をもたらす原因となってきた。というのは、子どもたちに対する日常的な学習指導や生活指導は、彼らの精神や身体への働きかけとして行われるのであるが、身体が目に見えるものでアプローチが容易であったのに対して、精神は目で見ることもできなければ、手で触ることもできないので、精神へのアプローチの仕方などについて、教育現場では、教師間で統一的な見解がとられにくかったのである。それがこの二つの学習の区分となったものと考えられる。しかし、他方で「健全な精神は、健全な肉体に宿る」という伝統的なフレーズにみられるように、精神と身体とが実は不可分の関係にあるという考え方も有力な見解となっていた。しかし、精神と身体との関係についての明確な説明を得られないまま、教育現場は現在もなお揺れ動いているのである。

精神（心）と「身体表現」

授業をはじめ子どもたちのすべての学校生活において、教師が常に心にとめているものは、子どもたち一人ひとりの〝心（精神）のありよう〟であり、そしてそれを正確に知ることであり、しっかりとつかむことである。なぜなら、安定した心のはたらきなしには、子どもたちのどのような学習も成立しないからである。そのために教師はあらゆる教育実践において、まずは子どもたちの動き、すなわち、身体の動きに注目する。なぜなら、子どもたちの心（精神）が彼らの身体の動きの中に存在していることだけは確実だからである。したがって、たとえば、子どもたちの活発な身体の動きをみると、子どもたちの心は元気である、授業の内容はよく理解できていると判断する。反対に不活発な身体の動きをみると、子どもたちの心は元気がない、授業の内容が十分理解できていないようだ、何か悩みでもあるのではないかと判断する。このように教育実践の場における子どもたちの身体の動きは、子どもたちの心身の状態と学習内容の理解度を判断する重要な判断基準なのである。

子どもたちの身体の動きと子どもたちの心が深く結びついていることを示す例が次のような授業の場においてみられる。それは先述したが、授業において子どもたちが学習内容をよくわかるという反応をみせる時である。すなわち、学習内容をスライドやビデオ等の視聴覚教材を利用して学習したり、学習内容に関連した教材、たとえば弥生時代の農機具である鋤や鍬のレプリカを使用して当時の農業の様子を再現したり、また学習内容を教師自らが当事者であったかのように演じて表現したり、同様に教師が学習内容の説明をあたかも目前にあるかのように語ったり、あるいは身振り・手振りで説明したりする時である。このような時には、子どもたちの注意が集中し、私語が止み、目を輝かせ、いくつもの質問が出る、等々の変化が見られる。すなわち、このような時は、学習内容に対する興味や関心の高まり、結果として多くの子どもたちが学習内容がよくわかるという時であると判断される。このようなことから、学習内容の理解、すなわち、学習内容が「わかる」ことと、具体的な身体の動きとの間には非常に密接な関係があることが推測されるのである。

具体的な身体の動きの中に「わかる」という心のはたらきを認めることは、人間の心を身体と一つのものとして、二つに分けない考え方である。言い換えれば心身二元論的な立場ではなく、心身一元論的な立場に立つ考え方である。このような考え方については、近年の思想界にも一つの大きな流れができつつある。哲学者の市川は、こういう視点から独自の主張を展開している。「……したがって誤解をおそれずにいうなら、身体が精神である。精神と身体は、同一の現実につけられた二つの名前にほかならない。それはデカルトが二元論的な立場からではあるが、精神は身体の一部（たとえば脳髄に）他の部分をさしおいてやどっているわけではなく、身体と全面的に合一し、あたかも一つの全体をなしていると述べた時、いいあらわそうとした事態である。〈はたらきとしての身体〉が、あるレベルの統合を達成し、『身体が真に人間の身体となった』とき、精神と身体はもはや区別されない。『精神』と『身体』は、人間的現実の具体的な活動のある局面を抽象し、固定化することによって与えられた名前である……」(註6)。この主張の中で私たちが特に注目するのは、精神としての身体は、単なる身体ではなく、〈はたらきとしての身体〉であるとしている点である。つまり、〈はたらきとしての身体〉とは、精神と融合された身体ということであり、いわば精神を含んだ身体の動きということになる。市川はやがてこの〈はたらきとしての身体〉を、すなわち精神と融合された身体を〈身〉という言葉で表現し、〈身〉の現象学を展開することになる。私たちのいう心のはたらきと身体の動きとの深い関係もまた基本的にはこうした視点に立つものである。心それ自体はどのようなものであるかは特定することはできないが、人間の心のはたらきは、その身体の動きの中に確かに存在し、身体の動きを通して自らを示す。言い換えれば、人間の心のはたらきとは、その身体の動きを通して「わかる」をもたらすところのものである。この心のはたらきにかかわるためには、身体の動きにかかわることが必要である。このことは、身体の動きにかかわることをとおして心のあり方やそのはたらきにかかわることができることを意味する。こうして私たちは心と身体とを別々のものとして切り離して考える二元論的立場から、心と身体とを一つのものとして考える一元論的立場に立つことになる。

人間の「二つの口」

あらゆる身体の動きの中に精神、したがって学力が存在すると考えることから、教育実践の場できわめて有効な一つの考え方が生まれてくる。それは人間には「二つの口」があるということである。一つはもちろん顔の真ん中にあって、人間の身体を養っている口であり、すべての人間に共通している。この口はまさに身体そのものにかかわるものである。これに対してもう一つの口は、身体のどこかにあるもので、一人ひとりの人間によってその口のある場所は異なっている。すなわち、このもう一つの口のある場所とは、一人ひとりの人間がその動きにおいて最も得意とする身体のある部分である。たとえば速く走ることができる人は、もう一つの口が足にあり、ピアノを上手に弾くことができる人は、もう一つの口が手にある、あるいは音を聞き取る耳にあるということになる。つまり、身体を動かすことで、自分が最も得意としている身体の部位がもう一つの口がある場所なのである。つまり、このもう一つの口とは精神（心）を養う口である。というのは、精神とはあらゆる身体の動きの中にあり、この精神を養う口がある身体の部位はその人が最も得意としている身体の動きをする部位だと考えられるからである。たとえば、先ほどの例で言えば、速く走ることができる人は、足に精神を養う口がある。またピアノを上手に弾くことができる人は、その手に、あるいは正確に音を聞き取ることができる耳に精神を養う口がある。同様にものづくりが得意な人、話が上手な人、周囲の人への配慮に長けている人等それぞれの得意とする身体の部位に精神を養うもう一つの口があることになる。

その人が最も得意とする動きができる身体の部位に、その人の精神を養う口があると考える根拠は次のようなことである。それは精神を養う口があるところとは、その人のすべての身体の部位の中で最も発達した部位であると考えられる。ということは、その人の認識力、理解力、判断力といった知的な能力もこの部位において最も発達していると考えられる。たとえば速く走れる人と話していると必ずといっていいくらい自分の得意としている身体の動きである走ることについての話題が出てくる。そしてその話題の中にはその人でなければ思いつかないような発想や視点が含まれていることがある。その人が言葉で表現することが必ずしも得意ではないにしても、そういうものが含まれている。その人でなければ思いつかないような発想や視点とは、いわば思考の〝切り口〟である。人間の才能とは身体の動きの中にぱっくりと開いたこの〝切り口〟のようなものである。そしてその人との会話をしていると、その人の考え方の基準や見方がすべて自分の得意とする身体の動きから由来していることがわかる。教育実践の場ではこのことがいっそう明瞭になる。子どもたちが元気で、生き生きしている時には子どもたちの身体の動きが活発である。幼児の場合、自由な空間や時間が基本的に十分に与えられているので、このような傾向がいっそうはっきりする。子どもたちは本来自分の得意とする身体の動きを中心にして生活している。言い換えれば、自分があまり得意でない身体の動きは本来的に目立たないものである。子どもたちの教育の重要な目標の一つは、こうした子どもたちの身体の動きにおける偏った傾向を是正して、できるだけ調和のとれた成長、発達を促すことにある。いわゆる〝全面発達〟である。したがって、子どもたちが学習する教育課程の中には、ある子どもたちにとっては不得手とする教科の学習も当然含まれることになる。

このような特徴や傾向は、低学年時には顕著であるが高学年になると表面上消失したかのようにみえる。そして特に中学生（12～15歳）以降になると子どもたちの中に必ずといってもいい疑問が生まれる。それは「自分は何が得意なのだろうか」、あるいは「自分は何ができるのだろうか」という疑問である。これはしだいに学習内容が高度化し、周囲環境が複雑化することによりそれまでの単純な得意な身体の動きではそうした状況に対応できなくなるからと考えられる。したがってここから教育実践の場の果たすべき重要な役割が生まれる。それは一人ひとりの子どもが最も得意とする身体の動きは何かということをしっかり観察し、記録し、それを子ども本人や周囲の人々に伝えていくことである。低学年時の単純な得意な身体の動きでできることは、高度化し、複雑化した状況の中ではきわめて限られてくる。しかし、その得意な身体の動きの中にその子どもの精神を養う口、すなわち精神につながるルートがあるのであり、それ自体は一生涯変わることがないからである。自分の精神を養う口がある自分の身体の部位をふまえた上で行われる将来の進路選択が真にすぐれた進路選択である。

イデアとしての「身体表現」

私たちは、人間のすべての身体の動きの中で、精神の存在を含む身体の動きを「身体表現」として、それ以外のすべての身体の動きから区分する。では、すべての身体の動きを「身体表現」とそれ以外の身体の動きとに区分する規準は何であろうか。それはその身体の動きが意味を持つかどうかである。言い換えれば、その身体の動きから意味が生い立つかどうかである。つまり、意味が生い立つ身体の動きが「身体表現」であり、意味が生い立たない身体の動きは「身体表現」ではない、単なる身体の動きなのである。「身体表現」は意味の場なのである。ある子どもが道路を横断歩道で横切ろうとしたが、自動車の往来が激しくてなかなか渡れないで困っていた。しばらくするとその子どもは何気なく片手を高く上げた。すると双方向の自動車がすべて横断歩道の手前で停車した。それを確認したその子どもはようやくその道路を横切ることができた。この時のこの「片手を高く上げる」という身体の動きは、この子どもにとってはどこからともなく浮かび上がってきた考えであった。しかし、この身体の動きによって結果として道路を横切ることができたのである。こういう意味では「片手を高く上げる」という身体の動きは意味を持ったのである。つまり「片手を高く上げる」という身体の動きは、この場合には単なる身体の動きではなく「身体表現」なのである。

この事例において、「身体表現」と単なる身体の動きとを分けたのは、〝意味〟の有無であった。では、この〝意味〟はどこから来たのか。その子どもにとってはどこからともなく頭の中に浮かび上がったことであるから、いわゆる「勘」ないしは「ひらめき」だったであろう。ということは、これは理論的な思考の結果ではないという意味で直観ということになる。他方、なぜ自動車は横断歩道の手前で停車したのか。それは自動車の運転手たちが子どもが片手を高く上げているのを見て、あの子どもは横断歩道を渡りたいのだなとその意味を理解したからである。この運転手たちの意味の理解もまた理論的思考の結果ではなく、直観である。「道路を横切りたいが、自動車の往来が激しくて渡れない、どうしたらいいだろう?」という問題に対して、精神が子どもに「片手を高く上げる」という身体の動きを表現させることで、その問題を解決に導いたのである。これが精神のはたらきである。つまり、この「片手を高く上げる」という身体の動きで表現させることが、精神のはたらきとしての〝意味づけ〟である。言い換えれば、精神のはたらきによる〝意味づけ〟とは、問題に対する答えとしての身体の動き、すなわち、「身体表現」が生み出されることである。この事例において注目すべきことは、子どもと自動車の運転手たちとの間で共有された〝意味〟が「片手を高く上げる」という「身体表現」であったことである。子どもと自動車の運転手たちとは全くの見知らぬ関係にあったにもかかわらず、「片手を高く上げる」という「身体表現」が両者を結びつけたのである。「身体表現」は、このように個々の人間に属しながら、同時に個々の人間を超え出て、すべての人間に属するところの意味を含んでいる。

私たちはこのような「身体表現」をイデアと呼ぶ。このイデアとはいわゆるギリシア語のideaに直接由来する言葉ではない。しかし、ギリシア語のideaの名詞は、見られたもの、知られたものの意味であるとされ、私たちはこの意味に注目する。というのは、対象が「身体表現」されることは、対象が何らかの意味を持つ身体の動きで表現されるということであり、言い換えれば、対象を何らかの意味を持つ身体の動きで見ることであり、知ることだからである。対象を身体の動きで見る、ないしは知ることは、したがって、対象を「身体表現」することは、他のいかなる方法によるよりも、対象を最も身近に、最も深く、最も根源的に見ることであり、知ることである。こうした意味において私たちは「身体表現」をイデアと呼ぶのである。精神は出会う対象を、「身体表現」によって見て、知る。それを受けて精神はその対象を意味づけるはたらき、すなわち、対象に向き合い、対象に関わり、対象に対して何らかの態度をとることを可能にする、というはたらきをするのである。そしてこのような「身体表現」は、主観性一般という形式と、理解する、認識する、判断するという精神作用との関係におけるイデア的諸条件ともいうべきものである。すなわち、「身体表現」は理解する力、認識する力、判断する力が生い立つ根源なのである。私たちが本書において探求しようとしている学力もまたこのような精神のはたらきのもう一つの名称である。

第三節　精神における作用体としての学力

学力自体の解明の必要性

これまでに行われてきた数多くの教育実践が教えるところにしたがえば、子どもたちの学力へのかかわりには、子どもたちへの外部からのかかわりの側面と、子どもたちの内部自体の、独立したしくみやはたらきという側面の二つの側面がある。したがって、学力の向上をめざして学力に直接かかわるには、この二つの側面からの意図的な、調和のとれた取り組みが必要である。しかし、現実の教育実践ではその取り組みの主流は外部からのかかわりとしての実践であり、学力の内部自体のしくみやはたらきへのかかわりとしての実践はほとんど顧みられることがなかった。すなわち、ほとんどの教育実践が「こうしたらうまくいった」式の実践であったということである。この「こうしたらうまくいった」式の実践は、日常的な教育実践から偶然に導き出された方法による実践であり、実践者の豊富な経験に基づく取り組みであった。したがって、実践の方法は指導する教師によってばらつきがあり、また指導される子どもたちの能力やおかれた環境などさまざまな条件や状況によってその結果が大きく異なるものになった。言い換えれば、教育現場における教育方法は実践する教師の数だけあるようなものであり、常に何らかの混乱を伴っていた。

このような混乱の背景には学力とは何かという学力そのものの十分な解明がなされていないことがあった。つまり、これまでは学力は外部からのかかわりの面、すなわち、子どもに何をさせるかという面からのみとらえられて、内部からのかかわりの面、すなわち、子どもの中で何が起こっているかという面からとらえられることがなかったのである。その最大の原因は、学力自体のしくみやはたらきが解明されてこなかったことにある。すなわち、現在の教育実践が抱える困難は、この学力自体の構造が誰の目にも見える形で明らかにされていないところからきている。もし学力自体のしくみやはたらきが目に見える形で明らかになれば、教育方法にも一定の明確な方向性を持たせることができるであろう。そうすればともすれば混乱しがちであった教育方法に確固とした方向性をもたらすことができるであろう。また、生得的な素質の領域であり外部からのかかわりの限界としてこれまで評価されなかったさまざまなかかわりがあらためて見直されることにもなるであろう。そうすれば、これまでよりもさらに深く、より合理的な子どもへのかかわり、すなわち教育実践が可能になるであろう。ひいては子どもたちのさらなる発達の可能性に大きな道を切り開くことにもつながるのである。

学力自体がどのようなものであるかを解明するには、まずあらゆる教育実践からすべての外部的なかかわりを分離する必要がある。すなわち、すべての外部的なかかわりを停止することによって学力自体を浮き彫りにするのである。いわば学力一般から学力自体のしくみとそのはたらきとを純粋な学力として取り出すのである。そのためにはまず、日常的な教育実践の綿密な分析から始めることが必要である。というのは、日常的な教育実践には全体としての学力のはたらきがあり、その中に学力自体のはたらきも含まれているからである。まず学力の全体を外部からのかかわりにより形成されるものと、内部自体のはたらきにより形成されるものとに分ける必要があるが、その区分けには子どもたちの学力の格差に注目しなければならない。それは、外部からの均一なかかわりをしたのに、つまり全く同じ条件下で子どもたちに学習させたのになぜ学力格差が生じるのか、という事実である。この事実は学力の内部自体のはたらきによるものの格差が原因であることを示している。学力の内部自体のはたらきはその程度や量において子どもたち一人ひとり異なっている。もちろん、大人においてもそれは同様である。したがって、学力の内部自体のはたらきを浮き彫りにするには、子どもたち一人ひとりへの外部的なかかわりを停止する、ないしは彼らが学習する条件を極力均一化することが必要である。子どもたち一人ひとりへの外部的なかかわりを停止することは実際問題として不可能であるので、子どもたちが学習する条件を均一化することの中での探求ということになる。こうした設定のもとで、ここで私たちは意識の諸様態に注目する。というのは、学力は人間の精神を構成する意識のあるあり方、その諸形態の一つと考えられるからである。

主体的意識と学力

学力が人間の精神を構成する意識のあるあり方、その諸形態の一つとしても、意識そのものがそうであるように、この学力を直接手にしたり、目で見ることはできない。ところで、学力がその本質において意識であるということは、学力とは何かを問うことは、意識とは何かを問うことでもある。この点において教育学は哲学と関心を共有することになる。私たちは次のような哲学における主張に注目する。まず精神と意識との関係についてであるが、たとえばロックは、「意識はわれわれ自身の精神のうちに起こることの知覚――すなわち精神の内的な働きの観察である」[註7]と述べている。このロックの主張では、精神と意識とは異なるものであり、意識は精神の内部にあり、精神のはたらきを観察し、その様子を言語表現へもたらし、明らかにするものということになる。次に私たちはカントの意識についての主張にも注目する。カントは「意識一般は、直観において与えられる多様を総合的に統一し、一つの意識に結合することによって、あらゆる経験を可能にする究極的根拠としての自己意識（我思う）を指す」[註8]という。このカントの主張では直接述べられてはいないが、やはり精神と意識とは異なるものと考えられている。ロックと異なる点は、意識一般は、〝直観において与えられる多様を総合的に統一し、一つの意識に結合する〟という主体性（能動性）を持ち、そのはたらきは直観において与えられる多様を総合的に統一し、一つの意識に結合することにより、精神そのものを形成するとされる点である。さらに、もう一つ私たちが注目する主張がある。それは「すべての意識は、対象の意識であるとともに自己の意識であらねばならないという意識に課せられた一見矛盾した性格は、意識が時間性であることによって、単なる論理的要請ではなく、意識の本質そのものとなる」[註9]である。この主張で私たちが注目するのは、「すべての意識は、対象の意識であるとともに自己の意識であらねばならないという意識に課せられた一見矛盾した性格」というくだりである。

このような哲学における意識論の主張に対して、私たちは教育現場での実践から次のような見解を持つ。まずロックの主張に対してであるが、これは私たちの意識についての基本的な見解と軌を一にするものである。しかし、意識が精神のはたらきを観察するという考え方には同意できない。私たちによれば、意識は単に精神のはたらきを観察し、それを明らかにするというはたらきだけでなく、もっと積極的なはたらきをするのである。こうした意味で私たちはカントの主張に注目する。カントは周知のように、先験的総合判断を可能にするのは、意識の根本的統一作用としての先験的統覚（純粋統覚）であるとして、意識の主体性（自我）、すなわち、一切のものを意識の対象とする能動的な意識（主観）の存在を主張する。これは先験的統覚による精神そのものの形成を意味する。私たちもまた教育現場での実践経験から、こうした意識の存在、すなわち、精神の中において、主体性を持つ意識が存在し、その意識の独自のはたらきによって、精神そのものが形成されていくと考えるのである。そして、この意識の独自のはたらきが対象についての意識を意味づけること、すなわち、その対象を理解する、認識する、判断する、ことにほかならないのである。さらに私たちが意識の時間性についての主張に注目するのは、「すべての意識は、対象の意識であるとともに自己の意識であらねばならないという意識に課せられた一見矛盾した性格」というくだりである。私たちはやはり実践経験から、このような意識の性格は、この主体的な意識が質の異なる二つの意識が交叉する二重構造を持つことに由来すると考えるのである。すなわち、それらは対象についての意識を何らかに意味づける「身体表現」意識と、「言葉を話す」という自我を伴う反省についての意識であり、これらはともに本質を共有しつつ、分離し、互いに向き合う関係にあるのである。これまでの意識とは何かという問いかけに対する哲学における代表的な主張を概観することを通して、また自らの教育現場での実践経験を通して、私たちはあらゆる学習の過程で、精神と意識とは区別されるものであり、精神の中において独自にはたらく意識の存在を確信するものである。精神とはこのような意識によって形成された全体、すなわち、意識体験とでも呼ぶべきであると考える。そして私たちは、学習活動におけるこのようなはたらきをする意識を改めて学力と呼ぶのである。しかし、私たちは最終的にこの学力の構造の解明をめざすのであるが、まだ意識としての学力がどのようなものであるかについては何も明らかになっていない。

意識としての学力の特質

これまでの分析によって、私たちはあらゆる学習の過程で、独自のはたらきをする意識の存在、すなわち、そのような意識としての学力の存在を想定することには根拠があるという確信を得た。そこでこれからは、学習の過程で独自のはたらきをするこの学力としての意識とはどのようなものであるかを、日常的な教育実践を振り返ることを通して明らかにしていくことになる。教育実践において私たちが学力という言葉を使用する時とはどういう時かをあらためて想い起こしてみる。私たちは一般に、たとえば英語の単語や数学の公式等の単なる記憶やその再生、あるいはあらかじめ指示された通りに行われる訓練やその結果習得された習慣等については、「学力がある」ないしは「学力がついた」という評価はしない。私たちが「学力がある」ないしは「学力がついた」という評価をする時は、たとえば、問題として出された英文を、記憶した英語の単語や熟語の知識を利用して読みこなすことができた時であり、また与えられた数学の問題をあらかじめ記憶した公式を利用して解くことができた時である。このことからまず意識としての学力は、何らかの問題や課題が与えられた時、あるいは何らかの問題や課題に出会った時に発せられる「問い」とともに、その自らの姿を顕わにし、はたらき始めるという特質を持つということである。つまり、意識としての学力はまず何らかの問題や課題との出会いをきっかけにしてその存在を顕わにするのである。何らかの問題や課題との出会いの時、瞬間的にすべての思考が停止状態になり、いわゆる意識的に空白の状態となる。このような時に「問い」が発せられる。つまり、学力がその自らの姿を現す瞬間とは、「問い」が発せられる瞬間でもあるのである。このことは、学習活動を考える時、重要な視点を提供する。それは言うまでもなく、学習過程において学習者の学力を稼働させるためには、学習者に「問い」と出会わせなければならないということである。学習者が「問い」と出会うことは、教師が学習者に問題や課題を与えるということの他に、学習者自身が自ら「問い」を準備することでもある。学習者自身が自ら「問い」を準備することは学力の特質の一つである。すなわち、学力は自らの作用によって、自らに問題や課題を与え、それによって「問い」を引き起こすことができるのである。思考停止に伴う「問い」の出現を受けて意識されるのは、対象についての意識についての何らかの「身体表現」である。「身体表現」とは、意識の対象となるすべての身体の動きの中で、意味を持つ身体の動きのことである。これは対象についての意識の刺激を受けて、学力としての意識自体が、対象についてのあらゆる経験にかかわることなく、その独自のはたらきとして生み出すところのものである。そしてその独自のはたらきとは、対象についての意識を「身体表現」し、すなわち、対象についての意識と何らかの「身体表現」意識とを接続（＝対応）させることで、対象についての意識を何らかに意味づけるのである。この接続は連続して起こる。つまり、意識としての学力は何かに意味づけられた対象についての意識を、それ自体をまた対象とし、その対象についての意識へ、何らかの「身体表現」意識を接続する、という過程を繰り返し、繰り返し継続するのである。

この意識としての学力は、本質的にすべての人間に共通する、普遍的な意識である。もちろん、子どもの学力が大人の学力と比較して、発達度の違いからそのはたらきにおいて不十分であるという相違はあるだろう。しかしそれは、子どもたちの意識が大人の意識に比較してまだ十分に成長しておらず、発達途上にあることによるのである。このことは幼児の学力としての意識の分析に、青少年の学力としての意識を分析する方法を適用することを不当なものにするであろうか。私たちはそうは考えない。というのは、学力としての意識の基本的な構造は、幼児も青少年も何ら変わらないのである。しかも、学力としての意識の構造は、幼児期ほど精神の表面に露出しているのであり、むしろ、学力としての意識の構造をより精確に観察することができるのである。幼児期から青少年期にかけての、いわゆる自我の発達は、意識としての学力を精神の表面から内部へと深化させていくのである。したがって、学力の特質をより精確に把握するためには、幼児期の子どもたちの言動に対する注意深い観察が求められるゆえんである。これまで哲学のこの分野でのさまざまな成果が教育学の分野に適用されることが少なかったのは、子どもと大人との成長の差が、そのまま意識としての学力の構造上の完成度の差と考えられたためであろう。

第三章　学力の構造

第一節　純粋意識としての学力

根源的な学習能力としての学力

人間にとって学力とは、人間という存在のあらゆる可能性を生み出す源泉である。人類は自分の誕生以来行ってきた、絶え間ない学習の成果を積み重ねていくことによって、今日の進歩を実現できたのであり、これからも無限の進歩を遂げていくであろう。こうしたことを可能にしてきたのが、そしてこれからも可能にするのが文字通り〝学ぶ力〟、すなわち、意識としての学力である。学力というこの何らかの意識の存在は、ともすれば人間の幼少期から青少年期までの学習を可能にするところのものと限定的に考えられがちであるがそうではない。学力は常に人間の精神の中枢にあり、人間の精神が終生かかわりを持ち続けることになるところのものである。すなわち、学力は人間のあらゆる可能性を実現する重要な意識であり、その幼少期から青少年期まではこの重要な意識の基礎的な基盤の生成期であり、そして発展期であるという意味において特別に注目されるのであるが、そのはたらきは終生継続するのであり、この学力の構造やそのはたらきは終生変わることがない。私たちはこの学力という重要な意識がどのようなものであるかを解明しようとしていくのであるが、それは同時に人間の意識一般の構造やはたらきの解明にもつながるものである。

あらゆる意識についての体験を意識体験とするならば、学力は意識体験において、理解や判断や評価といった作用を行う意識である。このような意識とはどういう意識なのであろうか。どうしたらこの学力としての意識に出会うことができるのであろうか。私たちはあらためて教育実践をふりかえってみると次のような出来事に出会う。まず、学力は通常「何かについての学力」として表現される。たとえば、国語の学力、数学の学力、芸術の学力等々である。国語の学力というと、与えられた文章を読み解く力であったり、作文する力であったり、自分の考えをまとめて表現する力であったりする。同様に、数学の学力というと、さまざまな問題を数式で表現して解決する力であったり、公式や定理を証明したりする力である。そして芸術の学力というと、絵を描いたり、楽器を演奏したり、新しい作品や楽曲を創作したりする力である。このように最も身近な意味での学力とは、それぞれの学習領域で発揮される学習能力をさしている。したがって、教育実践の場ではこうした意味における学力は、学習内容の数だけ、あるいは教科の数だけ個々に存在することになる。後に触れることになるが、現代は知識爆発の時代といわれ、科学技術の進歩に象徴されるように子どもたちが学習しなければならない知識が急速に増加しているとされる。したがって、もし学力の本体をこのように個々の「何かの教科・科目についての学力」と考えるならば、知識の爆発的増加に対応して同様の数の学力が必要とされることになるであろう。もし学力がこのような意識のはたらきであるとしたら、人間は個々の学力をあたかも机の引き出しのように所有していることになる。そして、場面場面に応じてそれぞれの引き出しからそれに相応する学力を取り出してくることになる。しかし、実際にはたとえば、数学の問題を解く時に、国語の読解力が必要であったり、また芸術的な学力としての図面を描く力が必要であったりすることを経験している。つまり、学力は確かに個々の学習領域で顕著に示されるところのものではあるが、そのそれぞれの学力はその根元の部分においては、一つの共通した、融合している意識ではないかと考えられる。すなわち、通常においては学力はその具体的な姿形を個々の学習領域を通して明らかにするのであるが、その本来の姿形はそれとは異なり、別の姿形を持っているのではないかと考えられる。言い換えれば、人間の意識一般という視点からみれば、学力は常に、すでに総合的な意識のはたらきとして一つの存在である。したがって、現象的には学力は対象となる個々の学習内容についての学力であるが、実質的にはこの個々の学力の根源となる一つの学力というものが存在し、個々の学習内容についての学力はこの根源となる学力が個々に分岐したものであり、この根源となる学力こそが本来の学力と考えられる。私たちが追究する学力もまたこうした学力である。

「問い」と身体の動き

さらに教育実践においては、私たちは次のような出来事に出会う。それは何らかの問題に出会った時に起こる出来事である。たとえば、誰からか質問をされてどう考えてよいかわからず答えに窮する時であり、あるいは試験においてある問題を前にして全くその解法が思い浮かばない時であり、あるいは自分の中から突然何らかの疑問が浮かび上がってきて、どうしてよいかわからない時の出来事である。すなわち、一般に人間においては、何らかの状況の中で自分の中に「問い」が浮上した時、ある独特の意識状態に陥ることがある。私たちはこのある独特の意識状態に注目するのである。ところで、私たちが自分の中に「問い」が浮上する時とはどういう時であろうか。それは出会った何らかの超越的対象（事物や事柄）、ないしは何らかの内在的対象（発想や直観）が、具体的な身体の動きで表現できない時である。たとえば、理科の授業で「作用・反作用の法則とは、作用があれば、必ず反作用があり、その大きさは等しく一直線上にあって、向きは逆向きであるという法則である」を学習したとする。もし、この授業でこの法則を初めて知った子どもは「どういう法則だろう？」という「問い」に襲われるが、他方この授業以前にこの法則をすでに学習していた子どもは、作用・反作用の法則とは、人が壁に向かって立ち、壁を押して押し返される時に感じられる法則であることを知っており、「問い」に襲われることはない。つまり、「問い」と出会う時とは、学習内容が直接具体的な身体の動きで表現できない時なのである。

出会った学習内容を身体の動きで表現できない時、私たちは「問い」を感じる。言い換えれば、「問い」に襲われるのを感じる。具体的には「何だろう」、「どうして（どういうこと）だろう」、「どうしたらいいのだろう」等々である。この時私たちは、言葉を失っていたり、行動できなくなっていたりする。しかし、同時に私たちはその時、次のような意識状態を感じる。それは自分の頭の中でめまぐるしく展開する、あるいは浮かんでは消え、消えては浮かんでくる意識の存在である。その意識はあたかも出会った学習内容を何とかして身体の動きで表現しようとして、さまざまな身体の動きを模索しているようである。この身体の動きの模索は、出会った学習内容についての意識と、何らかの身体の動きについての意識とをさまざまに接続する過程として意識体験される。先ほどの作用・反作用の例についてみてみよう。

この法則を理解する（わかる）ことは、実際に自分が壁の前に立ち、自分の両手で壁を押してみるという身体の動きが必要である。その身体の動きには強く押したり、弱く押したり、まっすぐ押したり、斜めに押したり、……等々さまざまな身体の動きがある。そして一つ一つの身体の動きごとに言葉を話すことが伴っている。というより、身体の動きと言葉を話すこととしての反省が交互に出現する。この過程はあたかも身体の動きと反省とがキャッチボールをしているかのようである。言い換えれば、個々の身体の動きと反省とは、作用・反作用の法則という問題に対して、キャッチボールをしながら解決をはかろうとするのである。これは見方を変えれば、問題解決とは「問い」を媒介にして、身体の動きについての意識と、身体の動きについての意識とを接続し、他方で言葉を話すことによってその接続を切断するというように、相互に接続と切断とを行う過程であり、それはあたかも、身体の動きから言葉を話すことへ、言葉を話すことから身体の動きへと連携し合う過程のようである。

私たちは個々の学習活動を詳細に観察していると、以上のような過程の存在に気づくのである。これから次のようなことが推測できるであろう。「問い」との出会いにおいて感じられる意識状態、すなわち、自分の頭の中でめまぐるしく展開する、あるいは浮かんでは消え、消えては浮かんでくる意識状態とは、私たちがここで探究しようとしているある意識ではないのか。つまり、この意識とはこのように、対象についての意識と何らかの身体の動きの意識とを接続し、融合することによって、対象についての意識を意味づける、すなわち、出会う対象についての何らかの「身体表現」を生み出すはたらきをするのではないか。言い換えれば、このような意識のはたらきは、絶え間のない身体の動きについての意識と身体の動きについての意識とを接続し、それらを融合することで、対象についての意識を理解したり、認識したり、判断したりすることを可能にするところのものではないか、ということである。さらに身体の動きの意識と言葉を話す意識とは、この「身体表現」意識において互いに共有領域を持ちながら、相互に排斥し合う関係にあるのではないか、ということである。

純粋意識としての学力

「問い」の出現において体験される意識、すなわち、さまざまな内容をめまぐるしく展開させ、あるいは浮かんでは消え、消えては浮かび上がらせる意識の存在を、私たちは純粋意識と呼び、精神を形成するはたらきをする核となる意識であり、学力もまたこのような純粋意識であると考える。このように「問い」との出会いにおいて自らを顕わにし、独自なはたらきをする意識を私たちが純粋意識と呼ぶのは次のような事情による。「問い」との遭遇において、私たちは瞬間的ではあるが、言葉を失っていたり、行動できなくなっていたりする。いわばすべての意識作用が停止状態に陥るのであるが、その中でこの意識は、さまざまな内容をめまぐるしく展開させ、あるいは浮かんでは消え、消えては浮かび上がらせるのである。こうしたことからこのような意識を純粋意識と呼ぶのである。

では、純粋意識とはどういう意識であろうか。まず、私たちが日常的に感じる意識体験は、常に、すでに「私は思う、私は在る」としてである。そしてさらに気づくことは、この「私は思う」には、自分が自分の意志を通して思う場合、すなわち、何かを思おうとして思う場合と、自分の意志に関係なく自然に思う場合、すなわち、特に何かを思おうとしないのに浮かびあがってくる思う場合とが区別されることである。この二つの「私は思う」に対応するのは、ともに「私は在る」である。前者の場合、すなわち、何かを思おうとして思う場合、私は自らの意思によって自分の存在を確認しようとすることを感じる。一方、後者の場合、すなわち、特に思おうとしないのに浮かびあがってくる思うの場合、私は自分が存在させられていると感じる。私たちはこの何気ない日常的に感じられる二つの「私は思う、私は在る」の中に、人間の基本的な意識の様態、すなわち、意識体験が見出されると考える。

私たちはこの基本的な意識体験の内容が刻々と変化するのを感じるが、この意識体験の内容が刻々と変化することの中に、私たちは自らの固有のあらゆる可能性が醸成してくるのを感じるのである。このことは、あらゆる意識においてこのような変化をつくる意識が存在するということである。一般に意識体験におけるこのような変化をつくるはたらきをする意識が純粋意識である。先述したように、純粋意識は、意識体験における「問い」の出現とともに、自らの存在を顕わにする。私たちは日常的に「問い」に出会い、そのたびにこのような意識の存在を感じることは、不断に純粋意識がはたらいているということを示すものであり、何より私たちは不断に純粋意識と出会っているということである。この純粋意識がどのような構造をしているかは、純粋意識自体が直接知覚されないことから、そのはたらきから類推するしかない。たとえば、意識体験において純粋意識の存在を容認することは、精神を純粋意識と非――純粋意識とから構成される二重構造とするという主張につながるであろう。すなわち、精神においては、表層と深層の二種の意識が存在し、深層の純粋意識が表層の意識にはたらきかけて意識体験を変化させる、ひいては精神を変化させるというものである。しかしこの場合、不断の純粋意識との出会い、すなわち、不断に私たちの中に浮かび上がる「問い」との関係をどう考えるかが明確ではない。純粋意識のはたらきについては、「問い」との関係から、先に私たちが述べたように、対象についての意識と何らかの身体の動きについての意識とを接続し、その接続を言葉を話すことについての意識が切断する、さらにこの接続と切断が反復され、対象についての意識を意味づける、すなわち、出会う対象についての「身体表現」を生み出すと考えることが妥当であるように思われる。そしてこのことから、純粋意識の構造は「身体表現」意識と「言葉を話す」意識とで構成される二重構造を持つと推測されるのである。この場合の「言葉を話す」意識とは、いわゆる反省についての意識である。反省は純粋意識に対してある特別な構成要素と考えられるのである。

ところで、このような純粋意識の存在については、哲学の領域ではどのように考えられているのであろうか。純粋意識という用語は直接的には周知のようにフッサールによって提起されたものが思い浮かぶ。フッサールにおいては純粋意識は先験的意識とも呼ばれ、自然的見方に判断中止（エポケー）をほどこし、この現象学的還元を行った後に残る現象学残余としての意識のことである。すなわち、フッサールにおいては、純粋意識とは判断中止（エポケー）という現象学的還元によって自然的態度がカッコに入れられると、超越的存在としての世界が排去され、その後に残されるところの領域である。超越的存在としての世界は、還元後には単なる世界意味として純粋意識の中に内在化される。このような純粋意識の領野への回帰は、フッサールにおいては現象学的判断中止（エポケー）という手法が用いられた。現象学的判断中止（エポケー）についてはフッサールは次のように主張している。「真に哲学者であろうとするものにとっては、ある種の徹底的な懐疑的判断中止から出発するのを避けるわけにはいかない。それは彼の持ついままでのあらゆる信念の世界を問題にし、それらの信念を判断として使用することをあらかじめ防ぎ、それが妥当するかしないかについて態度を決めることを禁ずるような判断中止なのである」[註10]。この現象学的判断中止（エポケー）という操作は、自然的態度をカッコに入れることである。これによって純粋意識は自らを顕わにする。この時純粋意識は、一方に純粋な意識の相関者として、すなわち、「何ものかの意識」として、他方で純粋我ないし先験的自我として自らを顕わにするのである。この純粋我ないし先験的自我とは、判断中止を行う〈わたし〉であり、唯一絶対に疑いのない存在、すなわちあらゆる疑いの可能性を原理的に排除する存在領域である。この存在領域の、すなわち、先験的自我の根源明証性こそが、すべての学的認識がそこへ還帰せねばならないものである。フッサールによれば、現象学的判断中止（エポケー）によって自然的見方における何ものも失われることなく、そっくりそのまま先験的主観性の領域に移される。現象学的判断中止（エポケー）はこの移動を可能にする操作である。カッコに入れられた自然的見方が先験的主観性の領域に移されることによって、カッコに入れられた自然的見方は先験的主観性による認識、すなわち直観されることになるのである。現象学的判断中止（エポケー）はいわば自然的見方における空間――時間的な世界という超越的な世界を純粋意識に内在化する手法とみることができる。

意識体験における純粋意識の存在については、次の二つの観点において私たちはフッサールと見解を同じくする。一つは、純粋意識は一切の超越的対象から切り離された、あるいは独立した意識であり、そしてそれ自体としてのはたらきを持つということである。もう一つは、純粋意識には身体そのもの、あるいは身体の在り方が含まれているということである。私たちは先に【図1】において人間の精神（心）は、身体のさまざまな動きとしての「身体表現」のうちに存在すること、したがって純粋意識には「身体表現」としての身体の概念が含まれるとした。一方でフッサールでは、現象学的判断中止（エポケー）において身体そのものはカッコに入れられておらず、したがって純粋意識は身体を排去した純粋な心ではなく、むしろ身体および身体の動きを含んだ意識ということになる。この点においても私たちはフッサールの純粋意識の見解に添うものである。

純粋意識のような意識の存在を確信すると思われる主張は他にも見出すことができる。たとえば、カントは『純粋理性批判』において、人間の認識は心意識の二つの源泉から生じるとし、第一の源泉は表象を受け取る能力（受容力）であり、第二の源泉はこれらの表象によって対象を認識する能力（悟性概念の自発性）であるとして、これから空間表象と時間表象からなる直観と概念とが人間の一切の認識の要素であるとしている。純粋意識との関係では、認識を可能にする第二の源泉が重要で、対象についての表象によって対象を認識する能力（悟性概念の自発性）であるとされるが、この能力はいわゆる純粋意識のはたらきに類似したものと考えられる。カントはこのような第二の源泉についての分析論を本来の一般論理学、すなわち、純粋論理学の仕事だとする。(註11)

以上のように哲学の領域においても、それが獲得される手法やその取り扱いにおいてそれぞれに異なってはいるが、私たちにおけるような意識体験における純粋意識というような独特なはたらき（作用）をする意識の存在が想定され、すべての学的認識の根拠とされていることがうかがわれる。このことから私たちは意識体験における純粋意識の存在を確実なものと確信するものである。そしてこれが私たちにおける学習活動を可能にする学力と呼ばれるところのものである。この純粋意識としての学力には独自のはたらきがある。そしてそれが子どもたちの学習活動を通して、子どもたちの精神を形成し、発展させ、子どもたちのあらゆる可能性を実現する原動力となるのである。この学力の構造およびはたらきを詳細に解明することによって、学力そのものを向上させるための方法が自ずから見出される。この方法は具体的な教育方法の指針となり、これまで以上により豊かな、そして合理的な教育実践を行うことを可能にするであろう。

第二節　学力の特質

学力の志向性

純粋意識としての学力は「問い」と出会うと同時に、意識体験において自らを顕わにする。言い換えれば、何らかの「問い」が私たちに投げかけられた時、あるいは何らかの「問い」が自らの中で不意に浮かび上がった時、私たちがいわゆる「何をどうしたらいいのか」と感じる時に、それに応ずるように出現する意識が純粋意識としての学力である。

あらためてさまざまな教育実践を思い起こしてみると、すべての学習は「問い」に始まり、「問い」に終わる営みであることがわかる。学習が学力のはたらきによって展開されることを考えるならば当然のことと言える。学習においてま「問い」が持つ意義はきわめて大きいと言わなければならない。「問い」との遭遇において、意識体験においてはさまざな「身体表現」がめまぐるしく展開され、あるいは浮かんでは消え、消えては浮かび上がろうとするのが意識される。このことは言語表現においては、「それは〜ではないか」、「それは〜と違うのではないか」、「それは〜したらよいのではないか」等々となる。この「それは〜ではないか」というのは、対象についての意識への「身体表現」の直接的な接続による表現である。これに対して「それは〜と違うのではないか」というのは、対象についての意識と「身体表現」意識との切断による表現である。そして「それは〜したらよいのではないか」は、再び対象についての意識への「身体表現」意識の直接的な接続による表現である。すなわち、このような学力の作用に基づくと思われる意識の様態は、よく観察すると個々の身体の動きを、他の個々の身体の動きに接続し、融合し、一つの「身体表現」にしたり、他方でその「身体表現」をいくつかの身体の動きに切断したりする動きであることがわかる。

このような学力のはたらきの過程は、自己の意思、すなわち、自我との関係の有無によって大きく二つに分けられる。一つは自己の意思、すなわち、自我と一切のかかわりがなく、学力それ自体としての過程であり、それが個々の身体の動きについての意識を、他の個々の身体の動きについての意識と接続し、一つの「身体表現」に融合する動きである。他の一つは自己の意思、すなわち、自我と深く関係し、この自我による刺激を受けての過程であり、それが一つに融合された「身体表現」を、いくつかの身体の動きに切断する動きである。後者において自我の刺激を受けて実際に一つの「身体表現」をいくつかの身体の動きに切断するのは、反省、すなわち、言葉を話すという行為である。したがって、学力のはたらきは次のように表現することができる。学力とは本質的に個々の身体の動きに接続し、融合して、一つの「身体表現」を形成するという、自己の意思、すなわち、自我と一切のかかわりがない、学力それ自体としてのはたらきである。これに自己の意思、すなわち、自我の刺激を受けた言葉を話すこととしての反省が、その接続され、融合された「身体表現」意識を切断するという形でかかわることになる。学力はこうした自我意識による反省の介在を受けつつ、再び個々の身体の動きについての意識を、他の個々の身体の動きについての意識と接続し、融合して、再び一つの「身体表現」を形成するという過程を遂行する作用体である。私たちはこれらの過程における、個々の身体の動きと、他の個々の身体の動きとの接続、融合による一つの「身体表現」を形成するという、自己の意思、すなわち、自我と一切のかかわりがない、学力それ自体としてのはたらきを学力の志向性と呼ぶ。(註12) 学力の特質としての志向性は、学力のはたらきの核心となる特質である。私たちはこの論考において、学力というものの構造やそのはたらきに最大限の接近を試みるつもりであるが、それはどこまでも接近であり、学力の完全な解明というものを目標にしてはいない。というのは、私たちの試みはより合理的な教育方法の確立をめざすことを最終目標としており、その限りでの探究だからである。したがって、学力の志向性という特質は、学力がそれ自身において自ら本来持つべきはずのものとするところのものである。しかし、学力の志向性のみがあらゆる理解や認識や判断を可能とするのではなく、「言葉を話す」こととしての反省のかかわりによって初めてそれらが可能になるのである。言い換えれば、「言葉を話す」こととしての反省に伴う自我の関わりを俟って、学力は初めてその十全なはたらきをすることができるのである。

直観としての学力

学力はその志向性という運動によって、対象についての意識を常に「身体表現」意識として意識体験において示す。私たちは日常的に次のような体験をする。たとえば、目前の花瓶に生けられた薔薇の花を見てある人は思わず「好き」と答えたのに、ある人は「嫌い」と答えたとする。その時もしなぜそう感じるのかと問われたら、すべての人は即座に「そう感じたから」と答えるだろう。この場合「好き」という答えも、「嫌い」という答えも学力の志向性によるものという点で共通している。しかし、「好き」と答えた人と「嫌い」と答えた人との間には明らかな差異がある。これは私たちの意識体験そのものが、学力の独自の運動、すなわち、学力の志向性によって目前の花瓶に生けられた薔薇の花が何がしかに「身体表現」されたものであることを示すものである。言い換えれば、私たちが常に、すでに感じる意識、すなわち、意識体験とは、学力の独自の運動、すなわち、学力の志向性の作用によって、対象についての意識が何がしかに意味づけされたものであるからである。だからこそ「好き」という答えも、「嫌い」という答えもともにあり得るのである。

目前の花瓶に生けられた薔薇の花を見て多くの人は思わず「好き」と答え、ある人は「嫌い」と答えたというこの場合、一般にこのような意識体験は直観と言われる。この場合の直観とは、学力の運動によって直接、意識体験にもたらされるところの「身体表現」についての意識である。言い換えれば、この場合の直観とは、学力が目前の花瓶に生けられた薔薇の花を見て、その薔薇の花を直接認識した内容である。このことは学力による認識が直観であることを意味する。それは学力の本質的運動としての志向性によるものである。つまり、学力が自らの運動としての志向性を持つということは、学力が対象を直接認識することであり、直観（的認識）を持つということである。このように学力の運動は、意識体験においては非自我的に、あるいは非意図的に出現する意識として感じられる。すなわち、考えようとして考え出されたものではなく、また感じようとして感じられたものではないのである。このことは、学力が非自我的、あるいは非意図的なはたらきの意識であるという意味において、直観そのものであることを示すものである。この場合の直観とは、学力そのものが本質的に持つ志向性をさす。学力は常に、すでに、放射状に志向性というその突起を出している。言い換えれば、学力そのものの運動が志向性であり、この志向性によって私たちの意識に与えられるところの何らかの「身体表現」が直観と呼ばれるのである。

直観は従来、人間が持つ二つの認識方法の一つであるが、その基本的なメカニズムは謎とされてきた。このために直観に対しては、永く正当な認識方法として受け入れられることがなかった。しかし、近年になってこの直観という認識の重要性を見直す動きが起こってきた。このような直観に対する見直しの潮流のきっかけとなったのには、直観を人間の正当な、必須の認識方法としてとらえようとしたフッサールの影響が大きいと考えられる。教育学の領域においても、ブルーナーは、「直観というのは、結論が妥当であるかどうかがわかるような分析的段階をへないで、蓋然的ではあるが、暫定的な公式化に達するための知的な技術のことである。直観的思考や、予感の訓練は、形式を整えたアカデミックな学問においてだけでなく、日常の生活における生産的思考において、非常に無視されているが、重要な一面である」と述べている。ここには人間の基本的な認識として直観的認識と分析的（論理的）認識とが明らかに区別されて考えられている。問題はこの二つの認識がどのような関係にあるかということである。この関係についての明確な解明は未だになされていない。この二つの認識の間の関係の解明こそ、学力の解明の最も重要な鍵を握ると考えられる。

フッサールは認識体験の現象学は「直観によって把握され分析されうる諸体験のみを、純粋な本質普遍性において研究する」(註14)と述べている。フッサールにおける「何ものかの意識」は純粋意識の作用によって直接意識体験にもたらされるのであり、すべての心理主義的な意識からは完全に隔てられた意識である。このような「何ものかの意識」はもちろん日常生活における出来事や出会う何らかの対象についての意識ではない。つまり、意識体験には空間——時間的に存在するリアルな諸対象と並行して、普遍的、非——時間的イデア的対象、たとえば概念、命題、真理などの対象が存在するということである。この後者の意識が「何ものかの意識」であり、客観的認識一般の可能性の条件でもある。この意識体験における後者の意識が純粋意識の作用によって生み出されるのである。フッサールはこのような「何ものかの意識」が生み出される過程について思考体験や認識体験をはじめとする論理学的諸体験についての綿密な記述的分析を行うが、これらは認識論的研究の諸動機と相通じるものである。すなわち、フッサールは自らがその確立をめざす純粋論理学を認識批判的に準備し、解明しようとするのである。そして重要なのはこの解明が心理学によってその発生を説明され、経験的、法則的連関を究明されねばならないところの表象体験、判断体験、認識体験を分析し記述することによって行われるとしたことである。つまり、この「何ものかの意識」は心理主義における認識の過程と同様の過程の分析を通して解明されようとしたのである。しかし、これは純粋現象学が心理学であることを意味しないとされる。というのは、心理主義を徹底的に批判するという基本的な立場の変更ではなく、現象学理論構築のための前段階における研究方法なのである。言い換えれば、純粋論理学の構築をめざす実際の研究方法としては、フッサールは現象学とは記述的心理学であるという一貫した立場をとることに基づくものである。こうしたことから「何ものかの意識」は基本的にはいわゆる認識の過程を通して生み出される意識として考えることが出来よう。

通常、認識には直観（的認識）と分析（論理的認識）とが区別される。直観とは対象についての意識の学力による直接的な表象である。学力は複雑にからみあった体験とその意味及び、対象となるものとともに非主題的、暗示的に与えられる意識を含む領野である。すなわち、学力は目前の対象に出会う以前のすべての意識体験が融合され、総合された意識、言い換えれば過去のすべての意識体験が総合された意識の作用体である。したがって直観とは、出会う目前の対象と、この対象と出会う以前に形成された作用体としての学力との融合によって意味づけられ、自らに内在化された「身体表現」による意味づけとしての認識ということができる。つまり、直観は自我から独立した中で展開する認識の過程をへて生み出される認識であり、ここでいう「身体表現」は直観としての認識であると考えられる。

学力は本質的に直観であると考えられる。学力が直観であるということは、もう一つの認識である分析的（論理的）認識は学力には含まれないということになるのだろうか。しかし、私たちも含めてほとんどの人々は、経験的に認識には直観および分析的（論理的）認識が含まれ、この双方が学力にとって必要であるという確信を持っている。何より教育実践においては、圧倒的に分析的（論理的）認識を基本として取り組みがなされているのである。というのも、教育の営みは明確な意志に基づく目的的な営みでなければならないからである。直観はそのメカニズムがよくわかっておらず、確かに存在するけれども、その出現及びはたらきは偶然的であり、蓋然的であり、教育の営みにおける主要な活動とはなりえないのである。学力の存在およびそのはたらきは、本人及び本人に関わる周囲の人間の意志を織り込んだものでなければならない。なぜなら、子どもの成長、発達が全く生得的な機能やその作用としての学力によって行われるのであれば、私たちは教育という営み自体を必要としないであろう。しかし、事実はそうではなく、子どもの成長、発達は、生得的な機能やその作用としての学力に、本人及び本人に関わる周囲の人間の意志が織り込まれることを通して可能になるのである。もし、直観が生得的な機能やその作用による認識であるならば、たとえ直観が学習においてきわめて有益な認識であるにしても、直観を目的とした教育的営みは存在しないであろう。

学力は人間の総合的な可能性を生み出すはたらきをする意識の作用体である。この学力が可能性の源泉であるということは、学力が少なくとも二つの異なる意識から構成される構造を持たねばならないことを意味する。その一つは自我に基づく意志の意識に基づく構造であり、もう一つは生得的な機能やその作用をもつ構造である。すなわち、学力はそれ自体一つの総合的な意識であるが、その構造においてこの二つの意識から構成されているのである。私たちは、自我に基づく意志の意識を「言葉を話す」という身体の動きについての意識に伴う意識、すなわち、「言葉を話す――身体表現」意識に伴う意識とし、生得的な機能やその作用をもつ意識を「手許にある――身体表現」意識のノエシス――ノエマ構造の作用をもつ意識とし、学力はこの二つの意識が共通領域を持ちながら、同時に交叉し合う関係にあると考えるのである。

学力のノエシス――ノエマ構造

学力は常に、意識体験において対象についての意識を「身体表現」として示すが、これは学力の志向性が対象についての意識に何らかの意味を付与する作用があるということを意味する。これは身体の動きがあらゆる意味が生い立つ場であることからすれば当然のことである。対象についての意識に何らかの意味を付与するとは、言い換えれば、対象についての意識が学力の志向性によって何らかの意味を与えられることである。では、学力がその志向性によって対象についての意識にもたらす意味とは何であろうか。一般に意味とは、言葉・記号などで表現され、また理解される一定の内容、あるいはある表現・作品・行為にこめられた内容・意図・理由・目的・気持ち等、さらに物事がある脈絡の中で持つ価値、重要性、意義等々を指すとされる。学力が対象についての意識に何らかの意味を付与するという場合の意味とは、これらの一般的な意味とは異なっている。

このような対象についての意識が学力によって何らかの意味を付与されることとは、実際の学習においては、学習内容を「理解する」、「認識する」、「判断する」といったことに相応する。付与された意味が「理解する」なのか、「認識する」なのか、「判断する」なのかは、出会う問題や課題の内容によって規定されるのである。言い換えれば、意味を付与された意識とは、「理解する」、「認識する」、「判断する」に分岐する以前の源的な意識である。すなわち、この源的な意識が「身体表現」意識である。学力は自らの特質である志向性によって、対象についての意識を「身体表現」するが、これが対象についての意識の意味づけ、すなわち、意味付与となるのである。このことから、学力の志向性とは、対象についての意識を〝「身体表現」で観る〟、あるいは〝「身体表現」で考える〟というはたらきであることがわかる。この対象についての意識を「身体表現」で観る、あるいは「身体表現」で考えることは、対象についての個々の身体の動きの意識と、精神としての「身体表現」意識とを接続することであり、またその接続が反省によって切断されることで、さらに多様な接続が可能となるという、連鎖の中で意味が生み出されるのである。私たちはこのような学力の作用、ないしはたらきを、学力のノエシス――ノエマ構造と呼び、純粋意識としての学力のもう一つの特質であると考えるのである。

ところで、このノエシス、ノエマという用語は、言うまでもなく、フッサール現象学の専門用語である。すなわち、フッサールは純粋意識の特質を、ギリシア語のヌース（nous）およびノエイン（noein）に由来するノエシスという語を使用して展開している。このノエシスは意識の作用的側面を指し、ノエシス的契機と呼ばれて、純粋意識を構成する心的な実的要素である。言い換えれば、ノエシスは対象を志向し、これに意味を付与する意識体験をいい、具体的には知覚、想起、判断、願望などが相当する。そしてこのノエシスの最も緊密で具体的な相関者がノエマである。ノエマはノエシスに対して意識の内面における客観的な側面をさし、ノエマ的契機と呼ばれる。このノエシス――ノエマ構造は、フッサール現象学が把握した意識の根本構造とされる。(註15) 私たちはこのフッサールにおける純粋意識の特質としてのノエシス――ノエマ構造の、その中でもノエシスという用語に注目する。フッサールによれば、ノエシスは「見る」または「考える」という意味のノエイン（noein）に由来する術語で、意識作用を意味するという。私たちは学力の特質である志向性が、対象についての意識に「身体表現」意識を対応させると考えるのであるが、この対応することを、このノエシスという用語を借りれば、対象についての意識を「見る」または「考える」という意識作用だとみなすことができる。すなわち、学力の特質である志向性とは、対象を単に目で見ることではなく、あるいは言葉で「考える」ことではなく、対象についての意識を身体の動き全体で「見る」または「考える」こと、言い換えれば、身体のさまざまな動きで「見る」ことであり、または「考える」ことなのである。そしてこれが対象についての意識を「身体表現」することにほかならないと考えるのである。さらに私たちはノエマという用語にも注目する。というのは、このノエシスの作用によって意味を付与された志向的対象がノエマ、すなわち、私たちにおいては「身体表現」ということになるからである。すなわち、ノエシスが学力の作用的側面とすれば、学習の成果としての「理解する」、「認識する」、「判断する」は学力の対象的側面でありノエマということになる。

ノエシスの作用としての〝接続する〟

私たちは学力の基本的な構造をノエシス――ノエマ構造とする。学力の作用的側面としてのノエシスは、対象を志向し、対象についての意識を「身体表現」することによりこれに意味を付与する。そしてこうして意味を付与された対象についての意識がノエマであり、学習内容の「理解」、「認識」、「判断」の内容である。私たちはこのノエシスの意味の付与という作用について次のように考える。私たちは具体的な人間存在を「手許にある――身体表現」意識とする。そしてノエシスは対象についての意識と「手許にある――身体表現」の意識とを接続し、その対象についての意味を付与するのである。意味を付与された対象についての意識は、概念となり、対象についての意識となり、さらに何らかの「手許にある――身体表現」意識と接続され、その対象についての意識に何らかの意味を付与する……というような過程が進展していく。私たちは日常生活において「考えが煮詰まる」という意識体験を持つが、それはこのようなノエシスの作用によって起こると考えられる。こうしたノエシスの作用は、対象についての意識に何らかの意味を付与するが、その意味は個人の体質、性格、環境などによって一定の傾向を持つ。たとえば、その人の気質が楽観的であるか、悲観的であるか、鷹揚な性格か、性急な性格か、余裕のある環境にいるか、切迫した環境にいるか、等々で煮詰まる考えの内容が異なってくるのである。ノエシスの作用による意識と意識との接続によって生み出される意味は、それ自体調和のとれた、あるいは普遍的なものでもなく、きわめて個人的な傾向を反映した、多様な内容となる。したがって、このような意識によって構成される精神も同様の傾向を持つことになる。いわゆる個性というものはこうして形成されるのである。

このようなノエシスの接続作用は、いわば生得的な、一方的な作用である。つまり意志や自我が関わらない作用である。もちろん、ノエシス自体は先述したように、個人の体質や性格や環境によって影響を受けるから、間接的に関わることはできるであろう。しかし、私たちが人間の可能性として期待する人間らしさ、あるいは、学問の発達に必要な知識の学習やその獲得、また社会生活における物事や他者への細やかな配慮等々は、このノエシス自体の作用から生み出されることは不可能である。ということは、私たちが個人における教育の可能性という時、それはその個人が必要とする可能性を持たせることを意味しており、このノエシスの作用のみでは考えることができないということである。個人が必要とする可能性を獲得するためには、自己にはない「身体表現」が獲得されねばならない。自己にはない「身体表現」は、他者から、したがって、他者と共に在ることによる他者と言葉を交わし合うことを通して獲得しなければならない。ここに「手許にある――身体表現」意識、「言葉を話す――身体表現」意識と共に、「言葉を交わし合う――身体表現」意識が学力の構造を構成していることをみてとることができる。しかもこの「言葉を交わし合う――身体表現」意識は、意志や自我を伴っていることが考えられる。というのは、他者と共に在り、その他者と言葉を交わし合うには、そうする明確な意志が存在しなければならないからである。

　個人が必要とする可能性を獲得するためには、自己にはない「身体表現」が獲得されねばならないが、ノエシスの接続の作用が、現在の自己にはない「身体表現」意識との接続を行うためには、すでに形成されているその接続と総合がいったん切断される必要がある。この接続の切断を行うのが、反省としての「言葉を話す――身体表現」意識である。これは反省としての自らが直接言葉を話すという身体の動きである。つまり、私たちは言葉を話しつつ、ノエシスの作用である接続と融合を切断するのであり、これによってノエシスの作用は、新たな対象についての意識と「手許にある――身体表現」意識との接続を行うことが可能になるのである。この切断は私たちに新しい精神を生み出させることになる。ここに私たちは「手許にある」、「言葉を交わし合う」、「言葉を話す」というそれぞれの「身体表現」が学力の構造を構成する要素であることが確認されるのである。私たちがここで特に強調したいのは、言葉を話すという行為の持つ意義である。言葉を話すことはこれまでは、単に精神の存在や内容を表現する手段としてのみ考えられることが多かった。むしろ、言葉を話すことは精神のはたらきを乱すものとさえ考えられてきた。しかし、私たちの探究によれば、言葉を話すことは人間の精神を形成する作用に欠かすことができないはたらきをするのであり、このことを念頭においてこれまでのあらゆる学習方法が再検討される必要があるだろう。

「非実在的なもの」としてのノエマ

学力のノエシスによる作用によって、意識体験にもたらされるのがノエマとしての「身体表現」意識である。ノエシスはそのつど対象についての意識と「手許にある——身体表現」意識とを接続するが、これらの意識は体験に実的に所属するものであるのに対して、他方、志向的対象として構成されたノエマとしての「身体表現」意識は、本質的に体験に実的に属さない非実在的なものである。つまり、ノエマとしての「身体表現」意識は、ノエシスの志向的対象として、何らかの具体的体験に基づき生み出された「身体表現」意識であり、志向的客観、内在的客観として独自の意味を持っている。ノエマが独自の意味を持つのは、それがノエシスの作用である接続から生み出されるところのものだからである。すなわち、ノエマはあらゆる意志や自我から独立した、純粋に学力から放射されるノエシスの作用によって生み出されるところのものである。具体的な例でみてみよう。「古池や　蛙飛び込む　水の音」を学習した時のことである。この句を読んだある子どもは「何かとても心に響く俳句だと思う」という感想を述べたのに対して、別のある子どもは「なんだか当たり前のことを詠んだだけの俳句のような気がする」という感想を述べた。この二人の子どもの感想はどちらもノエマである。つまり、それぞれの感想は、この俳句についての意識が、それぞれの子どもの学力のノエシスの作用によって意味づけされて生み出された「身体表現」意識、すなわち、ノエマなのである。そしてこれらの子どもたちの感想は、あらかじめこの俳句について学習したわけでもなく、またこのような感想の内容はこの時誰も想定していなかったという点で非実在的なものである。この二人の子どもたちの感想の相違はどこからきたのであろうか。基本的にはこの子どもたちの各々の学力のノエシスの作用の相違からきていると考えられる。この俳句の学習の目的は、松尾芭蕉が自分の俳句を蕉風俳諧と呼ばれる高度な芸術にまで高めるきっかけとなった俳句としてこの句を理解させることである。したがって、当面の問題は子どもたちがこの俳句を学習することによって、「何かとても心に響く俳句だと思う」という感想を持つように導かねばならないことである。つまり、「なんだか当たり前のことを詠んだだけの俳句のような気がする」という感想を述べた子どもに、「何かとても心に響く俳句だと思う」という感想を持つように指導しなければならないのである。というのは、後者はこの俳句が持つ真の意味を理解するにいたっていないと判断されるからである。前者の「何かとても心に響く俳句だと思う」も後者と同様非実在的なものであるが、これはそのものがノエシスの作用の対象となり、さらなる意味づけを獲得することができるのである。

ノエシスの作用の志向的対象であるノエマは、それ自体非実在的なものである。しかし、このことは学習において重要な意味を持つ。子どもたちが学習することは、学習する子どもたちの心身の総合的な成長、発達を目標としている。つまり、子どもたちの成長、発達の原動力となる学力を向上させることが学習の目的なのである。言い換えれば、「これまでわからなかったことがわかった」、あるいは「これまで出来なかったことが出来るようになった」ことを目標としているのである。この場合の「わからなかったこと」、「できなかったこと」は、これらはいずれもその子どもにとって非実在的なものである。それが「わかった」、「できるようになった」ことは、それらが学習によって実在的なものになったことである。つまり、学習することは、本質的に非実在的なものを実在的なものに変えていくことであり、その原動力が学力であり、そのノエシス――ノエマ構造の作用なのである。さらに、学力のノエシスの作用によって生み出される非実在的なものを実在的なものに変えていくことは、学習の本質が「発見する」ことであることを意味する。というのも、実在的なものもそれが発見されるまでは非実在的なものであった。言い換えれば、実在的なものは非実在的なものから発見されたものである。したがって、まず非実在的なものが発見され、その中から実在的なものが生み出されていくのである。このまず生み出されるところの非実在的なものは、学習することによって生み出されるところのノエマである。学習はこうした意味においてすぐれて「発見学習」なのである。学習の内容はすべて実在的なものであるが、それが学習されることによって非実在的なものが生み出される。このような非実在的なものは、実在的なものを超越するところのものであるが、このことが可能性の本質である。学力はノエマを生み出すことによって、非実在的なものから実在的なものを生み出すこととしての可能性を創造するのである。

第三節　学力の構造

学力の構造

人間存在は【図1】のように身体とその身体の動きについての意識である「身体表現」意識とからなる。いわゆる人間精神（心）は、この「身体表現」意識のうちに存在している。そしてこの人間精神（心）を形成するはたらきをする意識が純粋意識である。純粋意識はそれ自体ではその姿形を示さないが、私たちの中に浮上する「問い」とともに、あるいは私たちが「問い」に襲われる時、自らを【図2】のようにその姿形を現す。学習活動においてはたらく学力もまたこのような純粋意識である。したがって、【図2】が表しているのは、純粋意識としての学力の構造である。

(1)「手許にある――身体表現」意識

まず点線の円で表されているのは身体である。これは生物学的な対象としての身体であり、私たちの探求の直接の対象とはならない。この学力の構造の全体から身体自体を表す点線の円を除いた、実線の円と二つの大小の楕円部分すべてが「身体表現」意識である。「身体表現」意識とは、私たちが精神（心）と呼ぶところの存在によって根拠づけられるところのあらゆる身体の動きについての意識であり、この「身体表現」意識は、「手許にある」、「言葉を話す」、「言葉を交わし合う」の三つの「身体表現」意識から構成される。この「身体表現」意識の基礎となるのは、目・耳・舌・鼻・皮膚をと

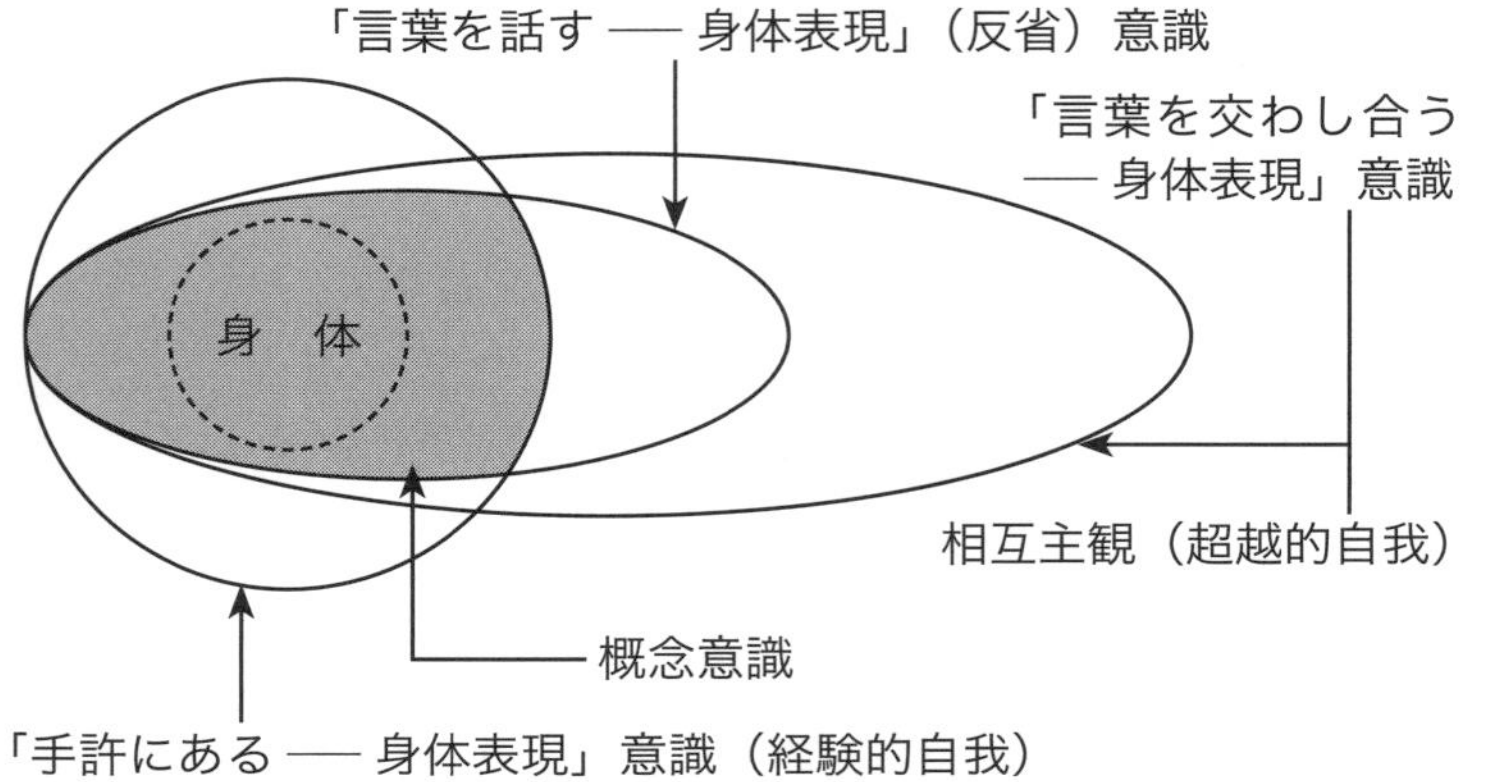

【図２　学力の構造】

おして生じる五つの感覚、すなわち五感である。五感とは、視覚・聴覚・味覚・嗅覚・触覚のことで、これらは総称して感覚と呼ばれる。私たちは日常生活においてこうした感覚を通じてもたらされる情報をもとに、対象の性質、形態、関係および自己の身体内部の状態を把握するが、こうして把握されたものが知覚である。つまり、この円の内部はすべての身体の動きについての知覚、すなわち、身体の動きについての意識を含んでいる。この知覚は基本的に個々の私の身体の動きについての意識であり、言葉では「私は（感じられて）ある」と表現されるところのものである。したがって、この「身体表現」意識は受動性としての自己意識と呼ばれる。これはサルトルが即自と呼ぶところのものである。

しかし、すべての身体の動きが私の精神の存在を根拠づけているわけではない。ではすべての身体の動きにおけるどういう身体の動きが精神の存在を根拠づけているのか。私たちはそれを「手許にある」という身体の動きであると考える。「手許にある」の手許とは、文字通り私たちの両手の手のひらと身体との中にあるということを意味する。つまり、両手の手のひらを中心としたすべての身体の動きの中に、人間の精神は確実に存在しているのである。両手の手のひらを中心とした身体の動きとは、実在する対象となるものが両手の手のうちにあることであり、また両手を使って行うもろもろの行動、すなわち、書く、描く、彫る、摑む、運ぶ、演奏する、等々の行動である。詳細については後述することになる。【図2】からわかるように、この「手許にある――身体表現」意識は、純粋意識としての学力そのものである。私たちが教育の場で「学力が向上した」、あるいは「学力が不足している」という時、念頭においているのは、この「手許にある――身体表現」意識に対する評価である。人間が自らの誕生以来身につけてきたもの、向上させてきたものとしての学力とは、この「手許にある――身体表現」意識のことである。つまり、学力の変化とはこの「手許にある――身体表現」意識の変化にほかならない。「手許にある――身体表現」意識は、人間のあらゆる可能性の源泉であり、したがって、すべての知識獲得の源泉である。(註16)

このように「手許にある――身体表現」意識は人間にとって特別な意味を持っている。それはここには何より人間の精神（心）が存在していると考えられることであり、そしてその存在が「手許にある――身体表現」意識を通して確認できることに由来する。対象についての意識を何らかに意味づけることが精神のはたらきであるとすれば、「手許にある――身体表現」意識はまさにこの意味が形成される意味の場にほかならない。こうした身体の動きが持つ特別な意味に最初に注目したのはほかならぬカントである。カントは『実践理性批判』において人間の身体の動きが持つ特別な意義を提起している。この著の中でカントは理論理性に対する実践理性の優位を説いた。すなわち、霊魂の不滅、自由、神の存在についての問題の理論的解決は不可能であるとし、これらの問題は理性の実践的使用、すなわち、理性に基づく身体の動きによる表現によってのみ解決されるとした。『実践理性批判』いわく、「……われわれは、思弁がその可能性を十分に証明することができないところの神・自由・および不死の概念を、理性の道徳的使用において求め、またこの使用のうえに確立せんがために、再び武器を手にしなければならないのである。ここで初めて批判哲学の謎、すなわち、われわれは思弁においては範疇の超感性的使用に客観的実在性を拒みながら、なにゆえに純粋実践理性の対象に関しては、範疇のこのような実在性を認容しうるかという難問が解決されるのである」(註17)。カントは神・自由・および不死の概念を、理性の理論的使用においてはその可能性を十分に証明することができないが、理性の道徳的使用においてはその可能性を十分に証明することができるとする。つまり、理性はその使用において理論的使用と道徳的使用とが区別され、理論的使用においては範疇の超感性的使用の客観的実在性は否定されるが、道徳的使用においては範疇の超感性的使用の客観的実在性は認容されるのである。ここには理性の範疇の思弁における超感性的使用をめぐる相反する二面性が主張されている。

私たちはこのようなカントの主張の中に、人間における身体の動きが持つ特別な意味を見出すのである。理性は精神の中に存在するのであるから、理性は私たちの身体と身体の動きの区別における身体の動きの中に存在すると考えられる。ということはこの身体の動きは、理性がその使用において理論的使用と道徳的使用とが区別されるように、一方で客観的実在性を持ち、他方で客観的非実在性を併せ持つと考えることができる。たとえば心、霊魂、幽霊、天国、神等の言葉がある。これらのものはその実在を確認することができないもので、言葉の表現においてのみ存在する。しかし、私たちはこれらの言葉に対応する何らかの具体的な身体の動きを持っている。その端的な例が祈り、お参り、礼拝である。祈り、お参り、礼拝等のさまざまな宗教的行為は、こうした理性の実践的使用に伴う具体的な身体の動きであると考えられる。心、霊魂、幽霊、天国、神等は人間の理性が自らの能力の限界に向き合うなかで、いわばそれらは理性の能力として認識することは認容できないにしても、理性の実践的使用としてなら認容できるものとして見出された存在である。理性の能力としての認識すると、理性の使用との区別は、あらゆる意味の場としての身体の動きが持つ特質に相応するものである。

このような理性を含む精神としての「身体表現」意識は、その核となる学力のノエシス――ノエマ構造の作用によって形成される。ということは、心、霊魂、幽霊、天国、神等は、主体的意識を伴う「言葉を交わし合う――身体表現」意識が「手許にある――身体表現」意識を刺激することによって生み出されたものと考えることができる。すなわち、心、霊魂、幽霊、天国、神等は、ノエマとしての「身体表現」意識にほかならない。「身体表現」意識はこれらのように必ずしも実在するものについての意識ではない。言い換えれば、学力のノエシス――ノエマ構造の作用によって生み出される「身体表現」意識には、実在しないものが含まれるが、それに応じる意味を介して具体的な身体の動きもまた生み出されうるのである。このことは、精神を形成する理性のはたらきが、理論的使用と道徳的使用とにその必要によって分けて考えられるというのではなく、本来の学力の作用そのものがそうしたはたらきがあることを示すものである。身体の動きにこそ人間的可能性の源泉がある。

「手許にある――身体表現」意識において最も重要なことは、この意識においては、個々の身体の動きについての意識と意識とが絶え間なく接続され、それらは融合されて一つの意識、すなわち、「手許にある――身体表現」意識を形成していることである。「手許にある――身体表現」意識は、不断に自然環境からの刺激、他者との交流からの刺激とあらゆる刺激を受けている。これに対して、この意識はそういう刺激に反応することとして、意識と意識との接続、融合を行うのである。意識と意識との接続、融合によって形成される「身体表現」意識は、これ自体認識である。つまり、ノエシスの作用に基づくこの接続、融合は、身体の動きについての意識と身体の動きについての意識とが直接結びつくのであり、それゆえに直観である。この「手許にある――身体表現」意識における接続、融合は、反省としての「言葉を話す――身体表現」意識によって切断される。言い換えれば、この切断は、「言葉を交わし合う――身体表現」意識による「言葉を話す――身体表現」意識の刺激として起こるもので、「手許にある――身体表現」意識による認識の過程が、「言葉を話す――身体表現」意識による認識の過程に変換されるものである。接続、融合の作用を切断によっていったん中断させられた「手許にある――身体表現」意識は、「言葉を交わし合う――身体表現」意識による刺激を受けて再び接続、融合の作用を遂行する。こうして「手許にある――身体表現」意識と「言葉を話す――身体表現」意識とは、「言葉を交わし合う――身体表現」意識を介して、お互いの認識の過程を交互に交流させていくのである。

(2)「言葉を話す――身体表現」意識

【図2】において小さな楕円で表されているのが、「言葉を話す――身体表現」意識である。この意識は言葉を話すという身体の動きについての意識であり、本質的には「手許にある――身体表現」意識である。【図2】において、この「言葉を話す――身体表現」意識と「手許にある――身体表現」意識とは、一方で共通する領域を持ちながら、他方でそれぞれ異なった領域を持つ。これは「言葉を話す――身体表現」意識が、本来は「手許にある――身体表現」意識でありながら、誕生以来の言葉を交わし合うという行為を通してそれから分離したことを意味する。一般に人間は言葉を持つ生きものとされるが、人間が言葉を獲得し、所有するのは誕生以後のことである。人間が生得的に持つのは、他の動物や昆虫等と同様に自らの身体の一部を振動させて声を出す能力とさまざまな声音を正確に聞き分ける能力のみである。人間は生まれながらに言葉を持つのではない。後で詳述するが、人間は誕生後周囲の他者から頻繁に言葉をかけられる。もちろん、誕生間もない乳幼児においては、他者からかけられる言葉は単なる声音にほかならない。乳幼児は成長の過程でその声音を自分の声で模倣するようになるが、やがて自分にかけられる声と自分が発する声とが自分の行動としての何らかの身体の動きを指していることを知る。そして自分の身体の動きを指しているそのひとかたまりの声音が記号としての意味を持つようになり、つまり象徴的な形式を持つようになり、やがて言葉になるのである。こうして獲得された言葉が声を出すこととしての言葉を話すことになる。人間は声に出して言葉を話すこと（＝外言）と、声に出さずに言葉を話すこと（＝内言）とを同時に行うことができないが、これらは本質的に「言葉を話す――身体表現」

意識に属する本来一つの「身体表現」意識であることを意味している。

「言葉を話す――身体表現」意識がその本質において「手許にある――身体表現」意識であるということは、「言葉を話す――身体表現」意識がまた「手許にある――身体表現」意識と共通する特質を持つということである。すなわち、「言葉を話す――身体表現」意識においては、言葉を話す身体の動きの意識と言葉を話す身体の動きの意識とが不断に接続、融合されている。もちろんこれはノエシスの作用によるものである。したがって、「言葉を話す――身体表現」意識におけるこの接続もそれ自身認識であり、直観である。この「言葉を話す――身体表現」意識におけるこの接続は、一方で「手許にある――身体表現」意識の刺激によって切断される。言い換えれば、切断という様態において、「手許にある――身体表現」意識と「言葉を交わし合う――身体表現」意識との認識の過程へ変換されるのである。

「言葉を話す――身体表現」意識が「手許にある――身体表現」意識から分離したことは、人間の精神の形成にとって大きな意義を持つ。それは「言葉を話す――身体表現」意識と「手許にある――身体表現」意識とは、本質を共有しつつ、分離したことによって互いに刺激し合う関係になったことである。「言葉を話す――身体表現」意識が自らの身体の動きを刺激し、新しい「手許にある――身体表現」意識を生み出す一方、「手許にある――身体表現」意識が自らの身体の動きを刺激し、新しい「言葉を話す――身体表現」意識を生み出すことである。いわばこれらの二つの意識は、互いに刺激し合うことによって一つの「身体表現」の意識、すなわち、いわゆる理論的認識を形成する。そして、私たちが一般にいう理論的思考とは、「言葉を話す――身体表現」意識と「手許にある――身体表現」意識とが相互に刺激し合う過程のことである。このことは次のことを意味する。いわゆる思考とは、「言葉を話す――身体表現」意識と「手許にある――身体表現」意識とが相互に刺激し合い、それぞれの認識の過程が交互に交流する様態である。これら二つの意識とも個々には直観である。つまり、個々の直観が相互に交流し、一つの「身体表現」意識を生み出す過程が私たちが日常的に思考と呼んでいるものである。言い換えれば、認識として実際に存在するのは直観のみであり、理論的認識自体なるものは存在しないのである。すなわち、理論的認識とは仮象にすぎない。

ところで、「言葉を話す――身体表現」意識は、一般的には言語意識と呼ばれる。この言語意識は、先述したように本来は「手許にある――身体の動き」意識であるから、それ自身と同様に、言葉を話す身体の動きと言葉を話す身体の動きとを接続し、一つの「言葉を話す――身体表現」意識を形成するという特質を持つ。一つの言葉は音素や語などの単位から構成される。音素とはある言葉で、語と語の意味を区別する機能を持つ音声の最少単位のことで、たとえば「かわ（川）」と「りんご（林檎）」の語頭のkやrのことである。この言葉を話すことにおける個々の話す言葉はすべて、それについての意識、すなわち、「言葉を話す――身体表現」意識となる。したがって「あっ」、「おっ」という感嘆詞のような極端に短い言葉でも、それぞれについての意識を持ち、それらがいくつか接続されて一つの「言葉を話す――身体表現」意識となる。たとえば「あっ」という言葉は、長い間捜し求めていた人を偶然見かけた時の身体の動きについての意識として自らを示すがごとくであり、また、たとえば「おっ」という言葉は、これまで見たことがないような風景に出会った時の身体の動きについての意識として自らを示すがごとくである。このように「言葉を話す――身体表現」意識には、それに応じた「手許にある――身体表現」意識が伴う。どのような「手許にある――身体表現」意識を伴うかは個人個人のこれまでの体験によって異なる。

言葉を話すことにおける「言葉を話す――身体表現」意識の形成は、「手許にある――身体表現」意識における意識と意識との接続を切断する。この切断は私たちに「～ではない」という否定性をもたらすのである。つまり、言葉を話すことは、言い換えれば、言葉を話すこととしての反省は、私たちの意識体験に否定性をもたらすはたらきをするということである。私たちの意識体験に否定性をもたらすはたらきをするのは、単に言葉を話すという身体の動きだけではない。同様なことはたとえば、音楽における音符にも含まれる。楽曲の演奏における「ド」、「レ」、「ミ」……のような一つ一つの音符は、ちょうど一つ一つの言葉の音素のように、それぞれに対応する身体の動きについての意識を伴い、音についての意識と音についての意識とが接続されると、「手許にある――身体表現」意識における意識と意識との接続が切断され、その結果「手許にある――身体表現」意識における新たな接続が生み出され、それによって独自の意味を持つ「身体表現」意識を形成するのである。

言語意識としての「言葉を話す――身体表現」意識は、意識と意識との接続というノエシスの作用によって、「手許にある――身体表現」意識にはない特質を持っている。それは次のようなことである。「言葉を話す――身体表現」意識は、意識と意識との接続の最小単位は、個々の身体の動きを単位とした句表現になる。言葉における句とは、一般に言葉や文章の中の一区切りのことで、つまり文章の中で、ある一つの意味を示す単語のまとまりで、文章の成分となるものである。一般に文法では、句は通常二つ以上の語から成るまとまりで、しかも節をなさないものをさし、「形容詞＋名詞」、「副詞＋動詞」等の単位のことである。言語の諸特質の議論を進めるために、言語表現を構成する句（フレーズ）の表示とこれらの句が所属する範疇（カテゴリー）とに言及したのはチョムスキーである。チョムスキーは生得的言語能力は、適切な経験を継続的に与えられると、それに触発されて、形式的・意味的特質を備えた文を生成する文法を創り出すという。そして基底規則によって生成される名前つき括弧づけを「基底句構造標識（句構造標識）」と呼び、変形部門の規則は「句構造標識」を一定の仕方で変容するとし、深層構造を表層構造へ変換する規則であるとしている。このようなチョムスキーにおける言語論は、人間における言語を習得し使用することを可能ならしめる心的力量の存在を確信することに基づくものである。私たちは、チョムスキーのいう生得的言語能力は、適切な経験を継続的に与えられると、それに触発されて形式的・意味的特質を備えた文を生成する文法を創り出すという主張に注目する。これは他者と言葉を交わし合うことをとおして、学力における「言葉を話す――身体表現」意識と「手許にある――身体表現」意識とが相互に刺激し合うことで、「身体表現」意識としての形式的・意味的特質を備えた文章を生成する文法が創り出されることを意味している。言葉を話すことによる意識の接続と切断とは、言葉における文法の創出をとおして精神に基本的な形相を与えるのである。

⑶「言葉を交わし合う――身体表現」意識

「言葉を話す――身体表現」意識と、「手許にある――身体表現」意識とに対して優位に立ち、それらの意識を刺激することを通して、人間の精神を形成するはたらきをするのが「言葉を交わし合う――身体表現」意識である。「言葉を交わし合う――身体表現」意識は【図２】では、大きな楕円で表されている部分であり、小さな楕円で表されている「言葉を話す——身体表現」意識と共有部分を持ち、また「手許にある——身体表現」意識とも共有部分を持っている。「言葉を交わし合う——身体表現」意識が「手許にある——身体表現」意識と共有部分を持つということは、この「言葉を交わし合う——身体表現」意識が、本来は「手許にある——身体表現」意識でありながら、それから分離して独自のはたらきをするにいたったことを示している。また「言葉を交わし合う——身体表現」意識が「言葉を話す——身体表現」意識と共有部分を持つことは、この意識から「言葉を話す——身体表現」意識は生成、分離したことを示すものであるが、それを覆う部分で表されていることは、この「言葉を交わし合う——身体表現」意識には、「言葉を話す——身体表現」意識にはないある特質が属していることを示すものである。「言葉を話す——身体表現」意識にはないある特質とは、それは超越的自我が伴っていることである。私たちは二つの自我を区別する。一つは「手許にある——身体表現」に伴う自我で、この自我は感じられる限りでの自我であり、一般的に経験的自我と呼ばれるものである。これに対してもう一つは「言葉を交わし合う——身体表現」意識に伴う自我で、他者と共に在り、他者と言葉を交わし合うことにおいて感じられる自我であり、私たちはこの自我を超越的自我、あるいは相互主観と呼ぶ。この超越的自我は、「言葉を話す——身体表現」意識と、「手許にある——身体表現」意識に対して優位の関係にある。この相互主観が超越的自我と呼ばれるゆえんは、個人心理的主観として、一切のものを意識の対象とする意識の主体性を構成する一方、個人を超えて他者と共にあり、他者と主観を共有し、自己と他者の「手許にある——身体表現」意識の作用にかかわることである。これは「言葉を交わし合う——身体表現」意識が自らの自我を主観とし、「手許にある——身体表現」意識を客観とする相関構造を表すものである。

「言葉を話す——身体表現」意識と「言葉を交わし合う——身体表現」意識とは、ともに本質は「手許にある——身体表現」意識であるが、前者は後者より遅れて形成されていくのである。なぜなら、言葉を話すことは言葉を交わし合うことの刺激を受けつつ形成されるからである。すなわち、「言葉を交わし合う——身体表現」意識は、「言葉を話す——身体表現」意識よりも先に形成されることになる。このことは、人間の言葉を声に出して話す外言と、声に出さない内言というように分けて考えた時、まず最初に出現するのが外言であり、その後7～8歳ころに出現するのが内言であるというピアジェの指摘は、このことからも頷けるところである。というのも、言葉を交わし合うには声に出して言葉を話す必要があり、この意味で外言であり、他方、言葉を話すは声に出さずに言葉を話すに相当し、この意味で内言であるからである。この外言から内言への移行が7～8歳ころを境に行われること、そしてこの頃までの子どもの特徴が〝自己中心性〟にあるということから、私たちは「言葉を交わし合う――身体表現」意識には自我が伴い、この自我は主体的意識としての主観であると考えるのである。そしてこの主観は、他者と共に在り、他者と言葉を交わし合うことにおいて自らを顕わにするところから、私たちはこの主観を相互主観と呼ぶのである。

この「言葉を話す――身体表現」意識と「言葉を交わし合う――身体表現」意識とは、本質的には言葉を話す行為に基づいており、したがって、これらの意識が同時に存在することはない。つまり、これらの意識は交互に存在するのである。このことは私たちが日常的に経験することの中で確認することができる。すなわち、私たちは思考しつつ、誰かと会話をする。思考とは自己と言葉を交わすことであるとすれば、この時他者と言葉を交わし合うことはできない。他方、他者と会話をすることは、他者と言葉を交わすことであるとすれば、その間は思考することはできない。先述したように人間はその誕生直後以来、他者と言葉を交わし合う。もちろん、いわゆる誕生直後は乳幼児期の、まだ言語とは言えない意味のない音声としての喃語を持つにすぎないが、声をかけ合い、それに応答するという関係をとおしてしだいに言葉を交わし合うという行為となり、それとともに言葉を話すという行為そのものが発達していくと考えられる。人間の言葉を話すことは、互いに声をかけ合うこととしての言葉を交わし合うことに基礎づけられているのである。いうなれば、はじめに言葉を交わし合うことありきなのである。このことは人間存在がその本質において他者との共同存在であることと深く結びついている。人間は個人存在で生まれないのであり、他者との共同存在として生まれるのである。人間にとって個人として一人であることは、人間存在の根源的な様態ではなく、他者との共同存在で在ることの一つの様態にすぎない。さらに「言葉を交わし合う――身体表現」意識は、「言葉を話す――身体表現」意識に対して抑制するようにはたらくのである。つまり、「言葉を交わし合う――身体表現」意識は意図的に「言葉を話す――身体表現」意識による「手許にある――身体表現」意識における接続、融合を切断し、その結果として「手許にある――身体表現」意識による直観の形成を促すのである。「言葉を交わし合う――身体表現」意識に伴う自我としての相互主観は、純粋意識としての学力に起源を持ちながら、他方で学力を超え出て、自らの意思に学力のはたらきをしたがわせることができるのである。ここには、相互主観と学力とが人間の精神形成における可能的関係にあることをみることができる。

　超越的自我、すなわち、相互主観が学力の作用に果たす役割はきわめて大きいと言わねばならない。まず何より超越的自我は、すべての学習にとって欠かすことができない意欲や意志の源泉である。この自我は「学びたい」、「わかりたい」、「知りたい」等々学習の基本的な動機を紡ぎ出すのである。こうした学習意欲や意志は決して他者の存在なしには生まれてこない。もちろん、ある分野では先天的な、あるいは生得的な素質を持つ子どもがいて、他者の存在を何ら必要としないで、ひたすら研究や鍛錬にいそしんだり、著しい成果を上げる場合があるのは事実である。しかし、このような場合でも他者からの励ましや積極的な評価が全くなければ、また対話や議論がなければ、途中で頓挫してしまうことであろう。また学習の進展においても他者の存在は欠かすことが出来ない。学習内容について議論することは、学力の向上には不可欠であることは、私自身の実践の中でも確信するところである。さらに、これまでに述べたように、学力のノエシス――ノエマ構造の作用において、反省としての「言葉を話す――身体表現」意識がもし存在しなければ、あるいは、「手許にある――身体表現」意識と交叉することがなければ、学力の作用自体が存在しないのである。「言葉を交わし合う――身体表現」意識は、「手許にある――身体表現」意識と「言葉を話す――身体表現」意識とに対して優位のはたらきを持ち、それらの意識を刺激することによって、それらの意識の中における接続、総合を促進し、またそれらを切断し、相互の意識を転入させ、新たな接続、融合を促すのである。「言葉を交わし合う――身体表現」意識は、人間の精神形成の、したがって学力の作用の核となる意識なのである。「言葉を交わし合う――身体表現」意識は、教育方法としては、班別学習やグループ学習、議論や討論形式の学習など多様な形態がすでに教育の現場で実施されているが、ともすればそれらは一つの特別な学習を行ったという意味での実践に終わってしまい、そういう学習の過程での子どもたちが言葉を交わし合ったという行為についての評価は見逃されがちである。言葉を交わし合うことの中で学力はその作用を遂行しているのであり、したがって、学力の向上も十分に期待できるのである。あらゆる意味での言葉を交わし合うことは、学習にとっては最も基本的なことでなければならないのである。

⑷ 概念意識

【図２】において「手許にある――身体表現」意識と「言葉を話す――身体表現」意識との間の重なりあっている網掛けの部分は、概念意識（または概念）を表している。概念意識は、「手許にある――身体表現」意識と「言葉を話す――身体表現」意識とが融合された意識であり、学力のノエシス――ノエマ構造のはたらきにより生み出される「身体表現」の意識のいわば下図（＝図式）となるものである。概念そのものは一つの意識である。先述したように、「手許にある――身体表現」意識と「言葉を話す――身体表現」意識とは、相互に刺激し合い、新しい意味を持つ「身体表現」意識を生み出すが、このような両意識の融合を表現するところの身体の動きについての意識が概念である。この概念は一般に「念頭に浮かぶ」あるいは「念頭にある」等々と表現されるところのものである。

概念とは、哲学における一般的な概念の定義によれば、「思考の対象についてある判断を形成する際に、その判断において結合されるところのその対象の像、すなわち、対象についての表象を、主観における表象作用から切り離してとらえる時、その内容をいう」(註18)とされる。この定義によれば概念とは、思考の対象に対してなされる何らかの判断の内容の表象されたものということになる。思考の対象に対してなされる何らかの判断の内容の表象とは、純粋意識の作用という点からすれば、まさしく対象についての「何ものかの意識」にほかならない。対象についての「何ものかの意識」とは、単なる対象についての意識ではなく、この定義に「その判断において結合されるところの……」とあるように、対象についての意識に「何ものか」としての意味が付加された意識である。したがって、この定義にしたがえば、概念とは「何ものかの意識」ということになる。

私たちはこのような概念の定義とは異なる見解を持つ。すなわち、概念は本質的には「身体表現」の意識であるが、それ自身がノエシスの作用における対象についての意識ともなるという意味で「身体表現」意識の下図である。すなわち、概念が「身体表現」意識の下図であることは、概念は学力のノエシス――ノエマ構造のはたらきにおいて、その対象となるということである。つまり、概念は「身体表現」意識が生み出される前の段階において形成される身体の動きの表象についての意識であり、学力のノエシス――ノエマ構造のはたらきにおいて自ら対象となり、そのはたらきの過程を構成する役割を果たすのである。概念が「身体表現」意識の下図であるというのは、次のような理由による。「身体表現」意識は対象についての意識が何らかに意味づけられて生み出されたものである。たとえば、大地震による大きな被害を目の当たりにしたという経験的事実について、子どもの「自然の持つ力は限りなく大きいと思った」という表現は、それ自体はノエマとしての「身体表現」意識であるが、この表現の概念とは大地震で大勢の人々が犠牲になったという経験的事実内容ではなく、この表現の論理的、言語的意味内容をさす。ということは、「自然の持つ力は限りなく大きいものだ」という表現の概念とは、自然の偉大さ、自然の驚異、自然への畏敬等々である。つまり、「身体表現」意識の下図としての概念とは、この事例の場合大地震で大勢の人々が犠牲になったという経験的事実内容についての意識が、「言葉を話す――身体表現」意識によって抽象されたところの自然の偉大さ、自然の驚異、自然への畏敬等々ということになる。

概念についてはさらに重要なことがある。概念とは【図2】におけるように「手許にある――身体表現」意識と「言葉を話す――身体表現」意識とが重なる網掛けの部分であり、したがってこれらの意識が融合し合って生み出される意識である。その際、概念についての哲学における一般的な定義の中にある「思考の対象についてある判断を形成する際に……」から、概念とは判断する作用としての主観のはたらきがかかわっていることである。つまり、概念とは相互主観の刺激により「言葉を話す――身体表現」意識と「手許にある――身体表現」意識とが相互に切り取り合った意識にほかならないのである。つまり、このような概念の形成には自我としての相互主観がはたらいているのである。このことはどのような概念が形成されるかは、自我としての相互主観によることを意味しており、相互主観と概念とは強い関係にあるのである。このように概念は、「身体表現」意識を主観のはたらきに応ずるものとして、たとえば初歩的な段階から高度な段階へと順序だって変化する連続性を持つ意識としてとらえることができる。概念は「念頭におく」とか、「念頭にある」と表現されるが、これは概念が「身体表現」意識の形成を準備するものであることを表している。

可能性の源泉としての学力の構造

学力の構造の解明は、学力の向上についての取り組みにより具体的方策をもたらす。学力という純粋意識は、人間の可能性をつくりだすはたらきをする核となる意識である。私たちはここであらためて人間の可能性とは何かを明らかにしなければならない。私たちが一般に人間の可能性という時、それは単なる偶然的な出来事や成果を指していない。つまり、たまたま出来たことやわかったことを指してはいない。もちろんこうしたことも一つの可能性ではあるが、教育実践で求められている可能性とは趣を異にしている。すなわち、教育実践における可能性とは、何らかの目的や意図があり、それに基づいて計画が立てられ、そして実践が行われ、その結果として所期の目的や意図が達成されることを指している。つまり、このような可能性にはあらかじめ明確な目的や意図が存在しなければならない。このことは、教育実践における可能性とは、一方に明確な目的や意図があり、他方で可能性の元素となる何かあるものがあり、それにかかわることによってつくられるところのものということを意味している。つまり、教育実践における可能性を生み出す学力の構造は、このような二つのものが相互に組み合わされるという構造をしていることになる。

私たちは教育実践における可能性を生み出す学力の構造を構成する二つのものとは、【図２】で表されるように、一つは「言葉を交わし合う――身体表現」意識であり、もう一つは「言葉を話す――身体表現」と「手許にある――身体表現」意識であると考える。これらの意識は先述したように、ともにその本質は「手許にある――身体表現」意識であり、これこそあらゆる可能性の元素である。これについてはさらに後述することになる。問題はあらゆる可能性の元素である「手許にある――身体表現」意識にかかわる「言葉を話す――身体表現」意識である。この「言葉を話す――身体表現」意識は、本質的には「手許にある――身体表現」意識であるが、それが誕生後まもなく始まる声を出すという身体の動きに応じて、少しずつ「手許にある――身体表現」意識から分離するように形成されていったものである。人間は自然な身体の動きとして声を出す。たとえば「あーあー」、「おーおー」、「ウーウー」等々。もし、人間が他のすべての人間と交流することなく一人で生きていくとすれば、この声を出すという身体の動きは終生このような叫び声やうなり声のままであろう。これに対して人間が他の多くの人間と交流することによって、すなわち、人間どうしは互いに声を出し合い、声を交わし合い、やがて一定の声音を識別し、互いに共有し、記号化し、ついには言葉を生み出す。その後、その言葉を介して人間は言葉を交わし合うようになるのである。「言葉を話す――身体表現」意識は、主体的意識を伴う「言葉を交わし合う――身体表現」意識の刺激を受けて、「手許にある――身体表現」意識から分離していくのである。純粋意識としての学力は、ここにその本質を同じくしつつ、「手許にある――身体表現」意識と「言葉を話す――身体表現」意識とに分離した構造として自らを示すことになる。私たちは自分が何かをしたいという欲求と言葉を話したいという欲求とが同伴していることに気づく。これは「言葉を話す――身体の動き」意識には自我（自己意識）が伴っていることを示す。この意識において最も重要なことは、この自我とは「声を出したい（言葉を話したい）私」として自らを顕わにする意識であり、「手許にある――身体表現」意識に対して主体的――能動的な意識である。つまり、主体的意識は「声を出したい（言葉を話したい）」という欲求によって、自らの身体の動きにかかわり、それによって「手許にある――身体表現」意識を自らの対象とすることができるのである。私たちは「声を出したい（言葉を話したい）」という欲求によって自分で自分に身体の動きとしての対象を与えることができるのである。身体を動かそうとする欲求は、言葉による表現によって、より具体的で、詳細な身体の動きを可能にする。すなわち、個々の、多様な、複雑な言葉の表現は、同様に多様な、複雑な身体の動きを可能にする。「言葉を話す――身体表現」意識は、「手許にある――身体表現」意識を刺激し、「手許にある――身体表現」意識に多様な身体の動きを生み出させ、それについての意識を生み出す。この「手許にある――身体表現」意識自体は直観であるから、どのような「手許にある――身体表現」意識が生まれるかは不定であり、時に主体的意識から全く予想しない意識が生み出されることがある。学力の構造のはたらきが可能性をもたらすゆえんである。

「手許にある」意識の「言葉を話す」意識への刺激

学力の構造を構成する「手許にある――身体表現」意識（以下「手許にある」意識）と「言葉を話す――身体表現」意識（以下「言葉を話す」意識）とは、どのようにして可能的意識を生み出すのであろうか。まず「手許にある」意識が「言葉を話す」意識を刺激する場合について考察する。【図1】で示したように、私たちのすべての身体の動きの中には二種類の身体の動きが区別される。一つは精神または心による刺激を原因としないで起こる反応としての身体の動きであり、もう一つは精神または心による刺激を原因として起こる反応としての身体の動きである。すべての身体の動きのうち、精神または心による刺激を原因としない意識による刺激で起こる反応としての身体の動きとは、意思や意欲を伴わない身体の動きである。このような身体の動きについての意識は、【図2】において「手許にある」意識が「言葉を話す」意識を刺激する場合であり、「私は（〜で）在る、私は思う」という言表となる。この（〜）はその時の身体の動きについての意識となる。たとえば、「今日は気分がいい」と言う時、それはその時の身体の動きについての意識が「言葉を話す」意識を通して自らの存在を表明したのである。「今日は気分がいい」は、そう思おうと思ったわけではなく、そう思うから思ったのである。このような「私は在る、私は思う」と表明されるところの「手許にある」意識は、純粋な「手許にある」意識である。したがって、精神または心による刺激を原因としない意識による刺激で起こる反応としての「手許にある」意識は、「私は在る、私は思う」と表明されるところのものである。この場合「言葉を話す」意識は、「手許にある」意識の状態を表す指標のような役割を果たす。

いわゆる直観と呼ばれる認識は、このような純粋な「手許にある」意識から生み出されるところのものが、同じく直観の「言葉を話す」意識を刺激することによって生み出されるところのものである。それは意識体験においては、何の予告もなく、突然出現する。先述したように、近年このような直観という認識の持つ意義が注目されるようになってきたが、「手許にある」意識自体から生み出される認識としての直観は、単なる思いつき、ないしは単なる発想でしかない、いわゆる直感とは区別される。私たちが純粋意識としての学力と出会う時である「問い」が自らの内に浮上する時、私たちは言葉を話すことを中断している。これもまた、本質的には「手許にある」意識の「言葉を話す」意識への刺激によるものである。このように、「手許にある」意識の「言葉を話す」意識への刺激は、絶え間なく継続する。それは起きて目覚めている時のみならず、寝ている時でさえも継続している。私たちが寝ている時に夢を見たり、譫言を言ったりするのは、このことを裏付けるものである。このような「手許にある」意識の「言葉を話す」意識への刺激は、意識体験においては受動性の意識として感じられる。受動性の意識とは、たとえば「投げられる」、「引っ張られる」、「入れられる」など「〜される」のように受け身的に感じられる意識である。ノエシスの作用についての意識もまたこのように感じられる意識に含まれる。このような意識は、自分の意志が原因とならずに、自分以外の他から自分の身体の動きが引き起こされているという意識である。これに対して、私たちが能動性の意識を感じるのは、主体的な意識としての自我により自分の身体の動きが引き起こされていると感じられる時である。言い換えれば、私たちが能動性を感じるのは、自我としての相互主観を伴う意識である「言葉を交わし合う」意識による「言葉を話す」意識と「手許にある」意識の刺激による場合である。

学力のノエシス——ノエマ構造の作用は、「身体表現」意識から入り、「身体表現」意識へと出るという意識の展開の過程を通して人間の精神を形成するが、この展開における素材となるのがこのような受動性としての「手許にある」意識である。「手許にある」意識が受動性であることは、能動性である自我としての相互主観からの刺激を受けつつ、他方でその反応においては独立した存在であることを意味し、したがって「手許にある」意識における意識と意識との接続、融合は、いつ、どのような内容で出現するかということについては不定であり、その出現そのものも偶然的である。したがって、自我としての相互主観にとっては、どのような意識が生み出されるかは予測がつかない。だからこそ相互主観は「言葉を話す」（反省）意識を刺激し、その意識の切断という作用でもって「手許にある」意識を刺激し、できるだけ自己の意志に沿う「身体表現」の形成を行わせようとするのである。

体験と学力の結びつき

人間の精神は、【図1】でみるように、もう一つの身体としての「身体表現」意識の中に存在する。このことは、精神の発達、発展とは新しい「身体表現」意識の創造という形をとることを意味する。そして、この新しい「身体表現」意識の創造という精神の発達、発展の原動力が純粋意識であり、純粋意識としての学力である。新しい「身体表現」意識の創造とは、対象を表現する身体の動きの新たな構造化である。すなわち、学力のはたらきは、既存のさまざまな身体の動きから、それらをさまざまに組み合わせ、再構成し、身体の動きを全く新しく構造化することである。この新しい「身体表現」意識の創造こそ、人間存在自身の発達や発展という可能性をもたらすのである。このように人間存在の発達や発展という可能性をもたらす学力は、繰り返すことになるが「手許にある——身体表現」意識（以下「手許にある」意識）と「言葉を話す——身体表現」意識（以下「言葉を話す」意識）とから構成されているのである。

既存のさまざまな身体の動きと新しい身体の動きから、それらをさまざまに組み合わせ、そして再構成することによって、全く新しい身体の動きの構造体を創造するという学力のはたらきとは、「身体表現」から入り、「身体表現」に出るという学力のノエシス——ノエマ構造の作用を含む過程にほかならない。この学力の作用によって新しい「身体表現」意識が生み出されるには次の二通りがある。一つは、体験により何らかの具体的な身体の動きがあった時、その身体の動きについての意識により「言葉を話す」意識が刺激され、その具体的な何らかの身体の動きが言葉で表現されることで、新しい「手許にある」意識の存在となる場合である。もう一つは、体験により何らかの具体的な言葉が話された時、その言葉についての意識により「手許にある」意識が刺激され、その言葉が具体的な何らかの身体の動きで表現されることで、新しい「手許にある」意識の存在となる場合である。これらは教育実践との関連で言えば、体験と学力とはどういう関係にあるのかという問題に対処する指針となるものである。最近特に、体験学習という名称によって教育における体験を重視した学習の重要性が説かれるようになったが、これは先述したように生きる力を「自ら学び、自ら考える力」に求める（平成8年中央教育審議会第一次答申）という流れがその背景になっていると考えられる。この新しい流れを受けて、体験を重要視する視点から教育実践の場ではさまざまな取り組みがなされてきた。その代表的なものが「総合的な学習」である。しかし、現実問題としていくらこのような体験や経験を積み重ねても期待した成果、すなわち、学力の向上は得られなかった。むしろ、従来の各教科・科目の授業時間数の削減によって、こうした取り組みをする以前に比して各教科・科目の学力の低下が見られるようになり、経験や体験を重視した学習活動への批判が高まってきたのである。私たちは経験や体験を重視した学習活動が期待した成果をあげ得なかった原因は、学力の構造についての理解の不十分さにあったと考える。つまり、体験や経験とそれらにおける学力の作用との関係についての基本的な理解が不足していたのであり、期待した成果、すなわち、学力の向上が得られなかった原因は決して経験や体験を重視した学習活動自体にあったわけではないのである。

精神の発達、発展の原動力である学力の向上のために体験を重視するという観点は基本的に正しい。というのは、先述したように学力が向上することは、究極的には新しい「身体表現」意識を生み出す学力の作用を向上させることにほかならないからであり、そのためには実際にさまざまな身体の動きを発見したり、導入したりするきっかけとなる体験は不可欠なのである。すなわち、学力がその作用によって新しい「身体表現」意識を生み出すには、既存の身体の動きに体験によって経験されたいろいろな身体の動きが追加されたり、更新されたりすることが必要だからである。すなわち、経験や体験とは学力の作用の素材となる新しい身体の動きを学力に提供する機会である。体験においてはこれまで見たり、聞いたり、行為したりしたことがない出来事に遭遇する。これは自己の新しい身体の動きに出会うことである。学力という作用はこの体験から得られた新しい身体の動きを自らの作用の素材として、新しい「身体表現」意識を創造する。新しい「身体表現」意識の創造は、対象についての意識の新しい理解であり、認識であり、判断である。すなわち、新しい精神の創造である。教育実践における体験や経験の取り扱いには、まず学力についてのこうした基本的な理解が不可欠であり、決して軽んじられたりしてはならない。

「言葉を話す」意識の「手許にある」意識への刺激

【図２】において、「言葉を話す――身体表現」意識（以下「言葉を話す」意識）は、「手許にある――身体表現」意識（以下「手許にある」意識）を刺激し、「手許にある」意識から具体的な、さまざまな身体の動きを生み出させる。この時の言表は、「私は思う、私は在る」である。つまり、「言葉を話す」意識が私は思うに対応し、私は思うの刺激を受ける「手許にある」意識が私は在るに対応する。「私は在る、私は思う」の私は在るがいわば私の全存在を言表したものであったのに対して、この場合における私は在るは、私は思うことによって限定された「手許にある」意識を言表したものである。ところで、「私は思う、私は在る」というこの表現は、デカルトの「我思う、ゆえに我あり」というフレーズをすべての人々に思い起こさせるだろうが、私たちにおける私は思うとデカルトの「我思う」とは本質的に異なっている。デカルトのフレーズは基本的に精神を身体から分離し独立した存在と考えるところから由来している。つまり、デカルトの我思うにおける我は、いわば神から与えられた我である。それはいかなる原因や因縁をも必要としないそれ自体で存在する先験的我である。言い換えれば我思う精神の存在を絶対的なもの、真なるものとして、この延長上に存在するもののみを絶対的なもの、真なるものとしたのである。したがって我ありとしての身体ないしは身体の動きは、身体ないしは身体の動きの全体ではなく、我思う対象として限定された身体ないしは身体の動きである。言い換えれば、「我思う、ゆえに我あり」における我ありは、我思うかぎりにおける我ありなのである。

私たちは、二つの場合の私は思うを区別する。一つは、先述したような私は思うの内容が、あらゆる「手許にある」意識に対応する場合で、したがって私は在るには「手許にある」意識となるかぎりのすべての私の身体の動き、したがってすべての私の存在が含まれている。もう一つは、主体的な意識としての自我――相互主観から生み出される私は思うである。この場合は、「手許にある」意識としての「言葉を話す」意識が「何かがしたい」という意思や欲求を伴った私は思うである。この場合の私は思うは単に「手許にある」意識の内容を表現する指標ではなく、「手許にある」意識から独立したものである。この私は思うによって、すなわち、人間は言葉を話すという身体の動きで「手許にある」意識を刺激することによって、無限にさまざまな自らの身体の動きを生み出すのである。いわゆる対象についての意識に対する何らかの意味づけとは、このようにして生み出される身体の動きを素材として可能となるのである。学力の作用において最も重要なのはこの後者の私は思うである。なぜなら、学力とは精神における可能性を生み出すはたらきをする意識の作用であり、それによってこの主体的な意識である「言葉を交わし合う」意識が「言葉を話す」意識及び「手許にある」意識を刺激することを通してその内容となる無限の可能性を生み出すからである。

「言葉を交わし合う」意識としての「私は思う」に伴う私、すなわち、相互主観が生み出されるのは基本的に他者との交流においてである。すなわち、誕生直後以来、人間は自分を取り巻く他者から不断に声をかけられる。人間はそれに答えようとして自ら声を上げる。幼少期から青少年期にかけてやがて他者との間で自由に、不断に声をかけ合うこととして言葉を交わし合う。そうした中で自己の否定としての他者の存在がまず意識され、それを通して浮き彫りになる自分自身としての私が私の意識の対象となるのである。この時他者の存在は、人間以外の一般的な対象とは全く異なる異質の存在として意識される。というのは、他者の存在は私から完全に分離され、その上で私の存在は肯定されるか、それとも否定されるか、という私の存在の可能性の根拠として意識されるのである。私の存在が可能性として意識されることは、私の存在が場合によっては否定される可能性を持つこととして意識されることである。このことは、言葉を交わし合う存在として他者が存在する場合については、私は「私は在る、私は思う」というあり方と、「私は思う、私は在る」というあり方とが転換するのである。

デカルトにおける「我思う、ゆえに我あり」における我思うは、私は考えると同じ意味であると受け取られている。確かに思うも考えるもどちらも外言、内言を問わず言葉を話すことを介しての行為であり、日常的な生活の中ではほとんど区別されることはない。しかし、あらためて思うと考えるとについて、考察してみると明らかな違いがあることが浮き彫りになる。まず思うには私が存在することをあるがままに表明することという意味合いが強いのに対して、考えるにははっきりした主体としての意思が私の存在を、すなわち、私は在るを規定するという意味合いが強い。たとえば教育実践において何かある課題を提示した時、「この課題について考えなさい」とはいうが「この課題について思いなさい」とはいわない。また「自分の思うようにやりなさい」という場合と「自分の考えるようにやりなさい」という場合とでは、多くの場合同じような内容を意味すると考えられるが、実際に行動をする場合を想定するとこれら二つの表現に対してかなり異なる印象を持つことになる。つまり、思うは主体の意思が主体の存在に即して表明される行為であるが、考えるは主体の意思が主体の存在に対して優位に立つ行為、言い換えれば主体の意思が主体の存在を超越する場合と考えられる。

私は思うと私は考えるとのこの相違は、私という自我を伴う「言葉を話す」意識の持つ特質に由来すると考えられる。先述したように主体的な私が明確に意識されるのは基本的に他者との交流の中においてである。そして私の意識のされかたも言葉を交わし合う場合とそうでない場合とで区別された。他者と言葉を交わし合わない場合の私は私は在るとしての私であるが、他者と言葉を交わし合う場合の私は、私は在るに対して限定された私、すなわち、他者が思う限りで在る私である。このように学力における私は常に二つの側面を持つのである。この私が二つの側面を持つことは、次のように説明することができる。人間はあらゆる対象との出会いに対して反応としての「身体表現」の意識、すなわち、学力の作用により意味づけられた意識をもつ。学力の構造は「手許にある」意識と「言葉を交わし合う――言葉を話す」意識とから構成されている。そして前者の「手許にある」意識の「言葉を交わし合う――言葉を話す」意識への刺激により生み出されるものが「私は思う」であり、後者の「言葉を交わし合う――言葉を話す」意識に伴う私の「手許にある」意識への刺激により生み出されるものが「私は考える」である。この思うと考えるを構成する二つの私は、人間が経験的に区別する二つの自己の根拠でもある。人間は成長期のある段階から自分の中にもう一人の自分の存在を感じるようになる。二つの自分のうち経験を原因とし因縁とするものが経験的自己であるが、「言葉を話す」意識に伴い出現するものが先験的自己である。すなわち、言葉を話すという行為そのものが身体の動きについての意識であると同時に、身体の動きから独立した、身体の動きを超越した行為であり、この行為の主体としての私という意味でいわゆる先験的自己である。この先験的自己としての私は思うは、「手許にある」意識の刺激により生み出される私は思うとは本質的に異なっている。先験的自己としての私は思うは、言葉を話すこととして本質的に「手許にある」意識でありながら、同時にその「手許にある」意識にかかわるのである。すなわち、先験的自己としての私は思うは、「言葉を交わし合う――言葉を話す」意識に伴う自我が「手許にある」意識を刺激し、それを介して自己と向き合い、その自己にかかわることを意味している。その自己にかかわることは、「手許にある」意識を自らの意思によってさまざまに刺激し、さまざまな身体の動きを生み出させることである。そしてこれによって、対象についての意識に理解や認識や判断をもたらすのである。

「言葉を交わし合う――言葉を話す」意識に伴うこの自我には、さらに重要な契機が所属している。それは他者と共に在ることとしての言葉を交わし合うという契機である。「言葉を交わし合う」意識に伴う先験的自己は、能動性に基づく欲求を持ち、言葉を話したいという意識を持つ。この言葉を話したいという欲求は、他者との会話を、つまり他者と言葉を交わし合うことを求める意識である。他者と言葉を交わし合うことにおいて、他者が言葉を話すことについての意識が自己の「手許にある」意識を刺激する。これによって「言葉を話す」意識が「手許にある」意識を刺激する場合と異なる「手許にある」意識が生み出される。つまり、対象についての意識の、さらに多様な何らかの意味づけが可能になるのである。言い換えれば、私たちは他者と言葉を交わし合うことによって対象についての意識の無限に多様な、そして豊かな意味づけを獲得することができるのである。他者と言葉を交わし合うことによって、私たちは自己の存在を超越することが可能になるのである。同時にこの他者と言葉を交わし合うことから、やがて自己と言葉を交わし合うことを行うようになる。これがいわゆる思考である。言い換えれば、他者と言葉を交わし合うことがなければ、自己と言葉を交わし合うこととしての思考自体も存在せず、したがって学習自体が行われることがなく、その結果として精神の発達や成長につながることも起こらないのである。

学力の受動的能動性

学力は「手許にある――身体の動き」意識（以下「手許にある」意識）と「言葉を話す――身体の動き」意識（以下「言葉を話す」意識）、および「言葉を交わし合う――身体表現」意識（以下「言葉を交わし合う」意識）とから構成され、これらが相互に刺激し合い、それを通してそれらが再構成されることによって、学習における理解や認識を可能にするのである。すなわち、こうした理解や認識の能力の向上が、学力の向上や発達と見做されるのである。さらに学力は、学力を構成する三つの意識の特質から、学力は受動的能動性という特質を持っていることが明らかである。あらゆる学習内容との出会いにおいては、学力を構成する「手許にある」意識と「言葉を話す」意識とは同時に刺激される。たとえば、文章で書かれた学習内容との出会いでは、文章の言葉から「言葉を話す」意識が刺激されると同時に、その言葉の形から視覚が、音声表現から聴覚が、これらの「手許にある」意識が刺激される。その時、これらの二つの意識が刺激されるという点で学力は受動性である。しかし、同時に「言葉を交わし合う」意識に伴う自我、相互主観が主体となって、「言葉を話す」意識をしてさまざまに「手許にある」意識への刺激を行わせる点で学力は能動性である。

カントは先験的論理学の構想の冒頭で認識の二要素について、「我々の認識は心意識の二つの源泉から生じる。第一の源泉は表象を受け取る能力、すなわち印象に対する受容性であり、第二の源泉はこれらの表象によって対象を認識する能力、すなわち悟性概念の自発性である」(註19)と述べている。カントはこの受容性と自発性とが結合することによって認識が形成されるとする。私たちはこのカントの受容性を学習内容との出会いにおける二つの意識が刺激されることとしての受動性とし、同様に自発性を「言葉を交わし合う」意識に伴う自我が主体となって、「手許にある」意識への刺激を行うこととしての能動性として受け取り、このような受動性と能動性とが学力の基本的な動因であると考える。この場合、能動性に相当するのは、学習の過程、すなわち、認識の過程を意図的に、あるいは意欲的に遂行し、学習内容の理解の形成をめざす自我、すなわち、相互主観である。行為としての言葉を話すには、自己と言葉を交わし合うこと、他者と共にあることとしての他者と言葉を交わし合うことが含まれる。さらに身体の動きとしての言葉を話すには、いわゆる身振り言語（ボディランゲージ）が含まれる。これは身振りや手まねで相手に自分の意志を伝えることであり、身体言語とも呼ばれる。何らかの原因で聴覚器官に障害を持つ聾唖である人々でもいわゆる身振り語として言葉を話すことができるのである。私たちはこの身体言語に注目する。というのも、この身体言語こそ精神としての「身体表現」意識の起源となるものだからである。

したがって、言葉を話すという身体の動きは受動性であると同時に能動性でもある。すなわち、対象との出会いによって触発されるという点では受動性であるが、同時にいかなる対象との出会いがなくても自分で自分自身を触発するという点では能動性である。そしてこの能動性としての言葉を交わし合うという「身体表現」意識が自我、相互主観の実体である。すなわち、相互主観は能動性としてすべての意識作用の主体である。この相互主観は、内容的な個人心理的主観に対する形式的な個人心理的主観である。すなわち、言葉を話すことにおける話す内容は個人ごとに千差万別であり異なっているが、言葉を話すという「身体表現」はすべての人間に共通する形式的なものでありこの意味で個人差がない。このすべての人間に共通する形式を通して相互主観は自らを示すのである。カントはこのような自我――主観を先験的意識としての主観としたのである。人間の本質に受動性と能動性とを区別することは、従来より哲学の世界でも認められてきた。カントにおいては、能動性としての自発性はア・プリオリ（生得的なもの）な能力であり、人間が自ら立法者となって道徳法則などの普遍的な法則をつくり出したり、人間の認識をつくりだすはたらきである感性と悟性のうち、悟性は自発性によるものとされている。私たちにおいてはこの人間の能動性は認識の過程においては言葉を話す意志や意欲として自らを示す。認識が変わったり、あるいは新しい認識が再構成されるのは、基本的には言葉を話すという行為によってである。言葉を話すという行為がどのようにして認識を変え、ひいては新しい精神を創造していくのかについては、これからの認識の過程についての展開の中でより明らかになる。

学力のノエシス――ノエマ構造と認識の過程

意識体験における対象（学習内容）についての意識を「身体表現」することとしての理解（わかる）を形成し、人間の成長や発達をつくりだす意識が学力であり、その構造がノエシス――ノエマ構造である。すなわち、学力のノエシス――ノエマ構造は、さまざまな学習内容を「身体表現」することから入り、「身体表現」することへ出るという過程をとおして人間の精神をその成長や発達へつなげるのである。では、学習内容を「身体表現」から入り、「身体表現」へ出るという過程を通すとはどういうことであろうか。ギリシア語の nous, noein に由来するノエシスは「見る」、「考える」という意味を持つとされるが、この「見る」、「考える」とは、主観性一般という形式と認識に対するその関係とに根差すものである。認識することとしての「見る」、「考える」とは、対象となるものを自らの身体の動きで表現することによって、対象を身体の動きで表現されるところのものとして受け入れることである。たとえば、先に引用した作用・反作用の法則について学習する場合、この法則の定義としては「作用があれば必ず反作用がある。その大きさは等しく一直線上にあって、向きは逆向きである」となる。この法則の定義を学習するとは、この法則の定義を身体の動きで表現することであり、具体的には壁の前に立ち、その壁を両手で押してみると、同時に壁から自分が押し返されるのを感じるが、その時の押し返される強さは、自分が壁を押した力と同じ強さの力であることがわかる。これがこの法則の定義を実際の身体の動きで表現することであり、ノエシスの作用としての「身体表現で見る」ことであり、「身体表現で考える」ことである。ノエマはノエシスの対象的側面であり、ノエシスの作用によって生み出されたさまざまな身体の動きが、一つの身体の動きに総合された「身体表現」である。学力のノエシス――ノエマ構造の作用の過程は、以上のように「身体表現」から入り、「身体表現」へ出ることを通して、対象についての意識を「身体表現」の意識として意味づける、すなわち、理解し、認識し、判断する過程である。

こうして得られる「身体表現」意識が意味しているのは、与えられた対象に対して何らかの身体の動きをとることが可能になることである。このことは、「身体表現」意識を介してあらゆる対象（存在者）がつながれることである。このような「身体表現」を介してあらゆる対象（存在者）がつながりを持つことが、すなわち、さまざまに関係し合うことが対象についての意識が理解されることであり、認識されることであり、判断されることである。言い換えれば、学力の作用によって、学習内容が何らかに意味づけられることが、学習内容を理解する（わかる）こと、認識すること、判断することである。学力のノエシス――ノエマ構造の過程は、このようなことから認識の過程と同様に考えることができる。

では、認識の過程はどのような過程になるのであろうか。学力のノエシス――ノエマ構造の過程は、以上のように「身体表現」から入り、「身体表現」へ出ることであった。したがって、まず最初の過程は相互主観のはたらきに基づき、対象についての意識をさまざまな身体の動きで表現する過程である。これは対象についての意識を身体の動きに分ける過程である。この対象についての意識に何らかの身体の動きの意識を接続し、融合するのがノエシスの作用である。これが「身体表現」から入る過程である。私たちはこの過程を対象についての意識を身体の動きに分ける過程であることから「身分け」の過程と呼ぶ。次の過程はノエシスの作用によって形成された「身体表現」意識は、反省の作用によってその接続が切断されるが、するとさらにノエシスの作用によって、新たな身体の動きの意識が接続される。この過程を受けて対象についての意識が一つの「身体表現」意識へ総合される。これが「身体表現」意識へ出る過程である。この過程がノエマである。以上がノエシスの作用を含む認識の過程である。そしてこうした過程をへて生み出された「身体表現」意識がノエマである。このノエマが対象についての意識を理解する、認識する、判断することへともたらすのである。私たちはこの過程を「総合」の過程と呼ぶ。以上のことから明らかなように、学力のノエシス――ノエマ構造の作用の過程は、学習における認識の全過程の中の一つの過程である。すなわち、学習における認識の全過程は、「身分け」、「総合」という大きく二つの過程から構成されるが、これに対して学力のノエシス――ノエマ構造の作用は、「身体表現」から入り「身体表現」へ出る過程として、学習における認識の全過程における「身分け」、「総合」という過程をとおして展開されるのである。

仮象としての分析的認識

純粋意識としての学力は、原初的、直観的に与えられる根源的な現象である。ここにおいて人間の認識のあり方の一つとされ、長い間十分に解明されることがなかった直観のその構造や出現のしくみが浮き彫りになるのである。直観とは一般に推理を用いず直接に対象を捉えることとされる。フッサールはこの直観によってのみ、論理学における諸命題や自然科学的分野の公理や原理は得られるとした。これと同音語の直感とは、感覚的に物事を瞬時にとらえることで、「勘が働く」、「思いつき」、「ひらめき」、「第六感」などと表現され日常的に使用されるものであり、ここで取り上げる直観とは本質的に区別されるべきものである。この直観の捉え方、考え方はさまざまである。哲学では一般に直観とされるものに、公理および推論の規則の認識がある。これらは分析としての推論によっては得られないものである。一般的には直観は感性的知覚をさしていうが、全体および本質をつかむ認識能力としてのプラトンのイデアの直観以来、哲学史上では高い位置が与えられた。カントは感覚的認識として直観をとらえ、論理的認識と対立させた。またベルグソンは直観を対象と一体化する具体的認識と考えて、抽象的知性と対立させた。このように直観については多様な見解が存在するが、少なくとも人間の認識能力に直接与えられた論理的検証が不可能な、一次的かつ自立的意識であるという点では一致している。人間の認識能力に直接与えられた、論理的検証が不可能な、一次的かつ自立的意識であるとされる直観は、それゆえに一般に与えられた対象に対して、対象それ自体の中に身を置き、既成の概念を捨てて、いわば符号や記号なしに対象を絶対的に把握しようとすることとしての認識することであるともされる。直観のこの定義からすれば、直観とは概念や符号や記号が含まれない認識ということになる。したがって、直観はこれまで長い間、自我がかかわることができないものと考えられてきた。自我から独立した認識とされ、ある意味では偶然の認識と考えられた。したがって、人間の本来の認識とはこのような直観ではなく、自我に基づく認識としての分析であると考えられてきた。しかし、その一方で直観は単なる偶然的に発生するのか、自我とは無関係な特殊な認識なのか、それはあたかもどこからともなく舞い降りてくるようなものか、あるいはふと突然に遭遇するようなものなのか、直観のもつ意義が近代以降の人々の自らの経験の中でしだいにその重さを増してくるにつれてこのような問いかけが繰り返されてきた。

直観は概念や符号や記号が含まれない認識であるとされるが、符号や記号が含まれない認識とは、言葉を話すが関わらない認識ということになる。しかし、言葉を話すがかかわらない認識とは、言葉そのものが存在しない認識という意味ではない。意識には意識化された言葉、すなわち言葉についての意識、一般にいう言語意識が存在する。直観においてはこの言語意識の存在まで除外するものではない。また、直観が概念や符号や記号が含まれない認識であるということは、概念や符号や記号が含まれる認識が分析的認識ということになる。認識における概念や符号や記号は、その起源を人間が話す言葉に持つ。言い換えれば、符号や記号の起源としての言葉は〝話される言葉〟に由来する。したがって、分析的認識とは言葉を話すという身体の動きを通した認識方法であり、他方、直観は言葉を話すという身体の動きを通さない認識方法であるということになる。

私たちはこのような直観についての議論には、直観の内容と直観の特質に基づく適用方法との未分化による混同があると考えるのである。まず直観とは概念や符号や記号が含まれない認識であるという場合は、直観を与えられた対象に対して、対象それ自体の中に身を置き、既成の概念を捨てて、いわば符号や記号なしに対象を絶対的に把握しようと考える場合である。これは直観の特質に基づく適用方法である。これに対して直観の内容には、先述したように公理および推論の規則の認識など言語意識（記号や符号を含む）が存在する場合もある。私たちがここで求めているのは、後者のような直観の内容ではなく、前者の直観の特質に基づく適用方法における直観の特質である。純粋意識としての学力は、そのノエシス――ノエマ構造の作用により対象についての意識を、接続と切断により、何らかの「身体表現」意識として意識体験にもたらす。これは対象と「身体表現」意識とを直接結びつける志向性という学力の特質であり、私たちはこれを直観とした。したがって、学力はそれ自体が直観である。学力が直観であるということは、学力の構造を構成する「手許にある」意識と「言葉を交わし合う――言葉を話す」意識とも直観であるということである。なぜなら、「言葉を話す」意識は本来「手許にある」意識であったからである。では、このような直観としての学力において、分析的（論理的）認識はどのように存在しているのであろうか。

私たちは私たちが直観と対立する分析的認識として区別するところの認識は、その本質において仮象であると考える。一般に仮象とは、実際に存在するように感覚に表れながらも、それ自身客観的な実在性をもたない形象のことである。分析的（論理的）認識が仮象であるというのは、次のような理由からである。学力は【図2】でみるように「言葉を交わし合う」意識と、「手許にある」意識及び「言葉を話す」意識とから構成され、それぞれが直観としての特質を持っている。これら三つの意識はともに「身体表現」意識として本質を共有する。何らかの出会った対象についての意識は、「手許にある」意識と「言葉を話す」意識を同時に刺激する。それは「手許にある」意識が「言葉を話す」意識を刺激する一方、「言葉を話す」意識が「手許にある」意識を刺激し、それぞれに何らかの概念を共有する。この概念はそれ自体何らかの「身体表現」意識である。この何らかの「身体表現」意識は「言葉を交わし合う」意識を刺激する。「言葉を交わし合う」意識、すなわち、相互主観は最初の対象についての意識に求められた意味づけと、認識として生み出された何らかの「身体表現」意識とを参照し、さらに認識が必要と判断した場合は、この何らかの「身体表現」意識を新たな認識の過程に対象として投入する。つまり、学力においてはこの時関連し合う二つの直観による相互刺激により何らかの「身体表現」意識が、つまり概念が生み出されるが、この時「言葉を交わし合う」意識が介在するかしないかによって、「言葉を交わし合う」意識の介在がない場合の認識の場合、すなわち、直観の場合より、時間的な遅れ（タイムラグ）が生じる。このようなことは、私たちが実際に日常的に体験するところである。言い換えれば、「手許にある」意識と「言葉を話す」意識とが相互に刺激し合うことで何らかの概念が生み出されるのであるが、その時すぐに概念が生み出される場合もあれば、しばらく間をおいて生み出されることもある。後者の場合は、私たちが日常的に体験するいわゆる「考えがまとまらない」という場合である。この時「手許にある」意識に刺激された「言葉を話す」意識は、直観として反射的に何らかの言葉を発しようとするのであるが、それが出来ずに無言の状態となる。この無言の状態が現象的には分析的（論理的）認識の時間（間）と考えられるのである。いわゆる思考の時間ということになる。同様なことは同時に「言葉を話す」意識が「手許にある」意識を刺激する場合にも起こり得る。つまり、「言葉を話す」意識によって刺激された「手許にある」意識は、直観として反射的に何らかの身体の動きをとろうとするのであるが、それが「言葉を交わし合う」意識、すなわち、相互主観が出会った対象についての意識と適合しないと判断した場合には、身体を動かそうとしたまま、身体の動きが静止した状態となる。この静止した状態が現象的には分析的（論理的）認識が展開されている時間（間）と考えられるのである。この間《ま》としての時間が日常生活における思考という現象である。すなわち、分析的認識とは、「手許にある」意識と「言葉を話す」意識という二つの直観的意識とが相互に刺激し合う過程に生じる時間のずれ（タイムラグ）につけられた名称にほかならない。分析的認識そのものは仮象であり、それ自体実在しないものである。このことは、直観が短い時間（瞬間的）に出現するものとされるのにたいして、分析的認識が比較的長い時間をかけて展開されるものとされる私たちの経験を裏付けるものである。私たちが日常的に思考と呼び、分析的認識と呼んでいるものは、実はこうした二つの意識が相互に刺激し合い、互いにその反応としての意識の出現に要する時間のずれにほかならず、したがってこうした現象によってもたらされる仮象にすぎない。しかし、仮象としての分析的認識は、学力のノエシス――ノエマ構造の作用への自我の介在を根拠づけるものとして、したがって直観への自我の介在の可能性を根拠づけるものという意味において、きわめて重要な意義を持つものである。【図2】でみるように、「言葉を交わし合う――言葉を話す」意識には自我としての相互主観が伴っており、仮象としての分析的認識の存在は、この相互主観が直観の産出にかかわることが可能であることを根拠立てているのである。これまで直観と分析的認識とは個別の認識とされてきたが、両者を分かつのは「言葉を交わし合う――言葉を話す」意識としての相互主観の存在であり、両者とも直観を本質として共有する認識であることが明らかになったのである。

第四節　学力と概念

思考の過程における対象としての概念

対象についての意識は、学力のノエシス――ノエマ構造の作用によって、その接続と切断を通して、何らかの「身体表現」の意識として意識体験される。この「身体表現」の意識の下図（＝図式）となるのが概念意識（以下概念）である。ノエマとしての「身体表現」の下図（＝図式）となるのが概念であるということは、概念が「身体表現」の意識が形成される作業場としての意味を持っているということである。純粋意識としての学力の向上とは、学力のノエシス――ノエマ構造の作用が向上することであり、言い換えれば、「身体表現」から入り、「身体表現」へ出るという過程として示される学力の作用力が向上することである。この過程は試行錯誤的な循環過程であり、概念はその循環過程において志向性の対象としての役割を果たすのである。概念が「身体表現」から入り、「身体表現」へ出るという過程において志向性の対象としての役割を果たすということは、思考の対象が、超越的な対象ではなく、意識としての概念であることを意味する。思考することは、学力の作用を含む認識の過程の展開であり、「身体表現」から入り、「身体表現」へ出る、「身体表現」から入り、「身体表現」へ出る、……というような循環過程である。その時この過程でそのつどの「身体表現」から入る時の対象となるのが概念である。思考することは、外界との接触を断ち、他の人々との交流を断ち、完全に個人としてその内部の自己の中で、自己と言葉を交わし合うことである。この思考する過程においては、その対象が自己の外から与えられることはないということである。言い換えれば、思考の過程の対象は、思考の中でつくられ、生み出され、与えられるものであり、それが概念である。具体的な事例でみてみることにする。

「ちょうど農業の場合と同じで、植物を植える前にすることは、植えることそれ自体と同じく、はっきり決まっている簡単な仕事です。しかし、植えられたものが生命を得ると、それを育てあげるのに非常に多様な仕方と困難さが出てきます。人間についても同様でそれを植えつけるにはたいした技巧はいりません。しかし、生まれてしまうと、それらを育て養うのには、心配と不安とに満ちたさまざまな気苦労で心がいっぱいになります。」

モンテーニュ「エセー」より(註20)

まず、この文章で筆者が述べようとしていることは、後半の部分、すなわち、子どもの教育がいかに気苦労の多い、大変なものであるかということである。この思考の展開では、まず生命が誕生することについて思考する。この時概念として念頭に浮かぶのは、生命あるもの（名辞）としての植物、動物、人間である。これらは生命あるものという概念の外延である。そしてこの時の思考の対象は、植物、動物、人間のそれぞれの誕生のしかたである。次に思考するのは、誕生後の生命のあるものに対する対応のしかたである。この時概念として念頭に浮かぶのは、誕生後の生命のあるものへの対応（名辞）としての、水やり、肥料やり、日照の確保、授乳、外敵からの保護、看病等であり、これらはこの思考の対象である。これらの思考をへて「子育て（子どもの教育）は大変困難なことだ」という「身体表現」の意識が生み出されるのである。

概念が思考の過程における対象となるということは、思考が「手許にある」意識と「言葉を話す」意識とが互いに刺激し合う過程であることからすると、概念はこれらの二つの意識が互いに刺激し合うなかで形成されるところの意識であるということである。つまり、概念とは「手許にある」意識と「言葉を話す」意識とが融合されて「身体表現」意識となるための媒介となる意識である。連続する思考の過程において対象となるのは、教科書や教材等の内容としての超越的対象ではなく、内在的対象としての概念である。しかし、概念は内在的対象ではあっても、概念自体は作用力は持たず、基本的に学力のノエシス——ノエマ構造の作用にしたがって変化するものである。学習活動において思考の過程が欠かすことができない重要な過程であることは疑いようのない事実である。ということは、同時にこの思考の過程における対象となる概念の形成もまた必要不可欠である。

概念の図式性

私たちは日常的な経験として、思考する時、頭の中に何らかの図や表を想い浮かべながら思考していることを感じる。たとえば歴史の学習で、ある出来事にかかわる複数の人物の間に棒線や矢印を挿入したり、あるいは対立する人々を表にして区別したりして、それらの人々の人間関係をわかりやすくしようとする。これは理科や数学の学習の場合でも同様である。たとえば、地動説で有名なガリレオは、ある時自分で製作した望遠鏡で月面を観察しそれを図示したが、その図をもとにして月面の照明部と暗黒部との距離からある月面の山の高さを計算したとされる。また、思考の展開においてさまざまな考え（＝表象の意識）が浮かんでくるが、それらが複雑になってくるとそれらの全体としての整合性が問題になる。つまり、「相互に矛盾しないか」、「不足しているものはないか」、「重複していないか」等々個々の表象の間が理路整然とした関係となっているかが問題となる。このような問題意識を持った時に、私たちは何らかの図や表を念頭におきながらさまざまな概念を整理しようとする。本書でもいくつかの図を使用しているが、たとえば純粋意識としての学力の構造を表した【図２】がある。この図もやはりこうした背景のもとに作成したものである。このような図は意図的に作成しようとしてつくったのではなく、学力の構造について浮かびあがったさまざまな表象を一つの「身体表現」意識にまとめようとした中で、いわば自然発生的に浮かびあがってきたものである。つまり、私たちはその図や表を想い浮かべながら思考しているのである。このように私たちは、思考の過程で頭に図や表を想い浮かべるが、これらは念頭に浮かぶものとして、思考の対象となるものである。私たちは先に思考の対象とは、いわゆる感覚や知覚の対象となる超越的なものではなく、それらについての意識としての概念であるとした。概念はこのような特質を持つものであり、私たちはこれを概念の図式性と呼ぶ。概念の特質としての図式性には、次の二つの意味が含まれている。一つは規則性である。これは「言葉を交わし合う――言葉を話す」意識の刺激によりもたらされるもので、言葉を話すことが文法という一定の規則にしたがうことに基づくものである。この規則によって過去から現在へという時間的な前後関係、誰と誰とのつながりとしての人間関係、程度や様態をあらわす相対的関係等々の特質が概念を規定する。もう一つは空間性である。これは「手許にある」意識からもたらされるもので、さまざまな身体の動きで表現することに基づくものである。

図式という言葉から思い出されるのはカントの先験的図式である。この先験的図式についてカントは、『純粋理性批判』の中で「純粋悟性概念と経験的直観とは全く異種である。そうすると直観を純粋悟性概念のもとに抱摂するにはどうして可能であろうか。ここに一方ではカテゴリーとまた他方では現象とそれぞれ同種的であって、しかもカテゴリーを現象に適用することを可能にするような第三のものがなければならぬことが明らかとなる(註21)」と述べている。つまりこの第三のものが先験的図式であるというのである。このカントにおける先験的図式とは、悟性概念の図式としての先験的時間規定である。このようなカントの図式は構想力としての想像力の所産であり、想像力は概念に図式を与えるはたらきをするが、図式は感性的概念としての形象とは区別されるものである。これに対して、私たちの概念の図式性は、複数の概念の間の整合性をもたらすはたらきをする。この図式が表現するものは、物や事柄のような具体的な感性的概念としての形象ではなく、円や表などの抽象的に表現されるところの形象である。すなわち、図式性は概念間に整合性をもたらすのであるが、整合性とは無矛盾性ということであり、矛盾が無いことは概念間の関係が時間的に、あるいは空間的に矛盾しない関係で表現されるということである。概念が時間的に、あるいは空間的に矛盾しない関係で表現され、抽象的に表現される形象ということは、概念はその本質において「言葉を話す」意識と「手許にある」意識とが相互に刺激し合うことを通して融合された「身体表現」の意識であることを意味するものである。言い換えれば、ノエマである「身体表現」意識の下図としての概念は、その本質を「身体表現」に持つということである。学力の作用が「身体表現」から入り、「身体表現」へ出るという過程を通してはたらく作用であることにおいて、このように概念は下図としての役割を果たしているのである。

概念の発生と形成

概念とは【図2】でみるように、学力の構造において「手許にある」意識と「言葉を話す」意識との融合によって形成される意識であり、網掛けで表されている部分に相当する。この概念は、学力の作用によって生み出される「身体表現」の下図となり、その特質は図式性である。言い換えれば、「身体表現」意識の内容としての「身体表現」には、そこにいたる概念が所属していて、この概念が「身体表現」に独自の領域や範疇をもたらし特質化する。つまり、この「身体表現」はそのつどの精神の内容であるが、それに所属する概念からみた時、独自の領域や範疇をもった意識として自らを示すのである。概念そのものの発生は「手許にある」意識と「言葉を話す」意識との融合によるものであるが、この概念の形成には、「言葉を交わし合う――身体の動き」意識に伴って自らを顕わにする自我がかかわっている。例えれば、概念は自我が「言葉を話す――身体の動き」意識を刺激することを通して「手許にある」意識を切り取ることによって形成されるところのものである。すなわち、概念の形成には自我がかかわっているのである。それゆえにたとえば、この「身体表現」意識はその内容において初歩的な段階から高度な段階へと順序だって変化する意識という一面が区別される。教育の分野ではこのような順序だった段階をへて変化する意識を発達や成長、あるいは向上や進歩という表現によって特徴づける。このような概念は子どもたちの学習活動を評価する指標となるものであり、きわめて重要なものである。したがって、このような概念についてはより明確に規定されていることが必要である。この場合における概念形成への自我のかかわりは、学習内容を初歩的な、あるいは基礎的な段階の内容から、高度な、あるいは難易度の高い段階の内容へと編成するといったことになるだろう。概念がこのような役割を果たすのは、概念が主体的意識のはたらきを受けて形成されうるところのものという特質にある。こうしたことから学力の作用における実質的な意識の作用の対象となるのは概念ということになる。

概念を精神そのものとするという考えはヴィゴツキーにおいて見出される。ヴィゴツキーは概念は思考の最高形式であるとして、概念形成、その発達について独自の実験的研究を展開している。概念形成についてヴィゴツキーは『思考と言語』の中で「概念形成は、常に少年の思考の前に立てられた何らかの問題の解決の過程で発生する。この過程でのみ概念は発生する（註22）」としつつ、「概念が判断から、すなわち思考活動から発生するとしたら、概念と直観的あるいは実践的・行動的思考の産物とを区別するものは何かが問われるであろう」と述べている。このヴィゴツキーの概念発生についての主張は、概念そのものは子どもの思考の発達の長い複雑な過程の産物であり、体験や経験における思考によって生み出される内容とを異なるものとすることに由来している。すなわち、何らかの問題の解決という特殊な過程でのみ概念形成は発生し、それが子どもの思考の発達に深く関連するというのである。さらにヴィゴツキーは、その際子どもの概念形成においてという条件をつけているが、「感性的材料（これの知覚と加工から概念が生まれる）と言葉は概念形成過程の二つの必須のモメントであり……（註23）」と述べている。そしてさらにヴィゴツキーは「思考の現実的過程の中で概念は見られるのであり、その中で生まれ、生活する」として、事実上思考過程としての認識の過程における概念形成を主張している。私たちはこのヴィゴツキーの主張の中で、概念の発生を通常の判断ないしは思考活動から分離するという主張については同意することはできない。このような主張は直観についての理解の不十分さを示すものである。概念そのものは純粋意識としての作用であるノエシス——ノエマ構造の作用に伴い形成される意識、すなわち、「身体表現」意識の下図であり、思考過程を構成する要素である。何らかの問題の解決という特殊な過程でのみ概念が発生するというヴィゴツキーの主張は、概念自体に独自の作用力を持たせようとしていることを示すものである。しかし、先述したように概念自体は独自の作用力を持つものではない。意識体験における独自の作用力は純粋意識としての学力が持っている。また何らかの問題の解決という過程は、実は私たちの日常的な生活における不断の過程であり決して特殊な過程ではない。私たちは不断に「問い」に出会い、「問い」に襲われているのである。そしてそのつど同時に、学力が自らの姿形を顕わにし、その学力の作用によって生み出され、形成される概念を下図として精神としての「身体表現」意識を生み出しているのである。これが概念発生および形成の真の姿である。

概念形成と精神の発達

概念形成に伴って同時に引き起こされる重要な事象が二つある。一つは精神の発達であり、もう一つは知識の発達である。精神の発達とは、先述したように学習における学習者の学習能力そのもの、すなわち、学力の作用力が高まることである。また知識の発達とは、教科書や教材等の学習内容は知識から構成されているが、この知識が学習者によって学習されることによって、言い換えれば、学習者の学力のノエシス――ノエマ構造の作用を受けることによって、学習者において知識自体が発達する可能性を持つことである。このことを具体的な事例でみていくことにする。明治から昭和初年にかけて日本を代表する発明家であり、実業家として知られた豊田佐吉がいた。佐吉には次のようなエピソードが残されている。佐吉は二十歳頃まで父親の大工の仕事を手伝いつつ、夜は藁筵《ワラムシロ》を編むことをしていた。藁筵とは、藁で編んだ敷物である。そうした生活をおくっていた少年時代の佐吉がある時、家にあった柱時計を何十点もの部品に完全に分解してしまった。家人はてっきり柱時計は完全に破壊されたと思い、佐吉をひどく叱った。ところが、佐吉はその後何十点もの部品を一つ一つ組み込んでいき、柱時計をまた完全に元通りに復元した。柱時計はまた以前のように、あるいは以前より正確な時刻を刻み始めたのである。この佐吉の行動は周囲の人々を非常に驚かせたという。その後、佐吉は一説には藁筵を売った代金を貯めて最も自分の関心がある機械の本を購入し、それをもとに機織機械の研究をし、やがて当時世界でも最先端の機織機械の発明にいたったとされる。

このエピソードは私たちに概念形成と精神発達および知識の発達との関係の考察に多くの示唆を与えてくれるものである。まず私たちは佐吉にとって藁筵を編むことと柱時計の分解、組み立てとは深いつながりがあると考える。藁筵を編むという体験・経験を通して、佐吉は「編む」という身体の動きとその身体の動きを言葉で表現した知識を獲得した。実はこの「編む」という身体の動きは、同時に「解《ほど》く」という身体の動きを兼ねるものであり、したがって佐吉は藁筵を編むという体験・経験を通して「編む」と「解く」という身体の動きおよび知識を獲得したのである。このことを証拠立てるのが柱時計の分解・再組み立てである。この場合は、藁筵を編むという過程と全く逆の過程、すなわち、「分解」から「再組み立て」の過程であった。つまり、時計を一度も組み立てたことがない佐吉がまず「分解」して、その後「再組み立て」をしたのであり、佐吉にとっては初めての体験だったはずである。しかし、これが可能になったのは、藁筵を編むという身体の動きの構造体、すなわち、「身体表現」が佐吉の中に形成されていたからにほかならない。もちろんこれを可能にしたのは学力のノエシス――ノエマ構造の作用である。そしてこの作用を受けて、佐吉は自分の頭の中に「身体表現」の概略図を描いたのであるが、これが図式としての概念である。つまり、「編む」という身体の動きについての意識には、すなわち、概念には「解く」という身体の動きについての意識が生み出されていたのである。というのは、「編む」過程で、やり損なったりして部分的に「解く」過程が存在したと考えられるからである。「編みつつ、解く、解きつつ、編む」というのが図式となって藁筵を編むという「身体表現」が生み出されたのである。この過程ではそのつど「こうだったかな」、「こうなっていたのでは」……というように、佐吉の中に「問い」が生み出され、あるいは「問い」に襲われたと考えられる。こうして新たな「身体表現」意識が生み出されたことは、精神自体の発達と考えられるのである。また藁筵を編むという知識については、次のように考えられる。藁筵を編むという知識は、「編む」という身体の動かし方を知っていることである。「編む」という身体の動かし方を知っていることは、同時に「解く」という身体の動かし方を知っていることでもある。つまり、藁筵を編むという知識は、実際に身体を動かすことを通して、「解く」という知識をも同時に含むことになったのである。これが知識の発達である。分解された柱時計自体は分解前後で何ら変化していないが、この藁筵を編むことから柱時計の分解へという佐吉の行動は、学力のノエシス――ノエマ構造の作用による概念の形成、およびこの概念が図式として形成される「身体表現」が精神の発達および知識の発達を可能にすることを示すものである。そして、このエピソードは体験・経験における学習とはどういうものであるか、すなわち、体験・経験に潜む学力の向上の契機とはどういうものであるかを示している。

概念形成と知識の発達

先述したエピソードにおける概念形成に伴って引き起こされたことから、精神の発達と知識の発達があることがわかった。この知識の発達についてはさらに次のような側面がある。学習することは学習者に、学習者の既存の学力を超える学力をもたらすのであるが、同時に学習内容にも、学習内容自体としての知識を発達させるという可能性をもたらすのである。知識の学習においては、まず知識を学習者が自らの身体の動きで表現する。身体の動きで表現するとは、知識をいくつかの身体の動きに分けることである。この過程では「言葉を交わし合う——身体表現」意識に伴う自我がはたらいている。同時にノエシスの作用と反省の作用がそこに加わっている。これらの作用の過程は概念を直接の対象として行われる。やがてノエシスの作用によって一つの「身体表現」の意識が接続される。それを受けて知識についての意識とこの「身体表現」の意識とが総合されるが、これが「理解する」、「認識する」、「判断する」となる。知識を学習することは、このような過程が一人ひとりの学習者の中で起こることである。ということは、知識がどのような身体の動きに分けられるか、そして反省によって身体の動きについての意識と身体の動きについての意識とがどのように切断され、さらにどのような身体の動きと身体の動きとが接続されるか、これらのことは一人ひとりの学習者によって異なっているはずである。厳密に言えば、百人の学習者がいれば、百通りのこの過程があることになる。言い換えれば、学習内容としての知識は同じであっても、その知識の学習の結果生み出される「身体表現」の意識は、一人ひとり異なるのである。具体的な事例でみてみることにする。2×□＝6という問題が出された。その時、ある子どもは「6は2を3回足したものだから、答えは3」と答えた。別のある子どもは「□にはいる数字を2回足したものが6だから、答えは3」と答えた。また別のある子どもは「6の中に2は3個入っているから、答えは3」と答えた。いずれも答えは正解である。もし、正解のみを求めるのであれば、この3人の子どもたちはこの問題を理解しているという評価ができるであろう。しかし、子どもたちがどのように考えてその正解を得たかに注目するならば、重要なのはこの3人の子どもたちがそのためにあげたそれぞれの理由である。言ってみれば、この3人の子どもたちの理由こそ「身体表現」の意識であり、ノエマである。「6は2を3回足したものだから、答えは3」という理由を答えたこの子どもは、実際に手許にある鉛筆を2本ずつもって3個並べた。また「□にはいる数字を2回足したものが6だから、答えは3」という理由を答えたこの子どもは、手許にある鉛筆を、1本と1本、2本と2本、3本と3本、……と順番に並べていった。そして「6の中に2は3個入っているから、答えは3」という理由を答えたこの子どもは、6本の鉛筆を手許におき、2本ずつゴムで結んでいった。注目しなければならないのは、3人の子どもたちのそれぞれの理由における彼らの身体の動きである。特にこの3人の子どもたちの答えを出すまでの身体の動きをみていると共通するものがある。それは3人とも何かの言葉を話しながら、それぞれの身体の動きをしていることである。これはまさしくこの子どもたちの身体の動きを導いているのは、学力のノエシス――ノエマ構造の作用であることを示している。学力のノエシス――ノエマ構造の作用は、身体の動きについての意識どうしを接続するはたらきをし、言葉を話すことは反省の作用であり、この接続を切断するはたらきをしているのである。そして、学力のノエシス――ノエマ構造の作用は、こうしたはたらきと並行して、個々の接続に伴って概念を生み出しているのである。この概念が学力のノエシス――ノエマ構造の作用の直接の対象となっていたのである。さてこの3人の子どもたちがあげたそれぞれの理由は、2×□＝6という問題の答えを超えた「何か」をこの問題にもたらしたと考えられる。それは3通りの考え方をこの問題に付加したのである。言い換えれば、2×□＝6という知識は、3通りの考え方を付加されることによって知識として発達したとみることができるのである。もし、この問題の解答に10人の子どもたちが取り組んだとしたら、さらに多くの異なった考え方がこの問題に付加されたであろう。知識とは一般にそれを学習する人が多ければ多いほど、知識自体も発達していくのである。こうした意味において、社会の知的水準はできるだけ多くの人間が学習に携われば、携わるほどそれだけ高まるのである。学習の機会を限りなく拡大することの重要性がこのことからも確信できる。

第四章　言葉の力

第一節　「言葉を話す」と精神の形成

「言葉をもつ」こととしての「言葉を話す」

言葉を持つ、ないしは言葉を話すことは人間の最大の特質とされてきた。旧約聖書の冒頭に「はじめにことばありき」とあり、古代ギリシアでは「人間はロゴス（言葉）を持つ生き物」とされるなど、人間と言葉とは本質的に不可分の関係にある。言い換えれば、人間精神と言葉との関係は根源的に緊密な関係にあることが古代より直感としてとらえられていたと考えられる。教育学においても言葉は重要な鍵となる概念である。勝田は「人間は、社会の中に生まれて人間となる。……人間の子は、学習の傾向と能力とを素質としてもっている。しかもそれが高度に発達するのは、人間の社会がことばをもっていること、人間の子がことばを覚える能力をもっていることによる」[(註24)]と述べている。もちろんこうした引用を俟つまでもなく、すべての人が教育実践において言葉が果たす役割の重要性を認識しているはずである。問題は言葉が精神の形成やはたらきにおいてどういう役割を果たすかということである。

言葉が人間の教育において重要な役割を果たすということについて異論を唱える人は誰もいないだろう。問題はこの言葉はどういう言葉であるかということである。言い換えれば、言葉を持つという時の言葉と、言葉を話すという時の言葉との区別である。言葉を持つという表現で一般に意味されていることは、言葉を話す能力である。この言葉を話す能力という表現には、人間は言葉を話す能力を持たされているという意味と、人間は言葉を話す能力を自らの意思で持つという意味とが区別される。前者は素質としての言葉を話す能力であり、後者は努力の結果としての言葉を話す能力である。前者の言葉を話す能力は受動的であり、後者の言葉を話す能力は能動的である。言葉を話す能力についてのこのような区別には次のような事例がある。それはある子どもが授業において、教師から教科書の一部分を朗読するように指示された。その子どもは指示されたとおり、教科書の一部分をよどみなく読み終えることができた。すると教師はその子どもに「さて、今読んだところにはどういうことが書いてあったかな？」と質問をした。するとその子どもはあわてて自分がたった今読み終えたところをあらためて読み返し始めた。そのためしばらく沈黙の時間が流れた。それをみた教師は、「文章はただ読むのではなく、考えながら読まなくてはいけない」とその子どもに言い、別の子どもに「君は何が書いてあったかわかったかな？」と同じ質問を行った。するとその子どもはその内容についてただちに答えることができた。その子どもは教科書の一節を読むように指示された子どもが教科書を読んでいる時に、それを聞きながら、すなわち一緒に読みながら、何が書いてあるかを考えていたのである。もし「言葉を話す——身体表現」意識が「手許にある——身体表現」意識の中に完全に組み込まれているとすれば、こうしたことは起こらないであろう。つまり、「言葉を話す——身体表現」意識が「手許にある——身体表現」意識とが一体であり分離していないとするならば、文章を読みながらその文章の意味、すなわち、その文章が何を語っているのかが理解できていなければならない。この事例は学力における二つの意識の相互のかかわり合いが何であるかを象徴的に示している。つまり、たとえば文章を声を出して読むことそのものは単なる身体の動きであるが、文章の内容を考えながら読むことは、学力における「言葉を話す——身体表現」意識と「手許にある——身体表現」意識とが相互に刺激し合う過程、すなわち、文章の内容を理解する過程であることを示すものである。文章を声を出して読むことと、文章を声を出さずに読むこととの間には本質的な相違がある。言葉は一般的に人間が発する音声のひとまとまり、すなわち、集合であり、それが他者と相互に共有されることによって意味を持っているものである。このような言葉についての意識が言語意識である。「言語を話す——身体表現」意識が志向するのは自らに対応する「手許にある——身体表現」意識である。人間が言葉を持つとは、物としての言葉を持つことではなく、言葉を話すこととしての言葉を持つということである。

「言葉を話す」と人間の精神の形成

学力の作用における「言葉を交わし合う」という行為のもつ意義は大きい。何よりこの行為は人間の精神の形成の鍵をにぎっているからである。人間における言葉を話す能力の発達が精神の形成、発達に大きく関わっていることは周知のとおりである。まず人間は泣きながら、すなわち、産声をあげながら生まれてくる。産声は少なくとも言葉ではない。やがてその次の瞬間から医師をはじめ看護師、母親、父親等を皮切りに誕生したばかりの人間をとりまく多くの人々から、間断なく声をかけられる、すなわち、言葉をかけられる。やがて、それに応える子どもが発する言葉に、ある一つのはっきりした変化がみられるようになる。つまり「マンマ」のような簡単な言葉を識別できるようになり、自らもその言葉を発するようになる。このような時期の子どもが話す言葉と思考の関係については、心理学者のピアジェの研究が詳しい。子どもは周囲の人々と言葉を交わし合うことをとおして、言葉を話す能力を発達させるとともに、それに伴う身体の動きについての意識が形成され、しだいに精神そのものが形成されていく。言葉を交わし合うという行為は、基本的には自分の意志や欲求によって行うものである。つまり、誰かと言葉を話したい、何かを言葉で表現したいという欲求に基づくのである。したがって「言葉を交わし合う」意識の形成とその発達は、自我意識の形成とその発達に伴うものと考えられる。幼児期における思考が自己中心性という特徴をもつことは、過去の多くの心理学者たちによって確認されている。ピアジェの研究で知られる同じ心理学者のヴィゴツキーは、このピアジェ体系全体の根本的思想として、子どもの思考の個々の特質全体に統一をもたらすこの中心的環は、子どもの思考の自己中心性にあるとした。

言葉の発生機構は先述したように次のようになっているとされる。肺にためられた空気が声門を左右に押し広げて声帯を振動させ、喉頭原音または声帯音が生じる。喉頭原音は、咽頭、口腔、鼻腔などで共鳴して修飾され、各人により音質の異なる語音が形成される。同時に関係各器官と筋肉の働きを統制する中枢神経系の役割が重要である。また咽頭などに分布する救心神経や聴覚器からの情報によるフィードバック回路も大きな役割を果たしている。このように言葉を話す行為は、生理的な刺激や自らが発する声音の刺激として起こるのである。しかし、こうした生得的なあるいは生理的なしくみが具わっていてもこれだけでは言葉は生まれない。つまりこれだけでは人間は言葉を持つことはできない。

言葉を話すことができるためには、外的な刺激としての他者からの声かけ、他者との会話や対話や討論などが必要である。一般に人間は生後半年を過ぎる頃から外界の刺激や周囲との会話を通して、自分の発する声音との対応関係において少しずつ言葉を覚えていく。言葉の理解は話し言葉に先立って発達し、生後8カ月頃から始まるとされる。幼児は基本的に周囲の人々とのコミュニケーションの体験を積んで言葉の意味を学んでいくのであり、この他者とのコミュニケーションは人間が言葉を話す能力そのものを形成する不可欠な要因ということができる。まさにメルロ＝ポンティがいうように「言語（言葉）は本質的に二人がかりの作業」なのである。(註25) こうした他者からのはたらきかけと、生得的なしくみとが相俟って言葉は誕生するのである。

言葉（ここでは言語と同じ意味で使用）と精神との関係をめぐる今日の論争は、言葉の自律性を前提にし、そこを出発点としているように思われる。そのことは分析哲学や構造主義の中で例証されているとおりである。言葉の自律性とはこれまで言葉は人間の精神を表現する手段や指標としてのみ考えられてきたのに対して、言葉は人間の精神の形成や発展そのものにかかわるはたらきをするということである。そしてそれは話された言葉ではなく、言葉を話すことにおいてそうなのである。こうした新しい大きな流れはこれまで言葉を社会的・制度的側面としての、あるいは体系構造としての文法の規則や語彙の集まり（ラング）に限って対象としてきたが、それにかわって言葉を話すという行為（パロール）そのものに重点をおくようになってきたのである。私たちの言葉（言語）観も言葉の独立性、自律性に論点の中心をおくという意味ではこうした大きな流れの中にある。私たちは人間の精神は、その核となる学力における「手許にある――身体表現」意識への「言葉を交わし合う――言葉を話す」意識のかかわりをとおして形成されると考えるのである。今日、教育学の分野においても、このような視点からの言葉を話すこととしての言葉の自律性に注目することが求められている。

「言葉を話す」と自我の生成

言葉を話すことは、幼児期においてはまず母親をはじめとする周囲の人々の言葉を話すことの模倣から始まる。たとえば「この花はきれいでしょう」という母親の声かけに対して、幼児は同様に「きれい」と返す。私たちはこれを見て幼児は素直だと感じる。しかし、実際はこの場合幼児は言葉を話す能力が未発達なため自分の気持ちを自分の言葉で表現できないでいる場合も含まれている。万事幼児期はこうした状況の中におかれているのである。やがて幼児の言葉を話す能力が発達してくると、自分の感じたことを自分の言葉で表現できるようになり、これまでのように言われたことをそのまま返すのではなくなる。それが「〜ではない」という否定性の出現である。否定性は「違う」、「嫌い」、「したくない」等の表現となって現れる。これが子どもの成長における反抗期と呼ばれる現象である。反抗期は言語能力の発達期と軌を一にする。子どもたちの精神的な成長にとって特徴的なことは自我の発達である。

自我とは一般に認識・感情・意志・行為の主体としての私を外界の対象や他人と区別する表現とされる。言い換えれば、自我はすべての外界の対象や他人を拒否する、あるいは否定するという感情として意識されるところのものである。このような自我の発達はいわゆる反抗期という言葉で表現される。一般に反抗期は、4〜5歳頃に現れるものを第一反抗期、中学生から高校生にかけて現れるものを第二反抗期と呼んで区別する。このような反抗期は〝自我のめざめ〟という形をとる。親からしだいに距離をとり、親や周囲に対して反抗的となり、親とは違った態度や価値観、行動パターンを選ぶことによって自分というものを確立しようとする。特に第二反抗期ではすべてのことについて自分自身の判断で行動したいという欲求が強まり、親や教師など、既存の権威や制度などに反抗するようになる。反抗期は〝自我のめざめ〟の時期に起こるとされる。いわゆる第二反抗期といわれる〝自我のめざめ〟のことをルソーは〝第二の誕生〟と呼んだ。つまりこれまでの親などへの依存から自立に向けて踏み出す心理的離乳の第一歩である。〝第二の誕生〟とは、一回目の誕生で生物としてこの世に生まれ、第二の誕生で自分自身の人生に目覚めるのである。小学校高学年から中学校、高校の青年期は、表面的には傷つきやすい心を持つ動揺の時期である。感情の起伏が激しくなり、孤独感・不安感・劣等感などにさいなまれる。この結果として身体の動きにさまざまな変化が起こってくる。たとえば拒食症、過食症、ひきこもり、無気力症等である。私たちは子どもたちのこうした明確な行為を含めた身体の動きとしての行動から、あらためて人間の精神が身体の動きと分かちがたく結びつけられていることを実感するのである。サルトルは人間とは即自に対する対自存在として、つねに自己のうちに〝あらぬ〟という否定の契機を蔵した不安定な存在であるとした。他方でサルトルは、人間のもつ否定性は自由そのものであるとして、人間はいつでも現にある自己を否定して何か別のものになる可能性を持っているとする。サルトルにあっては否定性はいわゆる先験的なものである。すなわち、本来人間が生得的に蔵している本質だとしている。サルトルのこの否定性は、言葉の「無い」という表現が基礎になっている。しかし、ここでは言葉の持つはたらきとの関連ではとらえられていない。これに対して、私たちは否定性の契機を人間が言葉を話すという構造の中に見出すのである。

日常的な意識体験を通して個々の人間の自己意識の領野が形成される。この領野は誕生から幼少期のある時期までは、自己と他者との区別がない未分化の領野である。言い換えれば、誕生から幼少期のある時期までこの領野は自己と他者とが共有される領野のもとにある。しかし、やがて他者と言葉を交わし合う行為を通して、言葉を話す能力が発達するとともに、この未分化の領野が自己と他者とに区別されるようになる。すなわち、自分の意識の中に自己の存在についての意識の領野と、自己ではない、したがって他者の存在についての意識の領野とが区別されるようになるのである。自己意識の領野は他者意識の領野に対する主体性を持つことによって確立される。ここに言葉を話すはたらきとしての否定性の契機が見出される。通常このような自我は思考するものとしての精神そのものと考えられている。つまり、人間はいろいろなことを考え、意欲し、感じるが、つねにそれらに共通しているのは私にとってということである。これは思考の各自性とされ、こうした考え方は実体的自我と呼ばれ、デカルトの主張に代表される。他方でカントはこのような実体的自我の存在は否定するが、だからといって流動する経験的自我のみでは私の意識の統一性と同一性は生まれないので、経験の多様を統一し、意識の同一性を可能にする先験的統覚として私の存在をおく。この私は、あらゆる私の表象に伴わなければならないとされ、一切の経験にかかわりのない自我として先験的自我と呼ばれた。自我の存在については、このような先験的なもの、すなわち生得的なものとする考え方に対してもう一つの考え方がある。それは自我は人間が他者と共に在る存在であることに由来するという考え方である。ハイデガーは人間である現――存在（Da――Sein）は、他者とその存在において根源を等しくしており、自我はここから生い立つとする。またマルティン

=ブーバーは「我それ自体というものは存在しない。存在するのは我――汝における我か、我――それにおける我のみである」(註26)と述べている。つまり我とは我に先立つ我――汝という関係から生まれるというのである。

自我には経験的自我と先験的自我との二つの自我が存在するという考えに私たちも同意する。そして、経験的自我は「手許にある――身体表現」意識に、先験的自我は「言葉を交わし合う――言葉を話す」意識に伴う相互主観にそれぞれ起源をもつと考える。先験的自我が主観に起源をもつことは、他者と言葉を交わし合うという行為を起源とするということである。つまり、経験の多様を統一し、意識の同一性を可能にする先験的統覚としての先験的自我は、単なる生得的な素質としてではなく、本質的に他者と言葉を交わし合うことによって形成されるものである。人間は本来のあり方としてまず他者と共に在る存在である。何よりも人間はその誕生において周囲の多くの他者から声をかけられながら生まれてくるのである。そしてしだいにそれらに応じる形で反応を返しながら成長していく。つまり、人間は他者との間で言葉を交わし合うことをとおして自らの精神を形成していくのである。すなわち、人間になっていくのである。

他者と言葉を交わし合うことにおいては、個人においては自ら言葉を話すことである。人間は生得的に自分の意志にしたがって声を出すこと、その声の音色を変えること、それによって多様な音色を発声することができる。これらは誰でもすべての人間に与えられた生得的素質である。しかし、他者と言葉を交わし合うことがなければ決して自分で言葉を話すことができるようにはならない。人間は自立的に言葉を話すことができるようになるにつれて、言葉を話したいという意識、すなわち、自我が芽生え、言葉を話したいという意欲が増大していく。このような自我は、他者ではない何かあるものとしての、本質的には他者の存在が否定されたものとしての私自身である。たとえば「頭が痛い」、「身体がだるい」、「うれしい」、「やる気が出てきた」等々の私の身体の動きについての意識は、他者から教えられた「私」という言葉で表現されるところの意識である。つまり、言葉を交わし合うはたらきによって生成され、成長した「私」という意識の内容は私の身体の動きについての意識であり、この私の身体の動きについての意識によって私は他者から分離される。このように人間の精神の母体となる自我には、私の身体の動きについての意識が不可分なものとして仲介されているのである。

反抗期や自我のめざめと呼ばれる時期には、こうした言葉を話すはたらきとしての否定性による自我の生成の変化がめまぐるしく展開される。こうした時期は、言葉を話す能力としての言語能力の発達の速度が著しく加速されている時期と一致している。またこうした時期は、自分の身体自体の変化や身体の動きへの関心が極度に高まる時期とも一致している。これらのことは、言葉を話す能力の発達と、自我の確立とが並行していることを根拠づけるものである。人間は言葉を交わし合う生き物である。言葉を交わし合うとは、他者と言葉を交わし、自己と言葉を交わすことであり、それを通して人間は精神としての心をつくっていくのである。言葉を交わし合うはたらきは、対象となるものの認識の過程を展開するために不可欠であると同時に、自我の形成、その育成の結果としての人間の精神そのものをつくる過程でもある。しかも「言葉を交わし合う――言葉を話す」ことは、すべての教育実践における唯一の合理的手段であり、あらゆる教育を行うための最大の道具である。言葉を交わし合うことを通して形成され、発達する言葉を話すという能力は、他方でその言葉を話すについての意識を形成し、発達させる。この言葉を話すについての意識に伴う意識が自我となり、主体的意識となり、人間の精神の形成を促し、その発達を遂行していくのである。

第二節　「言葉を話す」の特質

生得的能力としての「言葉を話す」

他者と言葉を交わし合うことを通して人間の言葉を話すことが形成され、発達していく。一般的には、いったん獲得された言葉を話すという能力には、もはやそれ以後他者と言葉を交わし合う必要はないのではないかと思われるが、そうではなくその後も絶えず他者と言葉を交わし合うことを必要とするのであり、このことは人間の生得的なしくみであり、人間の生涯を通して変わらないことである。人間は自らの精神を新たに形成し、発達させていくためには、常に他者と言葉を交わし合うことを不可欠としているのである。この言葉を話すのはたらきについては、言語学の分野ではどのようにとらえられ、どのように理解されているのだろうか。言葉を話すこととしての言葉の使用には一定の規則がある。この規則は一般に文法と呼ばれるが、文法とは言葉（言語）を文・語などの単位に分けて考えた時、そこに見られる規則的な事実のことで、言葉を話したり、書いたりするうえでのきまりのことである。これらは通常、学校で子どもたちが学習する文法であるから学校文法と呼ばれる。これに対して私たちはもう一つの文法があると考える。それは生得的な言語能力による規則としての文法である。

生得的な言語能力とは、文字通り人間に生まれながらに具わっている「言葉を話す」能力のことである。人間は〝言葉を持つ生き物〟という場合、それが意味しているのは人間が誕生時には全く持っていなかった言語についての素質や能力を誕生以後の努力によって獲得するということではない。そうではなく、人間には生まれつき言葉についての素質や能力が具わっているということである。すなわち、人間が〝言葉を持つ生き物〟とされるのは、人間の言語能力は生得的な言語能力と後天的な言語能力とが協同することで言葉を話す能力を持つことになったという意味である。後天的な言語能力とは、意図的な努力によって獲得された言語能力であり、自己の意志に基づいて言葉を話すことで獲得できる能力である。意図的な努力によって獲得した言語能力とは、学校文法にみられるように文法的な規則を自由に創造することができる能力である。これに対して生得的な言語能力とは、人間の自由に言葉を使用する能力に一定の制限を加える規則を創造する能力である。人間の精神が生得的な言語能力を具えており、それが人間の知識を構成している諸原理や諸概念を与えてくれるという考え方は、言語学者のチョムスキーにみられる。チョムスキーはこの生得的な言語能力によって生み出される言語規則の体系を普遍文法と呼ぶ。チョムスキーはこの普遍文法を定義して、「単に偶然的にではなく、必然的に——むろん論理的必然性ではなく、生物学的必然性の条件および規則の体系である」（註27）とし、「生得的言語能力は認知能力の中でもとりわけ興味をひく要素である。我々はその本性（具体的には普遍文法）を探求し、それと他の領域との関係、およびその独自性を探究することになろう」（註28）と述べている。ここにはチョムスキーの言語についての問題意識が端的に示されている。認知構造における生得的言語能力は、認識における規則として自らを示す。私たちはこの規則を認識の過程そのものであると考える。すなわち、この規則はいわゆる学校文法のように言葉の使用における詳細な規則ではなく、認知構造の骨格を形成する規則だからである。したがって認識の過程を明らかにすることは、生得的な言語能力の構造を明らかにすることである。

近年の教育実践の場では、教科（あるいは知識）の構造が重視され、この構造に応じたカリキュラム（教育課程）の編成や具体的な学習指導方法の導入が推進されている。しかし、ここで問題となるのはこのような考え方では、極端に言えば各教科・科目にそれぞれ独自の構造があることになり、それに対応した各教科・科目の数だけの認識の過程が必要になることである。このことは授業時間数の際限のない増大につながる。現在のわが国の教育実践の場にはこれに類似する現象が見られる。これに対して私たちは各教科・科目の構造とは、学習内容相互の関連性に基づく配列順序であり、認識の構造とは切り離されていると考える。そしてむしろ、すべての教科・科目の内容には共通する認識の構造が存在すると考えるのである。そしてその認識の構造が同時に学力の構造であり、この学力の構造においては言葉を話すという身体の動きに伴い出現する主体的意識が決定的な役割を果たすのである。

声

言葉を話すことにおける声の持つ本質的な意義は、声を出すか、声を出さないかで区別されない。声に出さないで言葉を話す場合も、声に出して言葉を話す場合と同様、声は言葉を話すことにおいて大きな意義を持っている。このことは何らかの原因によって声を出して言葉を話す能力を失った人々が自分の身体の動きで、すなわち、手振りや身振りで自分の気持ちや意志を伝えることができることにみることができる。何よりあのヘレン・ケラーの例がこのことをよく示している。ヘレン・ケラーにおいては手振りや身振りが言葉を話すことにおける声を出すことにほかならなかったのである。これらのことは、手話法や口話法などの教育的方法によってすでに教育の現場でも実践され、実証されている。まさに人間はその本質において〝言葉とともに生きる生き物〟なのである。言葉にとって身体は意味の場である。言葉（を話す）は自らの意味をそれぞれの身体の動きを通すことによって得る。言葉を話すことはあたかも「手許にある――身体表現」意識という鐘を撞木《しゅもく》で打つようなものである。撞木で打たれた（突かれた）鐘は、鐘全体を振動させ、音を響かせる。撞木での打ち方を強くしたり、弱くしたりすることによって鐘の音、すなわち音色が変化する。この鐘の音の響きが言葉に意味を付与する。このたとえから言えることは、鐘も撞木もそれ自体では何の意味ももたないが、この二つがぶつかり合うことで、鐘としての「手許にある——身体表現」意識から音（色）という意味が発生するということである。言葉を話すことの意味は、何について話すのかという内容と、その言葉を発した時の声の調子、すなわちその音色、響き、強弱などからなる。これは言葉を話すことの意味が「身体表現」意識そのものであることを示すものである。

声に出して言葉を話すことと、声に出さずに言葉を話すことは次のように区別される。前者は何よりもまず自己と他者とが互いに声を出して、その声を交わし合うことによって人間は言葉を創り出したという意味で言葉誕生の起源である。また、自分の気持ちや意志を他者に伝えるという目的のためにも不可欠である。この他者と声を出して言葉を交わし合う、あるいは身ぶりや手振りを交わし合うことにおいて自らを示すのが相互主観である。つまり、声に出して言葉を話す行為は自己と他者との関わりを生むのである。声に出して言葉を話すには、通常の言葉の音声ばかりでなく、笑い声、泣き声、叫び声、呼び声、歌声などに加え、さらにそれぞれに抑揚、調子なども含まれる。これらの声を伴って話された言葉は、その声を聞いた人々との間で共有されることになる。声を共有することにおいて、言葉を話す自分の声が自分の「手許にある——身体表現」意識を刺激するはたらきを、同時に他者においてももつことができる。こうして他者との思考や感情の共有が他者とつながる、あるいは他者と一つになることを可能にするのである。人間はこのように声に出して言葉を話すことによってのみ、真に他者と共に在ることができるのである。これに対して後者の典型的な例が思考することである。思考とは自己と自己との対話であるとされ、自己が自己と言葉を交わし合う行為だと考えられている。先に私たちは思考とは本来、学力を構成する直観としての「言葉を話す——身体表現」意識と「手許にある——身体表現」意識とが「言葉を交わし合う——身体表現」意識に伴う相互主観の刺激を受けて相互に刺激し合い、その結果として新しい「身体表現」意識を生み出す過程における時間的なずれ（タイムラグ）という現象であり、それ自体仮象にすぎないことを明らかにした。すなわち、思考とは相互主観としての自己が「手許にある——身体表現」意識を介して「言葉を話す——身体表現」意識との間で言葉を交わし合うことである。

声に出して言葉を話す行為自体は、子どもたちの教育において大きな意味をもっている。授業の場においては一般に30人から40人の子どもたちが共に学習している。これらの子どもたちを精神面で一つにつないでいるのが、子どもたちが互いに発し合う声である。声に出して言葉を話す行為は、他者と共に在る存在として、子どもたち一人ひとりが「私たちは共に在る」ことを実感することを可能にする。すなわち、個人としての「私は在る」は、この「私たちは共に在る」に支えられて初めて実感できることである。そして、この実感が基礎にあって集団での諸活動が円滑に行われる。さらに学習活動において、同じ課題や問題について子どもたちが共に考える過程は、一人ひとりがもつ問いが、子どもたちどうしで互いに交換される過程でもある。言い換えれば、子どもたちの間で自然発生的に問いに対して問いかけるということが生み出されているのである。この「問い――問いかけ」はすべての学習に共通する学習方法の基本でもある。やがてこの自己と他者との間の「問い――問いかけ」という行動は、子どもたち一人ひとりの中における「問い――問いかけ」という行動を生み出していく。これが個々の子どもたちの学習活動における思考の原型となっていくのである。

言葉を話すことは二重の意味で身体の動きである。一つは、声に出すか出さないかは関係なく、言葉を話すことは生理的な刺激や自らが発する声音の刺激に対する反応として起こる身体の動きである。もう一つは、自らが話す言葉を自らが聞くことである。いわば自らが話す言葉は、その一語一語に自己の身体の動きが対応しているのである。たとえば机《つくえ》という言葉を話すとする。机のつ、く、えという一語一語に二重の身体の動きが伴っている。つまり「つ」という音声に対して発声する身体の動きと、その音声を聞くという身体の動きが伴っている。「く」や「え」についても同様である。したがって「つくえ」という言葉には、この三つの言葉に伴う三つの身体の動きがあり、それに加えてそれらが総合された一つの身体の動きが伴っているのである。他方、机の「つ」、「く」、「え」という個々の言葉はすべての人々に共通している。ということは、これらの言葉に刺激される身体の動きも共通している。これらの関係はちょうど音楽における楽曲と音符の関係に似ている。一つの楽曲における音符は一音一音が識別され、それらが理解され、そして何らかの楽器でそれらを演奏するという身体の動きで演奏されることで、全体として一つの楽曲が実在化するのである。楽曲の中にはいわゆる名曲と呼ばれ、誰が聞いても気に入る曲というのがある。これは曲を構成している一つ一つの音符の配置にすべての人々に共通して反応する身体の動きがあることを示すものである。人間の言葉を話すことにおいてもこれと同様のことが起こっている。話す一つ一つの言葉にそれぞれの身体の動きが対応している。したがって机という言葉を聞くことは、まず机に対する共通の身体の動きで反応することである。言い換えれば、人間は話される言葉の数だけそれに対応する身体の動きを持っているのである。人間が何かを「理解する（わかる）」というのはこのことが基礎になって起こることである。逆に言えば、人間は基本的にすべての対象についての意識が何らかの身体の動きで表現できなければわかることも理解することも出来ないのである。人間存在が「身体表現」存在であるゆえんである。かのサリバン女史がヘレン・ケラーの手の平に文字を書くというやり方でヘレン・ケラーに言葉の存在を理解させたというのは、私たちが言葉を聞くことと全く同じことである。健常者は話される言葉を耳で聞くが、ヘレン・ケラーは手で聞いたのである。このことは言葉を聞くのは必ずしも耳でなくても、背中でも足の裏でもよいのである。このように対象を「理解する（わかる）」ことは、「手許にある――身体表現」意識を刺激することとしての対象をそれに対応する身体の動きに変換することによって可能になるのである。学力のノエシス――ノエマ構造の作用においては、「手許にある――身体表現」意識と「言葉を話す――身体表現」意識とが、相互に刺激し合い、新しい「身体表現」意識を生み出す。この新しい「身体表現」意識は、対象についての意識について感じること、思うことの内容であるが、その内容にはすべての人間に共通する内容の場合と、一人ひとりの人間によって異なる内容の場合とが区別される。身体が、したがって身体の動きが言葉の意味の場とされるのもまたこうした「言葉を話す――身体表現」意識と「手許にある――身体表現」意識との関係に基づくのである。「言葉を交わし合う――言葉を話す」意識に伴って相互主観が出現する。また、声に出して話される言葉には、必ず何らかの実在としての身体の動きが対象として対応するが、他方でその何らかの身体の動きに対応する対象は、必ずしも実在であるとは限らない。すなわち、何らかの身体の動きに対応する対象はある場合には実在しないか、あるいはある場合には実在するけれども未知である場合がある。この非実在の、あるいは未知の対象を志向する新しい身体の動きは、学力のノエシス――ノエマ構造の作用によって生み出されるところのものである。この学力のノエシス――ノエマ構造の作用は、基本的には認識の過程の中に存在すると考えられることから、対象を認識するということは、この非実在の対象、あるいは未知の対象を見出すこと、したがって発見することという意味を持っているのである。この場合、言葉を交わし合うという身体の動きに伴って出現する相互主観は、この対象を認識することにおける総合的判断としての統握をつかさどるのである。

外言と内言の区別

言葉を話すという行為は、一般に声に出して言葉を話すことと声に出さずに言葉を話すことの二つに分けられる。私たちは前者を外言、後者を内言と呼ぶ。先述したように外言には身振り、手振りが含まれる。外言は基本的に声に出して言葉を話す行為であるが、他者との会話などのように明確に他者の存在を意識している場合と、必ずしも他者の存在を意識していない場合とに分けられる。他者の存在を意識していない場合は、いわゆる独り言になる。これに対して内言は声に出さないで言葉を話す行為であり、基本的には思考においてみられるものである。このような外言と内言とを区別し、そこに大きな意味を見出したのは心理学者であるヴィゴツキーである。ヴィゴツキーは声を出さないで行う思考を内言と呼び、声を出して行う思考である外言から区別した。ヴィゴツキーは、ピアジェの〝自己中心的ことば〟についての主張を検証することを目的に独自の実験を試みた。そして誕生から就学前の段階の子どもが声を出して行っている思考を、年長の段階以降の生徒は同じ内容の思考を声を出さないで行うようになったという観察実験結果を得た。その結果を受けて、誕生から7～8歳頃までに人間の〝自己中心的ことば〟は消滅するとピアジェが主張するのに対して、ヴィゴツキーは、自己中心的ことばは本来、内言と外言が一致したことばであり、それが7～8歳頃に分離し、内言は消滅するのではなく、本来の意味における人間の思考の手段となると主張する。すなわち、内言はヴィゴツキーによれば、ピアジェの〝自己中心的ことば〟に相当する言葉で、行動の中で生じた問題解決のプランを形成するという機能を遂行しはじめる、本来の思考の手段であるとする。子どもの自己中心的ことばは、大人の内言に相当するというのである。こうしてヴィゴツキーは、内言は子どもの自己中心的ことばに基づく自己中心的思考の表現ではなく、合理的・合目的な行動や思考の論理に近い、現実的思考の機能を持つという主張を展開した。ヴィゴツキーは、また誕生から就学前の子どもたちに共通してみられるという内言の前段階としての〝自己中心的ことば〟は実践活動に結びついており、事物が実際に子どもの知性を耕すのを知ったと述べている。ここでいう事物とは、現実を意味するとされ、子どもが実践の過程で突き当たるような現実のことである。以上のようにヴィゴツキーは内言のもつ意義を非常に高く評価したのである。

言葉を話すはたらきを外言と内言とに明確に区別することでは、私たちもヴィゴツキーに基本的に同意するものである。私たちは特に内言について次のように考える。私たちにおける内言は「言葉を話す――身体表現」意識であるが、これは【図2】でみるように反省意識に相当する。つまり、内言は「手許にある――身体表現」意識における「身体表現」意識の接続、融合というノエシスの作用に対してそれらを切断するというはたらきを持つのである。この内言の反省作用によって「身体表現」意識に相互主観の内容が織り込まれるのである。このことは言い換えれば、人間の精神は「言葉を交わし合いつつ、言葉を話す」ことを通して形成されることを示しているのである。もう一つ私たちは外言と内言との関係について次のように考える。私たちの思考の過程を主体的に遂行するのは外言である「言葉を交わし合う――身体表現」意識に伴う相互主観である。内言と外言とを区別するという観点からすれば、まず外言が形成され、それに刺激されて内言が形成されるという関係にある。というのは、言葉の誕生は他者との共同作業によるものであり、したがって声に出して言葉を話すことである外言は、声に出さずに言葉を話すことである内言に先んじるからである。こうして獲得された言葉が、やがて声に出さないで話す内言となり思考を現出させると考えられる。私たちはこの7～8歳頃が外言の刺激を受けて少しずつ形成されてきた内言が機能し始める時期と考える。内言が機能し始めるということは、思考する行為が準備されるということである。そして外言は内言を刺激することを通してこの思考の過程を展開させる原動力として存在し続ける。外言は広い意味では身振りによる意志表示をも含む。この〝身振り言語〟は、外言と同様に内言を刺激することを通してこの思考の過程を展開させる能力を持つのである。外言が内言への刺激を通して思考の過程を展開させることは、他者と共に在るというあり方をする相互主観が思考の展開を規定するということである。相互主観による思考の展開が規定されることは、一般に思考における判断の内容から見分けることができる。相互主観はこのように思考の展開における総合的な判断の形成するところのものとして自らを示すのである。

否定性

⒜ 言葉を話すことと否定性

では、言葉を話すという行為がもつはたらきとはどのようなものか。人間は〝言葉をもつ生き物〟とされるように、人間にとって言葉がいかに重要な意味を持っているかについては言を俟たない。では言葉を話すことの何が、あるいはどういうはたらきが重要な意味をもっているのだろうか。私たちは日常的な会話表現の中においてあることに気づく。それは言葉で表現されたものには、必ず肯定と否定という二つの可能性がつきまとうということである。たとえば「この花は美しい」に対しては「この花は美しくない」、あるいは「それは価値が高い」に対しては「それは価値が高くない」のようにである。対象となっているもの、すなわち、この花という実在するものは一つしかないのであるが、その言葉での表現には少なくとも常に肯定と否定とが存在する。このことは言葉を話すことによる表現は、すべての対象を「あ（有）る――な（無）い」という可能性の中にもたらすということである。しかし、実在するものはあ（有）るのみであり、無いものは実在しない。無いものは言葉の表現の中において存在するのみである。すなわち、無いものは非実在的なものである。言葉を話すことが無いものとしての無をもたらすということになる。私たちはこのことを言葉を話すことがもたらす否定性と呼ぶ。日常的に言葉を話すことにおける私たちの生得的言語能力とは、人間が自らの何らかの対象となるものに応じて多様な音色の声を発することができることである。この多様な音色の声は他者と共有されると、それが何らかの対象となるものを指示する記号となり、やがて指示される対象となるものを意味とする言葉が出現する。いわゆる他者との間で言葉を交わし合うということは、このように個人が発する多様な音色の声を他者との間で共有し合うことである。この場合、何らかの対象となるものは目で見ることができる、あるいは手で触ることができるものだけではなく、すなわち、実在するものだけではなく、そうした感覚的な対象ではないもの、すなわち、非実在的なものも含まれる。言葉は人間と対象となるものすべてとを媒介する役割を果たすのであるが、言葉によってその存在が表現される対象となるものには、したがって実在するものと非実在するものとが混在していることになる。実在するものは在ると表現されるが、実在しないものは無いと表現される。実在するものに対して非実在するものは、実在するものに対する否定として表現される。言い換えれば、人間は言葉を話すことによって、実在するものだけでなく、実在しないものをも自らの意識の対象とすることができることを意味する。つまり、人間は言葉を話すことによって、実在するものだけでなく、実在しないものにまで自らの意識の対象を拡張することができるのである。このことはまた、人間は言葉を話すことで、否定性の意識を自らの意識にもたらすことになるのである。人間が言葉を話すことによって物や物事にさまざまなあり方をもたらすことができるのも、言葉を話すことにおけるこのような否定性によるのである。この「～ではない」という否定の表現の中には無限の可能性が含まれている。というのは、否定には「反対である（賛成では無い）」、「違う（同じでは無い）」、「どちらでもない（該当するものが無い）」、「別のものがある（それでは無い）」、「関係がない（関係があるとは言え無い）」、「何とも言えない（何も言うことができ無い）」等々さまざまな意味が含まれているからである。現実に目前にあるものに対しては端的に在るとしか言えない。反対に目前にないものに対しては無いとしか言えない。この言葉を話すことに基づき意識へ否定性の概念が導入されることになる。新しい発見も現に存在するものの否定から始まる。人間の精神はもう一つの身体としての「身体表現」意識であり、その構造は【図2】でみるように「言葉を交わし合う――身体表現」意識と「手許にある――身体表現」意識および「言葉を話す――身体表現」意識とからなり、そのはたらきは相互に刺激し合い、新しい「身体表現」意識を生み出すことである。この生み出される新しい「身体表現」意識には実在するものと、実在しないものとが含まれている。実在しない「身体表現」意識は、実在する「身体表現」意識が否定されたものという性格を持つ。言葉を話すことはこうして私たちに「～ではない」こととしての無の概念をもたらすのである。この無の概念についての意識の獲得から人間の本格的な思考が始まるのである。

ところで、私たちにおいて言葉を話すことが私たちに「～ではない」こととしての無の概念をもたらすことを、学力のノエシス――ノエマ構造の作用という視点から考察するとどういうことになるのだろうか。私たちはここでカウンセリングをこの場合の具体的な事例として取り上げる。カウンセリングとは一般的に心理相談のこととされる。すなわち、健常なクライアント（来談者）が抱く心配、悩み、苦情等を、面接、手紙、日記等を通じて本人自身がそれを解決することを援助する方法である。カウンセリングは大きく二つに分けられる。一つはクライアントへカウンセラー（心理療法士）が積極的に忠告や説得を与える指示的カウンセリングであり、もう一つはそれらをできるだけ与えないで、クライアントの話すことを、すなわち、クライアントが自己を語ることにカウンセラーが聞くことを重視する非指示的カウンセリングである。私たちは自らの実践においては、主として後者の立場に立って行うことが多かった。つまり、自らがカウンセラーとなり、遅刻や欠席が増えつつある子どもや、元気のない子どもをクライアントとしてカウンセリングを行う時、私たちが取った手法は、私たちは子どもの言い分に対してできるだけ聞き役にまわり、その分子どもたち自身にできるだけ語らせることであった。というのは、このカウンセリングを重ねる中で、私たちはあることに気づいたのである。それは子どもたちは自己を語ることとしての言葉を話すことによって、子どもたちの考え方やものの見方等が少しずつ変化していくことである。考え方やものの見方とは、学力のノエシス――ノエマ構造の作用によって生み出される「身体表現」の意識であり、ノエマである。これが自己を語ることを通して変化していくのである。

私たちはこうした経験からこのような事象はどのような経過で生じるのかを探究し、次のような結論を得た。ノエシスの作用とは身体の動きの意識と身体の動きの意識とを絶え間なく接続し、融合するはたらきである。一人ひとりの人間の思考の内容は、その人の気質や性格等を反映して、ノエシスの作用自体が一定の傾向性を持つが、ノエシスの作用はこうした一定の傾向性に基づいて、体験や経験によってもたらされる身体の動きの意識と身体の動きの意識とを接続し、その人に独自な、何らかの意味を持つ「身体表現」の意識を形成するのである。これに対して反省としての言葉を話すことはこの接続を切断するはたらきをするということである。言葉を話すことが否定性という意識体験されるのはこうした事情によると考えられる。カウンセリングを必要とする子どもたちに共通してみられる傾向は、たとえば、「みんなが自分のことを批判的に見てる気がする」、「自分は何をしてもだめだと思う」等々の循環的思考である。これはノエシスの作用による意識と意識との接続、融合がその子どもの気質や性格を反映している傾向性が原因となってもたらされると思われる。カウンセリングの目的としては、子どもに自ら言葉を話すという反省をさせることを通して、その子どもの思考における偏った、あるいは循環的なノエシスの作用による接続、融合を断ち切ることである。しかし、いったん接続の作用を切断されたノエシスは、すぐにまた新たな意識と意識との接続を行い、新たな「身体表現」の意識を形成する。この時どういう意識とどういう意識とが接続されるかは周囲の誰にも、もちろん本人にも予測することはできない。したがって、反省によってもたらされるのは、心配や悩み等の原因となっている思考の接続、融合の切断である。

　言葉を話すことがもたらす否定性は、これだけでこうした心配や悩み事を解決へ導くことは必ずしもできない。しかし、これまでの思考の接続が切断され、新たな接続によって「身体表現」の意識が生み出されることは、少なくともその子どものこれまでの考え方を変えさせることにつながったはずである。実はここで重要なことは、この切断は、外部からの身体の動きの意識の導入でもあるという点である。つまり、反省としての言葉を話すことは、その言葉の表現を通して新しい身体の動きが意識体験としてノエシスの作用の対象に取り入れられるのである。このことは、ノエシスの作用が接続する対象が増加するということであり、それだけ多様な「身体表現」意識が生み出され、選択され、その結果この子どもの考え方を変えさせることがより可能になるということである。以上のようなこうした推論が的を射たものであることは、このようなカウンセリングを受けて心身の状態が改善したと思われる子どもが、その後周囲にとっては全く想定していなかった行動に出ることから確認されることである。このことは私たちにとって、ノエシスの作用自体にはいかにしても関わることはできないけれども、ただ確かなことは、言葉を話すという反省の作用によって、すなわち、言葉を話すことの否定性によって、心身の状態の改善を期待することができるということである。

(b) 否定性と無限の可能性

否定とは一般に「〜ではない」と表現される。「〜ではない」という否定的判断は、「〜では無い」とも表現され、無《む》の起源でもある。サルトルは「無はその起源を否定的判断のうちにもつことになるであろう。無はすべての否定的判断に超越的な統一を与える概念であり、《Xは〜ではない》という型の命題を立てる機能である（註29）……かくしてわれわれはこの研究の最初の目標に到達した。すなわち人間は無を世界に到来させる存在である（註30）」と述べている。サルトルによれば、人間をとりまく存在のただ中に人間が出現することによって、はじめて一つの世界があらわになり、その原初的な契機が否定であるという。これは世界が人間の存在とともに出現する根拠であり、その契機は人間が否定的判断として無を生み出すことにあるとする。サルトルにおけるこのような無は、やがて自由という概念と結びつくことになる。サルトルの無は実在しない概念としての無である。その意味では私たちが主張する無の概念と一致すると考えられる。否定性は、一般的には《Xは〜でない》という型の命題の形式をとるが、これによって意味されるものは、単純な全否定ではなく、部分否定も含まれる。ということは、否定性には一つの可能性ではなく、むしろありとあらゆる可能性が含まれるということである。つまり《Xは〜でない》における〜には、さまざまなものが可能性として考えられるということである。言い換えれば言葉を話すことがもたらす否定性は、すべての存在するものに存在することの無限の可能性を開示するものである。対象についての意識において、現に存在するものの否定は、存在そのものの否定のみならず、存在するものに欠けているものがある、ないしは存在するものが変化したということを意味する。後者の場合、現に存在するものの否定は、やがてそれに代わる何らかの新しい存在するものを生み出す契機となる。これはいわゆる精神運動と呼ばれる意識現象を顕わにする。精神運動と呼ばれる思考として知られているのが弁証法である。弁証法という言葉は、ギリシア語のディアレクティケーに由来し、元来問答法・問答術というような意味で使用されたと言われている。そしてこの言葉は、その後プラトン、アリストテレスなどの古代ギリシアの哲学者によって育まれ、ストア派、新プラトン派、中世スコラ学、カント等をへてヘーゲルへと流れ込んでいった。そしてヘーゲルは弁証法を認識と存在における動的な発展法則としてとらえた。そしてその法則とは、定立（テーゼ）、反定立（アンチテーゼ）、総合（ジンテーゼ）という段階をへて進展していくというものである。ヘーゲルはこの総合を止揚（アウフヘーベン）と呼んだ。確かに否定という概念は、私たちの精神のさまざまな変化を一定の方向性を持った運動としてみるという視点に立つ時首肯できるものである。

人間の言葉を話すという生得的言語能力から生まれる否定性という視点から認識の過程をみれば、以上のような精神の運動が考えられるであろう。人間が精神についてこのような何らかの方向性を持った運動をするという概念としての意識を持つことは、純粋意識としての学力の構造に起源を持つものである。というのは、思考の方向性、すなわち、判断の内容の特質を規定するところの相互主観は、他者との共に在るというあり方に基づき、共に在る人間の相互の「身体表現」意識そのものを刺激するものであった。人間においては他者と言葉を交わし合うことを通して言葉を持つことによって獲得した否定性によって、現実に存在するものの否定としてのより高いもの、より清いもの、より良いものを求める。いわゆる思考内容の純化が進行するのである。言い換えれば、人間は獲得した否定性によってより純化された存在を追究するのである。これが人間に無限の可能性についての意識をもたらすことになるのである。もちろん可能性であるから、現実に存在するものの否定としてのより低いもの、より汚いもの、より悪いもの等のような思想内容の逆の展開が進行することもありうる。このように言葉を話すという行為が思考としての認識の過程にもつ意義はきわめて大きい。なぜなら、それによって人間の思考は無限に拡張され、無限の可能性を獲得できることを意味するからである。私たちは認識の過程をそのまま発展する精神運動と考えるわけではないが、学力の作用としての認識の過程は、単に所与の対象についての知識を得ることにとどまらず、学習する主体が所与の対象についての知識を超える知識を獲得する過程であり、言い換えれば未知の知識を獲得することとしての発見する過程であること、そしてこの発見する過程は同時に、認識する主体の学習能力としての学力の作用によって、自らの精神を発達させる過程であると考える。

(c)　否定性と非実在的なもの

言葉を話すというはたらきのもつ否定性が持つ多様な可能性は、あらためてふりかえってみると授業の場においてもしばしば見出される。たとえば算数の授業で、〈2＋3＝□〉と〈2＋□＝5〉という問題があったとする。この二つの問題は言葉が実在的なものと同時に非実在的なものを表現することができることを如実に物語っている。〈2＋3＝□〉

は2、3、5とも目の前に数字で表される数の対象が実在している。これに対して〈2＋□＝5〉は実在する対象の数は2のみであり、□や5は実在しない対象の数を表している。この問題が求めているものは実在しない対象の数である。すなわち、「2に何を加えたら5になるか」という問題である。この何は実在しないものである。しかし、言葉はこの何かという実在しないものを別の言葉や記号で代置させることができる。つまり言葉の世界では、実在の世界のみならず実在の世界を超えて、非実在の世界をも存在させることを可能にするのである。〈2＋□＝5〉の正解は3でありそれ以外のすべての答えは誤答である。教師は子どもたちから3という答えが返ってくると、子どもたちはこの問題については理解が出来ていると判断し次の問題へ進もうとする。反対に3以外の答えをした子どもがいた時は、この問題についての理解が不十分であると判断する。そこで教師はあらためてこの問題についての考え方やその解法について繰り返し説明を行うことになる。この場合、教育的には誤った答えをした子どもたちへの対応のみならず、正答した子どもたちの中には、たまたま正答した場合や教師の指導とは異なった考え方で正答した場合などがあり、それへの対応も念頭におかなければならない。〈2＋□＝5〉の答えである3以外の答えは誤答でありすべて否定される。すなわち、3以外の答えは正答ではないとして否定されるが、見方を変えれば正答は一つであるのに対して誤答は無数にあることになる。誤答をした子どもの考え方を正答に導くために、子どもの考え方としての意識を再構成しなければならない。意識の再構成は言葉を話すのはたらきとしての否定性を通して行われる。つまり、これまでの考え方が否定され、これまで否定されてきた考え方のどれかが肯定されねばならないのである。自分の答えを否定された子どもの中では「どうして自分の答えは間違っているのか?」、あるいは教師の中ではその子どもに対して「どうしてそう考えたのだろうか?」等々の問いが生まれる。つまり、誤答をした子どもの認識の過程としての思考のどこに間違いがあるのか、あるいはどこに修正すべき箇所があるのかは、その子どもとのやりとり、すなわち問答や対話の中で子ども自身に見つけ出させねばならない。このやりとりをすることは、教師の話しかける言葉を聞いて刺激された子どもの「言葉を交わし合う――身体表現」意識に伴う相互主観が、あらためて〈2＋□＝5〉を認識の過程へ投ずることである。するとそれを受けて子ども自身の「言葉を話す――身体表現」意識および「手許にある――身体表現」意識が刺激され、それによってどこに間違いがあったかがわかるというノエマとしての「身体表現」の意識が生み出される。この「身体表現」の意識は、少なくともその子どもにとってはそれまでは未知なものとして非実在的なものであったものである。

いろいろな見方や考え方を育てることが学力としての考える力の育成に役立つという視点に立つならば、単なる正答を求めることよりも誤答をした子どもたちへの配慮がまさにそれに相当するであろう。もちろん、算数という学習においては無数の誤答は意味をもたない。しかし、正答にいたる多様な考え方は意味を持つであろう。さらに国語や社会の学習においては否定によって生み出される多様な考え方やものの見方は、そのまま思考における多様な可能性の産出を意味する。否定性がもたらす可能性とは、その時は実在ではないとして否定されたものの中に、実は実在するものが含まれていることに思いいたったり、実在ではないとして否定されたものの中の何かが実在させられねばならないとして、それを発見するという形で見出すことである。つまり、非実在的なものは常に実在的なものの否定を通して発見されるという形で見出される。また非実在的なものは、実在的なものを否定することとして、すなわち、実在的なものを超えてそれらを一つの体系的な全体として総合することを可能にする。一つの体系的な全体、たとえば世界というようなものは実際に存在しない非実在的なものである。しかし、言葉を話すことのもつ否定性は、このような世界を概念として存在させ、この概念のもとに実在するものに体系的な統一をもたらすことができるのである。

(d) 否定性と「問い」

言葉を話すというはたらきが人間の意識に否定性をもたらす。否定するとは、一般に何かをそうでないと打ち消すことである。あるいは何かを偽りであると判断することである。たとえば、論理学においては提示された命題を偽であるとすることである。また弁証法においては、否定はあらゆる発展にみられる、発展を可能にする媒介とされる。つまり、否定は事実に対して、あるいは現に目の前にあることに対して《Xは〜ではない》という判断をすることである。《Xは〜ではない》ということは、事実や現に目の前にあるものに対して受け入れられない、もしくは受け入れることができないということである。人間の意識はそのつど対象についての意識に何らかの意味づけをした「身体表現」の意識である。否定性の意識もまたそのつど「身体表現」の意識として現れ、さまざまな対象についての意識を実在的なものと非実在的なものとに区別する。つまり、言葉を話すことに本質的に属する否定性とは、反省としての言葉を話すという学力のノエシス――ノエマ構造の作用自体に属するものである。意識は「身体表現」の意識であるという時の意識は、単なる対象についての意識ではなく、その意識が何らかに意味づけられた意識である。したがって、否定についての意識もまた、一つの意味づけられた意識としての「身体表現」の意識である。この否定の意識は、対象についてこれまで自分自身が行ってきた意味づけに無をもたらす。これによって、対象についての意識は、これまでのあらゆる意味づけを失い、無意味なものとして自らを顕わにする。これは私たちが何らかの問題や課題に直面し、その解決が迫られる時の意識にほかならない。すなわち、この時こそ私たちの中に「これはどういうことか？」、「どうしたらいいのか？」という「問い」の意識が出現する時であり、いわゆる純粋意識としての学力が自らを顕わにする時である。先述したように学力の構造自体に否定性が属していたが、この否定性が「問い」の起源となると考えられる。

否定性と「問い」とは学力のノエシス――ノエマ構造を出現させる契機となるという点で本質を同じくする。学力のノエシス――ノエマ構造が出現するということは、学力のノエシス――ノエマ構造が作用するということである。したがって、否定性と「問い」とは、学力が作用するためには欠かすことができない要素である。すなわち、学習することは、問題や課題に出会い、学習する子どもたちが自らの中で「問い」に直面し、子どもたちの学力の作用が展開することである。この場合の「問い」は、当然ながら「○○とは何か」という「問い」ではなく、「○○ではなかったのか」という否定性の「問い」となる。言い換えれば、この否定性の「問い」を通して学力の構造に基づく作用がはたらくということは、多くの問題や課題との出会いが学力の発達や向上を可能にするということである。学習者における学力の作用を活発化させるためには、学習者自身が「問い」そのものと出会うことが必要である。したがって、学習することにおいては学習者へ「問い」を与え、それによって学習者自身を「問い」の中へ投入することが必要である。この場合、学習者へ与える「問い」は、学習者の既存の「身体表現」の意識を否定する内容を含んでいなければならない。というのも、それが学力の作用を導き出すことになるからである。学力のノエシス――ノエマ構造の作用が、反省という否定性を持つということは、ノエマとして生み出された既存の「身体表現」の意識が否定されると、それに対して対象についての意識にノエシスが作用し、また新たなノエマが生み出されるというようにして、このような過程が繰り返されることが起こる。このことは、反省を媒介にして「問い」から「問い」へと「問い」が連続して生み出されることを意味する。これはまた基本的な思考の過程でもある。学習するとはまさに「問い」の連鎖反応の中で展開されるところのものであるが、これがまさしく学力のノエシス――ノエマ構造の作用にほかならない。したがって、このような「問い」から「問い」への展開には、反省を引き出す「言葉を交わし合う――言葉を話す」意識による「言葉を話す――身体表現」意識への刺激という相互主観のはたらきが存在する。つまり、「言葉を交わし合う――言葉を話す」という行為は、あらゆる学習において不可欠な学習活動にほかならない。日常的な教育実践の場において、私たちは子どもたちの言動を観察する時にこの言葉を話すことにおける否定性や、「問い」の動向に注意を払うことで子どもたちの成長や発達の程度を推し量ることができるのであり、逆にそれからのアプローチによって子どもたちの成長や発達を促すこともまたできるのである。

第五章　相互主観

第一節　相互主観

二つの自我

「私は在る、私は思う」と「私は思う、私は在る」という二つの私（自己）の区別は、私たちの日常生活における意識体験と符号するものである。また、人間は日常的な経験として自分の中にもう一人の自分がいることを感じる時がある。このような感覚的意識の存在は程度の差こそあれすべての人に共通しているように思われる。文学の世界でも「自分の中にもう一人の自分がいて、自分にささやく」、「自分の中に悪魔の自分が住んでいて、その悪魔が自分に命令する」、「本当の自分と本当でない自分がいる」、「表の自分と裏の自分が存在する」等の表現にみられる。このような二つの自己（以下自我）の存在はどのように考えられるべきだろうか。私たちはこのような二つの自我の存在は、学力の構造に起源すると考える。すなわち、その二つの自我とは、学力の構造を構成する「手許にある――身体表現」意識としての自我と、「言葉を交わし合う――身体表現」意識としての自我である。

哲学の領域では18世紀頃以来、認識し行為する人間存在の中心となるものを自我と呼び、主観と同様な意味として用いられるようになった。カントの先験的意識としての主観が設定されると、主観は自我と基本的に全く同じものとして考えられるようになった。しかし、自我とは感じられるかぎりでの身体的ならびに心的状態や行動の複合体としての自己であり、本質的に流動的であるのに対して、私たちはこの流動的な経験的自我の基体として、さまざまな心的状態や作用の継起にもかかわらず、同一不変であり続ける自己の存在を感じている。この二つの自己としての自我をどのように考えるかについてはいくつかの立場に分かれる。たとえばデカルトのように実体的自我を認める立場やそのような実体的自我を否定し、かわりにカントのように「我思う」としての先験的統覚を先験的自我とする立場や、フッサールのように現象学的還元のあとに残る純粋意識における純粋我などを認める立場とがある。

私たちは、この二つの自我を一つが受動的自我として、もう一つを能動的自我として区別する。前者の自我は常に自分に感じられる自己であり、常に自分に体験される自己としてこの「手許にある――身体表現」意識によって刺激される「言葉を話す――身体表現」意識においては、「私は在る」と言表されるところのものである。つまり、この自我は先験的に、すなわち、生得的に同一不変であり続ける自己ではなく、常にすでにその都度自分に感じられる、過去から現在までのさまざまな「手許にある――身体表現」意識が再構成されつつ、蓄積された自我である。これに対して後者の自我は、「私は思う」と言表されるところの自我である。この自我は、「言葉を交わし合う――身体表現」意識として、言葉を話すという身体の動きを通して「手許にある――身体表現」意識から自分自身を分離して、形成された自我である。したがって、この自我は、言葉を話すという身体の動きを通して自らの存在を顕わにするところのものである。この能動的自我が「言葉を交わし合う――身体表現」意識に伴うということは、この能動的自我にはその本質において他者と共に在り、他者と言葉を交わし合うことが所属していることになる。というのも、私たちが言葉を話すことができるのは、これに先んじて他者と言葉を交わし合い、言葉そのものが形成されることがなければならないからである。つまり、この能動的自我には常に、すでに、他者と共に在るということが前提とされているのである。自我は本質的にそれ自体で存在するのではない。ブーバーは「我それ自体というものは存在しない。存在するのは、我――汝における我か、我――それにおける我のみである[註31]」としている。これは自我はそれ自体で存在するものではなく、関係的存在であることを意味するものである。この能動的自我のみならず、受動的自我も含めて、そして経験的自我に対して先験的自我や純粋我などと二つの自我に区別されるようになったのも、また、他者と共に在り、他者と言葉を交わし合うということが、「私は思う」こととしての自我の存在を根拠づけているのである。

主体的自我としての能動的自我

人間は受動的自我と能動的自我という二つの自我を持ち、それらはそれぞれ「私」として自らを顕わにする。このことは先述したように日常的に「私の中にもう一人の私がいて、私にささやく」、「私の中に悪魔が住んでいて、その悪魔が私に命令する」、「本当の私と本当でない私がいる」、「表の私と裏の私が存在する」等として感じられるように二人の私の存在の根拠ともなっている。ところで、私たちはこれらの表現にみられるある特徴的なことに気づく。たとえば「私の中にもう一人の私がいて、私にささやく」という表現において、この二つの「私」はその意味するところにおいて全く同じではない。「私の中にもう一人の私がいて」における私の中の「私」は、「思う私」として能動的であるが、もう一人の私がいての「私」は、「思われる私」として受動的である。また同様に、「本当の私と本当でない私がいる」における本当の私の「私」は、「思う私」として能動的であるが、本当でない私の「私」は、「思われる私」として受動的である。つまり、二つの「私」には本質的な違いがある。その違いは、能動的な「私」は受動的な「私」に対して優位性、すなわち、主体性を持つということである。このような能動的な「私」を私たちは主体的自我と呼ぶ。

受動的自我と能動的自我という二つの自我は、先述したように学力の構造からも明確に区別することができる。つまり、受動的自我は「手許にある――身体表現」意識と「言葉を話す――身体表現」意識に、能動的自我は「言葉を交わし合う――身体表現」意識に、それぞれ対応する。したがって、主体的自我は能動的自我であり、「言葉を交わし合う――身体表現」意識と共に自らを顕わにする。言い換えれば、主体的自我は言葉を交わし合うという身体の動きに伴って自らを顕わにするのである。このことは、学力の構造を構成する「手許にある――身体表現」意識と「言葉を話す――身体表現」意識の二つの意識は、相互に刺激し合い、すなわち、接続と切断を通して、ノエマとしての「身体表現」意識を生み出すのであるが、この二つの意識に対する「言葉を交わし合う――身体表現」意識の関係は対等ではないことを意味する。すなわち、「言葉を交わし合う――身体表現」意識はこれら二つの意識に対して主体性としての優位性を持つのである。「言葉を交わし合う――身体表現」意識がこれら二つの意識に対して主体性を持つことは、「言葉を交わし合う――身体表現」意識は自らの意志に基づいて、これら二つの意識にはたらきかけることができるということである。言い換えれば、「言葉を交わし合う――身体表現」意識は、これら二つの意識を支配下におくことができることであり、それによって自己の目指すノエマとしての「身体表現」意識を生み出すことを期待することができるのである。

教育実践は、まず自我による何らかの目的や意図があり、それに基づいて計画が立てられ、そして実践が行われ、その結果として所期の目的や意図が達成されること、あるいは実現されることを目指している。ただし、結果として所期の目的や意図が達成されること、あるいは実現されることは確約されたものではなく、不確実なのである。すなわち、必ずしも教育実践の結果、所期の目的や意図が達成されないこともありうるのである。ではなぜ、教育実践は確実性ではなく、蓋然性を追求せざるをえないのであろうか。それは学力の構造から明らかにすることができる。というのは、学力のノエシスの作用は、対象についての意識に志向性に基づく身体の動きについての意識とをランダムに接続することによって対象についての意識の意味づけとしての「身体表現」意識を生み出す作用であるからである。これに対して「言葉を交わし合う――身体表現」意識の刺激を受ける「言葉を話す――身体表現」意識は、その接続を切断するはたらきによって、ノエシスの接続にある程度の方向性を持たせることができるのであり、したがって、自我による何らかの目的や意図をある程度で実現することができるのであるが、しかし、決して確実とはならないのである。だからこそ、教育実践はどこまでも可能性を追求する実践に終始するのである。したがって、教育実践は自らの求める目的や意図の実現をより確実なものにしようとする絶え間ない、不断の努力なのである。同時に、他方で教育実践は自我による何らかの目的や意図を超えた、すなわち、自我の想定をはるかに超えた、あるいは自我が想定し得ない「身体表現」意識、つまり、全く新しい事象、ないしは画期的な事象を「発見する」ことをもたらすことができるのである。教育実践における可能性とはこのような二面性をもつものである。

経験的自我からの先験的主観の分離

生きる力とは一人ひとりの人間が自分の生涯において、出会うであろうさまざまな困難な問題を自分の問題として受けとめ、自ら解決していこうと意欲する力であり、それをやり遂げる力である。この生きる力にはしたがって、困難な問題を受けとめる力としての感受性、認識力、理解力が必要であり、またその問題を自ら解決しようとする力としての判断力、行動力が必要である。私たちはこのような生きる力を学力と呼んだ。この学力を意図的に開発し、向上させ、育成していくにはどうしたらいいかを、私たちはこの探求の最終目標とする。そのためにはまず人間の精神と身体とが総合されたものである生きる力とは何であるか、どのようなものとして理念化されるかが明らかにされねばならない。一般に精神と身体とが融合された概念とは自我である。この自我は身体的、心的状態や行動の複合体としての自我である。このような自我は一般的には経験的自我と呼ばれる。これは、実際の経験によって感じられるさまざまに変化する自我である。他方、人間の思想にはたとえば「(私は) この花は美しい (と思う)」というように、物事の性質・状態・作用を保持する主体 (私は〜と思う) が存在する。この結果、この主体は主観と呼ばれ、主観と自我は同じものとして考えられた。主観としての自我についての考え方には、さらに流動的な経験的自我の基体として、さまざまな心的状態や作用の継起にもかかわらず、同一不変であり続ける実体的自我、経験の多様を統一し、意識の同一性を可能にする先験的統覚としての先験的自我等がある。しかし、これらいずれの自我についての考え方にも共通しているのは、経験的自我を基礎としていることである。しかし、やがて自我としての主観における差異が自覚される。すなわち、この自我には、自我における一切のものを自らの対象とするという主体性を持つ意識が存在し、それとその主体性の意識の対象となる意識とが区別された。前者が主観であり、後者が客観となった。すなわち、この主観の対象が客観である。ここでいう客観は、意識の外における対象についての意識としての客観ではなく、意識の中に取り入れられた対象についての意識としての客観である。さて、このような主観は経験に全く影響されない、それ自体で存在するいわば実体としての意識である。もし自我が主観とまったく同じものとされるならば、同様に自我は経験に全く影響されない、それ自体で存在するいわば実体としての自我ということになる。しかし、それでは実際の経験によって感じられるさまざまに変化する自我との間に矛盾が生じる。また、主観と客観とがともに経験によって表象された同じ意識として対等の権利や立場を持つとすると、主観が持つとされる意識における主体性はどうして可能なのかという問題が残ることになる。このような矛盾を解消するために主張されたのが、カントの先験的自我である。先験的自我とは、生得的に具わっている自我であり、経験の多様を統一し、意識の同一性を可能にする先験的統覚である。つまり、自我には経験的自我と先験的自我があり、自我を主観として取り扱うことにおいては、先験的自我に対応して先験的主観があることになる。先験的主観という考えかたは、先験的主観を形式的な個人心理的主観とすることである。すなわち、個人個人で考える内容は異なっても形式的には個人差がないと考えるのである。形式的な個人心理的主観としての先験的主観は、自らは経験的自我と同様の意識でありながら、それからは独立した存在であり、しかも独自のはたらきをする。そして、これまで同じ経験的自我の意識でありながら、出生の違いにより区別される主観と客観とは、先験的主観と客観との区別となり、それぞれの役割や権利が与えられたことになり、その後に多様な発展をすることになる。

私たちはこのような思想史の流れにおける経験的自我からの先験的主観の分離、およびその存在、そして先験的主観の経験的自我へのかかわり、そのはたらきについての学説を受け入れるものである。というのも、私たちはそこに学力の構造における「手許にある――身体表現」意識からの「言葉を話す――身体表現」意識の分離、およびそれら相互の関わり合い、さらに「言葉を話す――身体の動き」意識とその意識を形成する「言葉を交わし合う――身体表現」意識の分離、およびそれらへのかかわりというものの類比をみてとるからである。しかし、私たちはこれらを単なる必要により要請されたものであるとすることについては異論がある。これらは学力の構造として、必要により要請される以前にすでに、現実に存在するのである。

先験的主観から相互主観へ

私たちは、経験的自我からの先験的主観の分離という先験的主観の出生に注目する。先験的主観は自らは経験的自我と同様の意識でありながら、それからは独立した存在であり、しかも独自のはたらきをする。これは私たちの学力の構造における「言葉を交わし合う――身体表現」意識と「手許にある――身体表現」意識および「言葉を話す――身体表現」意識との区別を思い起こさせる。つまり、先験的主観を経験的自我から分離し、区別をもたらしたものは「言葉を交わし合う——身体表現」意識ではないかということである。先験的自我および先験的主観として自覚されたものは、まさにこの言葉を交わし合うという身体の動きについての意識にほかならないと考えられる。この「言葉を話す——身体表現」意識とは、本来はともに「手許にある——身体表現」意識でありながら、他者と言葉を交わし合うという身体の動きを通して「手許にある——身体表現」意識から分離し、独立したものである。そしてその結果として、これら二つの意識は相互に刺激し合い、概念を形成し、ノエマとしての「身体表現」意識を生み出すのである。もし、この他者と言葉を交わし合うということがなければ、「言葉を話す——身体表現」意識が「手許にある——身体表現」意識から分離するということも起こり得ないか、あるいは不十分な分離に留まってしまうであろう。人間が生得的に持っているものは、声を出すことを含めて「手許にある——身体表現」意識自体が持つ欲求のみである。したがって、他者と言葉を交わし合うことが、すなわち、対話や議論が十分に行われなければ、欲求の表現としてのうなり声やわめき声のみになってしまうであろう。誕生の瞬間以来幼児期にいたる期間の子どもの発声状況をつぶさにみてみるとこのことが容易に理解される。反対に、他者との言葉を交わし合うことが十分に行われれば、個々の言葉、すなわち、単語や語句によって欲求は細分化され、欲求は分節化され、それによってそれらについての意識は、「手許にある——身体表現」意識から分離し、「言葉を話す——身体表現」意識となるのである。いわゆる主体的意識としての先験的主観が「言葉を話す——身体表現」意識に伴って存在するのはこのためである。主体性の実体は言葉によって分節化された欲求にほかならない。

先験的主観は経験に全く依存しないで、それ自体で存在し、経験の多様を統一し、意識の同一性を可能にするが、このような先験的主観は基本的には必要によってその存在が要請されたものである。要請されたものであるということは、先験的主観はしたがって自らの実在の根拠を持っていないということである。どこまでも仮説としての性格を持つものである。これに対して私たちはこのような先験的主観は、実は相互主観であり、必要によってその存在が要請されるといったものではなく、明確な実在としての根拠を持つものと考える。つまり、相互主観とは、形式的な個人心理的主観であり、各個人に自我として存在しつつ、他者と言葉を交わし合うことを通して、同時に他者の自我として存在する主観である。このように相互主観は、他者と共に在ることを等しく根源的に含んでいることから、本質的に個人に存在しながら、個人を超えて形成されて存在する意識であり、こうした意味で実体的な概念であると考える。つまり、自我としての主観が個人の中において想定されたものであれば確かに実在の根拠を持たない。というのは、先験的主観は経験の多様を統一し、意識の同一性を可能にするが、先験的主観のこのようなはたらきは、その存在が必要によって要請されたものであったことによって、その起源を根拠づけられることができないからである。これに対して他者と共に在ることを根拠にして想定された相互主観は、その実在は確実と考えることができる。というのも、他者と共に在ることとは、他者と共に言葉を交わしつつ在るということであり、これによって自我としての相互主観の存在が他者の存在によって根拠づけられるからであり、さらに経験の多様を統一し、意識の同一性を可能にすることという相互主観のはたらきが、「言葉を交わし合う――身体表現」意識に伴うということによって根拠づけられるからである。相互主観は自我であり、形式的な個人心理的主観であり、同時に他者と共にあることにおいて個人を超えて他者と共有する主観である。主観の存在を個人としての自我にみる観点からすると、主観とは先験的主観であるが、主観の存在を他者と共に在るという観点からすると、主観とは相互主観ということになる。私たちは主観とは相互主観であるという観点に立つのである。

第二節　他者と共にある

他者と共にある

人間が自己の所有する能力として、自由に言葉を話すことができるようになるには、基本的に他者と共に在り、互いに言葉を交わし合うことが不可欠な条件である。誕生直後から人間は他者から声をかけられ、それに応答する過程を通して言葉を覚え、それを自ら使いこなすことで、ようやく自ら言葉を話すようになる。人間が言葉を話すことができるためには、まさに「はじめに他者と共に在りき」なのである。では、いったん言葉を話すことができるようになればもはや他者と共に在ることは不要なのかというとそうではない。人間はその後も常に、すでに、他者と共に在り、言葉を交わし合うことを通してのみ、言葉を覚え始めた当初は片言だった言葉を話すことが、流暢な、内容的にも複雑で、高度なものとなっていく。こうした言葉を話す能力の発達は、いわば人間の精神の発達のバロメーターである。このことは言い換えれば、言葉を交わし合うという行為なしには、人間の精神はその形成や発達は不可能であるということを意味している。しかもこの言葉を交わし合うことは、もちろん人間は独力ではできない。したがって、他者と共に在り、他者と言葉を交わし合うことは、人間が人間となるためにきわめて本質的なことであるということができよう。

人間が他者と共に在ることは人間存在の事実性としても、本質においても疑いのないものである。人間が他者と共に在る存在だということは、これまでにも一般的な命題として言われてきたことである。たとえば、哲学者サルトルは「私の存在のすべての構造を完全に捉えるためには、私は他者を必要とする」(註32)と述べている。サルトルにとって他者とはまなざしそのものとして考えられている。また同じく哲学者のメルロ＝ポンティにおいては、幼児期においては自他が融合しており、自己と他人との混同を生きているが、〈他人知覚〉と〈自己の身体の意識〉との発達につれて、自己と他者との分離が明確になるという。これらは身体論の立場、すなわち身体の知覚や意識という立場からの他者論である。

私たちは人間が言葉を話す存在であるという視点から、人間が「他者と共に在る」存在とはどういうことかについて探求していくことにする。【図3】は人間がその本質において他者と共に在ることを図示したものである。自己と他者のそれぞれの円は、純粋意識としての学力における「手許にある——身体表現」意識を表し、同様にそれぞれの小さな楕円は、「言葉を話す——身体表現」意識を表している。そして自己と他者とをつなぐ大きな楕円は、自己と他者が互いに言葉を交わし合うことについての意識、すなわち、「言葉を交わし合う——身体表現」意識（以下「言葉を交わし合う」意識）を表している。この「言葉を交わし合う」意識は、意識体験においては会話・対話・議論などにおいて自らを示すところのものである。言葉を交わし合うことにおいては、何らかの言葉をともに共有し、相手の話す言葉についての意識が、自己の「手許にある——身体表現」意識を刺激し、逆に自己の話す言葉についての意識が、他者

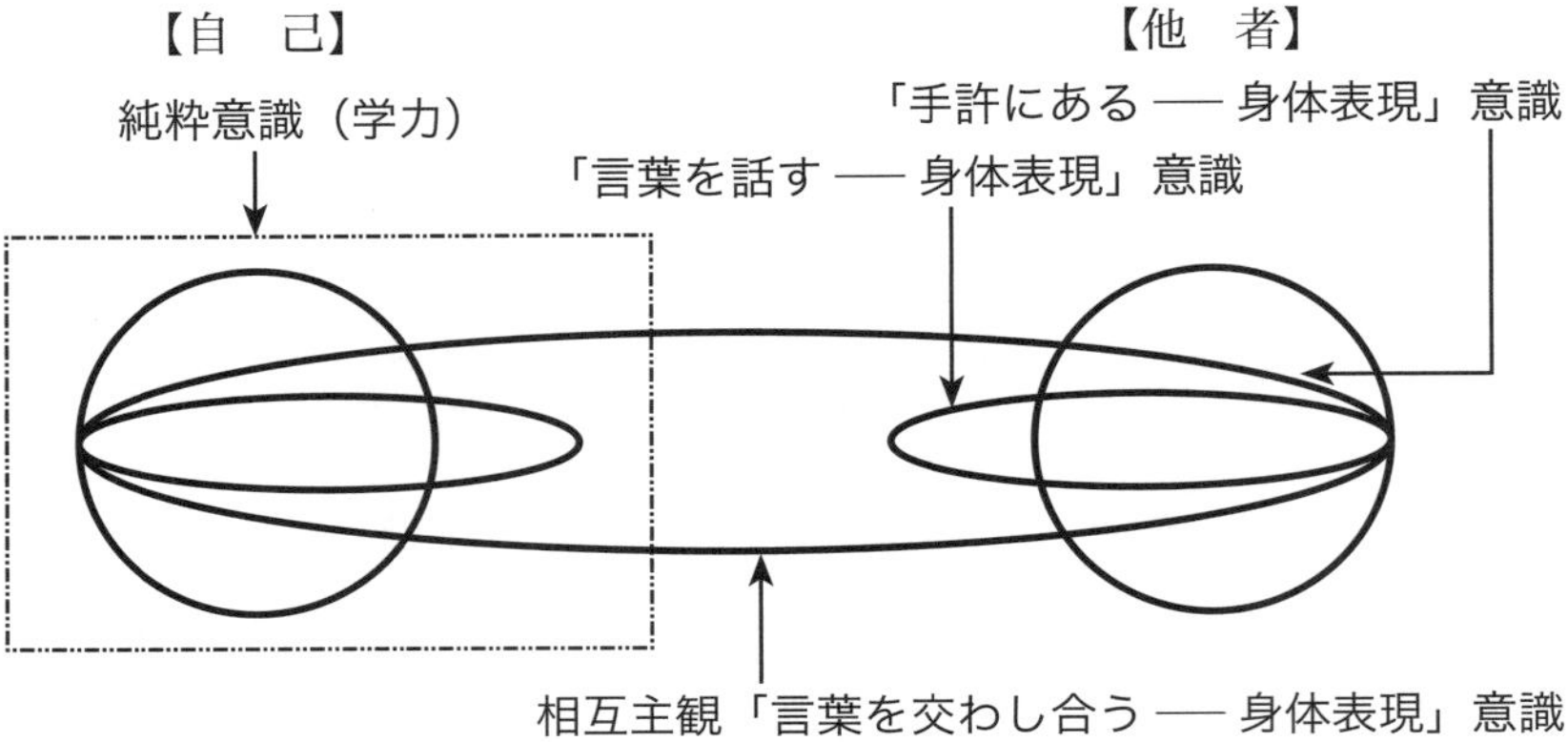

【図３　他者と共に在る】

の「手許にある──身体表現」意識を刺激し、自己、他者それぞれにおいてノエマとしての「身体表現」意識を生み出す。つまり、言葉を交わし合うことにおいては、自己と他者の主観が入れ替わることが起こるのである。自己と他者の主観が入れ替わることとは、自己と他者とがそれぞれの自己の主観を共有し合うことを意味する。すなわち、自己と他者は、それぞれに主観としての「私」を持っているが、会話・対話・議論においては相互に自他の「私」を共有することになる。主体的な意識としての主観は「言葉を交わし合う──身体表現」意識に伴っており、したがって相互に主観を共有するとは、他者と言葉を交わし合うことにおいて「身体表現」意識を共有し合うことである。なぜなら、共有し合う「身体表現」意識は、自他ともに同じ内容であるはずだからである。つまり、他者と言葉を交わし合うことは、自他の中に共通の「身体表現」意識を生み出すのである。自他の中に共通の「身体表現」意識を生み出すことは、自他が入れ替わることとしての自他が転換することでもある。自己と他者とが共に在る時、すなわち、言葉を交わし合う時、両者に共通して存在する主観が相互主観である。相互に自己と他者が自らの主観を共有することとしての相互主観とは、それぞれの主観が自己を超えて他者の主観となることを意味する。相互主観は【図３】でみるように、それ自身は純粋意識でありながら、同時に純粋意識を超出する意識である。

【図３】において、それぞれの円と楕円とは互いに接している。これは「言葉を話す──身体表現」意識も、相互主観としての「言葉を交わし合う──身体表現」意識もともにその本質は自己、他者、それぞれの「手許にある

――身体表現」意識であることを示すものである。つまり、「言葉を話す――身体表現」意識も、相互主観としての「言葉を交わし合う」意識も、他者と共に在るという在り方を受けて、「手許にある――身体表現」意識からいわばア・ポステリオリに形成されたものである。したがってこれらはすべてその本質は「手許にある――身体表現」意識であり、直観である。このことは、人間の精神がこれらの意識が相互に刺激し合うことによって形成されるものであることを意味している。すなわち、「言葉を交わし合う」意識と「手許にある――身体表現」意識および「言葉を話す――身体表現」意識とが相互に刺激し合うことを通していわゆる人間の精神は形成されるということである。

相互主観のはたらきには、対話や議論等のような他者と言葉を交わし合うことにおける場合と、思考における自己と言葉を交わし合うことにおける場合とが区別される。人間は誕生した瞬間から声を出してはいる。しかし、この声は泣き声であり、言葉ではない。人間は生得的に言葉を持つ生きものではない。周囲からさまざまな声かけとしての言葉をかけられることを通して、それを聞き分けることを通して、そしてそれを模倣することを通して、言葉を話すようになるのである。すなわち、言葉を持つ生きものになるのである。人間が言葉を持つのは他者とともに在ることにおいてなのである。他者からの声かけに応ずることとして、「手許にある――身体表現」意識から「言葉を交わし合う――身体表現」意識が分離される。この意識は能動性の意識を伴っており、この能動性の意識が主体的意識としての相互主観である。この相互主観の「言葉を話す――身体表現」意識への刺激により言葉を話すことが反省である。言葉を話す場合に、先述したように声に出して話す場合と声に出さずに話す場合とが区別される。一般的に前者は外言、後者は内言と呼ばれた。詳細は後述することになるが、他者とともに在ることとしての「言葉を交わし合う――身体表現」意識においては、この区別は特に重要である。自己の相互主観が自己の「手許にある――身体表現」意識と「言葉を話す――身体表現」意識を刺激し、それによってさまざまな「身体表現」意識を生み出し、それらが対象についての意識と総合される時、私たちはこのような意識の過程を本来的な意味で思考と呼ぶ。他方、自他の相互主観が自他の「手許にある――身体表現」意識を刺激し、自他の中にそれぞれに「身体表現」意識を生み出し、それらが対象についての意識と総合される時、私たちはこのような意識の過程を本来的な意味で認識の過程と呼ぶ。日常的な経験においても「思考は自己との対話である」と言われるが、思考や他者との対話、議論における相互主観のはたらきは基本的にはこのようなものであると考えられる。しかし、他者との対話、議論の場合、一対一の二人で行う場合と、三人以上で行う場合とが区別され、これらは本質的に相違する。ただ、この場合において重要なことは聞くことである。というのは、他者が話すのを聞くことは、二人で対話をする場合も、三人以上で対話をする場合でも、「言葉を交わし合う――身体表現」意識の存在を根拠づけることになるからである。

自己と他者

人間にとってすべての対象の中で最も理解することが困難な対象は他者である。これは意識論的には、自己と他者とは相互主観により本質的に分かちがたく結びついていて、どこまでが自己意識の領野で、どこまでが他者の自己意識の領野かを明確に区別することが困難だからである。言い換えれば、私たちは一般に他者との交流を通して、その他者の自己への評価をもとに自己を理解する。つまり、たとえば「私が自分は素直な人間であると思うのは、他人が自分のことをそのように言うからである」の場合のように、他者の自己への評価は自己が自己理解を行うための規準なのである。この場合、自己にとってその他人は自己へ肯定的な評価を与えてくれる「良い人」という理解になる。つまり、すべての対象の中で最も理解することが困難な対象が他者であるのは、他者の理解が自己の理解の基礎の上に可能になるからである。つまり、自己の理解がどのようなものであるかによって、他者の理解も変わってくるのである。このような自己と他者との相互理解における錯綜した関係は、【図３】でみるように自己と他者とは相互主観により本質的に分かちがたく結びついていることから生じると考えられる。

教育実践の場で子どもたちの生活指導において最も重要な問題の一つは、子どもたちの人間関係から起こる諸問題である。実は学習面の問題においては、基本的な学習方法や指導方法が確立されることで解決されることが少なくなく、すでにある程度確立されている。これに対して子どもたちの学校生活面における人間関係は、子どもたちの間にさまざまな問題を引き起こし、時には重大な結果を招くことにもなりかねない。具体的にはクラスの雰囲気が暗くなったり、子どもの中には学校に行きづらさを感じて遅刻や欠席が増えたり、不登校になったりする場合が出てくる。これらは教育実践の場で指導する教師達が頭を悩ます大きな問題の一つである。これらのうち、学校生活が原因となって起こる諸問題の対処は、学校以外の家庭やその他の環境での状況が原因となって起こる諸問題の対処に比較して、困難をきわめることが多い。というのは、たとえば、一人の子どもが学校に行きづらいと訴えた場合、そしてその原因がその子どもが所属する学級内の人間関係であると推察される場合特にそうである。一般的に考えると四十人の子どもたちの一人が学校に行きづらいといっても、残り三十九人は問題ないのだったら大したことではないではないかと考えられがちである。しかし、人間が自己と他者とが相互主観により本質的に分かちがたく結びついていることからすれば、一人の子どもの抱える問題は、残りの三十九人の子どもたちが抱える問題でもあるのである。もし、単なる一人の子どもの問題だとして安易な対応をすれば、残りの三十九人の子どもたちの間にその一人の子どもが抱える問題が拡散し、同様な問題を抱えた子どもたちが次から次へと出かねないであろう。これは実際に学級担任となって初めて理解できることである。保護者や周囲の教師たちの中には、こうした事情を理解することができず、学級担任の対応に批判や不満を表明したりする。他者の存在が子どもたちにとって最も魅力ある対象であると同時に、最も困難な対象であるのは、先述したようにお互いが言葉を交わし合うこととしての相互主観を共有する存在であることに原因がある。人間はその本質において他者と共に在る存在である。一人でいることは、この本来の人間のあり方における一つのあり方にすぎない。教育実践の場で、ある子どもの状態を判断する時は、まずその子どもが他者、すなわち、周囲の子どもたちとどういう状態にあるかを見なければならない。たとえば、特に親しい友達がいるか、あるいは周囲のクラスの仲間と気楽に会話ができているか、教室の中で自分の居場所が確定できているか等々。人間が言葉を交わし合うことを通して他者と共に在るという在り方をする存在であることは、大きなプラス面と反対に大きなマイナス面とをそれぞれ持っていることを意味している。プラス面については、相互主観の形成が良好であり、他者との人間関係がうまくいっている場合である。このような時は子どもが「学校に行くのが楽しい」という時であり、その行動にも生き生きとした、明るい表情が見られる。他方、マイナス面についてはどのようなことが起こっているのであろうか。自己と他者とが「言葉を交わし合う」意識を共有していることは、つねに自分（自己）のことを考えることが、同時に相手（他者）のことを考えることにもなることである。つまり、自分のことを考えるのと同時に、私たちは他者についてのことを考えている。この場合、「みんな（他者）は自分（自己）のことをどう思っているのだろうか」という表現となり、これをそのつど考えていることになる。私たちはさしあたりこうした状態の中で生活している。この時の他者は、必ずしも目の前にいる他者とは限らず、気になる誰かである場合もあり、不特定の誰か（ひと）であることもあり得る。これらの他者は、実在する他者ではなく、自分が考える想像上の他者である場合が多い。こうして他者は自己にとっての存在として思い込みの中にあることになる。もちろん、同じことが自己にも起こる。つまり自己は本来の自己ではなく、他者の思うような自己として認識されているのである。いわゆる「自分を語る」ことにおける自己とは、相互主観を介して他者となった自己が本来の自己を見て、自らを語るのである。

このような相互主観におけるお互いのお互いへの思い込みが、子どもたちの世界におけるさまざまな問題を生み出す。特に幼児期から幼少期の子どもは大人に比べて、相互主観のはたらきが未成熟の状態にあり、学力の構造の作用が精神の表面に露出している状態にあると考えられ、それだけ自他の自己中心性の不均衡が特に強く表れる傾向があり、こうしたところから思い込みや偏見を持ちやすいのである。いわゆる自己中心性とは、ノエシスによる意識と意識とを接続する作用に対して、反省の切断する作用が十分に発達していないために見られる特質である。言い換えれば、反省としての相互主観の刺激による「言葉を話す──身体表現」意識の発達が十分でないために、意識と意識との接続を切断する作用が追いつかず、意識と意識との接続が優位となる「身体表現」意識、すなわち、自己中心性の強い「身体表現」意識が生み出されるのである。こうした自己中心性は、たとえば「○○さんは少し変だ」、「△△くんは〜らしい」等々の表現で子どもたちはお互いに、お互いの心を傷つけ合うことを引き起こす。そしてこうしたことをきっかけにして子どもたちの世界ではよく対立やさまざまな問題が起こりやすいのである。このような学力における相互主観の発達の遅れから生じる自己や他者への思い込みは、子どもたちの学校生活にさまざまなリスクをもたらすことになる。このリスクは常にその根底に自己と他者との関係という人間関係の不調を宿している。もし、このような子どもたちの学校生活に対して、学級担任を中心とした教師集団の適切な取り組みがなされないならば、子どもたちの学校生活は決して満足のいくものとはならないであろう。学力における相互主観の発達は、7〜8歳頃を境にして大きな区切りを迎える。すなわち、この年齢の頃までに意識と意識とを接続する作用と、それらを切断する作用とが十分ではないが調和のとれた段階に達すると考えられるが、当然ながら、個々の子どもたちにとってその段階ないし時期は異なるものであるから、学級経営上は教師を中心とした適切な取り組みはかなり高学年に達するまで継続される必要がある。この取り組みの中心となるのは、言葉を交わし合うこと、すなわち、さまざまな機会をとらえて、子どもたちと対話や議論を行うことである。これはまさに子どもたちにおける反省の作用、すなわち、相互主観の刺激による「言葉を話す――身体表現」意識の作用を補い、子どもたちに調和のとれた思考や判断を行わせることを目的としているのである。学力の構造は精神の形成に果たす反省のはたらきが本質的に不可欠であることを明らかにしている。具体的には次のようなことになる。自己と他者が互いに言葉を交わし合うことは、互いの「手許にある――身体表現」意識を刺激することである。すると、自己が言葉を話すことによって、他者の「手許にある――身体表現」意識と「言葉を話す――身体表現」意識とが相互に刺激し合い、ノエマとしての「身体表現」意識が生み出され、他方、他者が言葉を話すことによって、自己の「手許にある――身体表現」意識と「言葉を話す――身体表現」意識とが相互に刺激し合い、ノエマとしての「身体表現」意識が生み出される。つまり、自己と他者が互いに言葉を交わし合うことで、自己――他者の「身体表現」意識、他者――自己の「身体表現」意識が誕生するのである。これは自己と他者の主観が相互に乗り入れたことを意味する。私たちは人間が互いに他者と言葉を交わし合うことによる自己と他者の主観の相互の乗り入れを〝自他の転換〟と呼ぶが、この〝自他の転換〟は、人間の思考内容の構造的変化の根幹をなすものであり、それに基づく人間存在のあらゆる可能性の基礎となるものである。教育実践の場における人間関係、特に子どもたちが直面する人間関係の諸問題は、この〝自他の転換〟の効力を通して解決への糸口を見つけることができる。すなわち、自己と他者との関係は、一対一の場合もあれば、一対多数の場合もあるが、基本的には相互に言葉を交わし合うことを通して、相互主観における〝自他の転換〟をはかることでさまざまな問題や困難な状況が改善されるのである。

まなざしを向け合う存在

他者と共に在ることとは、私たちの意識（自己意識）に「まなざしを向け合う」、「模倣し合う」、「言葉を交わし合う」こととして自らを示す。まず「まなざしを向け合う」こととして自らを示すとはどういうことであろうか。他者は私の視覚の対象として出現し存在する。この他者が全くの未知の他者である場合、まず目につくのは他者の顔つき、体型、服装等である。それらは私の意識に色、大きさ、形等の印象として自らを示す。次に目につくのは、行為や行動としての身体の動きである。それらは私の意識に好ましさ、おもしろさ、不愉快さ等として自らを示す。これらはサルトルのいう「他者に対する主観——私」の意識である。俗に見た目の印象である。しかし、これは私の私自身による全く一方通行の他者の理解である。私たちは日常的には直観としての「身体表現」意識の中で生活している。つまり、私たちは誕生以来、諸経験を身体の動きについての意識に身分けし、それをそのつど総合して、新たな身体の動きとして、すなわち、「身体表現」意識として保持するという仕方で現在の私としての「身体表現」意識を形成しているのである。したがって、このことはすべての対象となるものに共通して言えることであるが、日常生活において私たちは出会った対象には、このような直観としての「身体表現」意識で対応しているのである。したがって、初めて出会った他者についてもこれまでの諸経験によって構成された自己の直観に基づいた印象を持ち、それに基づいて評価をするのである。これは他者とは全く切り離された自己意識の中で起こることである。

他方で自己の他者への「まなざし」と全く同じことが、他者の自己への「まなざし」において起こっていると考えられる。つまり、「自己に対する主観——私」の意識である。私たちが他者を強く意識するのは、実は後者の他者の自己への「まなざし」を意識することにおいてである。つまり、他者が自分を、自分が見て欲しいと思うようにみているかどうか、あるいは他者が自分を、自分が思うような人としてみているかどうかということである。したがって、他者と共に在ることにおいては、「まなざし」としては相互に「他者が自分のことをどうみているか、あるいは思っているか」ということとして示されるのである。他者の「まなざし」は、「まなざし」を受ける自己に態度の変化をもたらす。たとえば自己が自分の容貌の何かについてのコンプレックスを感じている場合、その何かを隠そうとしたり、見えないようにしたり、あるいは他者の「まなざし」そのものを避けようとする。このような自己の態度変更は、相互主観の「手許にある――身体表現」意識への刺激による自己意識そのもののあり方、すなわち、意識の志向性を変化させる。意識の志向性には思考を措定する作用が含まれていることから、結果として他者の「まなざし」によって、自己の考え方が変化することになる。もちろん、この他者の「まなざし」に対する自己の態度の変化には、「まなざし」についての自己の誤解が含まれていることも多い。しかし、たとえそれが誤解であったにしても、自己の態度が変化する限りそれに伴い自己の考え方も変化する。誤解は時には、偏見や謬見へと発展し、さまざまな差別や偏見など人間関係に深刻な事態をもたらすこととなる。

この「まなざし」についての考察は、学校教育における子どもたちの行動や考え方を解明する上で大きな意味をもっている。子どもは自己中心性が強い。それだけ他者の「まなざし」に対して誤解をする可能性が大きい。これによる子どもの態度の変化は、子どもの思考の方向性にも重大な変化をもたらす。日常的な学校生活において、子どもたちはお互いに「まなざし」を向けあい、そして自己中心的に他者を理解している。その結果として生まれる誤解から、子どもどうしの間にしばしば緊張関係が生じる。一般的に子どもの成長にともなって「まなざし」を直接の原因とした緊張関係はしだいに減少していくが、決してなくなることはない。このことはこのような緊張関係が大人の世界でも見られることからも明らかである。このような自己中心性の強い「まなざし」を原因とする緊張関係は、どうしたら緩和し、解消することができるのであろうか。昨今教育実践の場で頻発して話題になっている〝いじめ〟の原因や背景として、このような「まなざし」がもたらす誤解が重要な要因になっていると考えられる。私たちはこのような誤解を解く鍵は、基本的に教師と子どもたちが互いに言葉を交わし合うことによって、教師や子どもたち相互の〝自他の転換〟をはかり、自己の他者と共に在ることの再構成がはかられることにあると考える。

模倣し合う存在

人間は他者と共に在る存在である。人間は他者を本質的にも、事実的にも必要としている。この他者と共に在ることは、お互いを「模倣し合う」存在として私たちの意識に自らを示す。授業の場で考えると、子どもたちにとって他者と共に在ることは、教師の説明を共に聞くことであり、ある問題を共に考えることであり、体育やクラブ活動の時間に共に演技や競技を行うことであり、休憩時間に共に遊ぶことである。これらの場合の共に在るは、ある一つのことを一緒に行うことである。この何かあることを一緒に行うことには、真似る（＝模倣する）という行為が含まれている。授業の場において子どもたちは教師の行うことを模倣する。また教師も基本的に子どもたちに自分の行うことを模倣するように指導する。その際よく使われる表現が「学《まな》ぶとは学《まね》ぶこと」である。他者を模倣するとは、他者の身体の動きに合わせて自分の身体を動かすことである。この身体の動きにはもちろん言葉を話すことも含まれている。つまり、他者の言葉を話す話し方に合わせて自分の言葉を話すことである。

他者の身体の動きを模倣することは、他方で自分の身体の動きに新しい身体の動きを取り入れることである。言い換えれば、自分の身体の動きを変えることであり、新しく作ることである。他者の身体の動きを模倣することによって、他者の「身体表現」意識、すなわち他者の精神（心）を共有することにつながる。最近さまざまな身体的障害を持つ人々の気持ちを理解する試みとして、たとえば目隠しをして建物の中や街の中を歩く体験がよく行われる。これは視覚障害をもった人々の身体の動きを模倣することで、視覚障害をもった人々の精神（心）を共有しようとするものである。他者の身体の動きを模倣することは、自己と他者とがその精神において一つになろうとすることであるが、そうすることは同時に自己が自己のさまざまな制限や限界を超えることでもある。いわゆる自己超出が起こるのである。他者と共に在ることはしたがって、自己意識が更新されることとしての自己意識の拡大である。言い換えれば、他者と共に在ることによってのみ、人間は自己の存在の可能性を拡大することができるのである。

他者の身体の動きを模倣することが自己の精神の可能性の拡大になるという学習の成果は、やがて他者以外の存在一般を対象とする学習においても生かされることになる。たとえば、ニュートンはリンゴが木から落ちるのを見て、万有引力の法則の発見の糸口を摑んだとされる。ここではこれを実話として受け取り、検討してみることにする。木からリンゴが落ちるのを見たニュートンは落ちることに関心を持ったのであろう。落ちるとは何か、なぜ落ちるのか、と。おそらくニュートンは自分の部屋で、実際にリンゴをはじめさまざまな物を繰り返し上から下へ落とす実験をしたことと思われる。そして、その実験の過程では、自分自身も机の上から床下へ飛び降りてみたかもしれない。そうだとすれば、まさにニュートンは、自分の身体の動きで落ちることを表現したのである。身体の動きで落ちることを表現することは、落ちることについての意識を持つことである。この物体が落ちることについての意識は、その身体の動きを模倣する意識を対象として認識することによって、さまざまな新しい「身体表現」意識を生み出したと考えられる。実の大きいリンゴと小さいリンゴを同じ高さから落としてみたらどういう違いがあるのか、これは質量の違いにおける落差実験である。また落とす高さをいろいろ変えてみたらどういう違いがあるのか、これは高度差による落差実験である等々。そしてこれらの実験から得られた数値をもとに、物が落ちるということの法則を、そして物が落ちることを可能にしている法則を見出したものと思われる。哲学者フランシス＝ベーコンは、「自然の下僕であり解明者である人間は、彼が自然の秩序について、実地により、もしくは精神によって観察しただけを、為しかつ知るのであって、それ以上は知らないし為すこともできない。……人間の知識と力とは一つに合一する。原因を知らなくては結果を生ぜしめないから。というのは自然とは、これに従うことによらなくては征服されないからである」[註33]とした。人間が自然にしたがうことは、人間が自らの身体の動きで自然現象を模倣することによって可能である。身体の動きで自然現象を模倣するとは、身体の動きで表現することである。すなわち、「身体表現」することである。自然科学分野におけるいわゆる実験とはこうした意味を持つものであると考えられる。こうした意味ではベーコンの「知は力なり」という言葉はまさにこのことを象徴した表現だと言える。

　他者と共に在ることは、他者の身体の動きを自己の身体の動きで模倣することで他者を認識することを可能にすることであり、それが同時に他者以外のあらゆる対象の認識を行うさいの基礎になることを教えるのである。他者と共に在ることがあらゆる認識の源泉である。この模倣については、さらに私たちは単なる「まねる」という以上の意味を見出している。それは幼児期の子どもたちの行動を観察することによって見出したことである。一歳数カ月頃になると成育の比較的早い幼児は、周囲の人々のしぐさやさまざまな行動を模倣するようになる。たとえば、母親が化粧するのを見てそれと同じようなしぐさをしたり、部屋のドアのノブ（丸い取っ手、握り）を自ら回してドアを開けたり……等々。私たちはこうした幼児の行動を日常的には単なる大人の行動の模倣として受け取り、ほほえましく感じるのみである。しかし、問題なのはこれらの幼児の行動は、いわゆる一般にいう模倣とは異なっていることである。最大の相違点は、一般にいう模倣はまねようという意志があって、つまり自我の指示によって行われるのであるが、幼児のこれらの行動は、自我の指示にしたがってまねようとして行っている行動ではないことである。自我の指示であれば、後年でも記憶としてこれらの行動が残っているはずである。しかし、私たちはこの幼児期頃のことについての詳細な記憶はほとんど残っていないのである。しかも指示を出す自我の形成も、私たちによれば相互主観の発達に伴うものであり、およそ七、八歳頃がその境界となる。ということは、一歳数カ月頃から始まり、七、八歳頃までのいわゆる幼児期の模倣行動は、単なる模倣行動とは持つ意味が異なっていると考えられる。

私たちは一歳数カ月頃から始まり、七、八歳頃までのいわゆる幼児期の模倣行動は、露出した学力のノエシス――ノエマ構造の作用によるものだと考えるのである。つまり、一歳数カ月頃から始まり、七、八歳頃までのいわゆる幼児期の模倣行動は、学力の志向性としての「身体表現」意識そのものなのである。言い換えれば、幼児期の子どもの行動は一見、大人や周囲の人々の行動の単なる模倣に見えるが、実はそうではなく、その子どもの露出した学力のノエシス――ノエマ構造の作用による身体の動きにほかならないのである。その証拠に幼児期の子どもの行動をつぶさに観察してみると、その行動は大人や周囲の人々の行動の単なる模倣にとどまらず、独自の行動が含まれていることがわかる。たとえば、人形をプレゼントされた幼児は、最初は教えられたとおり、両腕で胸に抱いたり、片腕で持ち歩いたりしているが、しばらくして気づくと人形の髪の毛を引っ張ったり、手足を乱雑に扱ってそれを折ったり、引き抜いたり、また自動車や動物のおもちゃの部品をバラバラにしたり、要するに破壊してしまうことがある。少なくともこれらの行動については、周囲の人々は決してその子どもに教えなかった行動であり、その意味でその子ども独自の行動ということができる。一般にいう模倣という行動は相互主観の指示のもとに行われる行動であり、したがって、相互主観の発達が未熟な幼児期の子どもに見られる模倣行動は、本質的に趣旨の異なった行動である。つまり、これは学力のノエシス――ノエマ構造の作用による身体の動き、すなわち、志向性に基づく「身体表現」意識の行動である。このことはノエシスによって対象についての意識に接続される「身体表現」意識は、模倣行動の表現をとりながら、その接続と切断という過程を通して、対象についての意識に何らかの意味づけを行うことを示しているのである。

人間が他者と共に在る存在であり、この他者と共に在ることは、お互いを「模倣し合う」存在として私たちの意識に自らを示すが、このことは、学力のノエシス――ノエマ構造の作用の存在を根拠づけるものである。というのは先述したように、ノエシスの作用により形成される「身体表現」意識は現象的には模倣行動という表現をとるからである。すなわち、共に在るところの他者についての意識には、他者の身体の動きを模倣する身体の動きについての意識が対応し、さまざまな自然現象についての意識には、その自然現象を模倣する身体の動きについての意識が対応する。しかし、この模倣は単なる模倣ではない。志向性としての「身体表現」意識は、表面的には模倣という表現をとりながら、他者との関係については〝自他の転換〟を可能にし、他方で自然現象との関係については自然現象の理解や認識を可能にし、また新たな「身体表現」意識の産出としての「発見する」ことを可能にするのである。他者と共に在ることとしての「模倣し合う」ことは、人間の根源的な在り方に通じているのである。

「言葉を交わし合う」存在としての人間

人間は他者と共に在ることとして、私たちの意識に他者と言葉を交わし合う存在として自らを示す。何より象徴的なことは、人間はその誕生の瞬間から周囲の人間から言葉をかけられながら、同時にそれに答えるかのように泣きながら誕生してくることである。そして人間はその人生を終える瞬間まで、他者と言葉を交わし合いながら生きている。このような言葉を交わし合うことは、どういう意味をもっているのだろうか。言葉を話すことは、声を出して話すことと、声を出さずに話すこととの二つの場合が区別される。前者は一般的に外言語ないしは外言と呼ばれ、他者に向けて話される言葉とされる。後者は一般的に内言語ないしは内言と呼ばれ、声を出さずに心の中で話される言葉とされる。私たちはこの外言語（以後外言）と内言語（以後内言）の区別は、先述したように人間の精神の構成上大きな意義をもっていると考える。私たちは外言と内言の関係について、あらためて次のように考える。私たちは外言と内言とを全く同時に行うことはできないことを経験する。基本的には外言と内言とを交互に行っている。内言は外言のように他者には直接聞かれることがない。それはもっぱら自己の内部で行われる。この代表的な例が思考における言葉を話すことである。思考も自己と自己との間で言葉を交わし合うことと考えることもできるが、これは直接他者と共に在る場合とは本質的に異なる。しかし、内言は外言による他者と言葉を交わし合うことを基礎にして形成されるものであり、やはり他者と共に在ることの範疇にある。そして内言は外言とともに認識の過程の展開に直接に関わるのである。それでは外言は内言にどのようにかかわるのか。外言はまず自己と他者との精神を結びつける役割を果たす。というのは、言葉を声に出して言うことは、それを聞く人々に聞いた同じ言葉を反射的に繰り返させる。それはそれらの人々に言葉を話すという身体の動きを引き起こすことである。それによってそれらの人々の中に「言葉を話す――身体表現」意識がつくり出される。しかもその身体の動きは一つの共通の言葉によって引き起こされた身体の動きであるから、ここに自他の区別を超えた共通の主観、相互主観が形成される。すなわち、声に出して言葉を話すことが相互主観を形成する。これが外言の最も重要なはたらきである。ではこの外言のはたらきにより形成された相互主観は内言にどのようにかかわるのか。【図2】では内言とは「言葉を話す――身体表現」意識に相当している。相互主観は「言葉を交わし合う――身体表現」意識として「言葉を話す――身体表現」意識を形成するのであるから、内言の「言葉を話す――身体表現」意識とは本質を等しくしており、「手許にある――身体表現」意識を刺激し、対象についての意識をさまざまな身体の動きについての意識に身分けし、総合する。すなわち、外言は内言を構成する「言葉を話す――身体表現」意識にかかわり、新しい「身体表現」意識を生み出させ、精神を変化させるのである。他者の声を聞くことで、そのことについての自己の精神（心）が変化する。言い換えれば、他者の言葉を聞くことを通して、自己の精神（心）が新たに創造されるのである。実際誰かが話すのを聞いてあることを思い出したり、何かについて思考したりすることがある。ここに「聞く」ということの重要性が顕わになるが、それはただ漫然と「聞く」のではなく、同時に反省としての「言葉を話す――身体表現」意識が伴っていることが必要である。外言と類似した表現として、身振りや、指文字などのしぐさが考えられるが、これらは外言とはその本質を等しくするものである。外言はこのように、自己と他者が根源的に共に在ることとしての相互主観を顕わにするのである。

人間は実存的にも他者と共に在る存在である。人生で最大の不安は他者と共に在ることがない、あるいは他者と共に在ることができなくなるのではないかという不安である。他者と共に在ることができないという可能性とは、まさに精神における死を意味する。死といえば日常的には身体的な死を指しているが、真に根源的な不安の源は、他者と共に在ることができないという意味での死である。他者と共に在ることができないという不安は、死への不安を含みつつ、身体的な死への不安を超えるものである。私たちは常に、すでに他者と共に在る意識を持っている。この私たちが「共に在る」という意識は、「私は在る」意識に対して超越した関係にある。すなわち、「私たちは共に在る」意識は「私は在る」意識から独立していながら、同時に「私は在る」意識をもたらす、ないしは根拠づけるというはたらきを担っているのである。

第三節　「言葉を交わし合う」

相互主観としての「言葉を交わし合う」

精神と身体とが融合された概念が自我であるが、一般に言葉を話す行為は精神の内容を表現する手段と考えられている。この言葉を話すことで表現される内容は、基本的に身体の動きを表現する言葉で構成されている。たとえば、「何かが**在る**」、「何かを**持つ**」、「何かを**進める**」、「何かを**得る**」等々。私たちはこのような人間の身体の動きを表す言葉を述定語と呼ぶが、このことから言葉を話すという行為が本質的に精神と身体とを結びつけているのがわかる。言い換えれば、精神と身体とを結びつける自我は、言葉を話す行為と共に自らの存在を顕わにするのである。この自我は基本的に経験的自我を基礎にしているが、この自我は同時に主観として一切のものを自らの対象とするという主体性を持つのである。このような主観はカントによって先験的主観と呼ばれた。すなわち、主観には経験にかかわる経験的主観と経験にかかわりのない先験的主観とが所属するとされた。しかし、カントにおけるこの先験的主観は必要によって要請されたものであり、それ自体は自らの実在の根拠を持っていないと考えられてきた。これに対して私たちは経験的主観と先験的主観とを区別するが、本来の主観とは相互主観であり、この相互主観は要請されたものではなく、実在としての根拠を持っていると考える。というのは、相互主観は個人における自己自身として在るばかりでなく、他者と共に在ることを等しくその根源に持っているからである。私たちは個人として存在しつつ、同時に個人を超えて他者と共に存在するのである。相互主観は自分自身のみで在るばかりでなく、他者と共に在ることを等しくその根源に持っていることから、自己や他者と言葉を交わし合う存在として自らを示す。自己や他者と言葉を交わし合うことは、本質的に人間が言葉を話すという身体の動き（＝発声行為）が基礎となっている。言葉を話す行為は、声を外に出す場合と声を外に出さない場合とが区別されるが、その身体的なしくみには違いがないと考えられる。人間の発声器官は喉頭の中央部にある声帯で、これは弾力性のある一対の筋性のひだである。呼吸時には声帯は広く開いて空気を通すが、発声時にはこの空気の通路（声門）の幅を両側の声帯がわずかに触れるくらいにせばめる。肺から出される空気が強い力でそのすきまを通過するときに声帯が振動して音を発する。この呼息運動と声門の閉鎖によって発声が可能になる。そしてこの声が言語として思考、感情の表現となるためには、大脳皮質の前頭葉にある前言語野の機能が関与する。一人ひとりの声域は声帯の長さと張力で決まり、声の強さは呼気圧の大小で、声の音色は咽頭、口腔、鼻腔の状態によって決まる。このように言葉を話す行為はさまざまな身体の動きを基礎とするが、言葉を話すことを意思し、意欲するのは大脳皮質の前頭葉にある前言語野の機能である。したがって言葉を話すことを意思し、意欲する主体は大脳皮質の前頭葉にある前言語野にあることになる。したがって、相互主観はこのような領域に存在すると考えられる。相互主観が純粋意識に所属しつつ、純粋意識から分離独立していることは、相互主観が自己や他者と「言葉を交わし合う――言葉を話す」という身体の動きをとおして自らを示すことからうかがうことができる。言葉を話す行為は、他の諸行為と同様、他者と共に在ることにおいて刺激され、教育されることによって開発され、発達させられる。言葉を話す行為は一方でこのような経験的な領域での刺激――反応の過程であり、他方で生得的な能力でもある。すなわち、言葉を話す行為自体は、経験から全く独立した先験的な素質であり、能動性に属し主体性を持ちうる。この先験的や超越論的という表現によって意味されているのは、このような意味での生得的ということである。人間の精神的な発達は純粋意識としての学力のはたらきに依存している。子どもたちの生きる力としての学力のはたらきを高めることは、このノエシス――ノエマ構造の作用のはたらきを高めることであり、向上させることである。相互主観は本質的に生得的あるいは先験的な部分と、経験的な部分とから形成されている。相互主観が何らかの意図をもってかかわることができるのは、生得的なもの、あるいは先験的なものに対してではなく、経験的なものに対してである。それが「言葉を交わし合う――言葉を話す」行為である。つまり、この行為をとおして人間は自分の精神である「身体表現」意識にかかわり、自らの精神の発達や発展を可能にすることができるのである。

「言葉を交わし合う」と「言葉を話す」

言葉についての探求は、その対象が何より話された言葉ではなく、言葉を話すこととしてとらえられることの重要性を浮き彫りにする。今日言葉への関心はかつてないほど高まっている。その背景には言葉に真正面から向き合い、言葉そのものをとらえようとする動き、すなわち、言葉の固有性を見出そうとする動きがあると考えられる。この言葉をめぐる今日の論争は、滝浦によればほとんど言葉の自律性を前提にしてそこから出発しているという。このような言葉の自律性の主張は、ヴィトゲンシュタイン、レヴィー＝ストロース、ソシュール、チョムスキーなどによって展開されたが、彼らの考え方に共通する点は、言葉を社会的・制度的側面としての、あるいは体系構造（文法）としてのラング（ソシュールの用語）に限定している点であり、他方、言葉を話す人間の内面や言葉を交わし合う他者との関係の側面としてのパロール（ソシュールの用語）については、ほとんど顧みられることがなかった点である。「（言語の）自律的なのは、記号としての言語自体でもその規則でもなく、話すという行為……なのである」(註34)という指摘にあるように、私たちの立場はこれらの主張に対して言葉の自律性を重視するという点で軌を一にするが、ラングよりもパロールを重視する点において異なっている。

言葉は人間が話すことによって誕生したのであり、そして他者と声をかけ合う、すなわち、言葉を交わし合うことによって発達したものである。言葉はまず話す言葉として存在するのである。言い換えれば、言葉の自律性が主張される時、このような人間が言葉を話すこと、他者と言葉を交わし合うことがあらかじめ前提されているとも考えられる。私たちはこの前提となるものの中に、授業の場における子どもたちの学習の成果を左右するしくみがあると考える。この探求では授業の場における実践において、子どもたちが学習内容を理解する、すなわち、わかるとはどういうことであるか、わかるためには何をどのように考えたらいいのか、そしてわかるためには教師や子どもたちはどういう行動をしなければならないかを課題とした。学習において子どもたちがわかるということは、学習内容を構成している言葉の使い方の規則、適用の仕方を身につけているということであり、そしてその使用規則を今、ここの場合にどう適用するかというその仕方が、その言葉の意味であり、わかるということである。このことは私たちが人間の精神を「身体表現」意識とすることから得たことに深くつながる。わかるために言葉と正面から向き合うということは、言葉を話すという身体の動きと正面から向き合うことであり、言葉を話す人間の中で何が起こっているか、他者と共に在ることの中で何が起こっているかを明らかにすることである。

言葉の問題で真に問題としなければならないのは、その言葉を話している人間であり、話していることそのものにある。こうした考え方は後期のフッサールやヴィトゲンシュタイン、またメルロ＝ポンティにおいてはっきりした主張となって展開されている。言い換えれば、言葉の自律性とは、記号としての言葉自体でもなく、文法としての規則でもなく、話すという行為そのものなのである。言葉を話すことは自己と話すことでもあるが、基本的には他者と話すことであり、他者と言葉を交わし合うことである。このことは言葉の問題の探求において不可欠な視点である。言葉を交わし合うことは一般にコミュニケーションと呼ばれ、人間がたがいに意思、感情、思考を伝達し合うこと、言語、文字その他視覚、聴覚に訴える身振り、表情、声などの手段によって行うことである。すなわち、人間どうしが互いに何かを共有しようとする行為一般を意味する。チョムスキーはコミュニケーションについて、「人間という生物は、意味決定規則を含む言語体系を獲得するよう構成されている。……コミュニケーションは言語体系が果たしうる機能の一つであるにすぎず、幾度か指摘したように、唯一の機能とは言えない[註35]」として、言語におけるコミュニケーションの役割を過大に評価しようとはしない。確かに言語体系の中でコミュニケーションが唯一の機能であるとは言えないにしても、人間の誕生、そしてその後の成長、発達の過程をつぶさにみていくと、コミュニケーションはつねに存在し、それらの形成にかかわっており、その果たす役割は甚大なものがあると考えられる。コミュニケーションの構造は、人間の精神の構造やその精神から生み出される知識の構造にいたるまで、あらゆる面に何らかの痕跡を残していると考えられる。

「言葉を交わし合う」行為と精神の形成

人間のさまざまな身体の動きについての意識の中に人間の精神は確かに存在しているが、すべての身体の動きの中で、精神が存在する身体の動きは自己をどのように示すのであろうか。あるいは、この二つの身体の動きは何によって区別できるのだろうか。ここであらためて授業の場をふりかえってみると、授業において子どもたちが自分たちの身体の動きとともに行っていることがあることに気づく。それは言葉を交わし合うという行為（行動）である。授業では教師と子どもたち、または子どもたちと子どもたちとの間で、頻繁に言葉を交わし合っている。というよりも授業では、教師や子どもたちは多様な身体の動きよりはむしろ言葉を交わし合う行為を中心に学習活動を行っているといったほうがより正確であるように感じられる。すなわち、主体的意識としての精神は言葉を交わし合うという行為において最も顕著に自らを示していると考えられるのである。言葉を交わし合う行為もさまざまな身体の動きの一つとして、すべての身体の動きの中に含めて考えることができる。しかし、明らかに言葉を交わし合う身体の動きは、他のすべての身体の動きとは区別される身体の動きである。すなわち、言葉を交わし合うことは、身体の動きでありながら、その他のすべての身体の動きとは性質を異にしており、その他のすべての身体の動きから独立していると考えることができる。「言葉を交わし合う──身体表現」とは、個人においては言葉を話しつつ身体を動かすことである。言葉を話しつつ身体を動かす時、私たちは明らかに「私は在る」という意識を持っている。この「私は在る」という意識の存在は、そこに人間としての精神が存在することを証すことである。この場合の言葉を交わし合うは、必ずしも声を出して話すことには限定されない。読書をすること、筆談をすること、身振りで意思を通じ合うこと、そしていわゆる個人的な内部における思考もまた、このような言葉を交わし合うことによる可能性の中に含まれるのである。身体の動きはこれを志向する意識によって、身体の動きについての意識となる。身体の動きについての意識とは、たとえば見る、聞く、触る、歩く、走るなどの身体の動きが、それらを志向する意識によって見る（についての）意識、聞く（についての）意識、触る（についての）意識、歩く（についての）意識、走る（についての）意識となることであり、これらを総合したものが「身体表現」意識である。自我としての相互主観もまた言葉を交わし合うという身体の動きに伴ってその姿を顕わにするものであり、したがってやはり「身体表現」意識である。しかし、言葉を交わし合うことの意識はそれ自身が身体の動きについての意識でありながら、その他の身体の動きの意識そのものからは独立している。このことが意味しているものは何か。それは言葉を交わし合うことの意識は、他のすべての身体の動きの意識と向き合うことができること、言い換えれば、「手許にある――身体表現」意識を刺激し、それによって新しい身体の動きの意識を生み出し、対象についての意識を「身体表現」の意識として意味づけるはたらきをすることができることである。この「身体表現」の意識は、私たちが通常精神と呼ぶところの、精神そのものの内容である。しかし、私たちは精神（ないしは心）を持つが、その内容についてはすべてが自分自身の思いどおりになるわけではない。つまり、自分の持ち物であるが、自分の支配のもとにあるわけではない。これは精神が学力のノエシス――ノエマの作用によって形成されることによる。ノエシス――ノエマ構造の作用は先述したように自我の支配から独立した生得的な作用であり、それゆえに不規則に形成されるものであり、いつ、どのように、どんな内容となるかは、あらかじめ知ることができないし、もちろん準備することもできない。精神の内容は、ある時、ある瞬間に、突然出現するのである。これに対して意識体験における主体的意識としての相互主観は、「言葉を話す――身体表現」意識への刺激を通して「手許にある――身体表現」意識へかかわり、出現して欲しい精神の内容の実現を期待することができるのである。しかし、その実現はどこまでも可能性としてであり、完全な実現ということではない。人間は発達した精神としての知性を持つが、その実体は直観であり、その内容は不確定である。しかし、反省としての言葉を話すという「身体表現」意識が知性の存在をより確実なものにするのであるが、それもあくまで知性の存在、および知性の獲得の可能性を高めることができることにとどまる。それがゆえに、言葉を話すという身体の動きが人間に基本的な可能性をもたらすのであり、こうした意味で人間はどこまでも可能性に生きる存在なのである。

相互主観による意味づけ

純粋意識としての学力は、「言葉を交わし合う――身体表現」意識と「手許にある――身体表現」意識および「言葉を話す――身体表現」意識とから構成され、相互に刺激し合う関係にある。また、これらの意識の特質は自己意識だということであるが、「手許にある――身体表現」意識と「言葉を話す――身体表現」意識とは受動的な自己意識であるが、「言葉を交わし合う――身体表現」意識は能動的な自己意識である。純粋意識としての学力の作用による対象についての意識の意味づけは、次のような過程を通して行われる。対象との出会いでは、一方で「手許にある――身体表現」意識が「言葉を話す――身体表現」意識を刺激し、対象についての意識を言表し、他方で「言葉を話す――身体表現」意識が「手許にある――身体表現」意識を刺激し、対象についての意識を身体の動きで表現する。これらは融合されて概念となり、これを図式として対象についての「身体表現」意識を形成する。「手許にある――身体表現」意識は自己の身体の動きを志向する意識、すなわち、自己の身体の動きについての意識である。それは自己の身体の動きの諸感覚が感じられると、感覚とともに構成されている知覚作用がはたらき、その知覚作用によって生化された感覚によって、自己に与えられるという仕方で形成される意識である。「手許にある――身体表現」意識も「言葉を話す――身体表現」意識もともに自己意識として自らを示すが、ともに受動的な自己意識である。これは客観的な対象が私たちに与えられるその仕方も同様である。したがって、客観的な対象についての意識も私たちの身体の動きを介して与えられることからまた常に自己意識を伴っているのである。こうした自己意識を伴ったこれらの身体の動きについての意識の特質は、対象についての意識の意味の場となることである。私たちはこの過程を「手許にある」過程と呼ぶ。

対象についての意識に何らかの意味づけをもたらす過程は、「言葉を交わし合う――身体表現」意識としての相互主観により刺激を受けた「手許にある――身体表現」意識および「言葉を話す――身体表現」意識が相互に刺激し合う過程である。能動的な自己意識である相互主観は、対象についての意識に、私にとっての意味としてさまざまな意味づけをもたらすのである。そしてこの意味づけは、具体的な認識の過程として「身分け」、「総合」という過程をへることになる。この場合の意味とは、いわゆる言語学的、実証主義的な意味ではなく、学習活動における理解する、認識する、判断することとしての意味である。意味としてのこれらは、客観的に存在するものの存在の可能性を開示することである。すなわち、存在するものは学力を構成する「言葉を交わし合う――身体表現」意識の刺激によって「手許にある――身体表現」意識および「言葉を話す――身体表現」意識が相互に刺激し合うことによって生み出される「身体表現」意識としての自らの存在の可能性、すなわち意味を得るのである。「言葉を交わし合う――身体表現」意識として相互主観は自己意識という性格をもつが、この自己意識はきわめて能動的な、かつ自律的な意識である。というのも、この意識は人間のその生誕の時には素地としての素質はあったけれども、それ以上のものは全く存在していなかった意識であり、それが人間どうしで言葉を交わし合うことを通して初めて形成されてくるものだからである。人間の成長発達という視点からすると「手許にある――身体表現」意識にも同様のことが考えられる。すなわち、身体の動きもその生誕から年齢とともに徐々に成長発達を遂げていくのであり、それについての意識も当然変化していくはずである。したがって、学力を構成するこれらの三つの意識は、それぞれの変化と、それぞれが刺激し合うことによる意識体験の変化という複合的な過程をへることになる。いわゆる心身の調和のとれた発達の重要性は、まさに人間精神の調和のとれた発達にもかかわるものである。

「言葉を交わし合う――身体表現」意識は「手許にある――身体表現」意識に対して超越的であることも特質の一つである。超越的であるとは、この意識が自らは本来「手許にある――身体表現」意識でありながら、その意識を超え出て、その意識に向き合い、かつその意識にかかわりをもつことができる意識であることをさしている。言い換えれば、「言葉を交わし合う――身体表現」意識は、「手許にある――身体表現」意識と内容を共有しながら、一方でその内容にかかわる、すなわちその内容を再構成するはたらきをもつということであり、このことは人間の精神（心）が言葉を交わし合うことを通して形成されていくことを意味し、この行為がすべての学習活動の中心とならねばならないことを意味している。

相互主観と「問い――問いかけ」

人間の精神は、相互主観による他者と言葉を交わし合うことを通して、「手許にある――身体表現」意識と「言葉を話す――身体表現」意識とが相互に刺激し合うことによって生み出された身体の動きについての意識が、対象についての意識と総合されて意味づけられた「身体表現」意識である。では、この相互主観に基づく他者と言葉を交わし合うことは、具体的にどういうことをいうのであろうか。単純に会話や議論における言葉を交わし合うことをさしていないことは明らかである。なぜなら、「言葉を話す――身体表現」意識は、まず他者と言葉を交わし合うことがあって、その後に初めて生み出される意識だからである。すなわち、相互主観は主体的意識として学力における「言葉を交わし合う――身体表現」意識に伴って出現する、したがって「言葉を話す――身体表現」意識に先んじて出現するという特質を持っている。「言葉を話す――身体表現」意識に先だって出現するということは、相互主観が意識の受動的能動性における能動性に基づくものであることを示している。

私たちは他者と言葉を交わし合う時、対話や議論の場合は当然であるが、単なる挨拶から、仕事上の打ち合わせにいたるまで、その言葉を交わし合う基本的な形態が「問いかけ」であることに気づく。このことは他者という存在が自己にとって本質的に問いかけられる存在であることを意味している。他者が自己にとって問いかけられる存在であることは、他者は自己にとって理解するには最も遠い存在だということに由来するものである。言い換えれば、人間にとって他者とは、何を考えているのか、何をしようとしているのか、他のいかなる存在よりも最も理解しがたい存在であり、最も謎に満ちた存在なのである。対象としての他者とは、その本質において「問いかけられる存在」であり、その他者の理解は純粋意識としての学力の作用を必要とすることを意味する。したがって、他者と言葉を交わし合うということは、他者へ問いかけるという形態になると考えられる。言い換えれば、私にとって他者が他のいかなる存在よりも最も理解しがたい存在であり、また最も謎に満ちた存在であるということは、他者との出会いにおいて人間は自らのうちに「問い」を浮上させる、あるいは「問い」に襲われることになるということである。他者とは自己にとって常に、すでに「問いかけられる存在」なのである。他者と言葉を交わし合うことは、「問い」へ「問いかけ」ること、すなわち、「問い――問いかけ」として自らを示すが、このことは【図3】における相互主観のもたらすはたらきからも次のように説明できることである。相互主観は純粋意識としての学力に直接かかわることによって、すなわち、純粋意識としての学力を直接刺激することによって、自己の精神（心）を再構成し、変化をもたらす。そして学力は先述したように自分の中にわき起こる「問い」とともに自らを顕わにする。この「問い」は、突然自分の中にわき起こるものであり、相互主観に伴う意思によって意図的に起こす「問い」とは本質的に異なる。この二つの「問い」は、一方は意志とは無関係に出現する受動性に基づくものであり、他方は主体的意志に伴い、能動性に基づき発せられるものである。相互主観は、一方では「手許にある――身体表現」意識として受動性でありながら、もう一方では、「言葉を交わし合う――身体表現」意識として能動性という、受動的能動性という特質を持つ意識である。つまり、このことは相互主観がこの二つの「問い」が合成されたものとして自らを顕わにすることを意味している。すなわち、相互主観は受動性に基づく「問い」へ、能動性に基づく「問い」が問いかけることとして自らを示すのである。したがって、相互主観は「問い――問いかけ」として具体的に自らを示すのである。人間の基本的な「生きる力」を形成し、育成するのが学力の作用である。この学力はノエシス――ノエマ構造を持ち、対象についての意識を「身体表現」から入り、「身体表現」に出るという仕方で何らかの意味づけを行うことを通して、精神が向上、発達することとしての「生きる力」を育んでいくのである。そして、この一連の過程を統括し統握するのが相互主観である。そしてこの相互主観は自己の存在を「問い――問いかけ」という行為において顕わにする。したがって、あらゆる学習においては、この「問い――問いかけ」という方法がその中核とならなければならないことがわかる。「問い――問いかけ」という方法を核とした学習とは、議論や討論を核とした学習ということになる。言い換えれば、あらゆる学習は、議論や討論を核として展開されねばならないということとなる。

第四節　自他の転換

相互主観の統覚作用

人間の精神（心）はさまざまな身体の動きについての意識の中に存在する「身体表現」意識であり、意識体験においてそのつど「身体表現」意識として自らを示すところのものである。したがって、学習活動における学習の成果は、この「身体表現」意識を通して判断され、評価される。このように学習活動における意識体験の変化をつくっているのが純粋意識としての学力である。学力は何らかの学習内容に出会うと、それは単なる出会いでも、問題形式による出会いでもよいが、その学習内容と出会い、それに対してどういう身体の動きをしていいかわからない時、自らの姿を現す。つまり、学力は「問い」との出会いの中で作用（はたらき）としての自らの存在を顕わにするのである。「問い」との出会いにおいて自らの姿を現すとは、学力が出会った学習内容に対して、何らかの「身体表現」の意識を浮かび上がらせるという特質を持つことである。これが学力の志向性である。では、この「身体表現」意識はどのように生み出されるのだろうか。学力は何らかの対象（学習内容）に出会うと、まず「手許にある――身体表現」意識が反応するが、それに刺激された「言葉を話す――身体表現」意識は、その「手許にある――身体表現」意識を言表する。同様に何らかの対象と出会うと、「言葉を話す――身体表現」意識が反応するが、それに刺激された「手許にある――身体表現」意識は、その「言葉を話す――身体表現」意識を身体の動きで表現する。こうしてこれらの表現された二つの意識は融合されて何らかの対象（学習内容）についての概念を生み出す。この時「手許にある――身体表現」意識と「言葉を話す――身体表現」意識との間には主体的意識としての相互主観が存在していた。この相互主観は先天的な特質と後天的な特質とを兼ね具えている。先天的な特質とは人間が生来的に持っている言葉を話すという身体の動きそのものであり、後天的な特質とは誕生後他者と言葉を交わし合うという身体の動きを通して獲得するところの形質である。すなわち、このような相互主観は他者と言葉を交わし合うことを通して形成される意識領野であり、【図３】では自己と他者とが共有する大きな楕円で表されていた。

一般に人間存在の分析は、個人としての自己ないしは自我の分析から出発する。人間精神の分析も同様に個人としての自己ないしは自我の分析から着手される。しかし、このような分析の方法では他者と言葉を交わし合うという行為は、個人としての自己ないしは自我が形成された後の諸行為の一つとして取り扱われることが多い。ともすれば非本質的なものとして位置づけられることさえある。その典型的な例が独我論である。独我論とは真に実在するのは自分の自我だけであり、他者や外界の事物は自らの意識内容にすぎないとする考えである。これは主観主義的認識論を極端に推し進めたものとされ、バークリー、フィヒテ、シュティルナーなどに見られる傾向である。これに対してフッサールの後期の思索は超越論的という表現があらゆる認識構成の究極的源泉へと立ち帰ってそれに問いを向けようとする動機として使用された。この超越論的という表現には、自我と他我との分岐以前にあり、そこから複数のわれわれが出現してくる根源我の主観性の最も根源的、絶対的な始源という意味が含まれている。私たちはこのことに注目する。というのは、私たちにおける相互主観もまさに根源我の主観性であり、人間の精神形成の根幹をなすものと考えるからである。

相互主観は単なる主観とは区別されねばならない。相互主観は自己自身、自己意識でありながら、同時に自己意識を超え出て、自己意識と向かい合い、自己意識全体を認知し、自己意識へかかわるものである。すなわち、相互主観は自己の精神（心）を構成する要素でありながら、精神としての「身体表現」意識を自らの対象とし、「身体表現」意識を刺激し、「手許にある――身体表現」意識と「言葉を話す――身体表現」意識とを相互に刺激し合わせることで、自己としての精神の更新をはかろうとするのである。私たちはこのような相互主観の作用を、相互主観の統覚作用と呼ぶ。このような相互主観の統覚作用は、他者と共に在り、他者と言葉を交わし合うという行為を起源としてもたらされるものである。この統覚作用による自己の精神の更新が、学習活動の成果としての多様な意味づけ作用を自己の作業として統一的意味を構成するところのものである。

相互主観における「自他の転換」

人間は他者と共に在る存在であり、人間は本質的に「われわれは（共に）在る」存在である。「私は（一人で）在る」

はこの「われわれは（共に）在る」の範疇に属する派生的な在り方にほかならない。このような他者と共に在ることにおいてはたらく相互主観において最も重要なことは、自己と他者との転換が起こることである。自己と他者との転換とは、自己が他者へ、他者が自己へ、それぞれ転入し合うことであり、自他が入れ替わることである。すなわち、他者と言葉を交わし合うことにおいて、他者の話す言葉が自己の「言葉を話す――身体表現」意識となり、自己の「手許にある――身体表現」意識を刺激する。他方、自己の話す言葉が他者において他者の「言葉を話す――身体表現」意識となり、他者の「手許にある――身体表現」意識を刺激する。こうして自他それぞれにおいて自他が転換した「身体表現」の意識が生み出される。言い換えれば、自己の中に他者が侵入し、他者の中に自己が侵入するのである。相互主観を介してこのような自他の「身体表現」意識が入れ替わる可能性を私たちは〝自他の転換〟と呼ぶ。

〝自他の転換〟はもう少し詳細に検討すると次のようにして起こると考えられる。他者と共に在る存在としての人間は互いに言葉を交わし合う存在として自らを示す。言葉を交わし合うことは、自己と他者がそれぞれの自我を共有し合っている状態である。この自我としての相互主観とは、自己と他者とで共有し合う主観という意味である。すなわち、言葉を交わし合うことにおいて、他者の話す言葉は私の学力における「言葉を話す――身体表現」意識となり、私の「手許にある――身体表現」意識を刺激し、対象についての意識に対する新しい「身体表現」意識を現出させる。全く同様に、言葉を交わし合うことにおいて、私の話す言葉は他者の学力における「言葉を話す――身体表現」意識となり、他者の「手許にある――身体表現」意識を刺激し、対象についての意識に対する新しい「身体表現」意識を現出させる。このようにして生み出される「身体表現」意識こそ、対象についての意識が理解され、認識され、判断されるところのものである。

互いに言葉を交わし合うことにおいて自他の中に現出した「身体表現」意識は、自他の別を超えるところの「身体表現」の意識である。たとえば私が目の前のシクラメンの花を見て「このシクラメンの花は美しい」という言葉を声に出して言ったとする。この言葉を聞いた他者は「このシクラメンの花は美しい」という私が話す言葉についての意識を持つ。すると他者の中でこの言葉についての意識は、「言葉を話す――身体表現」意識となり「手許にある――身体表現」意識を刺激し、他者において新たに意味づけされた対象についての意識を生み出させる。この意識は私がシクラメンを見て私の中で意味づけされた対象についての意識とは本質的に異なった意識である。したがって、一般的には他者は「このシクラメンの花は美しくない」という否定する意識を持つこととなる。もし、私の「このシクラメンの花は美しい」という言葉に対して、他者が同様に「このシクラメンの花は美しい」という意識を持つ場合、私たちは共感すると呼ぶ。どちらにしても、他者の中に現出したこれらの「身体表現」意識は、私と言葉を交わし合うことがなければ現出しえないものであった。少なくとも自他はこのシクラメンの花についての「身体表現」意識を共有しているのであり、その限りで自他は相互に転入し合い、自己が他者として、あるいは他者が自己として生きているのである。

〝自他の転換〟は言葉を交わし合うという身体の動き（行為すること）において起こる。しかし、相互に転入した自他の意識は、それぞれの自己の「言葉を話す――身体表現」意識に伴う受動的自我のはたらきによって各自己へと引き戻される。しかし、〝自他の転換〟後の自他の精神（心）は、〝自他の転換〟以前の精神（心）とは本質的に異なっている。というのは、〝自他の転換〟により自己を超出して、いったん他者のもとに在ることから自己へ還帰した精神（心）は、〝自他の転換〟以前とは異なった精神（心）の構造を持つからである。この精神（心）の構造は、「他者から見た自己」あるいは「他者としての自己」として、自己から自己が引き離され、自己と自己とが向き合うという特質を持つのである。学力のはたらきによって引き起こされるこうした〝自他の転換〟は、この〝自他の転換〟において生み出される新しい自己を、それ以前の自己を超え出たものとしての自己の成長や発達という意味に解すると、人間の成長や発達には他者の存在の必要性、すなわち、他者と言葉を交わし合うことによる〝自他の転換〟が不可欠であることが明らかになる。

「自他の転換」と思考の志向性

相互主観における〝自他の転換〟は、思考においてはその志向性を規定する。思考とは現象的には分析的（論理的）認識の過程のことであるが、学力の構造からみれば共に直観である「手許にある――身体表現」意識と「言葉を話す――身体表現」意識とが相互に刺激し合い、新しい「身体表現」意識を形成する過程としての時間的なずれ（タイムラグ）に基づく仮象現象である。「言葉を交わし合う――身体表現」意識に伴って出現する相互主観は、他者と共に在るその在りかたによって「手許にある――身体表現」意識を刺激する仕方が変化するが、それは同時に〝自他の転換〟による思考の志向性を規定することになる。〝自他の転換〟による思考の志向性は、配慮、解明、共感、相対、婉曲、転化である。

まず配慮であるが、これは他者の存在に対して自己の存在を抑制しようとする志向性である。言い換えれば、他者の存在についての意識による刺激を受けて興奮し、他者へ積極的にかかわろうとする自己を鎮めようとして、自己に対して抑制的にはたらく志向性であり、遮る、妨げる、等が類語となる。この配慮は他者に対するよりも自己に対するものであり、配慮における対象の認識においては、抑制的な思考となる。解明は他者に対する自己の存在が論理的に正当であることを説明しようとする志向性である。言い換えれば他者の存在を認めながら、同時に自己がどうしたらそれへのかかわりが可能になるかを論理的に探求しようとする志向性である。解明は一般的にはわからない事柄を明らかにすることである。したがって、このような解明は対象の認識においては、さまざまな現象の原因や背景にあるものを明らかにしようとする思考となる。共感は同一化である。すなわち、他者の存在を受け入れ、自己の存在と同一化しようとする志向性である。つまり、他者のもつ考えや感情・行動・属性を取り入れ、同様の傾向を示そうとする志向性である。これは対象の認識においては共通なものや等しいものを明らかにしようとする思考となる。相対は他者の存在を自己の存在とは相容れないものとして対立する志向性である。すなわち、二つの反対の立場にあるものが正面から向き合っている志向性であり、対象の認識においては対象とは正反対の性質をもつものや対象そのものの存在を否定しようとする思考となる。婉曲は他者の存在に対する自己の存在のかかわりをはっきりした形ではなく、遠回しに表現する志向性である。すなわち、他者との関係での危険や面倒を避けるために、はっきり断定するのではなく、推量の形でやわらげて表現する志向性である。対象の認識においては、したがって明確な表現を回避する思考となる。転化は他者の存在への自己の存在のかかわりをこれまでとは全く異なったやり方にする志向性である。具体的には、何らかの失われたものを補ったり、充たされないものに代わってより純粋で、高度なものを目指そうとしたり、獲得しようとしたりする方向性である。対象の認識においては、より高い段階の目標をめざす思考となる。

思考そのものは他者と言葉を交わし合うこととしての相互主観のもとでの「手許にある――身体表現」意識と「言葉を話す――身体表現」意識とが相互に刺激し合う過程であるが、相互主観の以上のようなはたらきによって、対象の認識における思考の志向性の傾向性が決定されるのである。この思考の志向性は認識の結果生み出される「身体表現」意識としての対象についての意識に何らかの意味づけをもたらすのである。このような思考の志向性はいわゆる考え方や思考方法として一般に受け取られているものである。こうしたことから考えると、他者との関係や他者との在り方が個々の人間の考え方や思考法に決定的な役割を果たしていることがわかる。すなわち、誰のもとに誕生し、誰と共に育つか、誰と出会い、誰と共に生きるか、そして誰のもとでどういう経験をするか等が人間の思考の内容を構成する際の大きな要因になる。この相互主観のもつはたらきは、子どもたちの成長にともなって変化していくことは当然である。それは子どもたちの他者との関係が変化していくことによる。ここに述べた〝自他の転換〟としての六つの概念は、子どもたちの成長、発達の度合いに応じてさまざまに異なった様相を示すことになる。教育実践の場ではこのような子どもたちの相互主観の成長、発達についても十分な理解と、そのための指導方法についての綿密な計画が求められる。相互主観は基本的に集団生活の中で経験され、培われていくものである。子どもたちの多様で豊かな相互主観は、集団生活の中でのみ育成されることができるのである。そして調和のとれた相互主観を育成していくためには、相互主観についての十分な理解が不可欠である。

学力論　～結論

「発見学習論」と題した私たちの探求において、前編の学力論は、「発見学習論」全体の基礎理論をなすものである。この学力論で私たちが目指したものの一つは、教育実践の場で日常的に使用される学力という用語の体系化である。というのも、教育実践の場では、たとえば理解する、認識する、判断する等々の表現が頻繁に使用されているが、これらの用語の使用の基準は曖昧なままである。言い換えれば、その場その場で適当に使い分けられているにすぎない。このことは、教育実践の場における教育方法に大きな困難をもたらすことになっている。つまり、理解する、認識する、判断する等々の表現が混合して使用されている結果、どういう取り組みをしたら理解が得られるのか、どうすることが認識することであり、判断するとはどういうことであるかが明確になっていないのである。そのつどそのつど、出会う課題や問題ごとにこれらの表現が宙をさまよっている。本来これらの用語は、それぞれに明確な意味を持ち、それに基づいて学力という一つの体系を構成するはずのものである。これらの用語によって学力が一つの体系に構成されることによってはじめて、統一的で合理的な教育方法というものが確立されるのである。

わが国の教育実践の場においては、実にさまざまな創意工夫を凝らした実践がなされている。その報告数は膨大なものにのぼる。しかし、それらの教育実践はあくまでも個々の取り組みとしての意義を持つにすぎず、拡がりをもたない。この原因の一つは、根本になる概念、すなわち、学力についての共通理解が深まっていないことにある。教育学においては学力という言葉は根本語であり、教育におけるすべての取り組みは、学力の育成、向上をはかることを目的としている。ところが上述したように学力とは何かを説明するための、学力を構成すると思われるさまざまな用語の間の関係が曖昧なままになっており、結果として肝心の学力とは何かが未規定のままになっているのが現状である。こうした中ではいくら実践を積み重ねてもそれらはどこまでも個々の実践の域を出ることがなく、拡がりをもたないのである。こうした実情に対して、私たちは教育学のこの根本語である学力とは何であるかを明らかにしようとしてこの探求に取りかかったのである。私たちはまず学力という用語がどのように使用されているかをあらためて振り返ってみた。学力という語は、たとえば「学力が向上（低下）した」、「学力がある（ない）」「〜の学力を測定（調査）する」、あるいは「〇〇の学力がついた（不足している）」等々のようにして使用される。このような表現にみるかぎり学力は、何か特定の具体的な機能ではなく、一般的なかつ抽象的な機能である。学力は心身を融合した概念として、心身の発達、成長、その向上をつかさどる原動力としての役割を持つと考えることができる。

学力の作用は徹頭徹尾意識の作用であり、すなわち、一切の理性と非理性の、一切の正当と不正当と、一切の実在と虚構の、一切の価値と無価値の、一切の行為と非行の源泉なのである。何にもまして学力の作用の一番大きな問題は、機能的諸問題であり、言い換えれば、意識対象性の構成の諸問題である。こうした意識が持つ本来の機能的側面は、教育学的には学力の作用として考えることができる。そして純粋意識としての学力は、ノエシス――ノエマ構造を持ち、その作用によって素材的なものを生気づけつつ、同時にさまざまに身分けし、そして互いに組み合わされて多様かつ統一的な連続と総合を繰り返しながら、学力の作用の成果としての「身体表現」の意識を成立させるのである。私たちは学力の構造を【図2】のように図示した。この学力の作用において最も重要なはたらきをするのは、「言葉を交わし合う――身体表現」意識である。「言葉を交わし合う――身体表現」意識には主体的意識（自我）としての相互主観が伴い、学力そのものにかかわり、学力全体を統括する。すなわち、相互主観は他者と共に在り、他者と言葉を交わし合うことを通して、「手許にある――身体表現」意識および「言葉を話す――身体表現」意識を刺激し、新しい「身体表現」意識を生み出す。このことは、学力の志向性が自らの本質として意味というものを自らのうちに内蔵していること、相互主観の刺激によってその意味が引き出されてくることを示している。このような相互主観のはたらきによる精神の形成、育成が教育活動の核心である。後編の「発見学習論」では、具体的な教育実践を通してこれらのことを明証化していくことになる。

後編　発見学習論

第六章　発見学習の過程

第一節　驚きと喜び

驚き

子どもたちが学ぶことへ最も興味や関心を示す時はどんな時だろうか。また学習への意欲を高める時はどんな時であろうか。長年教育の現場で実践に携わった人々はこれらの問いに対して容易に答えることができるであろう。その答えは「発見する」時である。「発見する」ことは、子どもたちにとってそれは今まで知らなかったことを知る、気がつかなかったことに気づく、誰も知らなかったことを自分だけが知る、出来ないと思っていたことができた、わからなかったことがわかった等々の多様な意味を持っている。いろいろな学習においてこうしたことに出会う時、子どもたちは実に生き生きとした表情になり、さらに意欲的に学習に取り組むのである。このような子どもたちの学習活動から「発見する」学習がある特別な意義を持っているのではないかと考えられる。そこでこの「発見する」学習が持つ特別な意義とは何かを、子どもたちの学習活動を振り返る中で具体的に探求していくことにする。

まず「発見する」学習の意義は〝驚き〟をもたらすことである。これは「発見する」学習においては子どもたちが〝驚き〟を持つことである。

【実践例①】

社会科の学習で、環境問題を学習した時のことである。環境破壊の原因となる物質の一つとして「ダイオキシン」が取り上げられた。教師が「ダイオキシン」は毒性が強く人間の健康や生態系への影響が大きいこと、また日本では「ダイオキシン」の八割はゴミ焼却炉、それも燃焼温度が低い小規模焼却炉から発生している、という説明をしたことに何人かの子どもが意見を述べた。

子どもＡ「燃焼温度が低い小規模焼却炉というのは、どんな焼却炉ですか？」

教　師「小さな工場や事業所、学校や家庭用焼却炉等です」

子どもＢ「知らなかった。私たちが出すゴミを焼く学校の焼却炉からたくさんのダイオキシンが出ていたなんて。だからちゃんとあるのに今は使われないのですね」

子どもＣ「自分の家では毎日いろいろなゴミを焼却炉で燃やしています。真っ黒い煙がどんどん上がっています。大丈夫でしょうか？」

子どもＢ「それは良くないと思う。病気になるかも知れないよ」

教　師「そうですね。家に帰ったら家の人と話し合ってみましょう」

子どもどうしの会話の中で、子どもＢの「知らなかった」という発言は、学習活動においてはこれも「発見する」の一つに相当する。この「発見する」は、すでに明らかになっていることについて、当の子どもＢが知らなかったことを知った場合である。この場合の「発見する」は初めて知ったという〝驚き〟を伴っている。こうしたことは、子どもたちに限ったことではなく大人にも起こりうることである。この〝驚き〟は、その知らなかった知識を知ることで、これまで何気なく見過ごしていたり、気がつかなかったいろいろなことが自分の中でつながりができることに対するものである。この場合何気なく見過ごしていたり、気がつかなかったことは、学校にはちゃんとした焼却炉があるにもかかわらずなぜ使用されないのかという疑問である。この疑問が今この学習によって解答が与えられたのである。それが子どもたちにとっては発見であり、〝驚き〟であった。子どもたちにとって授業で学習し、獲得した知識はそのつど常に何らかの「発見する」ことによって得られたものである。つまり、学習し獲得した知識は、学力の作用としての認識の過程の結果生み出された「身体表現」の意識だったのである。この「発見する」に伴う喜びや学習意欲の高まりは、これまで知らなかった知識を知った結果、自分の思考の内容がより明晰になり、それに基づく自分の行動の可能性がより拡大するという感情によるものだと考えられる。

「発見する」学習がもたらす〝驚き〟をもう一つの実践例をとおしてみていくことにする。

【実践例②】

目安箱の設置

日本史の授業で、教科書（学習内容）に「江戸幕府の第八代将軍徳川吉宗は評定所に目安箱をもうけて庶民の声を聞いた。目安箱というのは、庶民の要求や不満などを投書できるようにした箱のことで、吉宗はこの投書により小石川養生所や江戸市中防火方針などを定めるなど、改革の参考にしたという。」という説明があった。この教科書の内容を補って教師が「目安箱とは、箱の大きさが約75㎝立方、上は銅貼り、約６㎝四方の穴が開けてあり、そこに投書をした。鍵は前部にかけて吉宗が自ら開き、直接投書を読んだとされる。……」という説明を行う。すると、教科書を読んだ時とこの教師の説明を聞いた時の子どもたちの反応を比較すると、教師の説明を聞いた時の子どもたちの反応がはるかに大きいのに気づく。すなわち、子どもたちは教師の説明によって具体的な目安箱の像（イメージ）を思い浮かべることができ、「75㎝立方体というのはこれくらいの箱かな」、「投書を入れる穴が６㎝四方というのは意外と小さい。あまり大部な投書はできなかったのでは……」、「将軍吉宗は投書を読む時、庶民の生の声を知ることにドキドキしたのでは……」等々の反応を示したのである。そして子どもたちは、自分の頭の中に浮かんだ像（イメージ）をもとにお互いに感想や意見を活発に交わし合った。

まず、教科書の文章を読むことは、文章の内容についての言葉の表現についての意識、すなわち、「言葉を話す――身体表現」意識を持つことであり、その意識により「手許にある――身体表現」意識が刺激される。これによってこの文章を読んだ子どもが持つ意識は、江戸時代の庶民の要求や不満などを投書できるようにした目安箱という箱が設置されたこと、そしてその箱に投書された手紙を読んだ将軍がそれを参考にして庶民のための政治を行ったことについての意識である。もし、子どもたちがこの教科書の内容のみの説明しか知らないとしたら、おそらく子どもたちの中に何の「問い」も湧き上がることはなく、したがってお互いに感想や意見を述べ合うことはなかったであろう。単なる知識の習得を学習目的とするのであれば、１７２１年８月、八代将軍吉宗、目安箱、小石川養生所設置、江戸市中防火方針……等々を知識として記憶させればよいのである。これに対して、学力の向上を学習目的とするのであれば、すなわち、子どもたちに「発見する」ことが起こることを学習目的とするのであれば、教師が行った説明が不可欠ということになる。つまり、この授業の中で子どもたちの中に「発見する」ことが起こるためには、「目安箱とは、箱の大きさが約75㎝立方、上は銅貼り、約６㎝四方の穴が開けてあり、そこに投書をした。鍵は前部にかけて吉宗が自ら開き、直接投書を読んだとされる」という教師の説明の部分が必要である。この説明を聞いた子どもたちには、当時の目安箱があたかも自分たちの「手許にある」かのごとく感じられるのである。この場合子どもたちにとって実際の目安箱が「手許にある」という在り方をしており、子どもたちの意識との直接的な出会いが起こっているのである。一般に対象と学力とが直接的に出会うことにおいて「問い」が生まれ、それを契機に学力の作用が起こる。そしてこの過程をとおして生み出される「身体表現」の意識の中に発見した何かの内容が含まれるのである。

教師の説明が子どもたちには当時の目安箱があたかも自分たちの「手許にある」かのごとく感じられたというのはどういうことであろうか。それは目安箱についての具体的な情報、すなわち、「箱の大きさが約75㎝立方、上は銅貼り、約６㎝四方の穴が開けてあり、そこに投書をした。鍵は前部にかけて……」が与えられたことである。つまり、このような具体的な情報によって子どもたちは想像したり、図を描いたりして、目安箱を直接手に取って、確認することができるのである。つまり、このような子どもたちの身体の動きが媒介されて、教科書の文章という学習内容と、子どもたちの意識とが直接出会うのである。対象と意識とが直接出会うことは、認識の過程では「手許にある」過程である。この「手許にある」過程は、学力の作用としての認識や理解や判断を準備する過程である。この事例における場合のように、対象が言葉でのみ表現された対象である場合には、この対象はとりあえずは「手許にある」という在り方をしないで、「身近にある」という在り方にとどまる。「身近にある」というあり方をする時、学力の作用の過程は起こらない。すなわち、「発見する」ということは起こりえないことになる。それはすでに出来合いの知識として保存されるのみである。対象が言葉で表現された対象である場合には、対象をあらためて「手許にある」というあり方をするように変換されねばならない。私たちは対象がこのような「手許にある」という在り方をすることを対象の現前化と呼ぶ。

さて、このような教師の追加説明を受けた後の子どもたちの反応におけるさまざまな言葉による表現は、本来の学習内容の中にはないものである。つまり、この子どもたちの反応としての言葉での表現は、子どもたちが学習内容を自分の身体の動きで表現した結果であることを示している。そのこれらの子どもたちの言葉には、目安箱についての理解とともに、目安箱についての「身体表現」の意識としての発見した内容が含まれている。たとえば「投書を入れる穴が６㎝四方というのは意外と小さい。あまり大部な投書はできなかったのでは……」という表現である。さらには、「なぜ長方形ではなく、正方形だったのか？　何か特別な理由があったのでは？」、「投書をする人はあらかじめ投書入れの口の寸法を測って投書したのか？」等々目安箱が現前化される説明を受けただけでこれだけの「問い」が生まれるのである。当時は現在のようにさまざまな大きさの紙が普及していなかった時代なので、当然投書する時にいろいろなハプニングがあったと考えられる。現代ではこのような投書入れの口の形状は長方形が通常である。もちろん、これらの「問い」に対する答えは教科書の内容にはないので、教科書以外の参考書や文献などを調べることになる。もしこの調べによって答えが明らかになった時、その子どもにとってはそれらは発見したことに相応するのである。目安箱が現前化される説明を受けて、さらに「将軍吉宗は投書を読む時、庶民の生の声を知ることにドキドキしたのでは……」という発言にも学習内容を超える知識への発展の可能性が含まれている。というのは、身分の別も定かではない庶民からの不平や不満、要望を直接聞くということは、最高権力者である将軍がそうした人々からの評価を受けるということであり、決して穏やかな心境であったとは考えられず、このことをこの子どもは自らの学習の結果として推測できているからである。これらの子どもたちの発言の内容は、まさしく子どもたちにとって「発見する」ことであったと言えるだろう。

学習内容の現前化ということが持つ意味は、学習における「発見する」を可能にすることである。先に私たちは対象となるもののあり方として「身近にある」と「手許にある」とを区別した。「身近にある」ものは興味や関心を引く動機となるものであるが、学力の作用の過程では単なる興味や関心を引く対象である。つまりこのような「身近にあるもの」についての意識に対して、これを意味づける「身体表現」の意識は生み出されない。これに対して「手許にある」ものは驚きを導く動機となるものであり、学力の作用の過程をへて直観としての「身体表現」の意識を導き出すものである。すなわち、発見することをもたらすのである。人間にとって思考することとは、すなわち学力の作用の過程が展開することとは、対象についての意識を超える意識が形成されること、すなわち、対象についての意識が何らかに意味づけられ、それによって別の対象とのつながりが生まれることを意味する。何かを思考することは、その何かを超える何かを生み出すことである。少なくとも当初の学習内容になかった内容が、学習によって生み出されることが学習における発見することなのである。子どもたちの学習にはこうした意味での発見することが常につきまとっている。子どもたちが学習することにおいて〝驚き〟が引き出され、「問い」が生み出される時、そこには必ず子どもたちにとっての発見する体験の可能性が存在しているとみなければならない。授業過程としての発見学習にはこのような〝驚き〟が伴う。言い換えれば、学習活動における〝驚き〟は、少なくとも学習する子どもたちにおいて、学力の作用の過程としての学習過程が進行する契機を示すものである。そしてこのような発見することの延長線上に、一般的な真の知識に遭遇する可能性もまた存在する。このような発見することのしくみは、子どもであろうが大人であろうが基本的に異ならない。このことはこれまでの人類の偉大なる発見が必ずしも大人によってのみ生み出されたわけではなく、子どもたちの素朴な、あるいは素直な発想から生み出されたことからも明らかである。〝驚き〟はあらゆる学習の基本的な動機（モチベーション）であり、理解することとしてのわかることでもある。教育実践はこの〝驚き〟を意図的に、計画的に導く営みでもある。

喜び

次の「発見する」学習の意義は〝喜び〟を与えることである。これは「発見する」学習において子どもたちが〝喜び〟を感じることである。授業の場の具体的な例でみてみることにする。不思議なことだが、多くの子どもたちは家庭での数学（または算数）の学習に意外に多くの時間を費やしている。ただそれにもかかわらずそれがそのまま芳しい成果とならない場合も多い。そこで子どもたちに理由を尋ねると、数学（または算数）について「得意ではないが、好きだ」と答える。私たちは、このような現象の背景を次のように考える。それは数学における数や計算一般にきまりを見つけることは発見することそのものであり、それが子どもたちには喜びと感じられるからだ。

【実践例③】きまりへの予感

3×1＝3
3×2＝6
3×3＝9
3×4＝12
3×5＝15
3×6＝18
3×7＝21
3×8＝24
3×9＝27

小学校2年生の算数の授業……3の段の九九を黒板に書いた。2年生の九九の学習が進み、9の段まで覚えてしまった段階である。……一人の子どもが「みんなある」と口走る。私（教師）「誰かが〝みんなある〟といってるんだけどこの子が言っていることがわかるかなあ」と問いかけると、一人の子が前に出て来て……3の段の答えの一の位を1から順に9まで押さえていく。他の子どもたちが「ああ」とため息に似た声を出して……。

（正木孝昌『受動から能動へ』[註36]より）

この問題は九九の3の段の一の位の数字についての問題である。一の位は3、6、9、2、5、……となるが、要するに1から9までの数字がすべてそろっていることを子どもたちが発見することができるかどうかを問うているのである。この場合の発見することとはそのまま直観による理解である。直観もちろん認識の一つである。直観とは、対象についての意識が相互主観の介在なしに「言葉を話す──身体表現」意識と「手許にある──身体表現」意識とが相互に刺激し合うことによって、そのまま「身体表現」の意識として意味づけられる認識である。言い換えるならば、相互主観の刺激を受けない、いわば対象についての意識の生得的な、直接的な認識である。このような直観は本質的に学力の作用としてのノエシス──ノエマ構造による作用の一つである。このような直観という認識から生まれるものには、論理学的諸概念や諸命題のようなイデア的諸客観がある。この数学（算数）の問題例で問われている認識もこれに含まれる。このような直観はこの場合「九九には何か特別なきまりがある」かもしれないという漠然とした思いとして、すなわち、概念を通して自らを顕わにする。このような何かあることについての漠然とした思い、すなわち、概念を図式として「九九には何か特別なきまりがある」という時のきまりとは何かが浮かび上がってくるのである。これが直観における発見することである。

一つの発見は、さらに次の発見へ、さらに次の発見へ……というように発見することを連続して導く。たとえば、九九の3の段から同様に発見することがある。たとえば、3と27を加える、6と24を加える、9と21を加える……これらはすべて30という答えになる。また12を1＋2に、15を1＋5に、18を1＋8に、これらをそれぞれ計算すると3、6、9となる。21、24、27も同様である。このように一つのきまりが発見されると、それに引き続いてさまざまなきまりを見出していくことができる。発見することはこのように学習に対する興味や関心を高めていくのである。この場合の発見することに伴っているのは〝喜び〟である。これは数学だけには限らない。他教科でも同様であり発見することに出会うと子どもたちは楽しそうにしていたり、あるいは感動したりする。このことは、発見することが何か人間のもつ本質的な性質、すなわち素質に適合しているからと考えられる。私たちはこのことから人間はまさに発見する性向を生得的に持っており、あたかもそうするように定められているかのようである。このような性向を私たちはイデアとしての「身体表現」と呼ぶのである。

第二節　教育方法としての発見学習

発見すること

私たちはこれまで学力とは何かについて、これに類似する関心を共有すると考えられる哲学の領域を中心に探求してきた。その結果、私たちが教育実践の場で学力と呼んでいる意識の作用は、人間の精神の中核に存在する純粋意識のノエシス——ノエマ構造の作用であることに思いいたった。純粋意識のノエシス——ノエマ構造の作用の過程は、思考や認識の過程として対象についての意識を何らかに意味づけすることとして、それを理解し、認識し、判断する過程である。このような意味づけは、学力を構成する「手許にある——身体表現」意識と「言葉を話す——身体表現」意識とが、相互主観による刺激を受けて相互に刺激し合うことを通して生み出されるものである。こうして生み出される理解、認識、判断は本質的に直観である。この直観は大きく二つに分けられる。一つは、「手許にある——身体表現」意識と「言葉を話す——身体表現」意識とが、相互主観が介在することなく、それぞれの意識が互いに刺激し合い、そのまま「身体表現」の意識となる場合である。この場合の事例としては、論理学的諸概念や諸命題のようなイデア的諸客観、さらに先述した数学（算数）の問題例で問われている認識などがあげられる。これらの直観は過去から現在にいたる意識体験そのものを素材として「ふっと頭に浮かぶもの」として認識されるところのものである。もう一つは、「手許にある——身体表現」意識と「言葉を話す——身体表現」意識とが相互主観の刺激を受けて、相互に刺激し合い、それにともなって形成される概念を図式として「身体表現」の意識となる場合である。この場合の事例としては理論的認識や心理的形成体などがあげられる。前者は直観（的認識）と呼ばれ、後者は論理的（分析的）認識と呼ばれる。

私たちは日常生活の中で不断に「問い」を持つ。あるいは「問い」に出会う、あるいは「問い」に襲われる、といったほうがより正確かも知れない。「問い」は対象が目前にあるもの、あるいは身近にあるものである場合、その対象についての意識に対して発せられる。つまり、「問い」は対象となるものが何ものかとして意味づけられないと感じられた時に発せられるのである。対象となるものが何ものかとして意味づけられないということは、学力を構成する「手許にある――身体表現」意識と「言葉を話す――身体表現」意識とが作動しなくなることである。つまり、具体的には身体の動きが止まることであり、身体の動きとしての言葉を話すことが止まること、すなわち、沈黙することである。この時「問い」を発するのが相互主観である。相互主観は本質的には学力を構成する一つの意識であるが、その学力を超え出て、学力に向き合う超越的存在であった。相互主観は「手許にある――身体表現」意識と「言葉を話す――身体表現」意識とが作動しなくなることを受けて「問い」を発し、それによって学力を刺激し、再びこれらの意識を作動させようとする。この相互主観のはたらきによって、私たちは「言葉を話す――身体の動き」意識が稼働し、「手許にある――身体表現」意識を刺激するのである。

このように相互主観のはたらきによって得られる認識が論理的（分析的）認識と呼ばれるところのものである。一般に直観（的認識）と論理的（分析的）認識とは異なる認識方法とされているが、実はどちらも本質的には「身体表現」意識による認識として同じ直観である。ただ両者の相違は、論理的（分析的）認識が相互主観を伴う「言葉を交わし合う――身体表現」意識の介在を受けて得られる認識であり、直観（的認識）に比較してその形成に時間がかかる（タイムラグがある）こと、また論理的（分析的）認識は、他者と自己との主客の転換、すなわち、〝自他の転換〟の可能性を持つことである。学力のノエシス――ノエマ構造の作用に基づく学習の過程は、それが直観であれ、論理的認識であれ、本質的に「発見する」過程である。すなわち、何らかの意味づけによって私たちが発見するところのものは、その「身体表現」のうちにすでに含まれているのであり、それを相互主観が見出し、自覚することとして私たちにもたらすのである。すなわち、私たちにとって、新しいもの、未知なものは、私たちの具体的な身体の動きの中にすでにあらかじめ表現されているところのものなのである。

本来の学習としての発見学習

さまざまな学習方法がある中で、本来の学習方法は発見学習である。これまでは発見学習は系統学習、問題解決学習などいくつかある学習の中の一つとされ、時代や社会状況に応じて人間が自分に都合のいい学習を選択すればよいと考えられてきた。しかし、これまでみてきたように人間の意識の構造やそれに基づく認識過程が明らかになってくると、本来の学習方法は発見学習であることがあらためて確認される。これまでにも述べてきたことであるが、何かを発見するとは、すでに存在はしていたがそれまでわからなかったことが、明るみに出ることである。このような発見することは、現象的には〝思いつき〟ないしは〝ひらめき〟として私たちが経験するところのものである。

学校で学ぶ子どもたちの学習は基本的に知らないこと、あるいはわからないことを学ぶ学習であり、この意味で子どもたちにとってすべての学習は発見する学習であると言える。ちなみに「わかる」と「知っている」とはどのように異なるのであろうか。たとえば「日食とは太陽が月によって隠されることによっておこる天文現象である」という事象があり、ある人はこの事象について「知っている」が、「なぜ起こるかは知らない」とする。もしこの時学習によって「日食は太陽と地球との間を月が通ることによって起こる現象である」ことを知った時、このことをそれまで知らなかった人にとってはこれは発見することに相当するが、反対にこのことを事前に知っている人には発見することとはならないで、単なる事実確認となる。

私たちはすべての学習は本来発見学習であると考える。発見するとは先述したように、現象的には〝思いつき〟ないしは〝ひらめき〟として経験されるのであるが、ではなぜ発見することが現象的に〝思いつき〟ないしは〝ひらめき〟と経験されるのであろうか。これは学力のノエシス――ノエマ構造に由来する。ノエシスの作用は、対象についての意識との出会いによって「手許にある――身体表現」意識から生み出される身体の動きの意識とを接続する作用であった。このノエシスの作用は、生得的な、所与の作用である。つまり、ノエシスの作用自体は、意志や意欲という自我とは何の関わりもない脱自的な作用なのである。これに超越的自我としての相互主観が介在し、反省としての「言葉を話す――身体表現」意識によるノエシスの接続作用を切断するという作用が絡むことになる。つまり、ノエシスの生得的な、所与の作用に対して、相互主観による意図的、意志的、意欲的な切断作用が、対象についての意識を意味づけるノエマとしての「身体表現」意識、すなわち、理解、認識、判断を生み出すのである。これらの接続と切断の作用は、それ自体独立して相互に作用し合うのであり、何らかの第三者的なはたらきによりそのつど一定の目的に向かって調整されるものではない。こうした意味において、学習の成果として生み出されるものは、非意図的、非意志的、非意欲的な内容となるのであり、それがゆえに学習することは発見的なのである。

先ほどの例で「日食は太陽と地球との間を月が通ることによって起こる現象である」という学習をしたとしても、すべての人がこのことを発見することとして理解する（わかる）わけではない。同じように学習した人の中には、それでも「なぜ起こるかはわからない」という人がいるはずである。つまり理解するという、ノエマ的な「身体表現」意識の形成の過程は、レールの上を走る電車が駅と駅との間を定刻どおりに走行するようなものではなく、あたかもレールの上を走る電車が駅と駅との間を行きつ、戻りつしながら走行するようなものである。このように学習における理解、認識、判断が発見することとしての〝思いつき〟であり、〝ひらめき〟であるがゆえに、学習の成果に個人差が生まれるのである。もし、学習における理解、認識、判断が、電車がレールの上を定刻どおりに駅と駅との間を走行するようなものであれば、すべての子どもたちの間に学習による認識、理解、判断において個人差は生まれないだろう。この理解、認識、判断の形成が偶然的、不連続であることが、すべての個人差の原因である。しかし、個人差はまた知識自体の発展の可能性の原因でもある。つまり、このような個人差は、他面においてまさに疑問を持った子どもの能力の多様性を示すものであり、単に理解力が不足する場合とは異なる場合がある。このように発見することは、子どもたちの学習過程における不連続な領域であるがゆえに、同時に可能性そのものなのである。このような本来の学習の姿に対する理解が今求められている。

発見学習と発見的学習との相違点

発見学習そのものについては、系統学習と問題解決学習とがもつそれぞれの長所を生かした学習として早い時期から考えられていた。この背景には現代教育の大きな流れの変化があった。それはいわゆる進歩主義から本質主義への交代である。進歩主義とは、生活の生き方を学ぶ問題解決学習と子どもたちの興味や関心とを尊重する考え方である。この考え方の基盤をなすのがプラグマティズムである。他方本質主義とは、社会的遺産、すなわち学問、芸術、道徳、技術等を若い世代に正確に伝達し、継承させる考え方である。特に科学的知識の受容的学習が重視される。つまり、現代の学校教育ではこれまで主流であった進歩主義が子どもたちの学力を低下させたという批判を受け、しだいに本質主義の教育へと変化しつつあるのである。こうした中で、双方の長所を生かす学習として取り上げられたのが発見学習であった。私たちがこの探求で主張している発見学習は、以上のような流れの中で生み出されてきた発見学習とはその趣旨が異なっている。私たちの主張する発見学習は、人間の学力の構造やその認識の過程の探求から、その本質に基づいて提起された学習である。すなわち、人間の学力の構造の解明の目的は、学習することは学習内容を超えるもの、それは体験や経験から得る知識であり、その知識を道具として可能的体験や経験を実現することである。これに対して従来の発見学習は、系統学習と問題解決学習とがもつそれぞれの長所を生かした学習として考えられたものであり、必ずしも人間の学力の構造やその作用の過程の解明を基礎に構築されたものではなく、二つの学習の折衷的な要素からなる学習であった。この場合の発見学習は、いわば必要によって要請された学習であったのに対して、私たちの発見学習は人間の生得的な資質に基づく普遍的な学習方法という点が最大の相違点である。

　ところで、発見学習は正確にいえば発見的学習であるという考え方がある。これは授業の場における子どもたちの学習における発見と科学者の研究における発見とは全く内容が異なるとして、〝的〟という言葉を挿入しようというものである。また、この主張における発見学習における教材は、子ども自身が解決すべき問題の形で提供されねばならない、しかもその問題は問題解決学習における生活経験の問題ではなく、学問上の知的な問題、技能的な問題でなければならないというものである。これに対して、私たちは子どもたちの学習における発見も、科学者の研究における発見も共に共通する学力の構造から生み出されるという意味で、本質的な区別はないと考える。そうでなければ、発見的学習をいくら積み重ねても、発見学習にはならないだろう。そして私たちは、学習内容は子ども自身が解決すべき問題の形で提供されねばならないという点では一致しているが、作成される問題の内容は、生活経験の問題でも、学問上の知的な問題、技能的な問題でもよいと考えている。というのは、発見学習における問題作成の鍵は、その内容ではなく作成の形式にあると考えるのである。作成の形式とはどのような学習内容でもそれを「手許にある――身体表現」意識へ変換することである。というのは、学力の作用の過程はこの「手許にある――身体表現」意識を媒介として展開するからである。

さらに相違点として発見的学習では授業過程の段階は基本的にデューイの反省的思考に基づいて①問題把握、②仮説の設定、③仮説の検証、④仮説の肯定（＝問題解決）と設定されるが、私たちによればこの授業過程は学習の流れを示したものであり、認識の過程を示したものではないということになる。私たちによれば、基本的に授業過程と認識の過程としての学力の作用の過程とは一致するものではなく、一致したものと考えることはそれらを混同することである。私たちは認識の過程は授業過程の中に組み込まれるものであり、これらを一致させるものが「問い――問いかけ」であると考える。つまり、発見学習の授業過程は「問い――問いかけ」という問いを軸として展開されることによって展開されうるのである。発見学習の授業過程の最大の特徴は「問い――問いかけ」による展開であり、この「問い――問いかけ」は、学習する子どもの年齢や能力、事前の経験や知識、どんな教材でもかかわりなくすべての学習を可能にする方法である。「問い――問いかけ」という方法によって展開される発見学習では、発見学習と発見的学習との区別もなくなる。なぜなら、人間の認識の過程はそれ自体がすべてに共通する形式だからであり、発見学習と発見的学習という区別は意味を持たないからである。

第三節　発見学習の過程

認識することと人間の可能性

人間の身体の動きは、意識の在りようと物事の在りようとの両方にかかわることができる唯一で、特別な意義を持つものである。私たちはこのような身体の動きを核とする教育の方法についての一つの体系的な理論の構築をめざしている。このような意義を持つ身体の動きは、純粋意識としての学力の作用によって生み出される。ところで、この学力の作用の過程は、基本的には知識論として、知識の起源・構造・方法・妥当性を研究する哲学の一部門とされる認識論の過程と同様の過程と考えることができる。一般的には認識するとは、物事を見分け、本質を理解し、正しく判断すること、またはそうした心のはたらきのこととされている。また哲学的には人間の主観が物事の存在を認め、それとして知るはたらき、また知り得た成果とされる。つまり、認識するとはすべての物事の存在を知り、摑むことであると理解されている。このすべての物事の存在を知り、摑むことということこの認識の過程を、私たちは学力のノエシス――ノエマ構造の作用が存在する「身体表現から入り、身体表現へ出る」過程として受け取る。ちなみに、「身体表現から入る」過程が物事の存在を知ることとしての意識にかかわる過程であり、「身体表現へ出る」過程が物事の存在を摑むこととしての実在にかかわる過程である。

物事の存在を知ることとは、いわゆる物事が五感によって受容されることである。すなわち、私の意識の対象として物事が「見る」、「聞く」、「触れる」、「味わう」、「嗅ぐ」という五感によって私の手許へ取り入れられることである。そして、認識することが物事を見分け、本質を理解し、正しく判断することであるとするならば、またはいわゆる心のはたらきであるとするならば、認識することは、物事を見分けること、すなわち、他の物事や過去や未来の物事と比較し、それと区別することである。それによって、物事の本質が理解でき、正しい判断ができることになる。つまり、認識することは、単に物事を心という鏡により鮮明に映し出すことではなく、それによって心そのもののはたらきを高め、人間が行動においてなしうる可能性を拡大することである。

これまで多くの認識論はその最終的な目標を絶対的存在、たとえば神の存在のような特別な対象の認識はどうしたら可能かというように、対象をより明確に、かつより正確に把握することにおいていた。そしてそのための方法やその妥当性を論じることが中心であった。たとえばカントは自らの認識論を展開する中で、人間は自らの認識能力を高めることによって神の存在を認識しようとしてきたが、神の存在そのものを認識すること、すなわち神の存在を証明することは不可能であるとした。それは人間の認識は現象としての対象については可能ではあるが、対象自体、すなわち物自体を認識することは本来不可能であるからだとしたのである。カントによれば、人間の認識は基本的に経験的認識であり、見たり、触れたりという感覚的所与を主観のア・プリオリ（生得的）な認識の形式によって整序するという方法では対象となるものを現象として認識はできるが、対象そのもの、すなわち物自体としては認識できない、したがって物自体としての神、自由にして不滅の霊魂などは、理論的認識の対象とはなりえず、ただ実践的行動のための要請としてのみ考察の対象となりうるというのである。

このようなカントの主張がその後の認識論の展開に与えた影響ははかりしれないほど大きかった。カントの物自体の存在という主張をめぐって賛否両論が噴出したのである。私たちはこの論争に出会って、人間の認識の過程と知識の構造とについての引き起こされた議論を思い起こすのである。二十世紀にはいると教育学の分野ではいわゆる諸学問における知識量の爆発的増加に対処するために、教育課程の編成方法について何らかの工夫が必要だという議論が起こった。そしてその中で有力な主張となったのが、知識には各学問分野の知識全体を統合する独自の構造があることに着目し、その知識の構造を明らかにし、その知識の構造をもとに教育課程を編成すれば、子どもたちに教えるべき知識量を節約できるという主張である。この主張は事実多くの人々の賛同を得たが、これに基づく実際の試みでは理数系の教科においては成功したが、その他の分野の教科においてはうまくいかなかった。この諸学問における知識量の爆発的増加にどう対処するかという課題は、現在においても基本的に解決されているとは言えない。私たちはこの主張は、人間の認識の過程と知識内容の構造とを混同していると考える。知識とは人間の認識の過程をへて生み出されたものであるから、その知識は人間の認識の過程の痕跡を自らの構造としているはずである。したがって、知識の理解は人間の認識の過程に基本的にしたがうものでなければならない。言い換えれば、知識の理解を可能にする知識の構造と、人間の認識の構造とは明確に区別されるものである。いわゆるこれまで知識の構造といわれたものは、知識内容の配列としての構造にすぎないのである。

このような哲学における認識論の展開に対して教育学における認識の問題とは、対象そのものをいかに把握するか、その把握された対象の真偽をどう判断するかではなく、知識を認識すること、すなわち知識としての学習内容を学習することそのものは、人間の精神にどのような構造変化をもたらすかという課題である。言い換えれば、知識を認識することが子どもたちの学力の向上にどうつながるか、あるいはどうつなげていくかという問題である。したがって、教育学においては認識の構造およびその過程の解明、それに応じた具体的な教授方法や学習方法が主な主題となる。しかし、これまでのわが国の教育学ではこうした意味における認識の構造およびその過程の解明が本格的に、独自に行われることが少なく、それらのほとんどは哲学の領域からの応用に依存してきた。そこには明らかに教育学の発展における越えがたい困難が横たわっていた。それは哲学における数ある認識論は、純粋に対象の認識の可能性について論じたものであり、認識することが教育学においては子どもたちの生きる力としての学力をどのように向上させるのかといった教育の現場や授業実践の場の課題を念頭において論じられたものではなかったからである。したがって、哲学における認識論を教育の実践に結びつけることは容易ではなかったのである。

教育学に必要な認識論とは、具体的な行為として把握される認識論である。心そのもののはたらきを高めることは、具体的な行為として物事への多様なかかわりが可能になることであり、その物事を乗り越えることが可能になることである。その物事を乗り越えることが同時に、物事をより鮮明に映し出すことを意味しているのである。子どもたちの日々の認識の過程としての学習活動は、心そのもののはたらきを高めることとしての学力の向上につながるのである。すなわち、子どもたちが直面する何らかの問題や課題を自らの力で解決していくその手段や方法を作り出したり、生み出したりすることができるようになること、すなわち、壁となる物事を乗り越えることができるようになることである。これが認識する過程が持つ二つの面の一つである。認識する過程が持つもう一つの面は、物事の構造や性質が認識の過程を通して変化させられることである。すなわち、物事についての意識としての知識は概念として認識の過程をへるが、その過程で知識は単純に再現されるのではなく、再構成されるのである。知識は変化するのである。つまり、知識が変化するとは、知識は人間に認識される過程で、認識する人間の身体の動きを取り込み、再構成されるのである。再構成された知識は、もはや最初の知識ではなく、何らかの変化した知識である。私たちはこれを〝知識の発展〟と呼ぶ。つまり、認識の過程を遂行することは、学力の向上と共に、学習内容としての知識自体を発展させることになるのである。すべての学習活動は基本的に認識する活動であり、このような二つの側面を兼ね備えている。子どもたちの学習は、単に過去の知識をより鮮明に知り、理解することのみならず、知識自体の発展にもかかわるのである。したがって、子どもたちの教育課程の編成における企画・立案においては、常にこうした視点に配慮して行うことが必要である。

認識の過程のもつ二つの側面については、子どもたちの学習活動における〝知る〟と〝わかる〟との区別の中にも見出される。子どもたちの学習活動においては、〝知る〟ことも、〝わかる〟ことも学習内容によってはともに重要であり、一概に優劣を判別することはできない。しかし、私たちが探求しようとする子どもたちの生きる力を育成するという目的においては、認識するとは学習活動における〝知る〟と〝わかる〟の区別における〝わかる〟ことである。子どもたちにおける学力としての生きる力の育成と認識との関係については、次のように考えることができる。たとえば書道という教科がある。毛筆を使って文字を書く芸術の教科の一つである。書道の学習ではまず名人と呼ばれる人々の書の模写から始まる。模写とは、お手本となる書をできるだけ忠実に真似て書くことである。書かれた書の内容は手本の書の内容と全く同じであるが、真似て書いているうちに子どもにおいては、書の基本となる知識や技術が蓄積され、書を書く基礎としての技術が習得されている。言い換えれば、手本の書を真似て書くことは、手本の書を書いた人の身体の動きを模倣することであるが、このことは子どもが自分の身体の動きを手本の書を書いた人の身体の動きに融合させることである。この融合させることには相互主観のはたらきが介在している。つまり、融合させることにおいて、ノエシスの作用における接続と切断の過程が展開されているのである。具体的に言えば、手本の書を書いた人の身体の動きに融合させる過程で、「ここははねている」、「ここは力を抜いて自然に……」等々の反省が行われるのであるが、これが接続に対する切断の作用となり、これによってこの融合させる過程でこの子どもの身体の動きに独自の接続が起こり、生み出されるノエマとしての「身体表現」は、もはや手本の書を書いた人の「身体表現」にはないものである。すなわち、真似て書く子どもの「身体表現」は全く独自に再構成されているのである。したがって、手本の書を真似て書く学習後のこの子どもが書を書くときの身体の動きは、手本の書を書いた人の身体の動きとは本質的に異なっており、いわば独自の「身体表現」となっている。その結果、この子どもの書く書の技術は向上し、他方でその書は手本の書とは異なる独自の書となっていると評価されるのである。これらのことは、他の教科の学習にたとえて考えれば、一方では教科の学習によって学力が向上したことであり、他方では学習の結果、学習内容を超える何かが生み出されたことを意味する。

この認識の過程によって生み出される「身体表現」の意識は、意識体験においては〝知る〟、〝わかる〟という意識であり、それはその意識に基づく具体的な身体の動きをとおして実体化されるものである。具体的な身体の動きをとおして実体化された「身体表現」の意識は、少なくとも認識する者にとってはまだ見たことも聞いたことも触れたこともない物や事柄についての意識である。場合によってはすべての人にとっても同様に全く初めての物や事柄かも知れない。すなわち、これは認識によって、最初の対象にはない新しい対象としての事柄や考え方が生み出されたことである。このように認識によって当初の認識の対象にはない新しい事柄や考え方が生み出されることを私たちは発見することと呼ぶのである。人間の「身体表現」自体は本質的にこのような可能性を持つものであり、私たちの「身体表現」にこそ実際にはさまざまな可能性が秘められているのである。すなわち、「身体表現」の中には、現在のみならず過去、未来が実体化されている可能性があるということである。言い換えれば、私たちの「身体表現」は、過去から現在、未来へとつながる物や事柄を生み出す可能性を持っており、現に今も生み出しているということである。私たちはこのような「身体表現」をとおして過去とも未来とも触れることが可能なのである。私たちの「身体表現」は、本質的に時間と空間を超えることを可能にする。すなわち、私たちはある時は数百万年前の人類の祖先と自らの「身体表現」で共通した行動をしているかも知れず、またある時は数万年後の人類と自らの「身体表現」で共通した行動をしているかも知れないのである。人間は「身体表現」において、無限の時間、無限の空間を生きているのである。

教育実践の場でよく話題になるのが、幼児期における子どもたちの行動についての見方である。幼児たちがその一見荒唐無稽な遊びの中で、あるいは遊びを通してさまざまな学習をしているだろうことは一般に知られているし、確認されている。しかし、では幼児たちのどういう遊びにおける身体の動きがそうなのかと問われると全く手探りの状態である。いわゆる幼児たちの〝遊び〟と学習との関係についての問題である。まず基本的に考えられるのは、幼児たちも日々刻々と認識しながら生きているはずである。しかし、幼児たちの純粋意識のノエシス――ノエマ構造の作用が未成熟であろうことも事実である。ということは、幼児たちが見るもの、手にするものとしての対象についての意識に対する純粋意識のノエシス――ノエマ構造の作用も未成熟であることが考えられる。しかし、この構造の原型はすでに存在するとみられる。そこで私たちは幼児期の特色として知られているいわゆる〝自己中心性〟に注目する。幼児期における子どもたちのその一見荒唐無稽な遊びは、まさにこの構造の作用によって生み出された「身体表現」の意識による意識体験としての身体の動きにほかならない。大人の目から見て一見荒唐無稽な印象を受けるのは、まさに純粋意識としての学力のノエシス――ノエマ構造の作用の未成熟さに由来する。幼児たちは何か意味のない言葉を話しつつ、遊びに興じる。時には大勢の子どもたちの中にいながら、まるで独りでいるかのように行動する。ある時には人の玩具を無理矢理取り上げて自分が遊ぼうとする。まさに〝自己中心的〟である。これも他者と共にあるという相互主観の未成熟さを物語るものである。つまり、幼児期の子どもたちの〝遊び〟は、純粋意識としての学力のノエシス――ノエマ構造の作用が大人に比してより露出したものであることを示すと考えられる。

幼児期の子どもたちの〝遊び〟は、純粋意識としての学力のノエシス――ノエマ構造の作用が大人に比してより露出したものであるということをもう少し詳細にみてみる。というのは、この幼児期の子どもたちの行動をつぶさに観察することによって、学力のノエシス――ノエマ構造の作用がより鮮明なものとなるからである。人間は誕生以来、基本的に精神における学力のノエシス――ノエマ構造の作用が存在すると考えられる。したがって、幼児期における〝遊び〟においてもすでにこの作用がはたらいている。学力のノエシス――ノエマ構造の作用における幼児と成人との相違は、幼児においては総じてこの作用自体は存在はするが、作用そのものは未熟ないしは未発達であるということである。学力のノエシス――ノエマ構造の作用自体が存在するということは、対象についての意識にそれに相応する身体の動きの意識を接続する作用が存在するということであり、また言葉を話すこととしての反省がその接続を切断するという作用も存在するということである。まずここで考えられねばならないことは、切断するという反省の作用についてである。幼児期における言葉の発達度は、成人と比較して当然かなり未発達である。したがって、切断の作用がかなり不十分だということになる。接続の作用に対して切断の作用が不十分であることは、こうして形成される「身体表現」意識、すなわち、精神の内容や傾向が不鮮明であったり、かなり偏ったものになることを意味している。すなわち、「手許にある──身体表現」意識としての自己意識がかなり偏ったものとなることである。これが幼児期における大きな特徴である〝自己中心性〟の原因を成すものと考えられる。さらにこの反省の作用が未発達ということは、これに随伴して自らを顕わにするところの相互主観自体が未発達ということである。相互主観自体は、学力のノエシス──ノエマ構造の作用と同様すでに存在はするが、十分なはたらきができないということである。相互主観の発達は言葉を話す機能の発達と並行している。一般に言葉を話す機能は自我の発達とともに発達すると考えられている。【図2】にみるように「言葉を交わし合う──言葉を話す」には、相互主観としての自我が随伴している。つまり、言葉を話す機能の発達と同時に、相互主観としての自我も発達するのである。「言葉を交わし合う──身体表現」意識である相互主観は、決して生得的な、所与の意識ではない。周囲からの意図的な、積極的な声かけ、話しかけを通して初めて獲得される意識である。ピアジェが主張するように幼児期の特徴である〝自己中心性〟が消滅する年齢が7〜8歳頃であるということは、この頃に言葉を話す機能がほぼ完成する時期と重なるのであり、〝自己中心性〟は単に消滅するのではなく、自己と他者との意識的な関係が調和のとれたものとなるのにほかならない。言い換えれば、この年齢期までに相互主観自体も基本的な発達を終えるものと考えられる。相互主観の基本的な発達というのは、自己と非自己との区別、または自己と他者との区別あるいはその認識が可能になることである。幼児期の子どもたちは基本的に独り言を話しつつ、遊んでいる。これは成人における「考えながら話す」あるいは「話しながら考える」ことの原型である。このように幼児期の子どもたちの一つ一つの身体の動きもまた、成人における何らかの行動の原型となっているのである。一般に教育実践の場における子どもたちの身体の動きについての受け取り方は、ほとんどが見た目的な、表面的な対応にとどまっている。しかし、子どもたちの不断の身体の動きは、まぎれもなくこの純粋意識としての学力の作用が常にかかわっているのであり、そのことを私たちは忘れてはならないのである。幼児期から青少年期にかけての子どもたちの身体の動きを綿密に観察することによって、私たちは学力のノエシス──ノエマ構造の作用の実在性を実感できるばかりでなく、それを通してその子どもの将来における成人としての可能性、すなわち、プラス面及びマイナス面を含めての可能性を推測できるのである。子どもの教育における幼少期の観察がいかに重要であるかをこのことは物語っている。

認識の過程としての発見学習の過程

学力とは意識体験の中核に存在し、意識体験を可能にする純粋意識であり、そのはたらきは純粋意識のノエシス――ノエマ構造の作用である。人間が人間へと育成される過程できわめて重要な意味を持っているとされるのが人間の学習能力としての学力である。「学力がある」や「学習能力が高い」の表現から推測されるように、学力と学習能力とは基本的に同じものと考えることができる。そしてこれらに共通するのが思考である。思考とは哲学の領域では人間の知的作用の総称であり、あるいは感性や意欲の作用と区別して、概念・判断・推理の作用のことである。また心理学の領域では考えている時の心的過程であり、ある課題の解決に関与する心的操作のことである。すなわち、人間の思考はそれぞれの領域においてさまざまに表現されるが、思考の構造そのものは単一のものと考えられる。つまり、理解する、認識する、判断するという知的な作用も本質的には思考することと同様に考えることができる。

私たちがこの探求において求めているのは、子どもたちの学力向上に最も合理的であり、最も効率的であり、最も効果的な究極の教育方法である。私たちはそれが発見学習であると考える。そこで発見学習とはまずどういう学習の過程かをみていくことになるが、これについては私たちは先述したように人間の思考の過程が同時に学習の過程であると考える。すなわち、発見学習の過程をたどることが、同時に認識の過程をたどることになるのである。このように考える根拠は、思考の内容としての意識体験をつくっているのが、意識体験における学力としての純粋意識のノエシス――ノエマ構造の作用であるということである。つまり思考することは思考する内容によって理解や認識や判断などさまざまに呼ばれるが、思考の過程としては意識体験における学力としての純粋意識のノエシス――ノエマの作用が区別されるのみである。他方の発見学習の過程であるが、発見することそのものは認識する過程そのものに含まれていた。つまり、何かを認識することは、単にその何かを認知するのみでなく、またその何かを明晰に知ることのみでもなく、同時にその何かを認識する自己とのかかわりにおいて何であるかを知ることであり、その結果としての認識することである。つまり、何かを認識することは、何かについての意識に向き合い、何かにかかわり、何かについての意識を自己とのかかわりにおいて意味づけることである。つまり、認識することがそのまま発見することでもある。したがって、この探求においては、発見学習の過程を認識の過程と同様なものと考えていくことにする。

では、認識の過程ないしは、学習の過程に共通する純粋意識のノエシス――ノエマ構造の作用とはどのような作用なのだろうか。この解明の鍵となる語が「身体表現」である。私たちは何らかの対象を認識しようとする時、まずその対象を自らの身体の動きで模倣したり、再現したりしようとする。これは非意図的な行動であり、学力の構造における相互主観のはたらきに基づくノエシスの作用によるものであることを意味する。たとえば「日食とは太陽が月によって隠されることによっておこる天文現象である」という内容を学習する場合を考えてみる。教師はこの説明を授業で行おうとすればどうするであろうか。おそらくほとんどの教師が共通して実践することは、太陽と月と地球とを板書することである。すなわち、三つの大きさの異なる円を描いてそれぞれに太陽と月と地球と名称を入れる。あるいは同時に三つの大きさの異なる球体を準備する。たとえば野球のボールを地球、バレーボールのボールを太陽、卓球の球を月にするなど。どのような方法をとるにせよこれらを使って教師が行う説明は基本的に同じである。すなわち、それらの三つの球体を動かしてそれぞれの球体の位置関係の変化を通して日食という現象が起こる原理を説明しようとするものである。このような説明の方法は、三つの球体を両手の間で動かすこととしての教師の身体の動きを中心にした方法である。この身体の動きの刺激を受けて学力のノエシス――ノエマ構造の作用が展開する。つまり、認識の過程ないしは、学習の過程は学力のノエシス――ノエマ構造の作用の過程であり、ノエシスの作用の対象的側面としてのノエマが「身体表現」意識である。そこでこれから具体的な学習の事例に基づきながら、学習の過程を学力のノエシス――ノエマ構造の作用の過程として、そして学習の過程を発見学習の過程として詳細にみていくことになる。

発見学習の過程

発見学習とは、認識の過程が組み込まれた授業過程である。次の【図4】は、この発見学習の過程を図示したものである。

【図4】において、発見学習の過程は、A—B—C—E—B—Aという過程と、A—B—C—D—E—B—Aという過程の二つの過程からなる。この二つの過程は同時に並行して進行する過程である。

A—B—C—E—B—Aという過程は直観と呼ばれる。直観は【図4】における「身体表現」意識（「言葉を話す——身体表現」意識と「手許にある——身体表現」意識とから構成される意識）への「言葉を交わし合う——身体表現」意識としての相互主観の刺激がない過程であり、対象についての意識の「身体表現」意識による直接的な認識である。すなわち、直観は「身体表現」意識自体の「身分け——総合」によって得られる「身体表現」意識としての認識である。したがって、直観は一個人において直接得られる認識であり、また直観は「言葉を交わし合う——身体表現」意識のはたらきが介在しないことから、いわゆる論理的検証が不可能な1次的かつ自立的認識である。これが直観の最大の特質である。一方、A—B—C—D—E—B—Aという過程は分析（＝論理的認識）と呼ばれる。これは「言葉を交わし合う——身体表現」意識（相互主観）のはたらきの「身体表現」意識への刺激により生み出される間接的な認識である。【図4】より発見学習の過程は、直観の過程と分析の過程という二つの過程から構成されていることがわかる。しかし、認識の本体となる過

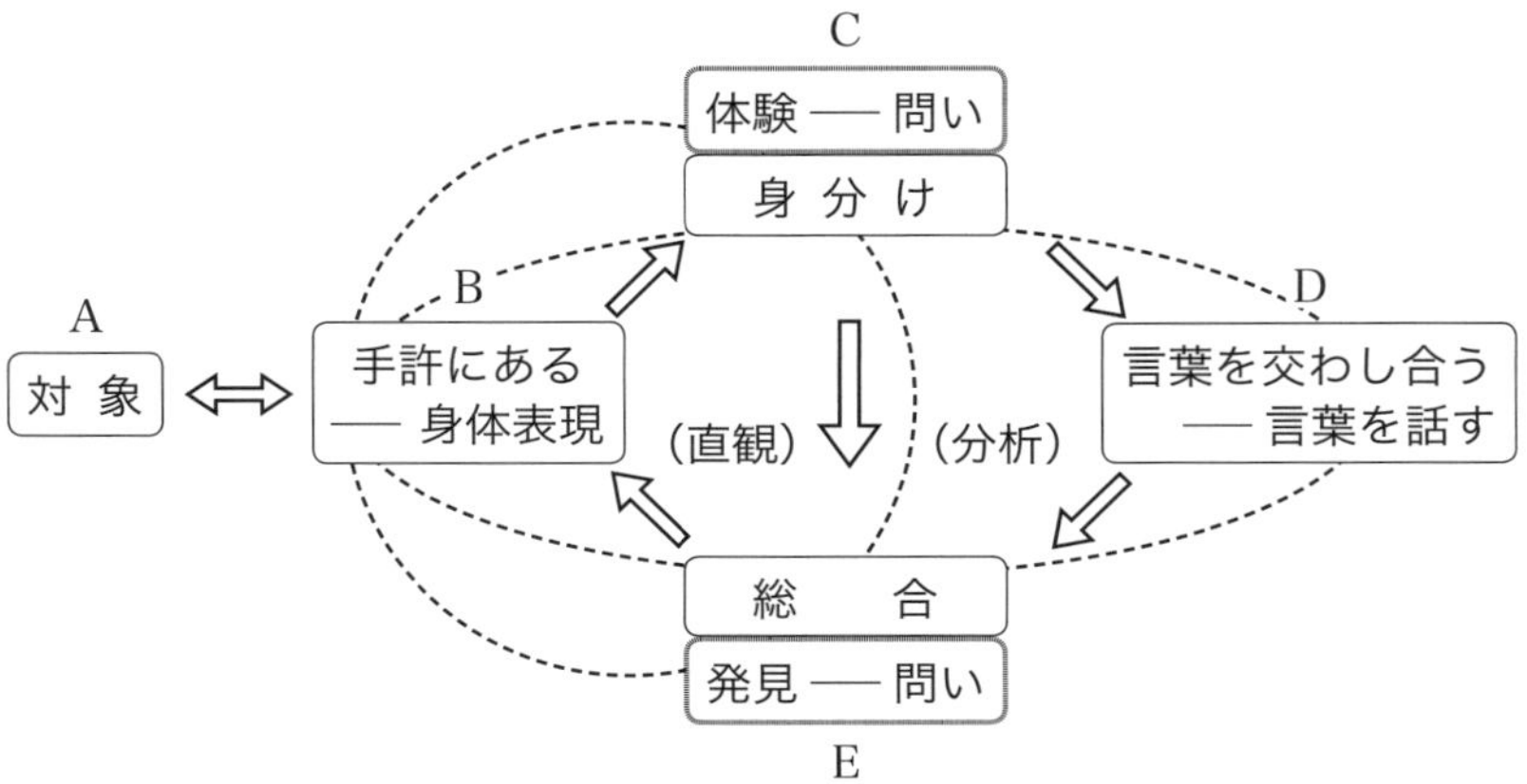

【図4　発見学習の過程】

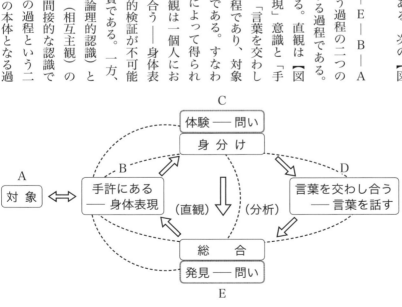

程は直観の過程である。分析の過程は、いわば直観の過程を刺激し、直観の形成を促し、直観を生み出させる過程であり、したがって、分析的認識そのものの実体は直観である。

直観は対象についての意識の「身体表現」意識への直接的な刺激による直接的認識であり、人間は日常生活では通常この直観の中で生活している。つまり、人間は誕生以来の学力のノエシス――ノエマ構造の作用により形成される「身体表現」の意識によって構成された意識体験の中で、出会うさまざまな対象を自己にとっての意味づけを行いながら、理解し、認識し、判断しつつ日常生活を送っているのである。したがって、この直観は個人における現在より以前に形成され、それらによって構成された意識を素材として学力のノエシス――ノエマ構造の作用により生み出された認識である。これに対して分析（的認識）は生み出された直観を対象とし、その直観についての意識、すなわち、「身体表現」意識（＝精神）を「言葉を交わし合う――言葉を話す」行為が刺激することによって、その直観（についての意識）を「身分け――総合」し、意味づけを促すことで獲得される認識である。分析（的認識）は直観を対象とする認識なのである。【図４】は直観と分析とがこのような関係にあることを明確に示している。このことは、直観と分析という二つの認識の過程が同時に進行しつつ、人間の思考は展開されているということを意味している。これまで主張された多くの考え方では、発見することは直観においてのみ起こることとされてきた。しかし、【図４】において明らかなようにいわゆる発見することは、分析が直観を対象とし、それに何らかの意味づけを行う過程に起こることである。すなわち、分析することは、直観にかかわり、その直観を意味づけすることであり、こうして生み出されるのはやはり直観である。したがって、意識体験においては、分析も本質的には直観であることから、直観も分析もともに直観として自らを顕わにするのである。このことは学力がその本質において直観であることと符号するものである。

第四節　「手許にある」過程

「手許にある」と「身近にある」の区別

これから授業の場における具体的な学習活動をもとに、学力の作用としての認識のそれぞれの過程についてその内容を概観していくことになる。【図４】において最初の過程は「手許にある」過程である。認識の過程はすべて意識における過程である。ということは、子どもたちが学習する学習内容もすべて意識化されていることが必要である。発見学習の過程の最初の段階である「手許にある」は、学習内容が意識の中に取り入れられる過程、すなわち、子どもたちと学習内容との出会いの過程である。この学習内容と子どもたちとの出会いの過程を私たちは認識の過程における「手許にある」過程と呼ぶ。

認識の過程はいつ、どのような条件のもとで展開されるのであろうか。言い換えれば、学習内容が「手許にある」というあり方をするとは学習内容と学習する子どもたちのどういうあり方をいうのであろうか。「手許にある」という表現からまず思い浮かぶのは、文字通り対象が人間の両手の間にあるという状態である。両手の間といっても前面、左右両側面、背面とがあるが、もちろんこの場合は前面である。つまり、学習内容が「手許にある」というのは、学習内容が学習する子どもたちの前面の両手の間にあることである。もちろん、この場合の「手許にある」とは、単純に両手の中とか間という意味ではない。学習内容が「手許にある」過程とは、学習内容が学習者にとって意識化される過程である。学習内容が意識化されるとは、学習内容が学習者の知覚の対象となることである。学習内容が学習者の知覚の対象となるとは、学習内容がたとえば見る、聞く、触る、嗅ぐ、味わうという五感についての意識をはじめとして、さまざまな身体の動きについての意識として表現されることである。対象を知覚するとはこれらの知覚が、単独で、あるいは複数同時にはたらき、対象についての意識を持つことである。

知覚のはたらきとしての身体の動きは、対象によって異なる。言い換えれば、どのような身体の動きとして表現され、意識化されるかは対象によって異なる。対象によって異なるとは、対象を表現する身体の動きが、対象の「手許にある」あり方によって異なるという意味である。一般に人間の身体の動きをよく観察してみると、両手の動きを中心として身体が動いていることがわかる。喩えれば、身体の動きが円運動だとすれば、両手の動きはその中心点のような関係にある。つまり、両手の動きを中心にさまざまな身体の動きが展開している。対象に対する身体の動きとは、対象に対する両手の動きでもある。対象を身体の動きで表現し、それについての意識を持つことが対象の意識化である。したがって、学習内容が「手許にある」ことは、学習内容が学習者の身体の動きで表現されることである。私たちはこのことを学習内容が具体的な身体の動きについての意識となるとし、学習内容が学習者とこのような関係にある時、学習内容は学習者の「手許にある」と呼ぶのである。

「手許にある」という表現から思い起こされるのは、ハイデガーにおける「手許性」である。「われわれは配慮の内で見出される有るもの（存在するもの）を道具と名付ける。……道具がそれの有（存在）において純正な仕方でそれ自身を示し得るのは、例えば鉄槌で槌打つ場合のように各々の道具にぴたりと適合した交渉の内においてのみである。……その内で道具がそのもの自身からそれ自身を顕わにするところの道具の有り方をわれわれは手許性（das zuhandene）と名付ける[註37]」。さらに、私たちがハイデガーのこの「手許性」の主張の中で特に注目するのは次のような指摘である。「諸々の物を単に理論的に注目するだけの眼差しは、手許性の理解を欠いている。しかし、使用しつつ――仕事するという仕方での交渉は、独自な見方を持っており、……このように有るものの有り方は手許性である。[註38]」。ハイデガーは、この道具の「手許性」における使用不可能性がわれわれを（現有〈現存在〉の根本体制である）世界という現象の挙示へ導くとする。この意味ではハイデガーにとってはこの「手許性」という概念は、きわめて重要な内容を持つものということができる。ハイデガーの「諸々の物を単に理論的に注目するだけの眼差しは、手許性の理解を欠いている。しかし、使用しつつ――仕事するという仕方での交渉は、独自な見方を持っており……」という指摘に私たちは同意する。物への理論的な眼差しとは、単に物を眺める、あるいは知識としてその物を知る態度であるのに対して、「手許性」を理解することは、物を実際に手にとって、その物の有用性を体験する態度である。つまり、「手許性」を理解することは、その物を自らの身体の動きで表現し、それについての意識を持つことであり、言い換えれば、その物を身体の動きで観る、考える、理解することである。

学力の構造を構成するのは、「言葉を交わし合う――身体表現」意識と「手許にある――身体表現」意識及び「言葉を話す――身体表現」意識とが合成された「身体表現」意識である。この「手許にある――身体表現」意識とは、具体的なすべての身体の動きの中で、対象が手許にあるというあり方をするすべての身体の動きについての意識である。すなわち、「手許にある――身体表現」意識とは、あらゆる身体の動きの中から手許にあるというあり方によって選びとられた身体の動きについての意識である。認識の過程において、手許にあるというあり方をする身体の動きによって、認識の対象は意識化される。手許にあるという身体の動きは、先述したように対象の実在性と非実在性を媒介する。すなわち、手許にあるという身体の動きは、対象を意識化することとしての対象の非実在化へ、他方で意識化され、非実在化された対象を実在へ、それぞれもたらすことができるのである。

一方、学習内容のあり方としてよく耳にするのが「身近にある」という表現である。たとえば、子どもたちに学習内容に関心や興味を持たせるために、しばしばできるだけ身近にある事柄や話題を取り上げるようにする等と表現される。この場合の「身近にある」は、子どもたちが日常的な生活の中で頻繁に出会い、日頃から慣れ親しんでいるという意味である。私たちはこの「身近にある」と「手許にある」とを明確に区別する。対象が身近にあることは、これも対象が知覚されていることではあるが、見たことがある、聞いたことがあるという、いわゆる関係的に知っているというほどの意味でしかない。先ほどのハイデガーの言葉を借りれば、「諸々の物を単に理論的に注目するだけの眼差しは、手許性の理解を欠いている」ことに相当する。つまり、対象が身近にあるというあり方は、いわば対象を理論的に知るということである。この場合、ハイデガーが言うように私たちはこの対象のあり方をとおして世界という現象へ導かれることはない。これに対して、手許にあるは単に知覚されていることではなく、「使ったことがある」、「やってみたことがある」という自らの具体的な身体の動きを過去の経験として持っていて、いわば対象が具体的に意識の中へ侵入してくることができるという意味がある。このような手許にある体験は、体験する者に「問い」を持たせる、あるいは「問い」を浮かび上がらせるという可能性を持つ。すなわち、学力の作用が自らを顕わにする可能性を開くのである。

学習内容が身体の動きについての意識として表現されることは、たとえば「見た目より大きい」、「ざらざらしている」、「奇妙な形をしている」などと表現されることである。これは学習内容が学習者である子どもたちの身体の動きで表現されたことである。これは学習内容が意識化され、それが言表されたことを意味する。学習内容が意識化されることは、学習内容と学習内容についての意識とが切り離されることである。私たちはよくこういう経験をする。それは教科書を読んだ後、教科書に何が書いてあったかを思考しようとするには、教科書をいったん閉じてあるいは目から離してあらためて思考に入るという経験である。その時私たちの頭の中には意識化された学習内容が存在している。認識の過程としての対象が手許にあるとは、対象と意識とがこうしたあり方をすることである。

手許にあるというあり方をもう少し具体的にみていくことにする。先ほどの教科書に書いてある内容を認識しようという場合を例にとる。教科書の内容を手許にあるようにするためにまず教科書を読む。この場合声に出して読んでも、声に出さずに読んでもいいが、内容を理解するには、読むことを一時中断しながら、そのつど読んだ内容を自分の身体の動きで表現していく。読み続けながら、同時に内容を理解するということは不可能である。必ず読むことを一時的に中断しては、身体の動きを思い浮かべる必要がある。たとえば「気持ちが動揺した」という表現に対しては、動揺するという身体の動きでの表現を思い浮かべる。すると動き揺らぐこと、ぐらつくこと、気持ちなどが不安定になること、不安を感じること、騒擾、さわぎなどの身体の動きが思い浮かんでくる。これらのことから、「気持ちが動揺した」ということは、この場合の主語は気持ちであるが、それに自己の身体を主語にした表現とを重ねるのである。そうするとたとえば、何かの乗り物に乗った時の身体の動きの揺れや遊園地の遊具に乗った時の身体の動きの揺れなどが思い出される。私たちはこのようにして文章に書いてあることがらを必ず何らかの身体の動きに変換しながら理解したり、認識したりしているのである。これを私たちは身体の動きを思い浮かべながら読むというのである。これによって対象としての学習内容は意識化される。意識化された学習内容は、純粋意識としての学力のはたらき、すなわちノエシス――ノエマ構造の作用の過程としての認識の過程に導入される。この学力のノエシス――ノエマ構造の作用が認識を可能にし、学習を可能にするのである。

では、学習内容が言葉で表現されたものではなく、体育や芸術等の実技教科の場合についてはどうであろうか。このような教科の場合は学習内容が身近にあるというのは、それぞれの実技や演技としての具体的な身体の動きを実際に模範として目の前で実演されることであり、それに対して手許にあるというのは、実際にそれらの実技や演技を自ら行おうとすることである。たとえば体育でバスケットボールについて学習する場合、まず教師が実際にドリブルやシュートなどの基本的な身体の動きを説明し、自らしてみせる。この時点ではこれらの身体の動きは、子どもたちにとって身近にあるものである。これに対して、教師の説明を聞き、模範実技を見た後、実際に子どもたち一人ひとりがドリブルやシュートをやってみることになるが、これが手許にあることになる。このことは芸術の教科における書道を学習する場合も同様である。最初は教師の説明を聞いたり、書くのを見たり、あるいは教本を見て書き方を知るが、これは身近にある段階である。これに対して実際に子どもたち自身が書いてみることが手許にあるというあり方になる。すなわち、実際に字を書くという身体の動きがそのまま身体の動きについての意識となり、学習内容としての書が手許にあることになるのである。

このように学習内容が手許にあることとは、学習内容が個々の子どもたちの身体の動きとして表現され、それが学習内容についての意識となることである。認識の過程はこの学習内容についての意識が対象となり、意味づけされる過程である。しかし、手許にあることはすべての学習内容が実際に両手の間になければならない、すなわち、手で触れたり、手に持つことができねばならないということを意味してはいない。もしそうだとしたらたとえば日食が起こる原理については私たちは手許にあることを決して望むことはできないであろう。学習内容が手許にあるというあり方をすることは、そうではなく学習内容が身体の動きで表現できること、言い換えれば、学習者の両手の間で表現できることを言うのである。したがって、日食の原理を学習しようとする時、たとえば、バレーボールを太陽に、野球の球を地球に、卓球の球を月にそれぞれ喩えて、それぞれの間の位置関係を考えたり、説明するというような身体の動きが学習内容が手許にあるというあり方になるのである。

人間は一般にあらゆる物や事柄などのすべての対象を、身体の動きで表現できるかぎりで理解したり、認識したりしている。言い換えれば、身体の動きで表現できないことは理解できないし、認識することもできないのである。カントはかつて純粋理性は実践的使用においても見出されるとして、理性の一切の関心は「私は何を知りうるか」、「私は何をなすべきか」、「私は何を希望することが許されるか」という三つの問いにまとめられるとした。[註39]この中の「私は何を知りうるか」という問いに対してカントは全く思弁的な問題だとしたが、私たちは実践的な問題として、「人間は自分の身体の動きで表現できるところのものについてのみ知ることができる」と答えるであろう。このことは、また次のように考えることもできる。すなわち、人間は身体の動きで表現するというやり方で、何でも知ることができる、したがって何でも行うことができるということである。つまり、人間は自分のできるしかたで、すなわち、自分の身体の動きで表現するという仕方で、すべてのものを認識したり、それに基づき行動したりすることができることになり、どのような対象でも人間はそれを自らの身体の動きで表現することを通して理解することができるのである。この意味において身体の動きは人間にとって無限の可能性をもたらす源であると言える。言い換えれば、人間が生み出す知恵や知識はそういう意味では同様に無限であると考えられる。発見学習の過程は終始、学習内容が手許にあるというあり方の中で展開されるものであり、そういう意味では手許にあることは、学習の過程の基礎をなすものであり、大前提となるものである。

「手許にある」過程

認識の対象としての学習内容は、授業においては各教科・科目の内容ということになる。したがってその内容は文章や数式で書かれた教材から、図や記号などからなる教材、実技や実習の教材等さまざまな形式におよぶ。認識の過程の最初の過程が「手許にある」過程である。「手許にある」は、学習内容を意識化し、概念化することである。まず最初は文章で書かれた学習内容についてみていく。

資料①

「……589年に中国で隋が南北朝を統一し、高句麗などの周辺地域に進出しはじめると、東アジアは激動の時代をむかえた。国内では大臣蘇我馬子が587年に大連の物部守屋を滅ぼし、592年には崇峻天皇を暗殺して、政治権力をにぎった。そして女帝の推古天皇が新たに即位し、国際的緊張のもとで蘇我馬子や推古天皇の甥の厩戸王（聖徳太子）らが協力して、国家組織の形成を進めた。603年には冠位十二階、翌604年には憲法十七条が定められた。……」

（『詳説　日本史』山川出版社より）

右の資料の一節は、高等学校の日本史教科書からの抜粋である。文章で書かれた学習内容はこのような形で与えられる。このような学習内容と出会うことは、すなわち学習内容が意識化されることは、まずこの一節を読むことである。実際の授業の場でも、このような場合はまずこの一節を読むことから始まる。授業の場では教師により指名された子どもが代表して読むこともあれば、全員がそれぞれ声を出さずに読む、いわゆる黙読することもある。いずれにせよ、授業においてはすべての子どもたちが一緒に同じ文章を読む。文章を読むことは言葉を話す行為の一つである。ということは、この場合声に出して読んでも、声に出さないで読んでも、いずれも読むという行為は言葉を話すという身体の動きである。これによって言葉を話す行為としての身体の動きについての意識、すなわち「言葉を話す――身体表現」意識が生み出されることになる。

一般に文章を読むことには、読みながら文章の内容を理解することが伴っている。文章の内容を理解するとは何が書かれているかがわかることである。何が書かれているかがわかることは、すなわち、文章を読みながら同時に文章の内容を理解することは、読むという「言葉を話す――身体表現」意識が「手許にある――身体表現」意識を刺激し、文書の内容についての意識を「身体表現」の意識として意味づけることによるのである。授業の場でよくみられる次のような光景がある。それは教科書の一節を教師の指名により読んだ子どもに、教師が「今読んだところにはどういうことが書いてありましたか？」という問いを投げかける光景である。するとその子どもの多くはあわてて自分が読み終えた内容を今度は黙読してその内容を読み返すか、あきらめて「わかりません」と答えるかする。それに対して指名された子どもと共に黙読した他の子どもたちの中には、すぐにこの教師の質問に答えることができるという傾向が確認される。前者の子どもの場合は、ただ読むことだけに集中した結果であり、後者の子どもの場合は読みながら、考えることを行った結果である。先述したように、私たちは声を出して言葉を話しつつ、同時に考えることは不可能である。必ず声を出して言葉を話すことと考えることとは交互になっている。つまり、考えながら言葉を話すには、言葉を話すことを一時中断し、その間に考えるということを繰り返すのである。前者の子どもの場合、教育実践の場では私たちは子どもたちに学習への「気持ちが入っていない」とか「精神が集中できていない」などと表現する。そしてあらためて気持ちを入れて、あるいは精神を集中して文章を読むようにと子どもたちを指導する。実はこの時の気持ちを入れる、あるいは精神を集中するということは、文章の内容を考えながら読むようにということを要求しているのである。文章の内容を考えながら読むことは、先述したように文章の内容を自分の身体の動きで表現しながら、つまりそれを思い浮かべながら読むことである。文章の内容を考えながら読む場合、当然読む速さが遅くなる。授業での子どもたちは教師の指示に忠実に従おうとするので、読むように指示されると、ただひたすらよどみなく読むことだけに集中しがちである。他方で教師も考えながら読ませようと思うのであれば、その子どもの読む速度が低下することに対してそれ相応の配慮がなければならない。最も事前にあらかじめそれが出来ていることが理想であるが、それがいわゆる事前学習としての予習ということになるのであろう。

次に学習内容が絵、図、映像等で与えられた場合は、文章を読むという学習内容の場合とはどのように異なるのであろうか。資料②は今から１４００年前の日本の飛鳥時代に作られた『法隆寺金堂釈迦三尊像』の写真である。学習内容としてこの写真に出会うとはどういうことをいうのであろうか。まず「見る」といういわゆる五感の一つの対象である。この写真を見た子どもにおいては、まずいわゆる第一印象としての意識が生み出される。それは「三体の仏像があ

資料②

法隆寺金堂釈迦三尊像

る」というものである。特にこの仏像について過去に見たり、聞いたりしたことがなければ、おそらくそれだけにとどまり、それ以上の反応は現れないであろう。授業では子どもたちのこうした反応を見ながら、教師が子どもたちに問いかける。「この写真を見てどう思いますか？　何を感じますか？」すると複数の子どもたちから答えが返ってきた。「尊い感じの仏様」、「厳かな雰囲気の仏様」、「何かの願いがこめられている感じがする」等々。これらの子どもたちの答えは、この仏像の写真を見たことについての意識が意味づけられ、生み出された「身体表現」の意識にほかならない。言い換えれば、これらの答えは教師の「問い」が子どもたちの学力の作用を呼び起こした結果である。言い換えれば、教師から問いかけられなかったらこうした答えは生み出されなかったのである。この写真の仏像を初めて見た子どもには、この写真について何の予備知識もなく、したがって、ただ三体の仏像が左右対称におかれていて、それぞれの仏像がそれぞれの格好や仕草をしていると見えるだけであり、見たことについての意識は特に意味づけられることはなかった。しかし、教師から「この写真を見てどう思いますか？　どう感じますか？」と問いかけられたことで、子どもたちは「問い」の中に投げ込まれ、その結果として子どもたちの学力のノエシス――ノエマ構造の作用が起こり、この写真の仏像を見たことについての意識が意味づけられ、「身体表現」の意識としての「尊い感じの仏様」、「厳かな雰囲気の仏様」、「何かの願いがこめられている感じがする」等々の答えとなったのである。

次に教師がさらに問いかける。「この写真の仏像をこれまでに見たことがある人はいませんか？」。すると一人の子どもが応じて答えた。「見たことがあります。奈良に行った時、法隆寺という寺で見ました」。この場合教師はその子どもに「自分の知っていることを話してください」と指示を出す。もし誰も見たことがないということになると、教師がそれを受けてこの写真についてのひととおりの説明を行うことになる。これらの場合の一人の子どもの、ないしは教師の説明が学習内容ということになる。教科書の文章を学習内容とする場合と異なるのは、子どもや教師の説明と写真とが学習内容として同時に与えられていることである。したがって、子どもたちは彼らの説明を聞きながら写真を見ることになる。たとえば教師によって次のような説明がなされるとする。「この仏像はわが国最古の寺院とされる法隆寺の本尊である。日本の飛鳥時代の代表的な文化遺産の一つである。この仏像の名前は『法隆寺金堂釈迦三尊像』といい、光背の裏面の銘によれば、聖徳太子の病気回復を願って夫人や王子・諸臣が太子等身の釈迦像を造ろうと発願し、太子も夫人も他界した６２３年鞍作鳥が完成した。真ん中の中尊像は聖徳太子に似せて造られたとされ、高さは86・４㎝ある。両脇の像は、右側が脇侍の文珠菩薩、左側が普賢菩薩である。北魏様式の飛鳥仏の典型とされる……」。この教師の説明を聞くと、子どもたちのこの像に対する反応は大きく変化する。子どもたちはあらためてこの写真の像に見入ることになる。この教師の言葉による説明は子どもたちの聞くという身体の動きをとおして、子どもたちの中に教師の言葉についての意識として取り入れられる。教師の言葉についての意識は、子どもたちの「手許にある――身体表現」意識を刺激する。こうして写真の仏像についての概念が形成されると、それが写真の仏像に代わって対象となり、子どもの学力の作用が展開する。すなわち、教師の言葉を条件反射的に模倣することで、それがそのまま子ども自身が話す言葉となり、自分が話す言葉についての意識となる。つまり、教師の説明する言葉を聞くことは、同時に子ども自身が言葉を話すこととなり、それについての意識となる。教師の説明についての意識はこうして子どもたち自身が話す言葉についての意識、すなわち、「言葉を話す――身体表現」へと変換され、それが個々の子どもの自己の「手許にある――身体表現」意識を刺激し、ノエマとしての「身体表現」の意識を生み出すのである。

学力の作用の展開は、子どもたちがそれぞれ自分の中で自己と言葉を交わし合うこと、つまり、思考する過程である。自分自身が話す言葉についての意識は、自己の「手許にある――身体表現」意識を刺激し、写真の仏像についての意識を「身体表現」の意識へと意味づける。さらに子どもたちは、互いに周囲の子どもたちと言葉を交わし合う。つまり、議論し合う。子どもたちは互いに言葉を交わし合うことにより、それぞれの「言葉を交わし合う――身体表現」意識が、互いの「手許にある——身体表現」意識を刺激し、それぞれに「身体表現」の意識を生み出す。このことは、教師の説明を聞くことによってこれまでの子どもたちの写真の仏像についての意識の意味がさまざまに変化し、仏像そのものについての新たな意味を生み出させることになるのである。たとえば、この説明を聞いた後に、あらためて写真の仏像についての感想や意見を求められた子どもたちからは次のような発言が聞かれた。「中尊の像、つまり真ん中の仏像は聖徳太子自身らしいけど、聖徳太子はこんな顔や姿をしていたのか」、「この像は病にかかった聖徳太子の回復を願って家族が造らせたそうだけど、そういえば仏像の表情はどこかそういう印象を受ける」、「太子像の両脇に安置されている二体の仏像は、仏教の世界で最も知恵のある仏たちとされる文殊菩薩と普賢菩薩と聞いたけど、その菩薩を従えているということは、聖徳太子自身も同様にすごく優れた知恵の持ち主だったんだろうな」等々。このように学習内容が手許にあることとしての学習内容との出会いは、このように学習内容についての意識を持つことである。学習内容が子どもたちの手許にあるというあり方をすることは、また子どもたちが学習内容についての真の関心や興味を持つことでもある。ところが、学校教育における子どもたちの学習内容は、すべてが子どもたちの興味や関心のみに基づくものではない。むしろ多くの学習内容は子どもたちの興味や関心はほとんど度外視されているといってよい。基本的に学習内容は子どもたちの成長にとって必要と思われる事項や将来の社会生活を営むにあたって身につけるべき事柄の理解や習得を目的にしており、子どもたちの興味や関心とは切り離して企画され、計画されるのである。したがって、学習内容によっては子どもたちの日常的な生活から全くかけ離れた事項であったり、興味や関心の対象となり得ないと思われる事柄であったりする。むしろこうした傾向は、学習内容全体としてみると大半の内容がこれに相当するかもしれない。こうした子どもたちの興味や関心を度外視した学習内容を子どもたちに学習させなければならないところに教育実践がかかえる大いなる困難さの一因があると言えよう。学習内容に子どもたちの興味を持たせたり、関心を引いたりすることは、学習内容が子どもたちにとって手許にあるというあり方をすることにほかならない。これは単に子どもたちの学習の場合に限らない。一般に人間が何らかの対象となるものに真に興味や関心を持つ場合もやはり同様にその対象は手許にあるというあり方をしているのである。対象となるものが手許にあるというあり方をするということは、対象と人間とが直接出会うことである。先ほどの例では対象が文章の場合や写真の場合であった。この場合本来の対象とは文章の内容や写真の内容である。したがって、この場合は対象との間接的な出会いということになる。そこで対象との間接的な出会いを直接的な出会いへと変換しなければならない。先述したように子どもたちが学ぶ学習内容の大半が子どもたち自身の興味や関心とかけ離れた内容であるということは、大半の学習内容との出会いは間接的な出会いということでもある。子どもたちが学習内容を学習するためには、子どもたちに学習内容に結びつくしっかりした興味や関心を持たせる必要があり、そのために不可欠なのが学習内容と子どもたちとが直接出会うことである。

そこで子どもたちが学習内容に強い興味や関心を持つのはどういう場合かについてあらためて教育実践を振り返るとそこには共通するものが見出される。それは学習内容が「身体表現」化される場合である。すなわち、学習内容が具体的な目に見える身体の動きとして表現される場合である。たとえば、先ほどの文章で書かれた学習内容の例をとる。「……国内では大臣蘇我馬子が５８７年に大連の物部守屋を滅ぼし、５９２年には崇峻天皇を暗殺して、政治権力をにぎった。そして女帝の推古天皇が新たに即位し、国際的緊張のもとで蘇我馬子や推古天皇の甥の厩戸王（聖徳太子）らが協力して、国家組織の形成を進めた。……」ただ単にこの文章を子どもたちは読んでもおそらくたいした興味や関心は持たないであろう。ただ史的事実として淡々と受け取るであろう。ではこの内容に子どもたちの興味や関心を持たせるにはどうすればいいのだろうか。言い換えればこの学習内容を子どもたちにとって手許にあるというあり方をさせるには、すなわち、「身体表現」化するにはどうしたらいいのだろうか。たとえば、まず考えられるのはこの内容を劇化することである。つまり、この内容を寸劇化することである。当時のヤマト政権は中国の隋王朝にならって強力な権力を持つ存在としての天皇を中心にした中央集権国家の建設をめざしていた。ところが、ここで起きたのは、崇峻天皇が臣下の蘇我馬子に殺害されるという出来事である。これを劇化するのである。たとえば子どもたち数人を選んで前に出させ、崇峻天皇、蘇我馬子、物部守屋などの人物に見立てる。そして蘇我馬子が指示して物部守屋と崇峻天皇を殺させるという場面を教師が話しながら身振りを交えて説明するのである。前に出させた子どもたちには特別な台詞や仕草は求めないでいい。ただ立っているだけでもかまわない。ただ天皇と臣下という位置関係を示すだけでもよい。子どもたちを前に出させたこのような寸劇は、基本的に子どもたちに強い興味や関心を呼び起こす。というのは、子どもたちは自分たちの仲間が前に立っているというだけで特別な興味や関心を持つのである。したがって、前に出させられた子どもたちが少しとまどったように、あるいは恥ずかしそうに立っているだけでも十分な効果が期待されるのである。こうした寸劇を見せた後で、教師が子どもたちに問いかけるのである。「何か疑問に思ったことはないか？」、「どこかこの出来事に興味を持ったところはないか？」等々。このような学習内容の寸劇化から判断できることは、学習内容が子どもたちにとって手許にあるというあり方をすることは、子どもたちが「その時自分だったらどう思うか」、あるいは「その場に自分がいたらどうするか」という「問い」を持つように導くことである。つまり、学習内容に対して学習者を当事者化することである。すなわち、「自分にとって……」、「自分だったら……」という立場に学習内容に対して子どもたち自身をおくことである。これが学習内容を手許にあるというあり方とすることである。この手許にあるというあり方は、認識の過程における基本的な動因である能動性と受動性という区別においては能動性に属する。学習内容とは基本的に経験の対象となるあらゆる事物や自然とにおける存在者と同様、何よりもまず眼前に与えられているという存在性格を持つ。これは前所与性と呼ばれる。この前所与性のうえにそれぞれの範疇的対称性という枠組みが重ねられることによって道具とか文化形成とみなすのである。一般に世界という概念が表しているものは、普遍的な所与性としてすべての存在者の基盤であり、存在するという信念の基礎をなすものである。哲学者のハイデガーはこの前所与性を単なる事物の「眼前にある」ことと、道具や用具などが「手許にある」ことを区別し、これを自らの存在論的考察の出発点とした。私たちもまた「眼前にある」ことは身近にあることとして、手許にあることと区別するものである。人間にとって事物や事象が手許にあることは、単にそれらが手の中にあるという意味ではない。手許にあることは、すべての知覚が総合された特別な意味をもった意識の場《ば》である。すなわち、手許にあるとは認識の過程の基礎となる場である。

認識の過程は「手許にある」過程で始まり、「手許にある」過程で終わるのである。私たちが何か理解した、あるいは認識した、という時、対象としてのその何かは、常にすでに手許にあるというあり方をしているのである。したがって、教師が授業を行う時、まず学習内容がどうしたら子どもたちにとって手許にあるというあり方をするかを考察し、そのための準備をしなければならないが、それが教材研究である。授業の準備としての教材研究の基本は、学習内容を「場」化することである。学習内容を「場」化するとは、学習内容の当事者化、すなわち、学習内容を子どもたちが具体的な身体の動きで表現できるようにすることである。したがって、教師にとっての教材研究とは、このように学習内容を自分自身の身体の動きで確実に表現できるようにしておくことである。学習の最終目標は学習内容の理解であるが、したがって、学習内容の理解とは、学習内容を身体の動きで表現する中で形成されるところのもの、すなわち「身体表現」の意識である。学習内容を手許にあるというあり方にもたらすには、学習活動計画の立案から授業環境の整備など教師の果たす役割がきわめて大きい。

第五節　「身分け」過程

「手許にある」から「身分け ── 総合」へ

教育とは人間が人間を人間らしく育てる技術であり、その具体的な方法が教育方法である。よりよい教育を行うためには、「人間とは何か」、「精神と身体の関係はどうなっているか」など、まずありのままの人間の姿についての事象に即した緻密な探求が必要である。これまでの探求はそうした視点に立って行われたものである。これからこれまでの探求をもとに、実際の授業の場における子どもたちの認識の過程について探求を進めていくことになる。認識の過程は「手許にある」から「身分け ── 総合」へと展開する。

【図５】は発見学習における「身分け ── 総合」の過程を示している。この図は次のことを表現している。すなわち、発見学習は基本的に「身分け」と「総合」という二つの過程から構成されていること、そしてこの過程の中で学力のノエシス ── ノエマ構造の作用は常に存在し、はたらいていることである。つまり、学力のノエシス ── ノエマ構造の作用とはいわゆる思考の作用ということであり、言い換えれば、発見学習における「身分け」の過程でも、「総合」の過程でも思考することとしての学力のノエシス ── ノエマ構造の作用はそのつど存在し、はたらいているということで

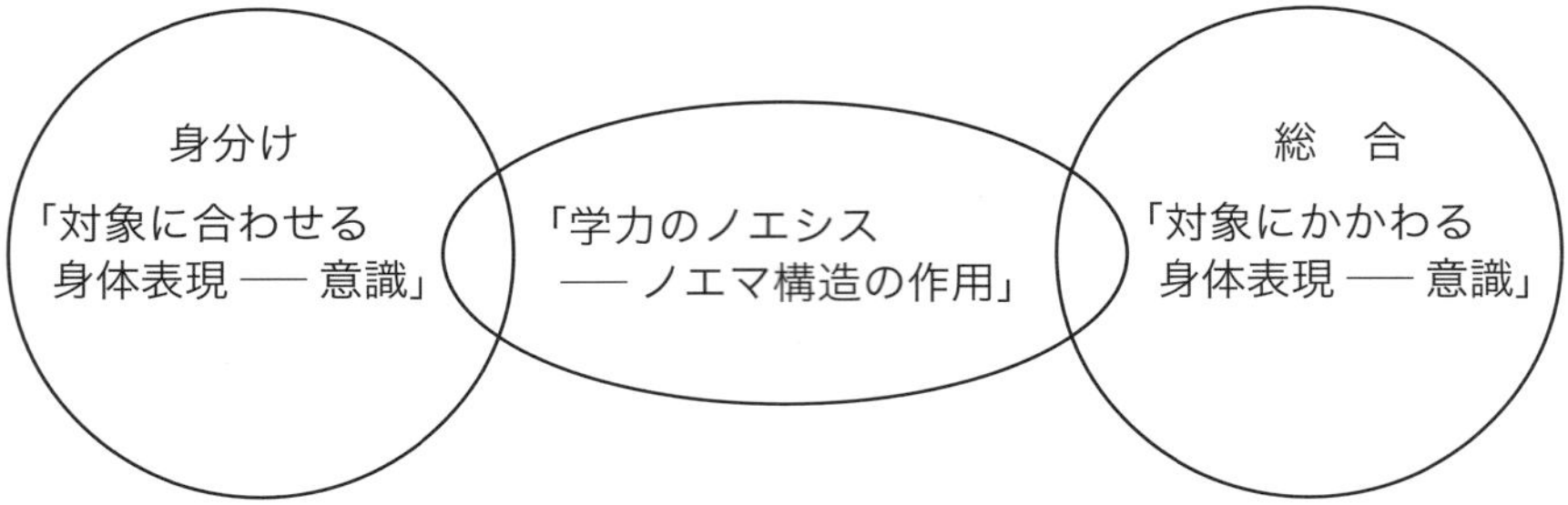

【図５　身分け ── 総合の過程】

ある。さらにこの図に関連して補足しなければならないことは、先述した「手許にある」過程は、この図では直接表現されていないが、「手許にある」過程は、すべての過程の基礎をなす過程であり、発見学習のすべての過程はこの「手許にある」過程の上で展開するのである。

この対象が「手許にある」というあり方をするとは、現象的には対象が両手の間にあることとしての対象を手にとることである。私たちは対象に出会うとまずそれを両手にとってみようとする。それは単に対象の触感を得ようとするだけのためではない。対象の形態をさまざまな角度から観察することによって、対象が何から出来ているか、どうやって出来上がったか、どういう性質を持っているか、どのように使用されるか、等々について対象を手にとることで知ろうとするのである。いわば、「手許にある」は対象を意識の中に引き入れる身構えのようなものである。このように対象を「手許にある」というあり方にもたらすのは、言い換えれば、このような人間の行動を引き起こすのは、主体的意識としての相互主観である。主体的意識としての相互主観は、現象的には言葉を話す意思や意欲として自らを示す。この言葉を話す意思や意欲は、自らは意識体験の中核を構成する純粋意識に属しつつ、同時に純粋意識を超出し、純粋意識に向き合い、純粋意識を刺激し、純粋意識自身のノエシス――ノエマ構造の作用により何らかの「身体表現」の意識を生み出させるはたらきをする。相互主観は他者とともに在り、自己や他者と「言葉を交わし合う――言葉を話す」行為のうちに自らを示すところのものである。すなわち、この相互主観は他者と言葉を交わし合うことを通して「言葉を話す――身体表現」意識として自らを顕わにする領野である。言い換えれば、対象が「手許にある」というあり方をすることには、他者と共に在り、互いに言葉を交わし合うという行為を常に伴っているのである。

したがって、【図5】において、二つの円と中央の楕円とで表現されているのはすべて「手許にある――身体表現」意識である。つまり、「身分け――総合」の過程はこの「手許にある――身体表現」意識において展開する過程である。まず左の円は「対象に合わせる――身体表現」意識を表している。これは対象の形状や性質や作用（動き）に身体の動きを合わせる、その身体の動きについての意識である。たとえば、ある物質の個体、液体、気体の違いを分子の運動で説明しようとする場合、学習者が自分の身体を分子とみなして固体では身体を動かさない、液体では少し身体を動かす、気体では自由に身体を動かすようにして表現することである。左の円が表しているのは、このような身体の動きについてもつ意識である。この意識は、学習内容がいくつかの身体の動きに分けられ、それらが表現されることについての意識であり、これを私たちは「身分け」と呼ぶ。他方、右の円は対象にかかわる身体の動きについての意識を表している。これは対象に何らかのかかわりをするために行う身体の動きについての意識である。たとえば、ある物質を個体の状態から液体の状態へ変化させるには熱エネルギーを加えるが、このことを説明しようとして、学習者が自分の身体を微粒子の力学的エネルギーとみなして個体の状態にある物質の分子と分子の接合を引き離すために引っ張ろうと身体を動かすことである。右の円が表しているのは、この身体の動きについてもつ意識である。一般的には対象にかかわる身体の動きとは、対象に何らかの変化を与えようとする身体の動きのことで、対象に力を加えたり、引っぱったり、押さえたり、付け加えたりする具体的な身体の動きについての意識である。このような身体の動きについての意識は、先の「身分け」によって学習内容がいくつかに分けられた身体の動きについての意識が、一つに総合された身体の動きについての意識であり、これを私たちは「総合」と呼ぶ。このように認識の過程、したがって学習の過程は、「手許にある」から「身分け」へ、そして「身分け」から「総合」へ、そして「総合」から「手許にある」への過程である。【図5】において、二つの円を媒介するように楕円が描かれているが、この楕円で表されているのが「学力のノエシス――ノエマ構造の作用」の過程である。したがって、学力の作用の過程は、言うなれば「手許にある」から「手許にある」への過程の中で絶え間なく進行している過程なのである。この「手許にある」は、学力の構造における「手許にある――身体表現」意識に基づく身体の動きである。

先述したように、学力にとって具体的な身体の動き、あるいは行動は特別な意味を持っている。というのは、身体の動きの中に人間の精神のはたらきが確実に存在するからである。したがって、私たちはこの身体の動きを通して人間精神の姿形を確認することができるのであり、一方で身体の動きにかかわることを通して人間の精神にかかわることができるのである。言い換えれば、人間の精神を実在たらしめているのが現実の具体的な身体の動きなのである。【図5】においては、一方で「対象に合わせる――身体表現」意識や「対象にかかわる――身体表現」意識において、人間の精神を実在たらしめるものが直接表現されていないが、「対象が手許にある――身体表現」意識において、人間の精神は確実にその実在を根拠づけられるのである。当然ながら、「対象に合わせる――身体表現」としての「身分け」と、「対象にかかわる――身体表現」としての「総合」は、相互主観の作用によるものであり、意志や意欲という自我に基づくものである。

ここで明確にしておく必要があるのは、この【図5】からも明らかなように、学力のノエシス――ノエマ構造の作用と、「身分け――総合」の過程との位置づけである。「身分け――総合」の過程は、これまで述べてきたように、基本的に相互主観のはたらきによって展開される認識の過程である。これに対してノエシスは、認識の過程において、対象についての意識を何らかの身体の動きで表現し、それとを接続し、対象についての意識を何らかに意味づけ、その意味づけられた意識を「身体表現」意識として認識の過程にもたらす、すなわち、学習内容を理解する、認識する、判断することを可能にする作用である。「身分け――総合」の過程は、このようなノエシスの作用によって生み出されたノエマとしての「身体表現」の意識が、相互主観のはたらきを通して「身分け」され、「総合」される過程である。私たちが超越的な対象、すなわち自分の身体の外にある対象について、理解したり、認識したり、判断したりというように、何らかの意味を見出すことができるのは、その対象をたとえばナイフで切り分け、いくつかに分離、分割して、それらを接着剤で再び一つにすることによってではない。すなわち、たとえば、私たちが目の前にある机を認識するために、机をチェンソーで限りなく細かく裁断して、次にそれらの裁断された部分を、再び一つの机に接着させたとしても決して机を認識することにはならないであろう。机を認識することは、机についての意識を「身分け」し、「総合」するという認識の過程をへて初めて可能となるのである。すなわち、「身分け」と「総合」とは、学習活動の過程であり、学力の「ノエシス──ノエマ構造」の作用は、その過程ではたらく作用なのである。

ノエシスと「身分け」

私たちは意識一般としての意識体験についての諸性質を目の当たりにすることができた。それは意識体験における純粋意識の存在、その作用的側面としてのノエシス、対象的側面としてのノエマ、そしてこの純粋意識に同時に自我として伴う相互主観は、純粋意識自身にかかわり、その結果として対象についての意識を「身体表現」意識として生み出すことなどである。私たちがこの探求の主題とする学力とは、その本質において純粋意識であり、教育実践という分野からみたその一つの側面であると考えることができる。したがって、意識体験についてのこれらの諸性質は学力についても基本的に妥当であると考えられる。私たちのこれからの課題は、これらの意識体験の諸性質は実際の教育実践の場においてどのように受け取られているか、そして学力を向上させようという私たちの取り組みにおいてそれはどのような教育実践を可能にするかをより明確な形で示すことである。

学力のノエシス──ノエマ構造のノエシスとは、具体的にはどのような行動の中に見出されるのであろうか。先述したように、ノエシスは語源的には「見る」または「考える」という意味のノエインというギリシア語に由来する述語で、対象となるものに意味を与える志向的機能のこととされる。つまり、ノエシスは対象についての意識に、「身体表現」を付与し統一する作用であり、それによってそれを何ものかに意味づけられた意識として顕わにするのである。私たちはこのノエシスの対象についての意識に意味を付与する作用を、学習内容、すなわち、出会う問題や課題を解決する作用として受け取るのである。私たちはあることを考えている時、そのあることを具体的な身体の動きで表現しながら考えていることに気づく。したがって、私たちはこのノエインの作用そのものを直接目で見えるようにすることは不可能であるが、人間がどのような行動をしている時にノエインの作用が見出されるのかは考察することが可能である。具体的な例でみてみる。

資料③
日本とロシアの交渉は１９０４（明治37）年初めに決裂し、同年２月、両国は互いに宣戦を布告し、日露戦争がはじまった。
（『詳説　日本史』山川出版社より）

この内容を理解するためにはまず個々の語句の意味を正確に知る必要がある。たとえば交渉という語句に対しては、「相手と取り決めるために話し合うこと」（『広辞苑』）、決裂したという語句に対しては、「会談などで意見が一致せず物別れになること」（同）、宣戦布告という語句に対しては「相手国と戦争状態に入ったことの一方的意思表示することとしての宣言、公布すること」（同）等々。この中で注目すべきなのは傍点の部分である。つまりこれらは文法でいう述語の部分である。これらの中心となる語句はすべて品詞でいえば動詞にあたる。動詞は一般的にはあらゆる「事物の動作・作用・状態・存在などを時間的に持続し、また時間的に変化していくものとしてとらえて表現する語」（同）という意味であるが、これらの動詞は人間の行動としての身体の動きが起源となっている。言い換えれば、すべて動詞は人間を主語とした身体の動きに置き換えて考えることができるのである。つまり、私たちが何かをわかる、あるいは理解するという時とは、この具体例におけるように対象となるものが自分の具体的な身体の動きで表現される時である。私たちは人間のこうした特質は、純粋意識としての学力の特質であった志向性がもたらすと考える。言い換えれば、人間は自らの身体の動きで表現できるものにのみ、理解することができるように創造されているのである。したがって、ノエインの作用が見出される時とは、対象についての意識に対して、自分の身体の動きで表現できる時であるとみなすことができる。もう少し正確に言えば、対象を自分の身体の動きで表現しようとすると、ノエシスがはたらき、対象についての意識に相応する身体の動きについての意識を生み出し、対象についての意識に接続するのである。

先ほどの具体的な例でみてみる。「日本とロシアの交渉は１９０４（明治37）年初めに決裂し……」について、「なぜ交渉は決裂したのか？」という「問い」が出されたとする。学習する側からすると「問い」と出会ったということになる。そこでまずこの内容を身体の動きで表現しようとするが、それは相互主観のはたらきである。それに対応して私たちの頭の中にあるシーン（場面）が浮かんでくる。それは日本政府の代表とロシア政府の代表とが双方の主張に対して激しく批判し合って、お互いの立場を一歩も譲らない姿勢を見せている場面である。この場面の意識は、相互主観のはたらきによるものではない。つまり、自我によるものではなく、自我とは全くかかわりのないものによって、すなわち、ノエシスの作用によって浮かんできたものであり、それによって生み出されたノエマである。すると、私たちはこの浮かんできた意識にしたがって、実際に自分の身体の動きでこれを再現しようとする。これは相互主観のはたらきである。この場合低学年の段階では実際に自分が日本政府の代表となったり、あるいはロシア政府の代表となったりして、……という身体表現をとるが、高学年の段階ではこれらがいわゆる想像力によって、実際の身体表現なしにその想像力の中で展開されるのである。

この浮かんできた意識にしたがって、実際に自分の身体の動きでこれを再現すると、今度はこの意識に、新たな身体の動きについての意識がノエインの作用によって接続される。この接続に対しては、言葉を話すという反省の作用による切断という作用がはたらく。するとノエインの作用は再び別の身体の動きについての意識を生み出し、その意識に接続する。その新しい身体の動きについての意識とはたとえば次のようなものである。日本政府の代表とロシア政府の代表とが双方の主張に対して互いに激しく批判し合っていたが、双方の代表はできるだけこの交渉を自分たちの主張に沿った有利な形でまとめたいと考えていたと思われる。というのは、日本側はこの交渉が決裂すればロシアとの戦争は不可避になるが、当時の日本の国力を考えればそれは途方もない無謀な戦争になるからである。またロシア側にとっても当時は国王の政治に対する民衆の抵抗運動が大きな高まりをみせている時であり、できればこの時期の外国との戦争は避けたかったという事情があったからである。こうした日本、ロシアの双方の事情を勘案することを、相互主観が自らの身体の動きで表現しようと意志する。たとえば、日本側とロシア側双方がこの交渉をこれからも継続することや、お互いの要求の一部を引っ込めることの何らかの譲歩案を提案した等々である。これらがいわゆる「身分け」である。「身分け」とはこのように相互主観のはたらきによる対象についての具体的な身体の動きによる表現である。

これを受けて、では日本とロシアの立場は交渉において対等だったのかという反省としての言葉を話すという身体の動きがあったとする。この反省のはたらきは、先ほどのノエインによる意識と意識との接続を切断する。これに対してノエシスは、この新しい身体の動きについての意識を、日本政府の代表とロシア政府の代表とが双方の主張に対して激しく批判し合うという身体の動きについての意識に接続する。この結果、こうして私たちの意識体験の中に浮かんでくるのは、これらの意識と意識とが、反省という切断の作用を介して、接続されることによって浮かびあがってくる「身体表現」の意識である。それが「日本とロシアの交渉は１９０４（明治37）年初めに決裂し……」の内容を意味づける意識であり、その内容を理解する、認識する、判断する、ことである。この場合「身体表現」の意識はどのような内容になるのだろうか。たとえば、交渉が決裂したということは、何が何でも戦争という事態を避けたかった日本側に対して、ロシア側が日本側がどうしても譲れないと思われる要求を頑として譲らなかったのではないか、という内容である。というのも、ロシア側は今戦争はしたくないが、やむを得ない場合は戦争になってもしかたがない、戦争すれば自分たちが勝利するのだから、という思惑があったからである。したがって、「日本とロシアの交渉は１９０４（明治37）年初めに決裂し……」の内容を意味づける「身体表現」の意識は、「この交渉は初めから合意に達するのは困難だった。両国が互いに宣戦を布告し、日露戦争がはじまったのは当然のなりゆきである。」である。これがノエマである。

この具体例における学習の展開においては、これが「問い」に対する「答え」となる場合もあれば、さらにこの「答え」が「問い」となり、さらにその「問い」が「手許にある」から「身分け」へと継続する場合もある。このように認識の過程そのものは、相互主観のはたらきを介して展開されるところのものであり、こうした認識の過程の中において、ノエシスの作用は独立して存在するのである。言い換えれば、ノエシスの作用はこの後の「総合」の過程においてもその過程自身の中において存在するのである。

「身分け」と〈身〉の概念

認識の過程は学習内容との出会いとしての「手許にある」から「身分け」の過程に入った。学習内容は「手許にある」という過程を経て、意識体験の中に学習内容についての意識として取り入れられた。この段階では学習内容についての意識は学習内容を概念として知っているという段階である。「身分け」の過程は「手許にある」過程に続く過程であり、学習内容についての意識を認識することへ向けての実質的な加工および再構成の過程である。「身分け」の過程の身《み》とは、身体の動きのことである。したがって「身分け」とは、出会った学習内容が身体の動きについての意識に分けられることである。この「身分け」の過程の具体的な展開に入る前に、この身という表現についてもう少し立ち入ってみておく必要がある。

私たちは先に人間の精神（心）は、もう一つの身体として「身体表現」意識であるとした。これは人間の精神は本来身体と別々のものとして考えられるべきではなく、身体と一つのものとして考えられるべきだということに基づくものである。哲学者の市川は現象学における身体論を、より理論的な負荷が少なく、精神と身体という二分法的な主要対立に中心化されることが低い〈身《み》〉という表現を用いて展開している。市川によれば、〈身《み》〉は単なる身体でもなければ、精神でもなく、しかも時としてそれに接近する、精神である身体、あるいは身体である精神としての〈実存〉を意味するという。この市川の身体論で私たちが注目するのは、「身が世界をそれぞれのレベルで分節化することは、世界によってそれぞれのレベルで身が分節化され、それぞれのレベル固有の、身と世界との入り交い（……内――存在）を実現することにほかならない[註40]」という主張である。市川はこのような〈身《み》〉のはたらきを〈身分け〉と呼ぶ。この〈身分け〉は、自己同一性に基づく主語的・主体的統合と同時に、述語の多様に応じて多極分解する可能性のある多重帰属性、多重人称性、両性性などをおびた述語的統合の側面をもち、〈身〉は〈自己同一化〉の可能性と多極分解する〈身変わり〉の可能性との間をたえず揺れ動いているとする。そしてこのような〈身分け〉の概念における述語的統合が、〈身〉による世界の分節、同様に世界による〈身〉の分節を可能にするものであるとしている。

市川のこの独創的な〈身分け〉論は、私たちに大きな示唆を与えた。それは〈身〉が〈自己同一化〉の可能性と多極分解する〈身変わり〉の可能性との間をたえず揺れ動いているとする点である。人間が対象を認識するとは、まさに〈身〉による世界の分節であり、同様に世界による〈身〉の分節であると考えられる。あらゆる存在するものの全体地平という存在性格をもつのが世界である。すなわち、世界の存在性格とは経験されるものが意識性に与えられる根源的所与の仕方、つまり、事実の事実性なのである。純粋意識のノエシス――ノエマ構造は、対象についての意識を「何ものかの意識」として意味づける。この意味づけの意味は〈身〉による世界の分節と世界による〈身〉の分節とによって形成される。あらゆる意味はこれらの世界と〈身〉の重なり合いによって、すなわち、融合によって生み出される。この〈身分け〉は〈身〉と世界とを仲立ちするもろもろの用具や言語や制度と人間とのかかわりを可能にするのである。学習内容を学習することには、学習する子どもたちの学力の向上と同時に、学習内容としての知識の発展とが同時進行することが含まれる。これは、ちょうど前者が世界による〈身〉の分節、すなわち、〈身〉が世界を織り込むことであり、後者が〈身〉による世界の分節、すなわち世界が〈身〉を織り込むことに相当するであろう。

教育実践の場における子どもたちの身体の動きは、こうした〈身分け〉と深く結びついている。たとえば幼児期の子どもたちのさまざまな遊びにおける身体の動きに着目すれば、それは紛れもなく〈身分け〉の過程、ないしは学力の作用の過程としての諸能力の成長、発達の過程であることが明らかになる。すなわち、幼児期の子どもたちの遊びは、きわめて自己中心的である。意味不明な独り言を言いながら、時には近くにいる幼児のものを不意に取り上げたり、投げたりする。これらは心身の未発達による〈身分け〉の過程が露出していることに由来する行動であるが、そのいわゆる自己中心的な行動は、むしろ〈身分け〉の過程の存在をより鮮明にわれわれに示してくれているのである。

「身分け」の過程

認識の過程における「身分け」とは、具体的にどういうことをいうのだろうか。先述の資料①と資料②をもとに考察をしていくことにする。まずこの二つの資料が「手許にある」というあり方をさせなければならない。そのためには二つの資料についての事前の詳しい知識が必要である。そしてその中にある身体の動きについての表現（動詞）を取り出すために述語に注目する。述語とは論理学における判断・命題において、主語について何事かを述べる語のことである。資料①の「……589年に中国で隋が南北朝を統一し、高句麗などの周辺地域に進出しはじめると、東アジアは激動の時代をむかえた」という文章全体では主語は東アジアであり、述語は「(激動の時代を) むかえた」である。ただこの文章にはこの主語、述語の前段となる文章がある。それは「589年に中国で隋が南北朝を統一し、高句麗などの周辺地域に進出しはじめる」である。この文章の主語は「隋」であり、述語は「統一し」と「進出し」である。「統一し」とは、この場合分立していたものを一つにまとめ支配することという意味である。つまり、この「統一し」という表現から「分立し」、「まとめ (る)」、「支配する」という三つの述語が引き出されてくる。さらに、「分立し」は、「分けて」、「立てる」を、「まとめ (る)」は、「ばらばらの物を集めて」、「一つにする」を、「支配する」は、ある地域・組織を自分の勢力下に「おき」、「治める」を、それぞれさらに多様な述語表現が引き出される。このように「統一し」という一つの述語から六つの述語が引き出されていることになる。また「進出し」についても同様に、一つの述語からいくつかの述語が引き出される。このことは「統一し」という述語は、「分立し」、「まとめ (る)」、「支配する」という三つの述語を、そしてそれらを構成するすべての述語を総合したものと言える。

資料②は、学習内容が絵、図、映像等で与えられた場合である。この学習内容は「手許にある」という過程で、この絵についての意識と言葉による説明についての意識とが融合した意識となっていた。したがって、ここでは融合した意識における説明の言葉がその対象となる。たとえば、「この仏像の名前は『法隆寺金堂釈迦三尊像』といい、光背の裏面の銘によれば、聖徳太子の病気回復を願って夫人や王子・諸臣が太子等身の釈迦像を造ろうと発願し、太子も夫人も他界した623年鞍作鳥が完成した。……」という言葉が対象となる。文章による説明が対象という点では、資料①の場合とその考え方や方法は同様であるが、資料①との相違は絵を説明した文章が対象だという点である。この場合の身体の動きとは釈迦三尊像を動かす、すなわち、釈迦三尊像を想像力によって動かすことによる身体の動きである。この像は足をかたくあぐらに組み合わせた形の結跏趺坐像である。もう少し精細にみれば、左足が外で右足が内に組まれた降魔座像である。右手は開いて手のひらを外に向け、肩の辺に上げた施無畏印といわれる形で、怖れおののく衆生に

「怖れなくてよい」といい、衆生を救おうとする意志を示している。左手は軽く開いて下を向く与願印といわれる形で、願いが叶うことを約束することを示している。たとえば、こうした仏像そのものにこめられた意味をふまえて、この絵の中尊像と同じ姿を実際にしてみる。あるいは想像してみる。これが「手許にある」というあり方になる。

「身分け」は学習内容が「手許にある」というあり方をすることによって生み出された学習内容についての意識が、身体の動きについての意識に分けられる過程である。述語は文法の品詞としては、一般的に動詞や形容動詞が相当する。動詞は本来、人間を主語にしてその身体の動きを表現した言葉である。この具体的な身体の動きは、具体的な実際の身体の動きについての意識である。この身体の動きについての意識は、授業の場で実際に身体を動かしてもいいが、必ずしも実際に動かす必要はない。というのは、想像力によって思い浮かべることでも十分だからである。このような想像力としての対象を思い浮かべる能力は、幼児期から青少年期にかけてしだいに発達していくものである。したがって、前期の幼少期には実際に身体を動かすことでその身体の動きについての意識を持たせることが必要であったが、後期の青少年期では想像力によって身体の動きについての意識を持たせることが可能になることから必ずしも身体を動かす必要がないのである。しかし、それを可能ならしめる実際の体験がその基礎として必ず存在していなければならない。

「身分け」と「体験——問い」

認識の過程としての「身分け」は、自らの過程が進行していることを「体験——問い」と呼ばれる独自な内容を持つ「問い」を発することにおいて示す。この問いが「体験——問い」と呼ばれるのは次のような事情による。子どもたちの学習においてはまず、すべての学習内容が身体の動きを表現する言葉に変換され、それに基づいて実際の身体の動きを行わせたり、あるいは思い浮かべさせたりする。この認識の過程の「手許にある」段階において、子どもたちは学習内容を身体の動きで表現することについての意識を、すなわち、自分の身体の動きについての意識を持つのである。以上のことを具体的な例でみてみる。たとえば資料①から「そして女帝の推古天皇が新たに即位し……」の部分を例にとると、この文章の意味を理解するには、即位しという言葉の意味を理解する必要があり、そのためにはこの即位しという言葉をこれに相応する具体的な身体の動きで表現することが必要となる。即位しという言葉に相応する具体的な身体の動きは、即位しという言葉ではない別の言葉で表現される。たとえば即位するとは、君主、国王、天皇等が国家の最高権力者の地位につくことであるから、この場合の即位するとは、女帝の推古天皇が最高権力者の地位につくことを意味する。これを身体の動きで表現しなければならない。推古天皇の即位については、従来からさまざまな説があり定説というものがない。たとえば、推古天皇は史上初の女性の天皇であったが、これに対しては、当時適当な崇峻天皇の後継となる人物が存在していなかったので、当時実質的な最高権力者であった蘇我馬子が、とりあえず自らの血縁関係にある推古天皇を即位させたとか、男子の天皇では当時の政治のあり方をめぐる対立に歯止めがかからないために女性の天皇を即位させたとか、等々。このようなさまざまな見方、考え方にもとづいて推古天皇の即位を身体の動きで表現することになる。厳かな即位式が催されたとは思われるが、現代のわれわれが想像するような、史上初の女性天皇を祝うような晴れがましい雰囲気はなかったのではないかと考えられる。むしろ、崇峻天皇の殺害という異常事態をうけての即位式であり、即位する推古天皇は非常に緊張した面持ちだったのではないだろうか。こうしたことを受けて、「そして女帝の推古天皇が新たに即位し……」を身体の動きで表現するに際し、さまざまな「問い」が生み出される。たとえば「国家の最高権力者の地位についた推古天皇は、どんな気持ちだったか？」、「天皇になることを要請された時は、自信があったのだろうか？」、「どんな気持ちで、あるいは考えで、天皇に即位することを引き受けたのだろうか？」等々。このような一連の「問い」が「身分け」における「問い」である。この「問い」とともに「身分け」の過程が進行するのである。私たちはこのような「身分け」に伴う「問い」を「体験――問い」と呼ぶのである。

「身分け」に伴う「体験――問い」については、この例以外にも次のような事例があげられる。先ほどの資料①から「……国際的緊張のもとで蘇我馬子や推古天皇の甥の厩戸王（聖徳太子）らが協力して、国家組織の形成を進めた」の箇所を取り上げる。ここでは、蘇我馬子や推古天皇の甥の厩戸王（聖徳太子）らが協力して、国家組織の形成を進めたことをどのように身体の動きで表現するのかが問われる。「蘇我馬子や推古天皇の甥の厩戸王（聖徳太子）らは、当時の国際的緊張をどのように感じていたのか？」、「蘇我馬子や推古天皇の甥の厩戸王（聖徳太子）らは、意見の違いで対立したりしなかったのだろうか？」、「当時実質的に最高権力者であった蘇我馬子に対して、推古天皇の甥の厩戸王（聖徳太子）らはどこまで自分たちの主張を通すことができたのか？」等々が「体験――問い」となる。これらの「問い」を受けて自らの姿を顕わにした学力におけるノエシスが、この事例をどのような身体の動きで表現するかを決定するのである。このように「身分け」における「体験――問い」は、学習内容を自らの身体の動きで表現しようとする時に発せられる「問い」である。授業や特別活動などにおける学習活動において、子どもたちが発する「問い」は、一般にその「問い」の内容によってまさに子どもたちの学習活動における認識の過程がどのように進行しているかを確認することができる指標となるものである。したがって、教師はそのような子どもたちが発するさまざまな「問い」の内容を検証しながら、そのつど適切な応答や「問いかけ」をしていかなければならない。

第六節　「総合」過程

ノエシスと「総合」

「身分け」の過程に続くのが「総合」の過程である。この「総合」の過程は「身分け」の過程とともに、認識の過程を構成する重要な過程である。すなわち、この「身分け――総合」の過程は、いわば精神そのものが創造されていく過程であり、その過程は、あたかも受精卵が限りない細胞分裂を繰り返しつつ、他方でそれらが再構成されながら、しだいに明確な個体形成をはかっていくような過程である。この「身分け――総合」という過程をへて学習内容は理解され、認識され、判断されるのである。教育実践においては、この子どもたちのこのような学習によって生み出されたそのつどの「身体表現」意識が言表された内容や、その意識に基づくさまざまな行動を通して、すなわち、子どもたちが学習を通して自らの身体の動きで表現するところのものを時間的な前後関係、空間的な位置関係の座標に投影することを通して、子どもたちの成長や発達の様態を観察し、評価するのである。言い換えれば、私たちは子どもたちの具体的な行動としての身体の動きをもって学力の形成や変化を判断するのである。したがって、子どもたちにおける学力の向上とは、子どもたちが表現するさまざまな身体の動きの中に見出されるのである。

私たちは先に接続という表現を用いた。これはノエシスの作用である対象についての意識とそれに対応して生み出される身体の動きについての意識とをつなぐ、ないしは結合するという意味で使用したものである。そこで、まずこれから叙述する「総合」という概念と接続という概念との区別を明確にしておかねばならないと考える。というのも、「総合」も接続もつなぐ、結びつけるというような意味では類似点を持つからである。まず接続についてであるが、これは学力のノエシス――ノエマ構造の作用であり、対象についての意識に意味を付与するノエシスの作用である。そしてこれ自体は学力の志向性に基づくものである。これに対して反省はこの接続を切断する作用をもつ。つまり、ノエシスは本質的に意識と意識とを接続する作用であり、これに相互主観の刺激をうけた「言葉を話す――身体表現」意識としての反省がその接続を切断するという関係の中で、学力は対象についての意識の意味づけを行うのである。これに対して「総合」は、本質的に相互主観のはたらきによる作用であり、学力のノエシス――ノエマ構造の作用によって生み出された、意味づけされた意識、すなわち、ノエマとしての「身体表現」意識を、対象についての意識の理解、認識、判断へと結びつけるのである。具体的な事例でみてみる。資料③の「日本とロシアの交渉は１９０４（明治37）年初めに決裂し、同年2月、両国は互いに宣戦を布告し、日露戦争がはじまった。」の「宣戦を布告し」を学習する。先述したように、宣戦とは「戦争開始の意思を表明すること」であり、布告とは「国家の意思を国内、国外に知らせること」である。したがって、「宣戦を布告し」とは、この場合は日本とロシアとが互いに戦争状態に入ることを、自国の国民や世界に向かって発表したということである。国家間の戦争の開始宣言は、双方の国家元首によって行われるから、日本は天皇によって、ロシアは皇帝によってそれぞれ行われた。日本とロシアが戦争状態に突入するという学習内容に対して、まず私たちに思い浮かんだのは広大な領土を持つロシアと細長い小さな領土しか持たない日本の地形であり、それから思い浮かんだのが巨人と小人との激戦の場面であった。これらはノエシスの作用による「身体表現」意識、すなわち、ノエマである。「日本は勝利する目算があったのだろうか？　大丈夫だろうか？」という不安は、日露戦争の勃発ということについて意味づけられた意識である。つまり、この不安はノエシスの作用により、前者の意識に後者の意識が接続され、その結果生み出されたノエマとしての「身体表現」意識である。このノエマとしての不安に対して、相互主観がはたらき、たとえば「日本は当時世界有数の経済大国であったイギリスやアメリカからの支援や援助を受けていたのでは？」という反省を生み出させる。この反省は不安意識を切断するはたらきをし、その結果、相互主観は日本とロシアが戦争状態に突入したという学習内容に対して、その意味づけを行うのである。これが「総合」の過程である。接続と「総合」の相違は、接続はノエシスの作用という所与の作用であるのに対して、「総合」は自我としての相互主観の作用であることである。

「総合」の過程

「総合」の過程において「身分け」された身体の動きについての意識が一つに総合されるとはどういうことをいうのだろうか。先述の資料①と資料②をもとに考察をしていくことにする。まず資料①の「……５８９年に中国で隋が南北朝を統一し、高句麗などの周辺地域に進出しはじめると、東アジアは激動の時代をむかえた」という内容であるが、この内容についての意識を意味づけするには学力のノエシス――ノエマ構造の作用が必要である。そのためには、まずこの内容から「問い」が作り出されねばならない。それがたとえば、「中国の隋王朝の統一はなぜ東アジアに激動の時代をもたらしたのか？」という「問い」になる。この「問い」を作り出すのは自我としての相互主観である。すなわち、相互主観が学習内容を身体の動きで表現しようとすると、そこで学力のノエシス――ノエマ構造の作用がはたらき、「手許にある――身体表現」意識と「言葉を話す――身体表現」意識とを相互に刺激させ、それによる概念形成を通して生みだされたのがこの「問い」である。この「問い」の答えの鍵となるのは、隋王朝が国内統一を達成すると、高句麗などの周辺地域に進出しはじめたというくだりで、これは「身分け」によって隋王朝が周辺諸国に自らへの服従を強制し始めたという意味をもっていることがわかった。したがって、この「身分け」を受けての「総合」は、「隋王朝は周辺の国々が自分に従わなければ力ずくで、すなわち戦争によって従わせる、つまり征服しようとする」ことである。これが学習内容についての意識が意味づけされて生み出された「身体表現」意識である。すでに明らかなように、この「総合」によって生み出される「身体表現」意識には当初の学習内容にはない、何らかの新しい内容が含まれている。それは、この場合中国の王朝は本質的に周辺の諸国を自分に従わせることを求める傾向があるのではないかという概念である。そしてこの概念が図式となって、学習内容について意味づけされた意識としての「身体表現」意識が生み出されるのである。もちろんこれは、隋王朝が周辺諸国に自らへの服従を強制し始めたという当初の学習内容にはない内容である。すなわち、この学習内容にはない内容は「身分け――総合」の過程で生み出されたのである。このことは「身分け」された学習内容が、「総合」の過程で再合成されることによって、最終的に一つの新しい「身体表現」意識となったことを示している。つまり、「総合」の過程ではこのように実際の学習内容にはない内容についての意識、すなわち、何らかの新しい「身体表現」意識が生み出されるのである。このことは、学習における学力の作用によって、学習内容が意味づけされることによって、学習内容そのものが変化することでもある。もちろん、学習内容自体は変化しないが、学習者の意識の変化として学習内容が変化するのである。学習内容が変化するということは、それ自体学習の成果である。

資料②は学習内容が絵、図、映像等で与えられた場合である。この学習内容は「手許にある」という過程で、この絵についての意識は言葉による説明についての意識、すなわち、言葉を話すについての意識とが融合した意識となっている。「身分け」において、この資料②に合わせる身体の動きについての意識は、「……聖徳太子の病気回復を願って夫人や王子・諸臣が太子等身の釈迦像を造ろうと発願し……」や「……右手は開いて手のひらを外に向け、肩の辺に上げた施無畏印といわれる形で、怖れおののく衆生に怖れなくてよいといい、衆生を救おうとする意志を示している。左手は軽く開いて下を向く与願印といわれる形で、願いが叶うことを約束することを示している」等々である。私たちはこのような表現をもとに、実際にこの仏像の形を自分の身体の動きで再現してみる。これは幼少期の子どもから大人まで共通することである。ただ異なるのは、幼少期の子どもは、実際に手足を動かしてその表現されていることを再現しようとするのに対して、大人は必ずしも実際に手足を動かすことなく、想像力によって再現しようとすることである。「身分け」における学習内容の再現の実践の中で、私たちの中にいくつもの「問い」が浮かび上がるのを感じる。たとえば、

「聖徳太子の家族は太子の死を恐れていたのか?」、「太子は死後救われるのだろうか?」、「聖徳太子の病気の回復を願う家族の思いを釈迦が聞き届けてくれることを祈って造られたのか?」、そしてさらに、「家族の誰かが病気になった時の気持ちはどんな家族にでも共通している。そういう思いがこの仏像には込められているのでは?」等々。これらの「問い」の内容は、そのつどこの仏像についての意識が意味づけられたものにほかならないのである。

「総合」と「発見――問い」

「総合」の過程は、自らの過程を問いにおいて示す。この問いは「発見――問い」と呼ばれ、「身分け」における「体験――問い」から区別される。「発見――問い」は具体的には、「これはこのようになっているのではないか」、「この場合はこうしたらいいのではないか」、「これはこういう意味を持つのではないか」のような表現の「問い」となる。つまり「これは」や「この場合は」のように認識の対象に対して自らの身体の動きをもって実際にかかわることを促すことを示す問いである。この問いが「発見――問い」と呼ばれるのは次のような事情による。「身分け」の過程において身体の動きとして表現された対象についての意識は、学力のノエシス――ノエマ構造の作用を受けて何らかの意味づけられた「身体表現」意識として生み出されるが、「総合」の過程はこの「身体表現」意識と学習内容についての意識とを結びつける過程である。つまり、「総合」の過程は相互主観に基づく具体的な行動である。しかし、「身体表現」意識と対象についての意識とは、本質的に異なっている。なぜなら、「身体表現」意識は対象についての意識が、学力のノエシス――ノエマ構造の作用を受けて何らかに意味づけされたものであり、単なる対象についての意識ではないからである。「総合」の過程とは、この内容的に異なる二つの意識を一つに結びつける過程である。「身体表現」意識はノエマとして非実在的な意識である。これに対して対象についての意識は実在的な意識である。このように異質な内容の意識が出会うことは、双方にとって互いに「発見する」関係にあるということである。そしてこのように異質な内容の意識が出会うことは、自我としての相互主観を刺激する。相互主観は「言葉を交わし合う――身体表現」意識に伴っており、これにより「問い」を発生させる。こうして発せられる「問い」が「発見――問い」である。「総合」の過程において、相互主観は自らの存在を「発見――問い」の内に顕わにするのである。

異質な内容の意識を一つに結びつけることは、一方を、他の一方に対して「〜として」と関係づけることである。具体的な事例でみていく。資料①の「そして女帝の推古天皇が新たに即位し、国際的緊張のもとで蘇我馬子や推古天皇の甥の厩戸王（聖徳太子）らが協力して、国家組織の形成を進めた。603年には冠位十二階、翌604年には憲法十七条が定められた」において「国際的緊張のもとで……とはどういうことか？」という「問い」を立てる。これは「体験――問い」である。国際的緊張とは一般に国と国とがするどく対立する関係になることであり、多くの場合ある国のある国への侵略戦争につながるのである。そこで浮かび上がってくるのは、「侵略されないためには強い国家をつくらねばならない」であり、これを受けて「強い国家をつくるためには、しっかりした国家組織が必要と考えたのだろうか？」という「問い」である。この「問い」が「発見――問い」である。この「体験――問い」から「発見――問い」への流れの中で生み出された、「侵略されないためには強い国家をつくらねばならない」という意識が、学力のノエシス――ノエマ構造の作用によって生み出されたノエマとしての「身体表現」意識である。すなわち、「総合」の過程とは、この事例では「国際的緊張のもとで……とはどういうことか？」に対する身体の動きについての意識と「強い国家をつくるためには、しっかりした国家組織が必要と考えたのだろうか？」に対する身体の動きについての意識とが結びつけられる過程ということになる。

この事例において、「総合」の過程で結びつけられる二つの意識、「国際的緊張のもとで……とはどういうことか？」と「強い国家をつくるためには、しっかりした国家組織が必要と考えたのだろうか？」において、前者は学習内容に即した内容という点で実在的であるが、後者は学習内容にはない内容という点で非実在的である。この異なる内容を持つ意識が相互主観のはたらきによって結びつけられることが「総合」の過程であるゆえんである。この事例にみるように、子どもたちの学習活動において子どもたちが発する「問い」には十分配慮しなければならない。子どもたちの学習がどのように展開しているか、あるいは進展しているかは子どもたちが発する「問い」の内容が、「体験――問い」であるか、もしくは「発見――問い」であるかによって判断することができるからである。そのためには学習指導において教師たちは、子どもたちが発する「問い」に対して、その「問い」の持つ意味を判断し、その「問い」へ問いかける、すなわち、「問い――問いかけ」を軸とした授業展開に習熟する必要がある。

「総合」から「手許にある」へ

認識の過程、すなわち、発見学習の過程は【図4】で示されているように、A↓B↓C↓D↓E↓B↓Aという過程と、A↓B↓C↓E↓B↓Aという過程の二つの過程からなる。前者が分析（論理）的認識の過程であり、後者が直観（的認識）の過程である。どちらの過程にも共通するのは、A↓B↓C↓E↓B↓Aという直観（的認識）の過程であり、これが発見学習の基本の過程である。つまり、いわゆる分析（論理）的認識の過程は、直観（的認識）の過程への主体的意識としての相互主観の刺激による「言葉を交わし合う――身体表現」意識がかかわる過程であり、基本となる認識の過程とは直観（的認識）の過程である。言い換えれば、分析（論理）的認識の過程とは、相互主観の介在により生み出されるもう一つの直観にほかならないのである。つまり、人間が持つ認識には二種類の直観があるということであり、その一つが相互主観の干渉がない直観であり、もう一つが相互主観の介在を受ける直観であり、後者が分析（論理）的認識と呼ばれるのである。これまで私たちはこの発見学習の過程の「手許にある」から出発し、「身分け」、「総合」をへて、今最終段階としての「手許にある」へと到達した。発見学習の過程における「手許にある」過程は、【図4】で示されているように、二つの過程が区別される。一つはA↓Bの過程であり、もう一つはB↓Aの過程である。前者は「手許にある」から「身分け」への過程であり、後者は「総合」から「手許にある」への過程である。したがって、これら二つの過程における「手許にある」は本質的に全く異なる過程である。

まず「手許にある」から「身分け」への過程における「手許にある」は、対象としての学習内容を意識化する過程である。すなわち、対象としての学習内容を、身体の動きで表現することによって身体の動きについての意識とし、認識の過程へ導入する過程であり、言い換えれば、学習内容という実在するものを、非実在化する過程である。これに対して「総合」から「手許にある」への過程における「手許にある」は、「総合」によって再構成された身体の動きについての意識と、学習内容についての身体の動きについての意識とが結びつけられ、それが現前化される過程である。言い換えれば、この「手許にある」過程とは、認識の対象としての学習内容と、主体的な意識としての相互主観とが身体の動きを介して直接出会う過程である。しかし、ここで誤解されてはならないのは、「手許にある」というこの過程は【図４】で示されているように、認識の過程という一連の流れの中の一つの過程ではなく、認識の過程全体の展開を通して存在する過程であり、認識そのものを可能にする過程である。こうした意味では、認識の過程は「手許にある」に始まり、「手許にある」に終わるのである。したがって、「身分け ― 総合」の過程ももちろん、この「手許にある」過程を基礎にして起こる過程である。最初の「手許にある」中で「体験 ― 問い」が生まれ、最後の「手許にある」中で「発見 ― 問い」が生まれるのである。このように「手許にある」過程は、認識の全体の過程を貫き、支えているのである。

認識の過程の最終段階としての「手許にある」は、どういう過程であるのか、再度、先述の資料①と資料②をもとに考察をしていくことにする。資料①についての「総合」の過程では、「隋王朝は周辺の国々が自分に従わなければ力ずくで、すなわち戦争によって従わせる、つまり征服しようとすることではないか」となった。これを受けて「手許にある」では、資料①へあらためて戻り、資料①そのものと対比をすることになる。つまり、このように考えることでこの資料の内容の理解が深まったかどうかを判断するのである。言い換えれば、このように考えることで、これまでの学習内容がよりわかりやすくなったかどうか、さらにこれから先の学習内容とつながりができ、その理解がよりうまくいくようになったかどうかを検証するのである。これから先の学習内容は、「国内では大臣蘇我馬子が新たに即位し、大連の物部守屋を滅ぼし、５９２年には崇峻天皇を暗殺して、政治権力をにぎった。そして女帝の推古天皇が５８７年に大連の国際的緊張のもとで蘇我馬子や推古天皇の甥の厩戸王（聖徳太子）らが協力して、国家組織の形成を進めた」である。「総合」によって得られた内容に符号すると思われる表現がこの国際的緊張という概念である。ここで国際的緊張という概念は「手許にある」過程へと移行する。この過程において、「国際的緊張という表現は、一般に外国からの武力的な侵略や攻撃を受ける可能性がある時に使用するもので、当時の人々は、隋王朝に対抗しうる強力な国家を建設しなければ、隋王朝によって日本は征服されてしまうかも知れない、そうならないために天皇を中心とした強力な統一国家を建設しなければならず、それに反対する人々を力ずくで退ける必要があったと考えたのでは？」が、学習内容の認識の過程を通して生み出された意味づけられた「身体表現」意識である。

また資料②では、「中尊の像、つまり真ん中の仏像は聖徳太子自身らしいけど、聖徳太子はこんな顔や姿をしていたのか」、「この像は病にかかった聖徳太子の回復を願って家族が造らせたそうだけど、そういえば仏像の表情はどこかそういう印象を受ける」、「太子像の両脇に安置されている二体の仏像は、仏教の世界で最も知恵のある仏たちとされる文珠菩薩と普賢菩薩と聞いたけど、その菩薩を従えているということは、聖徳太子自身も同様にすごく優れた知恵の持ち主だったんだろうな」という「身分け」に対して、「総合」ではたとえば「この像を造ろうとした人々は、聖徳太子の面影やそのすごく優れた知恵の持ち主だったことをいつまでも残したいと思ったのでは？」となる。そしてこれを受けて「手許にある」では、「この釈迦三尊像は、聖徳太子の死後も生前と同様に、聖徳太子への尊敬の念を人々が失わず、その教えを守っていってくれることを念じていたのでは？」となる。この資料は図（写真）なので、この認識の結果得られたと思われる「身体表現」意識に対しては、直接対比できるものはない。したがって、このような内容が正答であるか否かについては判断することはできない。しかし、この釈迦三尊像は史料によると、聖徳太子をモデルにして造られていること、また別の史料等により聖徳太子が憲法十七条を制定し、諸豪族間の争いを厳しく戒めたことなどから、多くの人々から聖徳太子自身やその教えが尊ばれていたのではないかと推測される。認識の結果得られた「身体表現」意識は、釈迦三尊像について語る史料と大きく相違するものではない。ということは、「手許にある」によって得られた「身体表現」意識としてのこの認識の内容がここでは正当な認識とみなすことができる。他方で、このような直接答えを確認するものがない学習の場合、この生み出された「身体表現」意識の内容は何らかの未知の史実を言い当てているかも知れない。もし、それが後により正確な事実を伝える史料が見出され確認された時には、この生み出された「身体表現」意識の内容は、まさしく発見されたこととなるのである。以上のように認識の過程の最終段階としての「手許にある」は、認識の過程をへることによって生み出された内容と、認識の対象となった内容とを対比し、対象となった内容が理解されたかどうかを、すなわち、何らかの意味づけを得たかどうかを判断する過程である。この判断を行うのは超越的自我としての相互主観のはたらきである。

認識の過程は、以上のことから「手許にある」→「身分け」→「総合」→「手許にある」という過程である。これまでこれらの一つ一つの過程についてみてきたが、この過程は時間的には瞬時に経過する瞬間的な展開である。認識の過程は一回の循環に要する時間はほんの数秒である。この短時間の循環がいわばめまぐるしく反復しているのである。特に直観においてはそうである。したがって、認識の過程の一つ一つの過程を明確に区切り、特定することは実質的に不可能に近い。もちろん、「言葉を交わし合う――身体表現」意識に伴う主体的意識としての超越的自我が、純粋意識としての学力の作用そのものにかかわる時には、分析（論理）的認識の過程は、直観の過程に比してタイムラグ（時間的なずれ）が生じる。このタイムラグは、意識体験的には思考することとして自らを示すが、いずれにしても認識の過程はその経過時間は不規則である。実は教育実践においては、このことについての大きな誤解が存在している。というのは、認識の過程と学習の展開としての学習の流れとが混同されているのである。詳細は後述することになるが、教育実践においては学習の前にあらかじめ大まかな学習の流れについて予定を立てる。たとえば、こういうことを理解させるために、まずはあるものを提示し、次にそれについてのあることを気づかせ、それを受けてあるものを理解させる等々、である。つまり、私たちがいう誤解とは、このような学習の流れを認識の過程と一致するはずだ、一致させなければならない、という考え方が主流をなしていることである。学習の流れと認識の過程との時間的なずれは明白であり、これを一致させることはできない。学習の流れと一致させることができるのは、認識の過程によって生み出される「身体表現」意識とを一致させることである。つまり、「身体表現」意識の出現を、学習全体の流れを区切る理解の到達点として、学習の流れを構成することにおいてである。

第七節　発見的思考

発見的思考

私たちはこれまでの探求においてどの段階にまで達したのだろうか。私たちは子どもたちの生きる力としての学力とは何かから出発した。そして教育実践において私たちが出会う学力とは、意識体験の中核ではたらき、意識体験を可能にする純粋意識の作用であることに思いいたった。このような純粋意識の存在については、カントの認識論における純粋理性やフッサール現象学における純粋意識などの主張に示唆を受けるところが多かった。私たちが意識体験と呼ぶところのものは、日常的には単に意識と呼ばれるところのものであるが、この意識体験は日常的なさまざまな経験に基づいて生み出されている。このような意識体験についてあらためて考察すると、意識体験が大きく二つの意識から構成されていることに気づいた。一つは対象についての意識であり、もう一つは対象についての意識が純粋意識の作用によって何らかに意味づけられた「身体表現」意識である。これはいわゆるフッサールが「意識は何ものかの意識である」とした事象に相応する。私たちはこうした意識体験の形成や変化を可能にしている意識が存在すると考えた。それが純粋意識である。純粋意識の純粋という意味は、基本的にはア・プリオリという意味を持っている。すなわち、総合的な全体としての経験的な意識の中にありながら、この経験的意識から独立して、経験に全くかかわることなしに、意識体験を可能にする作用を持つのが純粋意識であり、言い換えるならば、この純粋という意味は、経験的な意識から独立した、生得的な意識という意味である。

私たちは学力をこのような純粋意識であると考え、学力はノエシス——ノエマと呼ばれる構造を持ち、その作用が意識体験にさまざまな変化を起こさせると考える。では、学力のノエシス——ノエマ構造による作用とはどういう作用なのか。私たちはあらためてここで考察してみることにする。学力は何らかの問題や課題との出会いによって自らを顕わにした。したがって、学力における対象とは、何らかの問題や課題ということになる。学力が自らを顕わにするということは、学力がはたらき始めることであり、それはすなわち、ノエシス——ノエマ構造の作用がはたらき始めることである。このノエシス――ノエマ構造におけるノエシスとは、個々の判断主観や人間という種に根ざす実在的な諸条件ではなく、主観性一般という形式と、認識に対するその関係とに根ざすイデア的諸条件であり、対象についての意識に意味付与的統一を行う作用である。これに対してノエマは、ノエシスが作用的側面としての諸条件であるのに対して、客観（対象）的側面としての諸条件であり、体験には実的には属さない。

ノエシスは主観性一般という形式と、認識に対するその関係とに根ざすイデア的諸条件であり、対象についての意識に意味付与的統一を行う作用であるという時、私たちが念頭に浮かべるのは、イデアとしての「身体表現」である。私たちは「わかる」という時、そこには必ず何らかの身体の動きが存在していることに気づく。言い換えれば、身体の動きで表現されなければ、真に「わかる」ことを実感できないのである。これは自らの教育実践において繰り返し経験したことであり、確信するところのことである。では、なぜ身体の動きで表現されると、私たちは「わかる」と実感するのであろうか。この何かが「わかる」と実感することを、私たちはこの何かが何らかの意味を持つとして受け取るのであるが、なぜ「わかる」と実感するのかについては不明である。すなわち、「身体表現」がなぜあらゆる「わかる」の源、あるいは原型となるのかについては、その原因ないし、しくみについて明確にすることはできないからである。言い換えれば、人間は「身体表現」というイデアに与ることによって人間であり得るのである。身体の動きでの表現、すなわち、「身体表現」はあらゆる意味が生まれる場所であり、意味の場である。これが私たちが「身体表現」をイデアと考えるゆえんである。したがって、この場合のイデアをあらゆる「わかる」の源、あるいは「わかる」の原型として私たちは使用する。とにかくすべての物事はそれに対峙する人間の身体の動きで表現されることで、私たちに「わかる」がもたらされるのである。

ノエシスが認識に対するその関係とに根ざすイデア的諸条件であることから、ノエシスの作用、すなわち、はたらきが自ずから明らかになる。まず、ノエシスは対象についての意識に意味付与的統一を行うことから、対象についての意識と何らかの身体の動きについての意識とを結びつける作用、すなわち、接続を行うということである。この接続される何らかの身体の動きは、出会った対象についての意識に触発されて、生み出された何らかの意味を持つ「身体表現」

という意味で、それが先述したイデアとしての「身体表現」であると考えることができる。すなわち、ノエシスは対象についての意識との出会いによって、それに応ずる意味を持つ身体の動きを創造し、対象についての意識に結びつけるのである。私たちはこの対象についての意識に結びつけることを、対象についての意識に接続すると表現する。この何らかの身体の動きを創造すること、それを対象についての意識に接続すること、これがノエシスのなすところのことである。この場合、ノエシスがどのような身体の動きについての意識を創造するかについては、全く知ることもできないし、全くかかわることもできない。それは完全に相互主観としての自我の及ばないところのことである。しかし、自我の及ばないことであるから逆に言えば、自我を超えた身体の動き、すなわち、自己を超越する意味が付与されることが期待できるのである。そしてこれが学力の作用における可能性の創造の起源となるのである。

しかし、私たちはこのようなノエシスの作用にかかわることができる。それはノエシスが行う対象についての意識と何らかの意味としての身体の動きについての意識との接続を切断できるということにおいてである。私たちはノエシスがどのような身体の動きについての意識を創造するかについては全くかかわることはできないが、接続を切断することにおいてかかわることができる。では、この接続の切断は、どのようにして行うことができるのであろうか。それは反省によってである。反省とは、言葉を話すという身体の動きについての意識、すなわち、「言葉を話す――身体表現」意識のことである。私たちは言葉を話すことにおいて、言葉を話したいという欲求が存在するのを感じる。さらに、言葉を話している時、さまざまな概念が絶え間なく浮かんできて、そのつど変化するのを感じる。これは次のような事情によると考えられる。ノエシスの作用による意識と意識との接続は、もし反省による切断がなければ、それ自体その個人の体験や経験において得られた身体の動きについての意識間の接続となってしまう。つまり、反省による切断がなければ、個人的な、きわめて限定された意識間の接続による「身体表現」意識が生み出されることになる。この「身体表現」意識は、学力の志向性に基づく、一つの傾向性を持つ意識を形成する。このある意味では偏った、「煮詰められた」意識は、それが再度学力の対象となり、ノエシスの作用を受けて、新たな「身体表現」意識を生み出す。こうして延々と展開していくことになる。こうして延々と展開するこのような意識は、しだいに個人の中で圧迫感や鬱積感や焦燥感を増大させていくことになる。通常ではこれが言葉を話したいという欲求を刺激するのである。この言葉を話したいという反省による接続の切断の欲求は、このようなノエシスの一方的な作用に対して否定する作用としてはたらく。つまり、反省はノエシスの作用による一方的な接続を切断することにより、新しい、異なった身体の動きについての意識との接続をノエシスに促すのである。

ノエシスの作用と反省のはたらきが私たちの思考を形成する。思考することは、このようにノエシスの作用としての意識間の接続を、反省のはたらきが切断し、ノエシスにさらなる意識間の接続を促すことである。このことは実質的な思考の形成を可能ならしめているのが反省ということになる。ところで、このような思考の構造は、思考とは本質的に発見的思考であることを示すものである。思考はノエシスという生得的な、所与の作用と、反省という自我としての相互主観のはたらきとの相互作用からなるが、この相互作用によって生み出される思考の内容が、ノエマとしての「身体表現」意識である。ノエマはその本質において非実在的なものである。すなわち、思考の内容としての、学力のノエシス――ノエマ構造の作用によって生み出されるノエマとしての「身体表現」意識は、対象についての意識に何らかの意味が付加されて、当初の対象についての意識には存在しない内容の意識を含んでいる。つまり、思考はその対象およびその対象には含まれない対象についての何かを生み出すのである。この対象には含まれない対象についての何かは、私たちには発見されるところのものとして感じられるのである。この発見するは、何か未知なものを見出すとか、これまで知られざるものを見出すというような一般的なものをも含めて、意味が付与されることとしての意味づけられるところのものすべてを指すのである。

人間の本性としての「発見する」

教育の場で子どもたちが最も生き生きとして、意欲的な時とはどんな時だろうか。まず授業の場では、何よりも授業内容がわかる時である。すなわち、教科書に書いてあることがわかる、教師の説明や話がわかる、何を学んだかがわかる、等々の時である。運動会や文化発表会、放課後のクラブ活動や部活動では、できるようになりたいことができるようになった、あるいはしたいことができたと感じられる時である。このわかるとできるとの共通点は何であろうか。それは今まで知らなかったことを初めて知る、わからなかったことがわかる、気づかなかったことに初めて気づく等の場合が相当する。このようなわかるとできるとの共通点として気づくことは、否定から肯定への転換である。すなわち、「〜ない」から「〜ある」への転換である。このように抽象化して考えるならば、人間が生き生きとして意欲的である時とは、すべてにおいて否定から肯定へと事態が転換する時であると言うことができる。ただ子どもたちと大人との違いは、子どもたちには「〜ない」という否定的なものが大人とは比較にならないほど多いことであり、それだけ子どもたちにとっては「〜ある」という肯定的なものへ転換することが多いということでもある。言い換えれば、子どもたちが学校教育の場で学ぶことは、大人にできることで、子どもたちにできないことを少しでも多くできるようにすることとも言うことができる。

私たちは子どもたちがその成長、発達において、自分たちの中の否定的なものを肯定的なものへ転換していく過程を、広い意味で「子どもたちが発見する」過程と考える。発見するとは、一般的には全く世の中に知られていなかったものを見つけ出すこと、あるいはこれまで見落とされていたものを見つけることという意味で用いられる。しかし、この発見するという言葉はそれだけにとどまらず、多くの人々に独特の響きを感じさせることは確かである。発見するは英語でdiscover（ディスカバー）と表現される。その意味は〈人が〉（偶然に・探検などで）〈人・物〉を発見する、〜ということを知る、〜に気づく、〜を悟る、〜がわかる、〈人の〉才能などを見いだす（発掘する）等がある。英語の綴りからdisは取る、開く、明るみに出すであり、coverは覆い、隠されていることである。このように発見するという言葉が私たちにとってある特別な意味を持って感じられるのは、人間の歴史の中でいろいろな分野で発見することがその分野に画期的な変化や発展をもたらし、ひいては世界の秩序や世界の歴史を大きく変えてきたという思いがあるからではないかと推測される。このことは見方を変えれば、人間はその本性において、あるいはその本質において〝発見しつつ、生きる生きもの〟という存在であるともいえる。

また発見することは、先述したように学力の作用としての認識の過程においては「身分け——総合」という過程をへて生み出される直観としての「身体表現」意識として顕わになるものである。ということは、発見することは、自我、すなわち、主体的な意識である相互主観の学力への意図的なかかわりを必要とするが、その実現はそれを超えた、生得的作用としての学力のノエシス――ノエマ構造の作用によって可能になるのである。すなわち、発見するは、このように人間が自分の中から生み出すものでありながら、自分の自我から独立したしくみのはたらきによってしか手にできないものなのである。しかも、人間存在のあらゆる可能性はこの発見することを通して実現されてきたことから、発見することに対して私たちが憧れや期待の感情を持つのはこうした理由が背景にあると考えられる。何かを発見することは、すべての人間にとって喜びであり、充実した感情の源であることは疑いのない事実である。私たちは発見することが人間に対してもつこの魅力は、発見することそのものが人間存在の本質に根ざしているところにあると考える。哲学者のハイデガーは、「発見しつつ有る（存在する）ことは、現有（人間）の一つの有り（存在のし）方である。……現有（人間）が本質上彼の開示性（存在の明るみ）で有る……限りその存在は真である。[註41]」と述べている。ここで人間が発見しつつある存在とされているのは、人間が存在の明るみとして存在している限りにおいてということである。つまり、ハイデガーにおいては人間は常に発見しつつある存在なのではなく、存在の明るみとして、すなわち、死すべき存在として自覚的に存在する時においてのみ発見しつつある存在なのである。いずれにしても、発見しつつ在ることは、人間が自らが真に存在すること、言い換えれば、最も人間らしく存在することの在り方であると考えられる。

認識の過程において、「発見する」をつくりだすのは、学力のノエシス――ノエマ構造の作用の過程であった。この過程は、相互主観の干渉を受けないはたらきによるという意味で受動性の過程であり、相互主観の干渉を受ける「身分け――総合」という能動性の過程とは区別される。この能動性から受動性への移行は、連続的な移行ではなく、非連続的な移行である。発見することに伴うさまざまな感情はここにその起源を持っている。こうした意味において発見することを求めるのは、人間存在の本質に根ざしているものと考えられる。発見することが人間の本性に根付くものであり、この本性が人間社会の発展に欠かすことができないとすれば、子どもたちの教育において、この発見するという資質を発達させることをめざす取り組みが含まれなければならないのは当然である。人間はその誕生時においてはほとんど無力の弱い存在として生まれてくる。つまり、呼吸をすること以外自分でできることはほとんどない。人間はいわば無に充たされた状況の中に誕生するのである。言い換えれば、人間が成長する過程は、この自分をとりまく無の状況を有の状況へと少しずつ変換していく過程である。他方で、人間の社会は発展を続ける。それは子どもたちにとってはできないことが増大していくことであり、無の状況の拡大である。拡大する無の状況に対して、有の状況への変換が加速されねばならない。ここに学校教育の人間社会において果たすべき役割がある。すなわち、学校教育はある限られた期間内に子どもたちが社会の中で生きていくのに必要な知識や技術を身につけさせねばならない。それは子どもたちを社会において必要最小限の有の状況下に置くためである。子どもたちが社会において必要最小限の有を身につける過程が、発見する能力を高める過程としての学校教育である。こうした視点から学校教育のあり方にもある方向性が求められる。それは、学校教育は基本的には個々の子どもたちの全面的な発達に合わせた教育を行うが、それだけにとどまらず子どもたちを取り巻く社会の状況に合わせて子どもの成長を促していく教育も同時に行われなければならない。しかも子どもたちの教育に与えられた時間は限られている。子どもの成長を促すのは無の状況である。無の状況とは、子どもたちにとって「できることが無い」という状況である。つまり、学校教育は子どもたちが「できないこと（もの）」を教材として準備しなければならないということである。できないこととしての教材とは、単に子どもの成長を超える程度が高い教材というのみならず、「あるべきものがない」こととしての教材である。つまり、それをするための手段や道具は最先端の便利なものがすでに存在するが、そうしたものを使わずそれを行うことである。たとえば、工作において板を切るという作業を行う場合、現代では電動ノコギリがありこれを使えば短時間に、しかもきれいに切断ができるが、あえてそうしたものを使わず昔ながらのノコギリを使って切ることである。また火を起こすのに現代ではマッチやライターなどの便利な道具や器具があるが、あえてそうしたものを使わず火打ち石を使って点火したり、木と木とを摩擦してそこから火を起こすなどである。こうした不足する状況を意図的に設定することによって、子どもたちが逆に「できることがある」という有の状況を自らつくりだしていく体験をさせることができるのである。

子どもの教育において重要なことは、いかに子どもに不足するものを準備するかということである。基本的に学校で子どもたちが学ぶ内容、すなわち学習内容は、子どもたちにとってできない内容で構成される。教育するとは、これを子どもたちが自らの力でできることへと変換させていくことを支援する営みである。ここで重要なことは「子どもたちが自らの力で……」である。できないことをできることへ変換させていく原動力は、認識の過程における学力の作用である。認識の過程における学力の作用は、目前の対象のみならず、目前にない過去の、あるいはあるであろう未来の対象についての意識と、ノエシスの作用によって生み出された身体の動きについての意識とを接続することによって、何らかの意味づけとしての「身体表現」意識を得ることを可能にする。この「身体表現」意識の獲得が、子どもたちが学習において「わかった」、「できた」ということに相当するのである。そして、この「わかった」、「できた」は、子どもたちにとっては非実在であったもの、すなわち、ノエマを実在のものとして獲得することである。これらのことは、一般に大人においても同様なこととみなすことができる。したがって、人間精神が学力の作用によって形成されるということは、人間にとって「発見する」ことは、その本性に基づくものであるということができよう。

発見的思考と「他者と共にある」

子どもの心をある目的に沿って、あるいはより良いものに変えていくことが学校教育の目的であり、学校現場における教師の基本的な仕事である。その教師が学校現場で子どもたちの成長、発達を促すためになしうる唯一無二の方法は、子どもたちに声をかける、子どもたちと言葉を交わし合うことである。すなわち、子どもたちが自ら言葉を話すことを促すことである。私たちはこれまでの探究において、言葉を話すことが、人間の精神形成に決定的な役割を果たすことを見出した。すなわち、それはこういうことである。一般に人間は心（＝精神）を持ち、その心は自らが言葉を話すことを通して、あるいは他者と言葉を交わし合うことを通して変わり、また変えられていく。このことは実際に私たちが日常的にも経験するところのことである。私たちはこれまでの探究において、この経験が純粋意識としての学力のノエシス――ノエマ構造の作用にかかわるものであることをつきとめたのである。

人間にとって言葉を話すという行為は、人間の最も人間らしい部分である心の形成にかかわる重要なはたらきを持つ。

おそらくこの基本的な構造は、人間の一生涯を通して変わらないものと考えられる。とすれば、人生の初期の段階にあたる幼少期——青年期の学校教育時代は、このような子どもたちの十全な心の形成をはかるために幼少期——青年期の子どもたちに、周囲の人間は何をなすべきかが判断されねばならないであろう。人間の心は私たちによれば「もう一つの精神（心）としての身体表現」意識である。この心を実体化させているのは身体であり、その身体の動きである。そしてこの身体の動きが話す言葉により表現されたものが「身体表現」であり、それについての意識が人間の精神、すなわち心である。したがって、しっかりした人間の心を形成するためには、その基礎となる「身体表現」をしっかりしたものにしなければならない。そのためには幼少期——青年期の学校教育時代は、特に対象を具体的な身体の動きで表現する能力と、それを自らの言葉で表現する能力の育成が大きな課題となるのである。

一般的に学校教育卒業後のおよそ60年間の人生の基礎が、この幼少期——青年期の時期の20年間に築かれるのである。これまで学校教育の現場に視点をおいて、そこから導き出されるすべてのことに焦点を当ててきた。学校教育時代は確かに限定された、すべてが準備された特別な場であり時期ではあるが、この時期を子どもたちがどのように過ごすかで、またどのように教育されるかで、その子どもたちのその後の人生の展開が大きく左右されることは間違いがない。それだけに家庭や学校だけでなく社会全体でしっかりとした取り組みをすることが求められる。実際に学校教育の現場に身をおいてみると、教育活動において教育指導として教師が子どもたちにできることは、あるいはしていることは、つきつめていくとただ子どもたちと言葉を交わし合うことのみである。もちろん、具体的に子どもたちの身体に触れて、さまざまな身体の動きにかかわっていく過程も数多くあるが、それも基本的には言葉を交わし合うことが伴っていて初めて何らかの教育的効果が得られるのである。

子どもたちの教育を行うにあたって、子どもたちの具体的な身体の動きに注目することはきわめて重要なことである。なぜなら、この具体的な身体の動きは心を形成し、心を変化させるその媒介をするものだからである。身体の動きの媒介なしには私たちは子どもたちの心そのものにすらかかわることはできないし、したがって子どもたちを教育することそのものが不可能である。学校教育の現場ではこれまでどちらかというと、子どもたちへのかかわりを心と身体とに分けて考える傾向があった。もちろん、心と身体との間に深いつながりがあることは、古来より指摘されてきていることであり、広く知られていることではあるが、実際の教育実践の場では往々にして別々のものとされてきた。そのため、子どもたちの世界で何らかの深刻な出来事が発生すると、安易に心と身体とが分離されて、心だけを取り上げた特別な学習の必要性が主張されることになるのである。私たちは心と身体は、本来一つに融合されたものであり、別々に切り離すことができないものと考える。心は身体の動きとしての身体を媒介して形成されたものであり、身体なしには本質的に存在しえないのである。いわゆる心のはたらきとしての「わかる」や「理解する」ことは、身体の動きを媒介して、すなわち対象となるものが身体の動きで表現され、それが学力の作用によって意味づけられることによって可能になることである。

「発見する」には二つの場合がある。一つは以前から存在してはいたが、まだ誰も知らないし、見たことがないとされている物や事柄を見つけることである。あるいは、すでに明らかになっている何らかの知識から、その知識には含まれていないがその存在が要請されるもの、あるいはその存在が想定されるものを見つけ出すことである。たとえば１９４０年にフランスのペリグー付近で少年たちがラスコー洞窟内で1万６０００年前に描かれたと思われる壁画を発見したような場合である。また、明らかにその時は実在していないが、その実在が想定されていたものが、何かのきっかけで見出された場合である。たとえば、太陽系の最も外側の惑星である海王星の発見がそれである。海王星の存在は必要によって全く想定されたものであり、実際にその存在が確認されたのは、すなわち、その存在が発見されたのはその後の１８４６年である。つまり、１７８１年に太陽系の内側から7番目の惑星として発見されたのが天王星である。ところが、この天王星の公転に関する摂動に不審を抱いた天文学者たちが精密な計算を行った結果、天王星の外側にもう一つの惑星が存在し、その惑星の存在がこの摂動の原因ではないかと結論づけたのである。このもう一つの惑星が後に発見されることになった海王星である。この場合はその存在が想定されることはこれは認識の結果得られるものであり、したがってこの場合の発見は、明らかに学習活動の一環とみることができる。

「発見する」のもう一つは、それまで全く存在していなかった物や事柄が生み出されて、それが見出される場合である。

この場合はさらに物の場合と事柄の場合とに分けられる。物の場合はどちらかというと「発明する」に相当すると考えられる。たとえば、豊田佐吉は藁筵を編むという幼少年期の経験からやがて自動織機を発明するにいたるが、この自動織機の発明にいたる過程に生み出されたと思われるものが「発見する」の場合である。さらに事柄の場合は、たとえば、ゲーテが『ファウスト』の中で述べた「移ろうものは、みなたとえにすぎない(註42)」という表現があげられる。これは地上の現象はすべて、永遠な神の心の象徴的なあらわれにほかならない、という意味であるが、これは人生の意味づけとしての一つの「発見」であると考えられる。以上のように「発見する」には二つの場合があるが、どちらも学力のノエシス――ノエマ構造の作用によって可能になるという点で共通している。

ところで「発見する」ことは、それが発見であることを確認するものの存在を必要としている。つまり、それが発見であることを確認をする主体的なものが存在しなければならない。その役割を果たすのが相互主観である。相互主観は、認識の過程を遂行し、学力の中に在りつつ、学力を超越し、認識の過程によって生み出されたものについて、判断する、評価する、意義づける、というはたらきをするのである。この相互主観は、先述したように、他者と「言葉を交わし合う――身体表現」意識に伴い自らを顕わにする。すなわち、相互主観はその本質において純粋意識を構成する「身体表現」でありながら、純粋意識を超えて存在し、そのはたらきは、純粋意識へのかかわりを通して、対象を判断する、評価する、意義づけるのである。つまり、相互主観は本質的に思考全体を方向づける役割を担っている。相互主観のはたらきによる〝自他の転換〟、すなわち、自己が他者へと超え出る、あるいは他者が自己へと超え出る、これらのことは、相互主観の超越性を根拠づけるものとなる。この相互主観の超越性が人間の認識の過程により生み出された「身体表現」意識を判断し、評価し、意義づけるのである。

発見することがこのように相互主観の存在にかかっていることは、発見することが可能になるための条件として、自己と他者とが共に在ることがあげられる。発見することが起こるには、学力のノエシス――ノエマ構造の作用が必要である。この学力は何らかの問題や課題と出会う時に、すなわち、何らかの「問い」と出会う時自らを顕わにする。また学力のノエシス――ノエマ構造の作用が可能になるには、対象についての意識が自己の身体の動きについての意識になっていなければならないが、このためには他者により自分自身の身体の動きが表現されることが必要である。すなわち、他者によって、自分自身の身体の動きが意識となっていなければならない。このように発見的思考が可能になるためには、相互主観の存在が必要であり、それは同時に他者と共に在ることが必要であることを意味する。このことは、私たちに子どもたちの学習における共に学ぶことの重要性を教えている。学習集団の編成において、子どもたちが「共に在る」ことへの十分な配慮がなされる必要がある。

発見的思考における直観と分析

発見学習は認識の過程を通して展開されるが、この認識には一般的に直観的認識（以下直観）と分析（論理）的認識（以下分析）という二つが区別される。直観が存在するということについては誰しも認めるところであるが、ではそれを分析と明確に区別し、それとの関係を明確にすることはこれまでなかなか困難であった。それはひとえに認識の過程がどのようなものであるかを具体的に表現することの困難さに由来するものである。直観と分析とは一般的には次のように区別されて考えられている。事物の知り方、すなわち、事物の認識の仕方には、その事物を外からみる方法とその事物を内から知る方法とがあるとされる。前者の事物を外から見る方法は分析による方法である。つまり、その事物を単純な部分である要素に分割して認識していくことである。すなわち、分析するとは、事物を全体としてではなく、分割された個々の要素を特殊的・個別的事実と一般的事実とに分け、一般的事実によって特殊的・個別的事実を理解することである。しかし、この方法ではどこまでいっても事物の全体にはたどりつかない。というのは、分析をもって総合しようとする全体は、事物のそれ自身において完結する全体ではないからである。そこで全体を一挙に把握しようという方法が考えられる。それが直観である。直観とは一般的に全体の無媒介的な把握の方法であるとされる。つまり、直観は事物の知り方の後者の方法である。私たちは思考によって変化するものから固定した概念を抽出することができても、固定した概念をもって変化するものの再構成を可能にする方法は持っていない。したがって、この変化するものはその中に身をおいてそれを内から知ることしかできない。すなわち、直観によってしか知ることができないのである。

真の直観とは、事物に対してその周囲にいくつかの視点をとりそれを何らかの符号によって表現するという分析（論理的認識）とは異なり、事物に対して何らの視点をとらずに、事物それ自体の中に身をおき、既成の概念を捨てて、いわば符号なしに事物の絶対的把握に到達しようとするものである。このような直観によって実在の根源に触れ、存在の純粋経験を持ち、その上に初めて存在の論理が展開されることになる。直観の本質は概念性を免れていることである。

これに対して私たちはまず認識は直観と分析との二種類からなるという考え方をとらない。なぜなら、認識の形成にかかわる学力は先述したように、その本質において志向性であり、直観であるからである。したがって、結論から言えば、認識とは基本的に直観のみであると考える。ではなぜ私たちは一般に認識を直観と分析とに分類して考えるのであろうか。あるいはそのように体験するのであろうか。私たちはこれについては次のように考える。私たちの考え方の基本となるのは【図４】の発見学習の過程である。すなわち、発見学習の過程において、「言葉を交わし合う――身体表現」意識の介在しない過程の認識が直観として、他方で「言葉を交わし合う――身体表現」意識が介在する過程の認識が分析として区別されるのである。まず前者の直観であるが、この場合は「身体表現」意識による対象の直接の認識、すなわち、対象についての意識を「手許にある――身体表現」意識と及び「言葉を話す――身体表現」意識で直接「観る」、あるいは直接「考える」ことによって得られる認識である。つまり、この場合は、学力のノエシスの作用の意識と意識とを接続するはたらきのみで認識が形成され、反省としての言葉を話すことによる接続の切断は起こらない。これに対して分析の場合は、相互主観によりノエシスの作用の意識と意識とを接続するはたらきと、反省のそれを切断するはたらきとが交互に行われる。分析の場合は接続と切断とが交互に行われるために、考えがまとまるには時間がかかるという体験、すなわち、思考体験となるのである。しかし、この結果分析として生み出される認識は当然直観なのである。言い換えれば、実在する認識は直観のみであり、いわゆる分析とは仮象の認識である。発見的思考による認識は、したがって本質的に直観である。

哲学の分野をはじめ心理学等の分野でも、いわゆる直観と表現される人間の精神のはたらきがあることが確認されている。ブルーナーはその著『教育の過程』の中で「直観的思考と分析的思考」という章をたてて、その中で「……実のところ、直観的理解を構成しているのは何かということさえ明らかではないのである。……直観的思考の性格を周到に吟味することが、教育課程の編成と教育の任にあるひとびとに大きな助けとなるであろう」(註43)として直観的思考に注目することの重要性を強調している。ブルーナーは思考には論理的思考と直観的思考の二通りがあり、演繹と帰納、分析と総合といった思考形式は、論理的思考に属するという伝統的な区分を行った。そして、これまではこの論理的思考形式ばかりを問題にして科学的思考の育成を強調していたが、真の問題解決には直観的思考が重要な役目を果たすのであり、現在の理科や数学ではこの直観的思考の重要さを忘れていると主張する。そして「分析的思考は一時に一歩進むのがその特徴である。……分析的思考とは反対に、直観的思考は入念で、輪郭のはっきりした段階を追って進まないのが特徴である。」とし、さらに「……直観的思考をするには、それに関連している知識領域とその知識の構造に精通していることが必要であるが、そうすることによって、思考しているひとは段階をとびこえ近道をしながら自在に進むことができるのである。」(註44)と述べている。

このような直観的思考のもつ重要性についてのブルーナーの主張は、私たちの主張とも軌を一にするものである。問題はブルーナー自身が述べているように、直観的理解を構成しているのは何かということさえ明らかではないことである。言い換えれば、直観的思考と分析的思考（＝論理的思考）との関係はどうなっているかということが明らかになっていない問題でもある。もし直観的思考が論理的思考と明確に関係づけることができれば、直観的思考とは何かが明らかになるであろう。このように直観ないしは直観的思考が注目されるようになった背景にあるのは、後に詳述することになるが、いわゆる現代が「知識爆発の時代」と呼ばれ、あらゆる分野で急速な進歩がみられ、それは同時に学ぶべき知識量の飛躍的増大をもたらしていることである。特にこうした傾向は自然科学的分野において著しいものがある。また、学問の発達はその領域の多様化、複雑化、細分化をもたらしたが、一方で諸学問の間の交流の必要性が浮き彫りになってきたことである。学校教育がこうした状況に対応するためには、あらゆる面で学習活動の効率化をはからねばならず、その一環として人間の認識能力が、とりわけ直観や直観的思考が注目されるようになったと考えられる。

私たちは分析的思考、すなわち、論理的思考と直観的思考について、より多くのことを言うことができる。すでに私たちは繰り返しこれまでに論じてきたことであるが、思考するとはどういうことかをあらためて考えてみると、思考するとは対象自体を思考しているのではなく、対象についての意識を対象として思考しているのである。対象についての意識を対象として思考するとは、概念を対象として思考することである。私たちはある対象を思考するという時、ある対象そのものから直接の注意をそらし、自分の意識の動きに注意を向ける。たとえば、以前取り上げた作用・反作用の法則について考える。この法則は一般に「二つの質点A、Bがあり、AがBに力を及ぼす時、逆にBはAに力を及ぼし、その力の大きさは等しく、逆向きで、AとBを結ぶ直線の方向にはたらく法則」とされる。この法則を理解しようとする時私たちはどうするであろうか。この説明を何度読んでも理解には決して達しないであろう。その時、私たちは無意識にこの説明から注意をそらし、自分の身体の動きでこの説明の内容を再現しようとする意識の動きに気づくであろう。この無意識のうちに私たちを自分の身体の動きでこの説明の内容を再現しようと導いているのが、学力の志向性である。つまり、この時点で学力は自らの姿を顕わにし、すでにその作用を遂行しているのである。これに触発されるように私たちはもしそれが可能であれば、立ち上がって壁に向かって実際に両手で壁を押そうとするであろう。もしそうしたことが不可能であれば、想像力によって、同じことを再現しようとするであろう。この学力の志向性は直観である。しかし、ただ壁に向かって立ち、両手で壁を押しただけでは、作用・反作用の力がどのようなものであるかは正確に把握できない。両手で壁をどのように押すのか、そうしたらどのような反応が返ってくるのか……等々、私たちは言葉を話しながら身体を動かしているのに気づく。この時学力のノエシス――ノエマ構造の作用が、つまり、ノエシスの意識と意識とを接続する作用と、反省による接続の切断の作用とが交互に展開されているのである。私たちはこのような状態を思考すると呼び、これは分析的思考の過程である。この事例からもわかるように、反省としての言葉を話すことが介在しているか、介在していないかが直観と分析的思考とを区分するのである。分析的思考とは、直観としての志向性を言葉を話し分節することによって、新しい直観を導くことにほかならず、認識の内容としては直観なのである。認識に直観と分析的認識という二種類があるのではなく、あるのは直観のみである。

発見的思考の無限の可能性

私たちは日常的に「あることがふっと浮かぶ」、「ある考えを思いつく」、「予想もしないことを考えつく」等の経験をする。一方で、あることについて思考し、考えをまとめようとする時、一生懸命になればなるほどまとまらなくなり、その後それと全く違ったことを考えている時に、以前に求めていたその考えが一つにまとまった形となり、浮かびあがるという経験をする。私たちが一般に発見することとして受け取っているのはこのような経験である。前者のような経験には、自分の意思の存在がないとされる。つまり、自分の意思であることを思い浮かべようとしたり、思いついたりするのではないということである。他方、後者のような経験では、前者の場合と同様に、自分の意思では考えをまとめようと一生懸命努力するのであるが、それがうまくできなかったのに、その努力をやめた後に、求めていた考えがまとまって出現することから、この場合もやはり、自分の意思の存在はないと考えられる。これらの経験は、私たちに何を教えているのであろうか。

まず明確なことは、これらの経験における前者のような事例の発見することが起こるには、自我の存在が関与していないということである。つまり、発見することは発見しようと意思してできることではないということである。言い換えれば、発見することは思考しようとして意図的に思考する中で、その内容が変化し、発見するに結びつくというようなことではなく、思考しようと思おうと思うまいとに関係なく瞬間的に、発作的に、不意に出現する思考内容であるということである。このような思考、あるいは認識は、直観と呼ばれる。すなわち、何かを発見することは何かを直観することである。こうした直観のしくみについては先述した。つまり、直観とは学力のノエシス――ノエマ構造の作用そのものによって生み出される認識である。そしてこの直観は、反省としての言葉を話すことが介在しない場合と介在する場合とで、前者はいわゆる直観として、後者は分析的認識として区別されるのである。あたかも二種類の認識が存在するかのようであるが、そうではなく、存在する認識は基本的に直観のみである。

では先ほどの経験における後者のような事例の「発見する」ことが起こる場合はどうであろうか。すなわち、あることについて思考し、考えをまとめようとする時、一生懸命になればなるほどまとまらなくなり、その後それと全く違ったことを考えている時に、以前に求めていたその考えが一つにまとまった形となって出現するという場合は、前者の場合と全く同一であろうか。私たちは前者の場合の直観と後者の場合の直観とを区別する。確かに出現する直観としては同一であるが、その出現の仕方に相違がある。この直観の出現の仕方の相違が大きな意義を持っている。実は、後者の場合の直観の出現の仕方としての「発見する」ことこそ、私たちがこの探求においてめざすべき発見することである。教育実践には必ず教育目標がある。また必要である。教育目標というのは、「こういう子どもたちを育てたい」という目標であり、教育実践という意図的な営みには不可欠なものである。つまり、教育実践は教える側の主体的な意思に基づき、子どもたちにかかわる営みなのである。もし、この教える側の主体的な意思がなければ、あるいは教える側の主体的な意思なしに子どもたちにかかわり、結果として子どもたちが何らかの価値ある結果を得る、すなわち、発見することによって何かを為し遂げたとしてもそれは単なる偶発的な出来事であり、教育実践の成果ということはできない。つまり、何のために教育実践を行うかといえば、それは単なる偶発的な出来事としての発見することの出現を期待するからではなく、必要性や目的性にそった出来事としての発見することを出現させるためである。教育の可能性とはそういうことである。後者の場合の直観の出現の仕方としての発見することが、教育実践の場では求められている。

発見することが本質的に直観である以上、子どもたちに直観を生み出させる、すなわち、発見することを生み出させる絶対的に確実な方法というものは存在しないであろう。というのは、直観は学力のノエシス――ノエマ構造の作用によって生み出されるところの「身体表現」意識であり、この「身体表現」意識はノエシスの作用に基づき生み出されるが、ノエシスの作用は生得的な、所与の資質に基づく作用であり、自我の支配を受けない作用だからである。それはちょうど胃や心臓という内臓がそれ自体固有のはたらきを持っており、私たちの意思から独立していることと符号する。しかし、確かに子どもたちに直観を生み出させる、すなわち、発見することを生み出させる絶対的に確実な方法というものは存在しないが、発見することを自我の支配下におくことは可能である。つまり、私たちは発見することをある程度の確率をもって実現することができるということである。というのは、私たちはノエシスの作用に対して、反省の作用を絡ませることができるからである。反省とは言葉を話すという行動であり、これには相互主観としての自我が伴っていた。ということは、相互主観としての自我は、言葉を話させることを通して、ノエシスの作用に直接かかわることができるのである。つまり、私たちは相互主観を伴う「言葉を交わし合う――言葉を話す」を通して、直観の内容そのものの形成、あるいは直観を一定の目的に合わせて出現させるようにすることの可能性を高めることができるのである。言い換えれば、思考の過程とは、言葉を話すことを通して直観の形成にかかわる過程にほかならないのである。

直観の形成やその出現に自我がかかわることができることは、直観についてのこれまでの一般的な考え方からすれば画期的なことである。ただ、誤解されてはならないことは、直観の形成やその出現が完全に自我としての相互主観の支配下におかれるということを意味してはいないことである。つまり、人間は自己の意思にしたがって全く恣意的に直観自体を生み出したり、消滅させたりすることはできないのであり、あくまでも自己の意思に沿った直観の形成、あるいはその出現を期待することができるということである。すなわち、直観そのものの形成は、どこまでも生得的な作用としてのノエシスによって遂行されるものであるが、反省の作用はノエシスの作用にある程度の範囲において影響力を行使することができるのである。ノエシスの作用は、それ自体生得的な、所与の作用であり、相互主観としての自我の影響を全く受けないという意味では私たちからみれば受動性である。これに対して自我としての相互主観に伴う反省の作用は、自我の影響を受けるという意味では私たちからみれば能動性である。厳密に言えば、直観自体の形成においては私たちは全く受動的であり、いささかもかかわることはできないのであるが、直観の内容の形成やその出現には能動性である自我がかかわることができることから、より高い可能性を期待することができるのである。人間の認識はこの受動性と能動性との結合によって可能となるものである。

人間の思考が、したがって発見的思考が、認識の過程における受動性と能動性との結合によって可能となるということは、次のことを意味している。人間の思考は、いかなるものでも発見し得るという無限の可能性を持つということである。それは次のような意味においてである。直観自体の形成はノエシスという生得的な、所与の作用によって行われ、いかなる意識と意識とが接続され、その結果としていかなる意味づけが行われるかは誰にも全く予測することができない。しかし、もしこれだけであれば、ノエシスの作用によってもたらされる意味づけは、無秩序な、ある意味荒唐無稽なものとなることがあり得る。こうした意味において人間の思考はその内容、形式において人間にとって不確実なものである。もちろん、偶然にも思いもよらない、有意味な「身体表現」意識を生み出すこともあり得るであろうが、それは単なる偶然的なものに終わるであろう。これに対して、このノエシスの作用に、自我を伴う反省の作用が絡むと、いかなる意識と意識とが接続されるかは、自我のはたらきによってある程度規制されることができることになる。言い換えれば、自我に沿ったノエシスの作用を期待することができ、生み出される「身体表現」意識にも求められるものに符号するようになるであろう。教育はきわめて意図的、目的的な営みである。ノエシスの作用にこの反省の作用が絡むことがなければ、そうした教育の本来の営みは期待することができない。発見的思考が、反省の作用の影響を受けることは、教育の可能性という点からすれば無限の可能性を持つということを意味するのである。人間は従来から言葉を話すという行為が、自らの精神の形成、及びその発達に重要な意味を持っていることを経験的に感じとっていたと考えられる。というのは、人間は自らが話す言葉について、形式と方法とに重点を置く学問分野として論理学を作り出し、推論と認識の妥当性と共通性を探ることを究極目的とする学問としたが、これは言葉の表現にあらゆる学問に共通する思考形式というものを明らかにすることで、人間の精神を自らの手許に置き、その存在をより確実なものとしようとしてきたからである。人間精神は学力のノエシス――ノエマ構造の作用の存在によって、無限の可能性を所有するのである。

発見的思考における「体験――問い」

学習過程の基本は発見学習である。これは人間の本質に根ざした学習過程であり、いくつかある学習過程の中から適当なものを選ぶという問題ではない。古代ギリシア時代の諸科学の誕生にみられるように、知識は問うことからはじまり、それへ問いかけることを通して誕生し、発展してきたということができる。発見学習はこのような知識誕生の原理を基礎におく学習過程なのである。従来の系統学習や問題解決学習という学習過程は、この発見学習の派生態であり、発見学習の中に本質的に含まれている。発見学習とは認識の過程を基礎とした学習過程である。まず授業の場においては子どもたちに学習内容が提示される。これには授業の場で初めて提示される場合と、子どもたちによる予習を期待してあらかじめ提示される場合とがある。どちらの場合においても、発見学習ではまず学習内容の「問い起こし」から始まる。学習内容の「問い起こし」とは、学習内容自体が「問い ―― 答え」の問答形式に再構成されることである。学習内容を「問い ―― 答え」の問答形式に再編成することは、かなり高度な技術を要する作業である。したがって、これは基本的には教材研究としての教師の作業になる。「問い起こし」の基本的な方法としては、学習内容が答えとなるように問いを作成することである。詳細については発見学習の授業の実際において後述することになる。発見学習において学習内容が「問い ―― 答え」の問答形式に再編成されることが必要とされる理由は何か。それは学力が自らの作用を顕わにする条件であることによる。つまり、学力の作用、したがって認識の過程が展開する時は、私たちの中に「問い」が浮かび上がる時であり、あるいは私たちが「問い」に襲われる時であった。したがって、発見学習を展開するためには、学習内容自体が「問い」によって再構成されている必要があるのである。

発見学習の過程では【図４】で示されるように二つの問いが交流する。それは「体験 ―― 問い」と「発見 ―― 問い」である。発見学習におけるこの二つの問いの交流を、私たちは「問い ―― 問いかけ」と呼ぶ。基本的にはこの「問い ―― 問いかけ」の中で発見学習は展開することになる。先述したように、「体験 ―― 問い」は対象についての意識の「身分け」に伴う問いである。すなわち、「体験 ―― 問い」は対象についての意識が具体的な身体の動きで表現されることに伴う「問い」である。「身分け」では具体的な身体の動きが言葉による多様な表現を通して行われ、したがってそれに伴い多様な「体験 ―― 問い」が生み出されることが可能である。たとえば「江戸幕府の第八代将軍徳川吉宗は評定所に目安箱をもうけて庶民の声を聞いた」という学習内容を例にとる。「体験 ―― 問い」は、「身分け」の過程で生み出される「問い」である。この例では「体験 ―― 問い」は、たとえば「目安箱とはどんな箱か？」、「誰が設置して、誰が撤去したのか？」、「どこにどのように設置したのか？」、「設置される日はきまっていたのか？」「何時から何時まで設置したのか？」、「目安箱には誰か受付の人がいたのか？」等々である。さらに「投函された手紙を将軍吉宗が読む前に誰か点検したか？」、「手紙を読んだのは吉宗以外に誰がいたか？」、「手紙の内容にある提案を受け入れることは吉宗一人で決定したのか？」、「手紙を投函した人たちはどういう人々か？」等々である。これらの「体験 ―― 問い」に共通しているのは、事実への接近（アクセス）としての学習内容を身体の動きで表現するに伴う「問い」ということである。

発見学習における「体験――問い」の過程は、授業の場では教師と子どもたちとの間での「問い」の交流という形態となる。教師は子どもたちにあらかじめ準備した学習内容についての「問い」を考えさせ、この「問い」へ問いかける「問い」を生み出させることをめざす。その時子どもたちに「問い」を生み出させる鍵となるのが、学習内容の言葉で表現された述部、特に述語に注目させることである。それは述部や述語が具体的な身体の動きで表現することを可能にする内容から構成されているからである。そして時には教師が自ら学習内容を表現する身体の動きを実際に子どもたちにして見せると、子どもたちがそれを模倣し、そこからまた「問い」を生み出していくことになる。また、これらの多様な身体の動きは、それ自身が対象となり、身体の動きについての意識の「身分け――総合」という過程を展開させる。こうした過程が反復、継続されることが、学習内容についての意識が意味づけされること、すなわち、学習内容を理解すること、認識すること、判断することにつながるのである。

発見的思考における「発見――問い」

「発見学習」において交流する二つの問いのうちのもう一つが「発見――問い」である。「発見――問い」は、「身分け」された身体の動きについての意識が、学習内容に対応して一つの身体の動きに「総合」される時に生まれる「問い」である。すなわち、「発見――問い」は、発見学習の「総合」の過程の進行を示す「問い」である。この「問い」は「こういうことなのでは？」、「こうしたらいいのでは？」などの表現によって自らを示す。ところで、この「総合」の概念と「結合」の概念とは区別されねばならない。一般に「総合」とは個々別々のものを一つに合わせまとめることであり、論理学では原理から出発してその帰結に至ることである。数学では公理から出発して定理を証明する数学の提示法であり、哲学の弁証法では相互に矛盾する定立と反定立とを止揚することとして使用される。これに対して「結合」は結び合うこと、結び合わせて一つにすることとして使用される。こうしてみると、「総合」と「結合」は共通部分を持ちながらも全体としてもっている意味合いにおいてかなり異なっていることがわかる。「総合」の概念が「結合」

の概念よりもその内容において範囲が広く、奥が深い。この二つの概念のこのような差異は何に由来するのであろうか。私たちはこのような両者の差異は、「総合」が受動性のはたらきによるのに対して、「結合」が能動性によることに由来すると考える。人間の認識の過程において受動性は能動性を上回る力を持つ。その力の大きさがそれぞれの概念の範囲の広さや奥深さの違いとなっているのである。人間は認識の過程における「身分け――総合」の過程そのものに全面的にかかわることはできない。なぜなら、「身分け――総合」の過程には自我から独立した生得的、すなわち、所与のはたらきである学力のノエシス――ノエマ構造の作用を含むからである。認識の過程で直接かかわることができるのは、この過程の基礎をなす「手許にある」過程における「身分け」と「総合」の過程である。したがって、「総合」という過程は具体的な身体の動きに「身分け」された学習内容を、学習内容に対応して一つの身体の動きへと総合する過程である。発見的思考における思考とは、認識の過程としての思考である。この認識の過程をへて生み出されるのは「身体表現」意識であるが、この「身体表現」意識は学習内容についての意識とは本質的に異なるものである。というのは、この「身体表現」意識は学習内容についての意識が何らかに意味づけされた意識だからである。この何らかに意味づけされる過程が「身分け――総合」の過程である。意味づけされた意識としての「身体表現」意識に対応する「問い」、すなわち、「発見――問い」は学習内容としての学習内容への具体的な身体の動きによるかかわりを表現する「問い」となる。それが「こういうことなのでは？」、「こうしたらいいのでは？」等の「問い」である。たとえば「2×□＝4」という学習内容を例にとる。この場合の「身分け」は次のようになる。まず与えられた問題「2×□＝4」は「2に何かを掛けると4になる」という意味であるが、掛けることは加えることであることから、「2に何かを加えると4になる」と言葉で表現することで、この問題は「加える」という具体的な身体の動きについての意識に変換できることが確認される。具体的な身体の動きへ変換する方法として、たとえば、マッチ棒のようなものを4本準備する。まず、4という数字をさまざまな身体の動きで表現することになる。すると、1本のマッチ棒にもう1本を加えて、さらにもう1本を加えて、さらにもう1本のマッチ棒を加える身体の動きを行う。これは4という数が「1＋1＋1＋1」として得られることの「身体表現」であり、ノエシスの作用に基づくものである。同様に、ノエシスの作用によってこれ以外にも「1＋3」、「3＋1」、「2＋2」という身体の動きによる表現、すなわち、「身体表現」が生み出される。この場合、3本のマッチ棒を輪ゴムでひとまとめにして、あるいは2本のマッチ棒を輪ゴムでひとまとめにして、それぞれを加えることになる。これらの「身分け」における「身体表現」の中から「2×□＝4」に対応する「身体表現」は、ノエシスによって「2＋2」という身体の動きによる表現であることが顕わになり、これによって与えられた問題「2×□＝4」の□には「2」という数字が該当するという判断が形成される。以上の過程が「総合」の過程である。「総合」の過程に応ずる「問い」が「発見――問い」と呼ばれるのは、3本のマッチ棒を輪ゴムでひとまとめにする等という学習内容には本来なかった「身体表現」が、この過程において生み出されることを示す「問い」だからである。認識の過程そのものの中に発見するという契機が含まれているのである。

「生きる力」としての「問い」を生み出す力

これまでに人間存在が身体とその身体の動きとからなり、身体の動きそのものの中に人間の精神の存在が間接的にではあるが見出すことができることを確認した。言い換えれば、人間の精神はさまざまなその身体の動きの中に存在しており、それらの身体の動きを通してその実在を確信することができるのである。また、精神がその中に存在するとする身体の動きは、単なる身体の動きではなく、言葉により表現されるところの「身体表現」である。私たちが人間精神を「身体表現」意識と表現するゆえんである。このことは、精神の存在は言葉を交わし合うという行為と深い関係があるということを意味している。この「言葉を交わし合う――身体表現」意識は、「言葉を話す――身体表現」意識と「手許にある――身体表現」意識とともに学力の構造を構成する。しかもこの「言葉を交わし合う――身体表現」意識には、自我としての相互主観が伴っている。意識体験における主体的意識である相互主観は、純粋意識としての学力の構造を構成するものでありながら、他方で他者と共に在ることを通して、その学力を超え出る意識であり、学力そのものと向き合い、学力を刺激し、学力そのものを変化させることができる。学力のあり方における相互主観のはたすはたらきはきわめて重要である。

発見学習は子どもたちの生きる力を育成するという目的にかなう学習方法である。発見学習では「体験――問い」と「発見――問い」という二つの問いが学習の展開の柱となる。「体験――問い」は「身分け」の過程と、「発見――問い」は「総合」の過程とにそれぞれ強く結びついている。相互主観はこれらの二つの「問い」の発生を通して、「身分け――総合」という認識の過程の遂行を促すことができる。つまり、発見学習の授業においては、この二つの「問い」の発生を積極的に促す、すなわち、二つの「問い」へ相互に「問いかける」努力を行わせることによって、子どもたちの学力の形成をうながすことが期待できる。子どもたちがその学習活動で最終的にめざす学力の向上は、彼らがそれぞれの人生においてたくましく生きていく生きる力の向上にほかならない。したがって、子どもたちにこのたくましく生きていく生きる力をつけることは、「体験――問い」と「発見――問い」という二つの「問い」を自ら生み出すことができる力をつけることである。

発見学習における発見することとは、何も全く新しい知識を発見することだけをさしているのではない。子どもたちにとっては、初めて知ること、わからなかったことがわかることも発見することなのである。つまり、単なるわかることも広義の発見することなのである。かつてこういう主張がなされたことがあった。子どもたちの学習における発見することは、すでに人類の知的財産となっている既知の知識の学習であるから、いわゆる各分野の専門家や科学者が行う発見することとは内容的にも質的にも次元を異にするものであり、発見学習は正確には発見的学習と呼ぶべきであるというものである。しかし、私たちは先述したようにこうした考え方はとらない。というのは、子どもたちの学習における認識の過程も、各分野の専門家や科学者たちの諸研究における認識の過程も構造的には基本的に全く同じだからである。どちらも認識の過程で生み出される「身体表現」意識であることに変わりはない。事実、これまでにもさまざまな分野で年齢の別なく偉大な発見やそれにつながる成果が生み出されている。ただ、子どもたちにおける発見することは、その大半がたまたま既に発見されてしまっていたにすぎない。むしろ、子どもたちの認識の過程の中にこそ、発見することの契機が豊富にあると言えるかも知れない。というのは、子どもたちにおいては分析が未発達で未熟である反面、これは相互主観とこれに伴う「言葉を話す――身体表現」意識との未発達で未熟であることによるが、そのぶん学力のノエシス――ノエマ構造が露出しており、直観が鋭いはたらきをしているからである。言い換えれば、子どもたちには対象としての物事の断面がそれだけより直接的に迫ってくるのである。すべての学習活動はそれが本来のやり方や形態でおこなわれれば、基本的に発見学習である。そしてこの発見学習こそが生きる力を育成する学習である。発見学習は「問い」に始まり、「問い」に終わる学習である。人間にこの「問い」を可能にしているのは超越的自我を本体とする相互主観の存在である。私たちは学習活動におけるこの相互主観の他者と共に在り、互いに言葉を交わし合うという行為が、子どもたちの「生きる力」を育成することにおいてきわめて大きな意義を持つことを再確認する必要がある。

第七章　発見学習の教育課程

第一節　発見学習の過程と教育課程

対象と対象についての知識

授業を実施する際に必要なのが教育課程の編成である。教育課程とは一般に教育の目的および目標を達成するのに必要な教育内容を選択し、組織し、提供する教育計画である。第二次世界大戦後、日本にはカリキュラムという言葉が入ってきた。この言葉は語源的には人の走る道、すなわちランニング・コースという意味であるが、それが教育用語に取り入れられて、教育の進行していく道、すなわち教育内容の計画を意味するようになったとされる。重要なのはこのカリキュラムという言葉には、教科の授業だけではなく、教科以外の、学校行事、児童会（生徒会）活動、クラブ活動、ボランティア活動等学校のすべての教育活動が含まれることである。このことは、子どもの健全な教育には教科の授業だけではなく、教科以外のあらゆる分野の教育活動が含まれるという視点に立つものと考えられる。私たちはこのような考え方に基本的に同意するものであるが、その理由については一般に十分理解されているとは言い難い。それが証拠に、私たちはともすれば教科の授業は学力の向上に関係するが、教科以外の諸活動は学力の向上とは直接関係しないという判断にしばしば遭遇する。そしてこういう判断のもとでは、教科の授業に特化したカリキュラムの編成が中心となりやすい。

教育内容の計画としてのカリキュラムに教科以外のあらゆる分野の教育活動が含まれることは、どのように理解されるべきであろうか。さまざまな考え方があることが予想される中で、私たちは次のように考える。ここでいう教科以外の諸活動とは、学校行事、児童会（生徒会）活動、クラブ活動、ボランティア活動等である。これらの諸活動に共通するのは、個人という枠を越えた諸活動ということである。つまり、他者との交流としての人間関係が核となる諸活動である。他者との交流としての人間関係においては、言葉を交わし合うこととしての会話、対話、討論、議論等、さらに身体を動かすこととしての協働、共同、共助等があげられる。したがって、こうした言葉を交わし合う、あるいはこうした身体の動かし方をすることが、教科の授業と深く結びついており、あるいはこれらが深く結びつくことで、子どもの健全な教育が行われるという考えである。言い換えれば、こうしたカリキュラム編成上の視点には、教科の学習で学力の作用の中心となる認識の過程が言葉を交わし合うこと、あるいはこうした身体の動かし方に大きくかかわるという認識が存在する。ここには人間の認識の構造ないし過程についてのある明確な形式についての概念が存在することが確認できる。

人間の認識の構造およびその過程をすべての人に目に見える具体的な形で明らかにしたのはカントである。カントのいわゆる三大批判、中でも『純粋理性批判』はそういう意味では、哲学の世界のみならず教育の世界においても画期的なことであった。カントは、「形而上学（存在するものの存在を求める学）は人間の自然的本性に根付くものであり、本来形而上学に対して（人間は）無関心であることはできない[註45]」とし、「存在するものの存在を求める」ことを可能にする能力として最高の地位にありながら、当時その地位を失いつつあった理性の役割を確認すべく、理性の自己認識にとりかかったのである。こうして解明されたのが人間の認識の構造である。カントによれば、人間の経験に与えられる世界が人間にとって本当に存在する世界、すなわち実在する世界であり、この世界の理法を人間は自らの理性と経験によって認識することができるとした。カントは人間の認識を次のように述べている。「認識が直接に対象と関係するための方法、また一切の思惟が手段として求めるところの方法は直観である。……また我々が対象から触発される仕方によって表象を受け取る能力を感性という。したがって対象は感性を介して我々に与えられる。また感性のみが直観を給するのである。」とし、さらに「対象は悟性によって考えられる。そして悟性から概念が生じるのである。[註46]」と述べている。すなわち、それらの概念がいわば人間の精神（心）を構成する要素であると考えられる。こうしてみるとカントの認識の構造についての叙述はかなり図式的である。そして、このカントの認識を構成するこうした用語を使って、その後の多様な哲学が展開されることになるのである。ともかくカントによって人間の認識の構造が目に見える形で提示されることになった。そして明確になったことは、たとえば時間や空間といった直観形式等、すなわち、人間の認識能力は生得的な能力も含めて一つの構造体であるということである。つまり、人間の認識の構造は一つに定まっているということである。これは対象となるものがどのような対象であっても、人間が対象を認識する仕方は一定であることを意味する。言い換えれば、対象を認識するとは、認識する能力が自分のはたらく方法に対象を従わせ、それによって対象についての知識を獲得することである。私たちの認識の構造および過程についての基本的な考えはこうした視点に立つものである。

一般に知識というものがこうした人間の認識の方法によって形成され、獲得されるものであるとしたら、本来知識と対象とは密接な共通点を持つと同時に、全く異なるものであるということになるであろう。すなわち、私たちにとっての知識とは、対象が私たちの身体の動きで表現されるかぎりでの知識ということになり、したがって、対象と対象についての知識とは同じものということである。すなわち、本来知識とは認識の構造に基づく過程をへて生み出されたものであり、対象自体についての知識なるものは存在しないのである。もちろん、対象自体は存在するが、それが知識として存在するのは、認識の過程によって生み出されたものだけである。そしてすべての知識は、認識の構造やその展開の過程を織り込んだ構造を持つのである。認識の構造やその展開の過程から独立した、別個の知識の構造なるものは存在しないのである。したがって、学習内容としての知識を学習するとは、知識が認識の構造やその展開の過程を織り込んだ内容を持つことから、知識の中に織り込まれた認識の過程や構造を解きほぐすことによって、学力の向上としての学力の作用を高めることである。言い換えれば、この知識の中に織り込まれた認識の過程やその構造を解きほぐすことは、知識を具体的な身体の動きで表現することであり、そしてそれは知識が形成される過程を再現し、知識の形成のきっかけとなった、その時出会った対象（物ないし事柄）へと到達すること、すなわち、対象と直接向き合うことである。それはあたかも映画のフィルムを逆回転させるようなイメージである。この対象と直接向き合うことが、対象についての意識を何らかに意味づけることを可能にするのであり、それが知識を理解する、認識する、判断することなのである。

　このように明らかになった知識の構造から授業の場において重心がおかれねばならないのは、教科の内容である単なる知識の習得ではなくて、学習する主体としての子どもたち自身の思考の過程である。いわゆる児童中心主義や経験主義等は、子どもを学習の主体とする考え方であったが、それは学習内容としての知識に子どもたちの興味や関心の焦点を合わせることとしてであり、学習方法としては知識の構造に認識の方法を従わせるものであった。つまり、このような背景には、先述したように知識には知識独自の構造なるものが、認識の構造や過程とは独立して存在し、認識の構造や過程に優越するという考え方があったのである。しかし、知識の構造は知識が認識の構造や過程を通して形成されたことに基づけば、真実は認識の構造や過程に従うべきものである。いわゆる知識の構造と呼ばれているものは、難易度、複雑度、段階度などの規準に基づく知識の内容の配列順序にほかならない。つまり、知識の発生時期の時間的前後、場所的な遠近、内容の難易度等々による内容の配列の方法が知識の構造と呼ばれているものである。実際に、かつてすべての知識にはそれぞれの知識の構造が存在するという考え方で具体的な取り組みがなされたけれども、自然科学の分野では一応成功したが、その他の分野ではうまくいかなかったという事実は、知識の構造に認識の構造や過程がしたがうべきとする考えが妥当ではなかったことを示すものである。

　現代は〝知識爆発の時代〟と言われ、さまざまな分野で膨大な量の新しい知識が増大しつつある。これからの時代を生きていく子どもたちが必ず習得しなければならない知識の量も比例して確実に増大している。こうした状況の中で子どもたちがたくましく生きていくのに十分な「生きる力」をつけてやることは、学校教育が担わなければならない重要な使命である。知識の学習は、知識の構造にではなく、認識の構造や過程に従って知識を取り扱うべきという視点は、私たちに一つの明確な方向性を指し示すものである。それは、学習することは単に知識を学ぶことだけでなく、「学び方を学ぶ」ことでもあるという視点に立つことであり、これによってはじめてより有効な教育方法が見出されることになる。

教育課程と認識の過程

カリキュラムの編成は、人間の認識の構造やそのはたらきに必要な環境を整えるなどの配慮のもとに行わなければならない。しかし、これはけっして目新しい考え方ではない。すでに350年ほど前に、コメニウスがその著『大教授学』で「園芸職人は……冬には木を植えない。……植えるのは春である。しかしその後の若木の扱いについても、それぞれの作業に適した時期、つまり肥料をやる時期、枝を刈りこむ時期、等をわきまえていなくてはならない。」と述べ、学習が人間の認識能力の発達に応じて最も適切な時期になされるべきだと説いている。この主張に対しては当時のみならずその後の多くの人々も、おそらく当然な主張として受け入れたと思われる。問題なのはこの認識能力がどのようなものであるかについて具体的な内容や形態についての探求が当時なかったことである。それゆえに、学習する子どもに重心をおくことは当然のこととして多くの人々はこうした考え方を受け入れながらも、結果としては子どもたちの学力を向上させるという学習の成果を求めるあまり、必要と思われる教科の数を増やし、それらを強制的に教え込むという教科中心の学習に重心をおく方向に引きずられていったのである。

私たちはカリキュラムとしての教育課程に教科の授業だけでなく、教科外のすべての学校における教育活動を含めることには重要な意義があると考える。というのはこれまで探求してきたように、人間の認識力や理解力は教科の授業時間のみで形成されるのではないからである。現実には教科外のすべての活動と深く結びついて形成されるのである。すなわち、教育活動全体の中で人間の認識力や理解力は形成されるのである。これに対してわが国の学校教育では、教科の授業でのみこれらの諸能力が育成されると考えられ、教科の授業以外の諸活動との取り組みの間に大きな差がみられる。人間の認識力や理解力が教科の授業の場のみで形成されないことは、教育現場での実践が示している。授業では確かに直接認識能力や理解力を形成したり育成したりする学習というものが存在するが、学習内容によっては授業時間内にこうした諸能力の形成や育成が出来ない場合が少なくない。たとえば、その時の学習内容によっては、教師が一方的に学習内容を説明するいわゆる講義調の授業となることもあるし、実験や実習のみの授業で終わることもある。このような場合には、子どもたちの中に生まれた「問い」を、受け止めて、それへ問いかけたり、議論をしたりする機会が制限される。そうすると「問い——問いかけ」の過程として自らを示す人間の認識の過程が十分展開されないことになり、思考の結果として生み出される「身体表現」意識としての理解、認識、判断の形成が十分に行われないことになるのである。

この授業での学習の成果が、特別活動としての児童会（生徒会）活動やクラブ（部）活動の中で発揮される場合も多い。たとえば、実際、授業外での諸活動の中で教師や子どもたちどうしで授業の内容について会話や対話をすることが数多くみられるが、これが学力の作用による学習内容の理解を深めるはたらきにつながる場合があるのである。たとえば、児童会（生徒会）活動で、互いの意見を交換し合うことから、他者と言葉を交わし合うこととしての相互主観のはたらきが強められたりする。またクラブ（部）活動の中で子どもたちが学ぶ技術や知識の習得においても、学力の作用がはたらくが、これが教科の学力へ転移することもありうる。さらに、諸活動においてその指導をする教師に子どもたちが「今日の理科の授業でのことですが、なぜ月はいつも地球に同じ面しか向けないのですか？」、「いろいろな産業の発展は農業の発展がその基礎にあるということですがなぜですか？」等々の質問をすることがある。その他、さまざまな行事が行われる機会に、時間の合間を利用して子どもたちどうしの間でも授業での学習について、同様の会話や議論が行われる。ここには授業時間では制限されていた「問い――問いかけ」を持つ機会が生まれているのである。つまり、授業時間以外でも子どもたちの学習は継続しているのである。この場合のように子どもたちの学力は、必ずしも教科の授業の場のみで形成されるのではない。学校での諸活動や学校外での多様な人々との交流、さらには家庭での会話等、あらゆる場、あらゆる機会において形成され育成されていくのである。したがって、認識の過程がはたらく場としての教科外のさまざまな諸活動に配慮した教育課程の編成が望まれる。そのためには、一日の子どもたちの学校生活における教科の授業時間と、それ以外の活動に費やす時間とが適正に配分されることへの配慮が必要である。

教科カリキュラム

教育課程としてのカリキュラムは、認識の構造や認識の過程に配慮して編成される必要がある。そこでこれまで教育課程としてのカリキュラムについてどのような考え方があったかをあらためてみていくことにする。カリキュラムの歴史をたどると、カリキュラムは大きく教科カリキュラムと経験カリキュラムとに大別される。まず教科カリキュラムとは、生活に役立つと思われる知識を教材として学習するカリキュラムである。たとえば読み、書き、そろばんを主として、それぞれの家業に応じて必要とされる技術や知識を教材とした学習である。これは実用的カリキュラムとも呼ばれる。この実用的カリキュラムの特徴は、学習される教材の範囲が生活に役立つことに限られるので、学習内容も狭く、程度も必要とされる範囲にとどまり、学習の程度も低いことである。これに対して教養的カリキュラムと呼ばれるカリキュラムがある。これはかつての身分制社会における貴族階級などの上流階級の間で流布したカリキュラムで、被支配階級に対する自分たちの権威を高めるための学習で、ヨーロッパのローマ帝国時代の「七自由科」、すなわち文法・修辞学・弁証法・算術・幾何学・音楽・天文学の七つの教科が代表的な例である。この教養的カリキュラムをさらに拡大した考え方のカリキュラムが百科全書主義である。百科全書主義とは、百科全書のように多方面にわたるできるだけ多量の知識を完全に教えるという考え方である。17世紀に入ると、ボヘミアの宗教指導者であり、教育思想家でもあったコメニウスが祖国モラビアの解放や世界の平和を新しい教育によって実現することを期待して、汎知学すなわち、あらゆる人々が百科全書的な普遍的なあらゆる知識を持つためのカリキュラムを考案し、学校改革や教授法の改善をはかった。コメニウスは世界最初の絵入り教科書として知られる『世界図絵』をラテン語で作成した。『世界図絵』には、自然界の動物・植物・天文、人間の生理や心理、器具、機械、技術、社会、国家、学芸、道徳等多岐にわたる文章が取り入れられた。この百科全書的カリキュラムの特徴は、個別科学に対応した範囲が狭い教科からなり、その結果教科数が多数になり、多数の教科を並立的・網羅的に並べたカリキュラムとなっている点である。

このようなカリキュラムは、またセパレート・サブジェクト・カリキュラムと呼ばれた。セパレート・サブジェクト・カリキュラムは、基本的には人間の認識の構造とは無関係に、言い換えれば、人間の認識の構造とは切り離されて作成されたカリキュラムであるということができる。それぞれの学問分野に対応して編成されたカリキュラムである。このセパレート・サブジェクト・カリキュラムに対しては当然批判が起こってきた。それはこれらの多数の教科を学習するには、教科の数だけの学習時間と学習方法が必要になり、現実にはとても対応できないからである。何より人間の認識の構造とその過程は一つに定まっている。したがって、人間はどんな領域の、どんな分野の、どんな教科の学習であっても、その自らに具わっている認識の構造と認識の過程にしたがう学習方法は一貫したものであるはずである。言い換えれば、人間の認識の構造を通してすべての教科が結びつけられる、すべての知識の学習に通じる基本的な方法というものが存在するはずである。

さらにセパレート・サブジェクト・カリキュラムへの批判を受けてなされた改造の試みが関連カリキュラムであり、合科教授である。関連カリキュラムは、多数の教科の内容に着目し、ある教科の学習主題に他の教科の内容が関連している時、教科の境界を越えて他の教科の学習を同時に行う学習である。このような考え方に基づくカリキュラムは現在でも、組織的ではないが部分的に採用されている。またこの合科教授はドイツを起源とする考え方で、「世界は全体としてわれらの前にある。われわれはこれを全体として把握しなければならない。」（B. Otto）という考え方に立ち、教科主義の教授に対していくつかの教科を総合する考え方、または学習内容を郷土生活や文化内容の主題などによって総合的に編成するという考え方に基づくカリキュラムである。言い換えれば、合科教授は個々に独立した教科を認めない授業である。これは関連カリキュラムを徹底させたカリキュラムとも言える。この合科教授は、基本的には人間の認識の構造との関わりは明確に想定されていないが、暗にそれへの模索の結果生まれたものと考えることができる。いわゆるアメリカの融合カリキュラムはこれをさらに一歩進めたカリキュラムと言える。

経験カリキュラム

教科カリキュラムの改造の試みの一方で、経験カリキュラムが出現する。これは児童中心主義、すなわち、子どもたちは知識をつめこむことができる空の容器ではなく、子どもは一個の自由人であり、自由人にふさわしい伸び伸びとした教育が行われるべきだという考え方に基づくものである。このような考え方は進歩主義と呼ばれる。この考え方は、たとえばエラスムスの子どもをしてすべての学習を遊びと感じさせるような教授が行われなければならないとか、モンテーニュの（言語主義的な知識をつめこむ教育は）知識で子どもの頭脳を充たしはしたが、あたかもロバの背中に書物の荷を負わせたようなものだ等の言葉に象徴される。またルソーは児童を知識修得の束縛から解放しようとして本格的に取り組んだ。ルソーの「自然を見よ、そして自然が教える道をたどってゆけ」という言葉はあまりにも有名である。

さて、経験カリキュラムとは経験学習理論に立脚して構成されたカリキュラムで、子どもたちの実生活における興味や問題を基礎とし、具体的な問題解決の手段として活用するなかで、知識や技能を習得させることをねらいとする。子どもたちの実生活に重きをおくことから生活カリキュラムとも呼ばれる。特に発達したのは、1920年代のアメリカの進歩主義教育運動においてである。この経験カリキュラムは、大きく経験中心カリキュラムとコア・カリキュラムの二つに大別される。まず経験中心カリキュラムは、一切の教科の存在を否定し、経験カリキュラムのみで一切の学習が終わるようにするものである。このようなカリキュラムは本来の教育の目的からすれば教育とは言えないだろう。というのは、教育の目的は子どもたちに何らかの新しい知識や技術を教え授けることによって、子どもたちを心身ともに望ましい姿に変化させていこうとする取り組みであるが、この経験中心カリキュラムでは子どもたちの意向のみが取り上げられるので、本来の教育の目的の達成は困難であると考えられるからである。次にコア・カリキュラムは、カリキュラムの中心的部分のみを経験カリキュラムとし、その周辺に国語、算数、音楽、図工等の教科はそのまま存続させるカリキュラムである。すなわち、社会や自然の学習を中核的部分とし、その周辺に関連する学習を同心円的に構造づけて構成するカリキュラムである。これは1930年代アメリカのカリキュラム改造期に経験主義的教育理論に立脚して考案された。二つの経験カリキュラムのうち、実質的に実践に移されたのはこのコア・カリキュラムである。コア・カリキュラムは、第二次世界大戦後に日本に導入され、〝3層4領域〟カリキュラムなど独自の展開をみせた。最近では我が国における「総合的な学習」の学習方法としても採用されている。

経験カリキュラムは、学習の重心を学習する子どもに置いたという点で画期的な進歩であった。というのも、学習するとは子どもたちがその学習をとおして自らの学力を向上させることであるから、学習の中心は学習する子どもの側にあるはずだとしたからである。しかし、経験カリキュラムでは授業の場における主体を学習する子どもにおくとしただけで、肝心の学習内容をどう設定するかについては子どもの興味や関心にまかせるだけであった。学習内容に対する子どもの興味や関心は、学習内容が先述したように身近にあるというあり方に対応するものであり、学習内容を認知することへ導くにすぎない。単なる興味や関心は学習への動機づけであっても本来の学習ではない。全面的な、調和のとれた学力の育成をめざす、本来の学習においては、学習内容は子どもの興味や関心にまかせられるべきではなく、教師によってあらかじめ計画され、準備されて与えられる必要がある。子どもの興味や関心は学習方法において生かされるべきことである。

経験カリキュラムにおける問題点は、教育における経験の概念をどうとらえるかについて明確でないことである。哲学においては経験論とは、一般に知識の源泉を理性ではなく、感覚的経験にあるとする立場のことである。知識の源泉が理性か感覚的経験のどちらにあるかを論じるのは認識論に属する。教育においては経験は学習主体を子どもにおく立場というほどの意味で、必ずしも認識論まで到達してはいないようである。これに対して私たちは、学習活動は学習の主体を子どもにおくことは当然であるとしても、知識の源泉は理性に求めるか、感覚的経験に求めるかによって特質づけられるのではなく、理性も感覚的経験をも含んだ認識の過程全体として特質づけられると考える。すなわち、学習活動とは基本的に学力のノエシス――ノエマ構造の作用を含む認識の過程なのである。

第二節　知識の構造

知識と認識

私たちは日頃何気なく使用している表現の中に、あらためて何かと問われると返答に窮する表現があることを経験する。その一つが知識である。知識は辞書的には「ある事項について知っていること。またはその内容」(『広辞苑』)とある。英語で認識論はエピステモロジーというが、これはギリシア語の「知識（エピステーメ）」と「理論（ロゴス）」からなる合成語である。また知識を意味する別のギリシア語グノーシスに由来するグノーセオロギエはドイツ語で認識という意味である。この語源からも明らかなように認識論はこれまで知識論として、知識の起源・構造・方法・妥当性を研究する哲学の一部門を構成してきた。ここには知識と認識とが深いつながりがあることを窺わせる。言い換えれば、これまでは、少なくとも一般的には知識は対象が認識されることによって生み出されたものとして受け取られてきたのである。しかし、正直なところ知識と認識とが明確に定義され、区別されることがなかったのも事実である。このことは、認識するとはどういうことかを語ることは、知識の起源やその構造を語ることと同じ意味を持っていたということを示すものである。

学力の構造を明証化する探求において、私たちは知識と認識とはどのような関係にあるのか、より明確にすることを迫られているのを感じる。私たちがまず向き合わねばならないのが学習内容である。学習内容は基本的には諸学問の成果を基礎に作成される。たとえば、日本史や世界史という教科の内容は、それぞれの専門的な学問領域の内容をもとに、すなわち、それぞれの専門分野の知識をもとに、その内容から一部を抜粋したり、その内容を要約化したりして作成される。これはその他の教科、たとえば物理、化学、地学などといった自然科学分野の教科においても同様である。ということは、学習内容とは基本的に知識であるということになる。学習内容を学習するとは、したがって知識を学習することにほかならない。では、学習内容が知識であるとするならば、その知識を学習するとはどういうことなのであろうか。一般に学習内容としての知識を学習するとは、知識を理解すること、認識すること、判断することである。そして知識を理解すること、認識すること、判断することは、知識を具体的な身体の動きで表現すること、すなわち、「身体表現」することである。すなわち、知識を学習することは、知識をただ単に自分の中へ取り入れ、保存することではなく、知識に自分にとって何らかの意味づけを行うことであり、それによって学習者自身が変化することである。知識の学習による学習者自身の変化が、学習者の学力が向上することである。知識を具体的な身体の動きで表現することは、学力の志向性としての「身体表現」に基づくのであり、言い換えれば、学力の志向性による知識の意味づけがなされるのであり、それが知識を理解する、認識する、判断することになるのである。

一般に対象と学習内容とは異なる。というのは、学習内容とは基本的に知識であるのに対して、学習内容ではない対象は知識ではないからである。そもそも知識はどのようにして生まれるのか。知識が認識ときわめて深い関係にあるということからすると、知識は対象一般が学力のノエシス――ノエマ構造の作用を含む認識の過程をへてつくりだされるところのものと考えられる。具体例として先述したコメニウスの陳述を取り上げる。この陳述の内容は園芸職人の体験や経験について述べている。これ自体知識であるが、さらにこの知識から導き出された「学習は人間の認識能力の発達に応じて最も適切な時期になされるべきだ」も知識である。後者の知識は前者の知識の学習によって意味づけされた知識と考えることができる。後者の知識はコメニウスの陳述を対象として、学力のノエシス――ノエマ構造の作用を含む認識の過程をへて生み出されたものであり、前者の知識と後者の知識とは学習によって結びつけられていると考えられる。つまり、園芸職人の体験や経験における具体的な身体の動きの学習によって、一つの学習方法が生み出されたのである。以上のことから、知識とは体験や経験の学習から生み出されるのであり、さらにその知識の学習から可能的体験や可能的経験が生み出されると言えるであろう。このような可能的体験や可能的経験を生み出すことが教育的営みが最終的にめざすところのものである。

認識の構造と知識の構造

学校教育における子どもたちの学習の基本的な目標は、子どもたちの生きる力としての学力をいかにして形成し、向上させるかということである。すなわち、さまざまな学習内容を学習することにより、総合的で、調和のとれた学力を子どもたちに身につけさせることである。このさまざまな学習から育まれるのが学力の作用である。学力の作用を含む認識の過程には二つの面があった。一つは学習内容を体験したり経験することとして、その学習を通して知識を獲得することであり、もう一つはその知識の学習を通して可能的体験や可能的経験を獲得することである。これらの知識の獲得および可能的体験や可能的経験を獲得することは、学習内容の学習によって可能になるのである。したがって一般に言われる学力の向上とは、これらの知識の獲得および可能的体験や可能的経験の獲得する能力が向上することである。このように知識の学習は子どもたちの学力向上と深い関係がある。知識は先述したように、現実的な体験や経験の学習によって生み出されるのであり、それゆえに子どもたちが生きていくのに必要とする学力を身につけさせるためには、知識とはそもそも何なのか、それはどのようにして形成されるのか、また知識はどのような構造を持つのか、これを受けてそれらの知識はどのように学習させられるべきか等々について明確にしておかねばならない。哲学の一部門としての認識論は、先述したように知識の起源・構造・方法・妥当性を研究することと同義して展開された。この場合、知識が対象の側にあるとするのか、認識する側にあるとするのかによって、まったく異なった見解が生まれてくる。哲学者のカントは、彼が生きた時代の数学と自然科学に突如として大革新をもたらした着想をできる限り形而上学（既存の哲学）に適応してみてはどうだろうと考えた。その結果が人間の認識は対象によってつくられるのではなく、人間の認識が対象をつくるのだという着想になったのである。まず、知識が対象の側にあるということは、知識が対象としての物や事柄の構造にしたがって構成されているということである。この場合知識を学習することは、知識を構成する物や事柄の構造に認識の過程を従わせることになる。ということは、個々の対象についての認識の方法は個々に変わらねばならないことになる。他方、知識が対象の側ではなく、認識の側にあるということは、知識の構造が認識の構造としての認識の過程にしたがって構造化されるということである。この場合、知識を学習することは、知識を認識の過程に合わせて学習することになり、個々の対象についての認識の方法は常に一定しているということになる。なぜなら、認識の構造としてのその過程は、人間のその他の器官と同じと考えられるからであり、そのはたらきは常に一定である。したがって、対象となるものによって認識の過程は変化せず、それによって構成される知識の構造も一定である。こうした立場では、対象と知識とは異なるものだということを意味している。

私たちは知識の構造とは対象の構造にではなく、認識の構造および過程にしたがうという考え方に同意する。すなわち、認識のあり方が対象についての知識の構造を決定づけるのである。このような議論は学習方法において大きな意味を持つ。もし、知識の構造が対象の構造に従うとすれば、その知識を学習するためには、その対象の構造を明らかにしなければならない。対象の構造とはいったいどのようなものだろうか。そもそもすべての対象についてその構造は明らかになるのだろうか。さらに、少なくともこの視点に立てば、個々の知識に対応して個々の認識の方法が必要になる。つまり、知識の数だけ認識の過程を含む認識の方法が必要になると考えられる。それは知識の数が増大すればするほど、知識を学習するのに必要な時間数も増大していくことを意味する。これに対して知識の構造は認識の構造にしたがうとすれば、その知識を学習するためには、何よりも認識の構造が明らかになっていなければならない。認識の構造はこれまで述べてきたように、主体的な意識としての相互主観のはたらきと純粋意識としての学力のノエシス――ノエマ構造のはたらきとが協働する認識の過程であり、その基本となるのはもろもろの「身体表現」についての志向的意識であった。このような認識の構造は基本的に常に一定である。この視点に立てば、どのような知識であろうと、知識の数がどのように増大しようと知識の構造は認識の過程としての認識の構造に基本的に従うものであるから常に一定である。さまざまな教育実践もまた、知識の構造は対象の構造にしたがうのではなく、認識の構造にしたがうことを教えている。

知識の構造と知識の内容との区別

知識の理解は、知識の構造にしたがう認識の過程が展開することによってではなく、認識の過程にしたがう知識の構造が、認識の過程が展開することを通して得られる。本来知識とは対象について体験したり経験したりして得られた事柄であり、それが学力の作用を含む認識の過程を通して形成されるものである。言い換えれば、知識と対象とは同一ではなく、知識とは認識された対象についての知識である。知識の構造には認識の過程が組み込まれており、それが知識の基本的な構造となっている。このような知識と対象としての学習内容とは、必ずしも一致しない。すなわち、対象としての学習内容はそのまま知識である場合もあれば、知識でない場合もある。教育実践の場では、これについても多くの誤解がある。

では知識の基本的な構造とはどういう構造であろうか。知識とは対象について体験したり経験したりして得られた事柄であり、また学力の作用を含む認識の過程を通して形成されるものであった。ということは、知識は認識の過程からみると、対象についての意識が身体の動きに「身分け」される時に生み出される「体験――問い」から、「身分け」された対象についての意識が一つの身体の動きへ「総合」される時に生み出される「発見――問い」へ問いかけられることによって形成されるのである。すなわち、知識は認識論的に「問い――問いかけ」という構造を持つのである。したがって、知識の学習はこの知識の構造にしたがって「問い――問いかけ」という方法によって行われねばならないということになる。

この知識の構造に対して知識の内容というものが存在する。実は教育実践の場ではこれらがしばしば混同されてしまいがちである。知識の内容が知識の構造と考えられたり、反対に知識の構造が知識の内容と受け取られたりする。この結果は全く正反対の結論が導かれることになる。というのも、知識の構造という場合は、先述したように認識の過程が組み込まれたものとして「問い——問いかけ」という構造を持つのであるのに対して、知識の内容と言う場合は、知識が時間的に古いものから新しいものへという順序により配列されていること、あるいは難易度的に容易なものから難度の高いものへの順序により配列されていること、さらに空間的に身近なものから遠くかけ離れたものへの順序により配列されていたりすること等を指すのである。これが知識の内容である。このように知識の構造と知識の内容とは明確に区別されうるし、またされねばならない。ところが教育実践の場では、しばしばこの知識の内容と知識の構造とが混同されて、知識の内容に合わせて認識の過程が展開されねばならないとされたりするのである。この結果、知識の内容に合わせて学習方法が考えられることになり、またたとえ学習方法が考え出されたとしても、それは知識の数だけ存在することになり、その実践には膨大な指導するための準備の時間と、実際の学習時間が必要となるのである。このようなことは知識の構造と知識の内容とが明確に区別されていないことが原因である。

学習には何を学習するかという何に相当する学習内容というものが存在する。この場合の学習内容は、いわゆる学習の対象となるものであって必ずしも知識ではない。知識とは対象について体験したり経験したりして得られた事柄である。言い換えれば、認識の過程をへた対象が知識である。すなわち、知識とは対象が学力のノエシス——ノエマ構造の作用含む認識の過程をへて生み出された「身体表現」意識なのである。こうして知識は教科書などの教材となり、これ自体がさらに学習の対象となる。つまり、知識が学習内容となるのである。この場合学習するとは知識を学習することである。知識の学習そのものは対象一般の場合と同様に、学習によって学力のノエシス——ノエマ構造の作用を含む認識の過程をへて「身体表現」意識が生み出されることである。この生み出された「身体表現」意識は、意味づけされた知識として知識に対する可能的体験や可能的経験としての意識である。

近年、知識の構造への関心が高まりつつある。それは急激に増大する知識の量への対応策の一環としてである。こうした背景を受けての知識の構造への注目については、私たちも関心を共有するものである。しかし、これまでの教育現場でのその取り組みには重大な誤解があると言わなければならない。それは知識とは何か、そしてその知識の構造と知識の内容とはどのように区別されるべきか、等々についてその誤解が原因と考えられる混乱があることである。知識の構造への関心の高まりは、対象としての学習内容と認識の過程とのあり方についての関心の高まりを伴うものでなければならない。

知識の学習と「問い――問いかけ」

学習には基本的に二つの学習の種類が区別できる。というより、本来学習は二つの学習から構成されているといったほうがよいかも知れない。一つは事実や事柄から知識を獲得する学習である。これは見たり、聞いたり、触れたり等、何らかの体験から得られた事項を学習内容として、これから知識を獲得する学習である。この学習は実際に行ってみるとかなり高度な学習であり、どちらかと言うと高学年の子どもたちに可能な学習である。これに対してもう一つの学習は、あらかじめ準備された学習内容、それも知識からなる学習内容の学習である。この場合の学習は、知識自体がすでに身体の動きで表現する「身体表現」化を経ており、したがって、基本的にはこの知識を構成する「身体表現」を模倣することによる再現という方法で学習活動が展開され、その知識の理解、認識、判断を獲得する学習である。本来の学習とはこの二つの学習が並行して行われる学習のことを言うのである。そしてこの本来の学習の過程を遂行する原動力が認識の過程における学力の作用である。これらの学習によって獲得される知識は、将来子どもたちが遭遇するであろう事実や事柄の存在を現前化するものであり、いわば子どもたちに未来に向けての可能性を付与する意義を持つものである。

私たちは学習するというとまず思い浮かべるのが授業形式での学習である。授業での学習は基本的に知識の学習である。つまり、通常の授業形式での学習はあらかじめ準備された学習内容、それも知識からなる学習内容の学習である。これは与えられた知識を学習することによって、したがって、その知識の構造を構成する「身体表現」を再現することによって、その知識を理解、認識、判断することを目的とする学習である。私たちが実際にこの授業を行う時に子どもたちの理解が不十分であると感じる時は、往々にして子どもたちにとってこの身体の動きによる表現の再現が不十分な時である。こういう時には、教師は授業を行う際に豊富な絵図や視聴覚教材を積極的に利用することになるが、これは教材に含まれる多様な身体の動きを経験させ、それらを子どもたちの学力のノエシス――ノエマ構造の作用に投入することにより、子どもたちの理解を高めるためである。本来の学習は、以上のように二つの学習の過程から構成される。一つは学習内容としての対象自体から知識をつくる学習であり、もう一つは学習内容としての知識から将来起こりうるであろう事実や事柄の存在を現前化する学習であり、いずれも可能的体験や可能的経験を生み出す学習である。前者は先程引用したコメニウスの陳述を例にとれば、園芸職人の体験や経験が学力の作用によって身体の動きで表現され、「園芸職人は……冬には木を植えない。……植えるのは春である。しかしその後の若木の扱いについても、それぞれの作業に適した時期、つまり肥料をやる時期、枝を刈りこむ時期、等をわきまえていなくてはならない」という知識を生み出すような学習である。後者はこの知識が学力の作用を含む認識の過程をへて意味づけられ、「学習は人間の認識能力の発達に応じて最も適切な時期になされるべきだ」という知識を生み出すような学習である。

ところで、こうして子どもたちが獲得した知識の内容は明らかに当初の学習の対象であった園芸職人の体験や経験の内容自体を全く超え出ている。それは次のようなことを意味している。先般の資料①の「589年に中国で隋が南北朝を統一し、高句麗などの周辺地域に進出しはじめると、東アジアは激動の時代をむかえた」を例にとるならば、これそのものは知識である。この知識を学習することは、まずこの資料で表現されている出来事ないしは事態をありありと、生き生きと現前化することである。すなわち、具体的な身体の動きでこれらの出来事ないしは事態を表現することである。こうして得られた「身体表現」意識は、この資料から生み出された知識である。こうしてつくられた知識は再び認識の過程をへて、すなわち、学習されることによってこれらの出来事ないしは事態についての学習者の理解が獲得されることになる。知識に対する学習者の意味づけ、すなわち、理解、認識、判断が獲得されることは、学習者がその知識と向かい合うことである。知識と向かい合うことができることは、学習者がその知識を超えた知識を有していることを意味する。知識を超えた知識を有するとは、対象となった知識に対して何らかの態度を取ることができるということである。実際の授業の展開については後述することになるが、これらの学習の過程は認識の過程全体を統握する相互主観のはたらきによって「問い――問いかけ」という過程として自らを示すのである。

知識の構造の把握とその課題

20世紀後半は〝知識爆発の時代〟と呼ばれた。これは自然科学の分野をはじめとしてあらゆる分野の学問が急速な発展を遂げ、それに伴いその知識量が加速度的に増加したことを表現したものであった。そうした中で教育現場では、こうして急激に増加する知識をどのように子どもたちに理解させ、習得させていけばよいかが大きな課題となった。とりあえず授業時間数を増やす試みが実行された。学校の現場では、年度当初に一年間の毎日の授業計画が立案され、教科、科目ごとに時間数が計算された。そして学校行事や特別活動の廃止や縮小、休憩時間の見直し等によって、できるかぎり多くの授業時間の確保がはかられた。その一方でわが国の学校現場では２００３年度から週五日制が実施されたこともあり、子どもたちばかりでなく、教師自身にもいわゆる〝多忙化〟が進行した。

知識量の増大という状況の中で注目されたのが知識の構造であった。急速に増大し続ける膨大な量の知識をすべてそのまま子どもたちの学習に取り入れることは物理的にも、精神的にももはや限界に来ている。そこでこのような状況を打開する方法として注目されたのが知識の構造であり、その具体化としての知識の構造に基づく教材の再編集である。この教材の再編集は、それぞれの教科、科目の内容が知識から構成されていることから、その知識の構造を明らかにすることによって、学習の転移や応用を期待することができ、その結果より合理的に、すなわち、限られた時間の中で最低限必要な学習内容で、最大限の学習内容を子どもたちによりわかりやすく学習させることができるのではないかという考えによって取り組まれたものである。このような教科・科目の構造に注目し、その重要性を主張した人々の中で最も知られているのがブルーナーである。ブルーナーは「教科の過程はその教科の構造をつくりあげている根底にある原理について得られるもっとも基本的な理解によって決定されなければならない……」として、さらに「事実を、それが意味づけられている原理や観念（＝構造）と結びつけて組織することは、人間のもっている記憶が失われてゆく急速な速度をゆるめるただ一つの方法として知られている。(註47)」と述べている。これより前にブルーナーは教科の構造が何を意味するのかについて、生物学、数学、言語の学習の場合にみられる三つの簡単例が役に立つとして詳述している。そして、「教科の構造を把握するということは、その構造と他の多くの事柄とが意味深い関係をもちうるような方法で、教科の構造を理解することである。簡単に言えば、構造を学習するということは、どのようにものごとが関連しているかを学習することである。(註48)」と述べている。

私たちはこのブルーナーの主張に対してまず疑問に思うことは、ブルーナーのこの主張には人間の認識の過程とはどういうものであるかが述べられていないことである。というよりも、人間の認識の過程というものは教科の内容である知識の構造にしたがうものであるということをあらかじめ前提としているのではないかと考えられる。しかし、私たちはこれまでの探求によって各教科の内容としての知識の構造は、人間の認識の過程に従うものであることを明らかにした。すなわち、すべての教科・科目において妥当する統一的な学習方法というものが存在するのである。反対にブルーナーのような考え方をすれば、すべての教科・科目において妥当する統一的な学習方法というものを見出すことができなくなるであろう。何よりも明白なことは、ブルーナーをはじめとするこうした取り組みは必ずしもうまくいったわけではなかったことである。主として理数科系統の教科、科目では知識の構造化は比較的容易に行うことができたが、その他の教科、科目では容易ではなかったというより不可能であった。この最大の原因は、知識の構造についての考え方が、認識の構造やその過程に基づくものではなく、いわゆる諸学問の内容に基づくものであるとした点にある。つまり、内容の系統性と内容の構造とを混同してしまったのである。だからこそ、系統化がしやすい内容からなる理数科科目では有意味な成功を収めたが、系統化しにくい内容からなる人文系分野の科目では有意味な成功をおさめることができなかったのである。もし、知識の構造は認識の構造やその過程に従い、しかも知識の構造と認識の構造とを媒介するものが、学力の志向性である「身体表現」であることに思い至っていれば、知識の構造化という試みはすべての教科・科目の領域において達成することができたであろう。

第八章　発見学習と学習集団の編成

第一節　集団学習

集団学習の意義

人間は共同し合うべき存在であるという考え方は、教育学では進歩主義や改造主義にみられる。このような考え方に共通しているのは、民主主義こそ最高の価値であること、そして目指すべき社会は、その社会の全員が平等の立場にたって多種多様な共同経験をもち、そこではお互いが親しみと愛情を持ち合い、相互扶助の精神を集団の精神として、相互に高めあうような民主主義社会の建設である。このような考え方は、議会制民主主義社会を最高の人間社会のあり方とする信念が根底にあり、この信念を実現する具体的な授業形態がグループ学習と呼ばれるものである。グループ学習の目指すものは、民主主義社会の維持、発展に必要な資質としての子どもたちの間の連帯感の育成である。私たちも基本的にはこうした考え方に賛同するものである。このような人間は共同し合うべき存在であるという考え方自体は、議会制民主主義社会を最高の人間社会のあり方とする信念から要請された考え方であり、義務として科せられた考え方であり、しかもこの考え方は数ある考え方の中から都合に合わせて単純に選択されたという考え方ではなく、長い議会制民主主義の歴史を背景に持つ、いわば人間の生得的な資質として裏付けされたものである。すなわち、今から２５００年以上前の古代ギリシアの都市国家（ポリス）における民会を起源に、古代ローマの共和制、中世ヨーロッパの身分制議会、市民革命後の間接民主制へと変遷した議会政治の歴史がその背景にあるのである。つまり、人間は共同し合うべき存在であるという考え方は、こうした歴史の中で幾度となく打ち消そうとされながらも決して消滅することがなかった人間の資質に対する確信を表明したものである。

私たちはこの人間の資質に対する確信は、人間の認識能力という視点から検証されることが必要であると考える。というのは、人間を人間たらしめている認識の構造から、人間は本質的に他者と共に在る存在であることが明らかになるのである。人間は言葉を話すことで不断に他者と言葉を交わし合う。このことを受けて人間の思考をはじめとするすべての知的な行動は形成される。たとえば、概念と知識との関係においてもそうである。概念とは人間の認識の過程の所産として生み出されるものであるが、この概念は「手許にある」において言葉で表現されなければ知識とはならなかった。概念を言葉で表現するには、すなわち、概念を生み出すには自分が話す言葉で表現するだけでは不十分であり、それに他者が話す言葉があって、概念の無限の可能性が生まれる。この他者の言葉は他者と言葉を交わし合うことによって得られる。概念の発達は「身体表現」意識の図式として精神の発達を可能にするものであった。このことからも精神の発達のためには、他者の存在が不可欠であることが首肯できよう。これまでみてきたように人間を人間らしくする人間の精神は、人間が言葉を話すという行為を不可欠とすることによってのみ形成されるのである。人間は言葉を交わし合うことにおいて、一人の自己という個人的存在でありながら、同時に自己を超える存在であり得る。つまり、他者と言葉を交わし合うことで、他者の話す言葉が自己の「手許にある――身体表現」意識を刺激し、それによって生み出される自己は、自己を超える自己として存在し得るのである。人間の精神的発達やその精神から生み出されるあらゆる価値あるものは、このような他者との交流によってのみ生み出されるのである。

私たちが集団学習としてのグループ学習を学習の基本的な形態と考えるのは、このような人間の認識の構造とその過程に基づいてである。先述したように人間は一人ひとりで独立して存在しているが、それは身体的な事実であって、精神的な事実としては常に他者と共に在ることとして存在している。これは人間の本質ではなく本質に先立つ実存である。人間が他者と共に在る存在であるから、学習活動も基本的に集団学習で行われなければならない。そのためには集団の編成方法や集団学習の指導技術などについて教育現場を預かる者は研鑽を積まねばならない。子どもたちの真に豊かな学力の育成をめざすのであれば、子どもたちが他者と共に在ることとしての共に学ぶことの意義があらためて認識されることが必要である。

共に学ぶ

授業の場では、通常30人から40人程度の子どもたちが一緒に学習している。教育実践の場では時々「なぜこんな集団で学習しなければならないのか、学習は本来一人でやるものだからこうした集団での学習は必要ないのではないか」という疑問が出される。さらに「学習の最高の形態は、一対一（マンツーマン）による学習である」という声も聞かれる。こうした集団での学習に対する疑問は根強いものがある。これに対して私たちは〝共に学ぶ〟こととしての集団の中でしか本来の学習は成立しないと答える。集団の学習における言葉を交わすこととしてのコミュニケーションの意義がここにある。他者と〝共に学ぶ〟ことは、人間がその本質において他者と共にある存在であることと結びついている。授業の場において他者と〝共に学ぶ〟ことは、学習内容の認識の過程とも深く関係している。このことを少し詳しくみていくことにする。

学習内容を認識するためには、まず学習内容を学習者が自分の中へ取り入れなければならない。学習内容が文章で与えられる場合は、学習者は文章を読むことを通して「言葉を話す——身体表現」意識により自分の「手許にある——身体表現」意識が刺激され、学習内容についての概念が形成される。概念とは「言葉を話す——身体表現」意識と「手許にある——身体表現」意識とが相互に刺激し合うことによって融合された意識であり、この場合には概念は「手許にある——身体表現」がその内容となる。また、学習内容が絵図や物などで与えられる場合は、学習者はその絵図や物を見たり触れたりすることを通して、「手許にある——身体表現」意識により自分の「言葉を話す——身体表現」意識が刺激され、学習内容についての概念が形成される。この場合には概念は「言葉を話す——身体表現」意識がその内容となる。これらの過程は学習者が一人で学習を行う場合であるが、この場合の最大の特質は、学習内容そのものが学習者個人の範囲に限定されていることである。言い換えれば、個人の過去の体験や経験の範囲内において学習が行われることである。したがって、学習者が一人で学習を行う場合、その概念形成も自ずから限定されたものとなる。

これに対して、〝共に学ぶ〟場合についてであるが、この場合はいわゆる学校教育の場での学習のように同一年齢の他者のみでなく、学校教育以外の場での年齢差のある他者を含めて考えることにする。学習者が単独で学習する場合と同様に、学習内容を認識するためには、まず学習内容を学習者が自分の中へ取り入れなければならない。〝共に学ぶ〟においては、常に他者と言葉を交わし合うことができる状況にあると考えられる。したがって、学習内容が文章で与えられる場合であれ、絵図や物で与えられる場合であれ、常に他者と言葉を交わし合いつつ、学習内容が学習者へ取り入れられることになる。この時、各学習者において起こっていることは次のようなことである。自己が言葉を話すは、自己の認識の過程における学力のノエシス──ノエマ構造の作用に影響を与え、学習内容の意味づけに変化をもたらすが、同時に自己が言葉を話すは、他者の「身体表現」意識を刺激し、同様に他者の認識の過程における学力のノエシス──ノエマ構造の作用に影響を与え、自己の学習内容の意味づけに変化をもたらすのである。他者が言葉を話すは、自己の場合と全く同様に、他者の学習内容の意味づけに変化をもたらすのである。

つまり、〝共に学ぶ〟においては、このように学習者の個人の過去の体験や経験の範囲を超えて、学習内容についての「身体表現」意識の形成を行うことができる。したがって、理論的には〝共に学ぶ〟他者が多数であるとすれば、学習内容についての「身体表現」意識の形成もより多様なものとなり、こうした意味では無限の可能性を持つということができる。この〝共に学ぶ〟ことについて注意しなければならないことは、これまでの叙述でも明らかなように、〝共に学ぶ〟には〝個人で学ぶ〟も同時進行するということである。というより、〝共に学ぶ〟は常に、すでに進行している過程であり基本的な学習の過程であり、この過程と共に〝個人で学ぶ〟過程が展開するということになる。この〝共に学ぶ〟ということをもう少し具体的な事例でみていくことにする。ある授業において、教師がある学習内容を子どもたちに提示する。この場合の学習内容は基本的に問題や課題の形態で提示される。提示された学習内容に対して、子どもたちの中では、子どもたちの自己の「手許にある──身体表現」意識と「言葉を話す──身体表現」意識とが相互に刺激し合い、融合し、提示された学習内容についての概念意識が形成され、これが認識の過程の中へ取り入れられる。たとえば、40人の子どもたちが学ぶ授業の場では、40人の子どもたちすべてにおいてこの過程が起こる。そして一人ひとりの子どもたちは提示された学習内容に対して、認識の過程が展開する。この認識の過程の中心となるのは相互主観および学力のノエシス──ノエマ構造の作用である。もしこの時、子どもたちの間で意見の交流がなければ、すなわち、言葉を交わし合うことがなければ、子どもたち一人ひとりの思考の過程の展開となる。この場合厳密に考えれば、子どもたちは一人ひとり独自の「身体表現」意識、すなわち、40種類の理解や認識や判断を持つ。これらの「身体表現」意識の中には、正しいものもあれば、誤解されたものもあるだろう。それはすべての子どもたちに発表させることで確認できる。しかし、時間的な余裕があれば別だが、そうでない場合は個々の子どもたちの持つ「身体表現」意識の内容を確認することは困難である。そこで教師はたとえば、子どもたち全員を立たせ、順番に答えを発表させる。そして発表した子どもの答えと同じ答えを持つ子どもたちには着席するように指示を出す。こうしてほぼ全員の答えの内容を確認する。この結果、子どもたちの答えがいくつかに分かれたとする。すべての子どもたちに提示した問題ないし課題についての正しい理解、およびその共通理解を得させることを目標とする授業では、さらに次の段階の指導が必要になる。そこで教師は40人の子どもたちにあらためて「いろいろな答え（意見）があるが、正しい答え（意見）は何だろう？周囲の人と話し合ってみよう」と問いかける。つまり、ここで子どもたちの間での意見の交換、すなわち、言葉を交わし合うことが起こる。

子どもたちの間での意見の交換、すなわち、言葉を交わし合う事態において何が起こるであろうか。子どもたちにおいて周囲のクラスの子どもたちとの会話や議論によって、どういう思考の過程が展開するのであろうか。教師の指示を受けて子どもたちは、まず一人ひとりで考え始めるが、やがて周囲の子どもたちと言葉を交わし合いながら考え続ける。つまり、この時子どもたちは他の子どもたちの答えを聞いて、それを新たな学習内容として認識の過程を展開しようとするのである。他の子どもたちの答えを聞いた子どもは、反射的に自分の言葉でその答えを反復する。つまり、聞いた答えを「言葉で話す――身体表現」するのである。これは模倣であり、反射的な身体の動きである。同様なことは、「手許にある――身体表現」においても起こり得る。さて、反射的な「言葉を話す――身体表現」は、子どもたちの学力におけるノエシス――ノエマ構造の作用、すなわち、意識と意識との接続を切断し、ノエシス作用の新たな接続を促すという影響を与える。これによって子どもたちはまた新しい「身体表現」意識、つまり、新しい答えを生み出すことになる。こうして子どもたちの間での議論が進展していくと、子どもたちの中にそれぞれ新しい「身体表現」意識が生み出されていくことになり、その数は単純に計算して40通りということになる。いや、実際には授業中の子どもたちの間で互いに討議や議論が行われたとすれば、生み出される「身体表現」意識は、その何倍、何十倍にもなると考えられるであろう。つまり、子どもたちが自分一人で学習することでは1通りの答えしか得られなかったのに対して、40人の集団の中で学習することでは、少なくとも39通り以上の、ある意味ではその何倍もの答えを得ることができる可能性を持つのである。以上のように〝共に学ぶ〟ことによって一人ひとりの子どもは、自分一人で学習した時の自分の可能性を超える可能性を手にすることができるのである。この可能性の中にはこれまで自分の中には存在しなかった、あるいは自分では気がつくことのなかった全く新しい事実や考え方が生み出されているかもしれない。もちろん、このような事象は自然科学分野ではそう多くはないかも知れないが、人文科学分野ではきわめて多数の、あるいは多様な事象が存在するのである。

〝共に学ぶ〟ところから人間の所有しうるすべての可能性が生い立つのである。それはこれまでみてきたように学問的な知識の領域でも然りである。私たちは常に新しい知識の獲得をめざしている。新しい知識との出会いに喜びを感じる。これはどこからきているのであろうか。新しい知識の獲得は、少なくとも私たちをさまざまな苦しみや困難から解放してくれることが考えられる。それは難病に対する新しい薬の開発、手術の方法、治療の方法等、あるいは生活面での便利さ、快適さ等を可能にする。こうした新しい知識の発見、あるいは新しい知識の獲得は、学力のノエシス――ノエマ構造の作用が大きく関わっており、また不可欠である。つまり、私たちの精神における新しい知識の発見、獲得は、学力のノエシス――ノエマ構造の作用に基づくものである。それは意識と意識との接続、それに対する反省としての言葉を話すことによるその接続の切断、それを受けての新しい意識と意識との接続、……によって可能になるのである。基本的に個人においては、まさにロックがいうように人間は白紙の状態で生まれてくるのであり、他者との交流を含めて、生誕後のさまざまな経験、それがあって初めて精神が形成されるのである。もちろん、ある程度の経験が蓄積されると、自己の精神内においても学力のノエシス――ノエマ構造の作用と反省とによって、新しい知識の発見、獲得は可能であるけれども、それはどこまでも個人の中という限定された範囲内のことである。つまり、個人の可能性という範囲内においてのことである。これに対して、他者と共に在ることによる〝共に学ぶ〟は、共に在ることとしての多様な経験と、言葉を交わし合うことによる反省の作用が絡み合うことにより、個人の枠を越えた無尽蔵な可能性の領域を開くのである。私たちが求める発見することの可能性は、まさにこの〝共に語る〟ことの内にあるのである。

もちろん、集団の中で〝共に学ぶ〟ことは、人間の人格の形成のしくみからも必要なことである。教育実践の場では〝集団の中で子どもは育つ〟という表現があり、しばしばよく使用される。この言葉を聞いた教育実践の場に携わる者は誰でもこの言葉に素直にうなずくことができるであろう。それほど実践上の実感として共有できる言葉なのである。しかし、それは例によってほとんど実践から得られた経験則のようなものであって、明確な理論的な根拠に基づくものではなかった。今や私たちはこの言葉に明確な根拠を与えることができる。すなわち、授業の場のみならず、その他のあらゆる教育の場で〝共に学ぶ〟ということがなぜ必要なのか、そこで何が起こるのか、そのためにはどういう取り組みが必要であるのか、今私たちはこのような問いに対して確信を持って答えることができる。子どもが育つ、というより人間が育つことは、身体そのものの成長のみならず、精神面の成長、発達をも含めて考えられなければならないのは当然である。私たちは、人間の精神と身体とを融合させた概念として「身体表現」を用いてきた。この「身体表現」とは、もう一つの精神としての「身体表現」意識のことであり、この精神の形成に関わる学力のノエシス――ノエマ構造の作用の特質である志向性を構成するものである。学力のノエシス――ノエマ構造の作用は、この「身体表現」意識と「身体表現」意識とをさまざまに接続する作用であり、反省の作用とともにこれによって新しく生み出された精神としての「身体表現」意識を生み出すのである。そしてこの作用の過程は、「身体表現から出て、身体表現へ帰る」という運動として、自己を限りなく拡大していく過程である。そしてこの「身体表現から出て、身体表現へ帰る」という運動の契機をつくり、自己を限りなく拡大していくことを遂行するのが、他者と共に在り、他者と言葉を交わし合うこととしての相互主観のはたらきなのである。

しかし、ここで注意しなければならないことがある。その一つは集団の中で〝共に学ぶ〟ことは、光の部分に対して影の部分を持つことである。子どもが育つということはそれ自体は善なることであるが、どのように育つかということにおいて集団の中で〃共に学ぶ〃ことは善悪の価値を超えた事象である。つまり、集団の中で〃共に学ぶ〃ことにおける影の部分とは、〃共に学ぶ〃ことが子どもたちを反社会的行動や思想に導くことにつながることがあり得ることである。また学校現場では、いわゆるいじめや暴力等の問題にもつながることがある。したがって、集団の中で〃共に学ぶ〃ことには、その集団がどういう集団かという集団の性格、在り方そのものへの「問い」が忘れられてはならないのである。もう一つは、集団の中で〃共に学ぶ〃ことは、集団の存在と個人の存在との対比でどちらかに優劣を置くことではないということである。集団の力や効用を強調するあまり、ともすれば私たちは個的存在としての子どもたちを置き去りにしてしまいがちである。しかし、すべての教育実践においては、常に個人における学ぶことが基礎を成し、それがあって初めて集団における学習の意義も期待できるのである。したがって、集団の中で〃共に学ぶ〃ことにおいては、個に対する十分な配慮が常に不可欠である。子どもたちは集団の中で、互いに言葉を交わし合うという行動をとおして〃共に学ぶ〃ことによって、自らの制限（限界）を超えて、たくましく「生きる力」を身につけていくことができるのである。

教材としての他者

集団の中で〃共に学ぶ〃ことの意義は、また〃共に学ぶ〃他者は学習における一つの教材となることである。他者が教材となるとは次のような意味においてである。一般に学習は教材を利用して行われる。教材とは教授や授業の材料のことであり、学習の内容となる文化的素材をいう場合とそれを伝える媒体を指す場合とがある。これとは異なり他者が教材となるとは、後者の場合に相当する。集団の中でのある教材の学習において、集団を構成する一人ひとりは厳密に考えれば理解の内容や程度が異なっている。最も完全に理解している個人からほとんど理解できていない個人までさまざまである。40人という集団でいえば、ある教材の学習における理解度は40の段階があることになるだろう。80人の集団でいえば、80の理解度の段階があるようなものである。したがってたとえば40人という学級集団の中である子どもの学習する教材の理解度が30番目だとすれば、その子どもがその教材を完全に理解するにはあと30の理解の階段をのぼらなければならないことになる。30の理解の階段をのぼるとは、自分より理解度の高い子ども、すなわち、自分より理解度の高い他者30人の一人ひとりから順に学んでいって、完全な理解に達することを意味する。この場合の他者は、学習する子どもにとっては教材である。他者が教材となるとはこのような意味においてである。言い換えれば、他者を教材とすることは、他者の認識や理解を学習の教材として、したがって学習内容として学習を行うことである。具体的には次のようなことである。40人の学級で子どもたちが学習をする場合、一人の教師が一斉に行う授業の内容について一人ひとりの子どもの教材の受け入れ方や認識のしかたは異なっている。そのように異なる原因は、一人ひとりの子どもが持つ学力の差の多様性であったりする。その結果集団学習では、その集団を構成する子どもたちの数だけ教材についての理解の段階が存在することになる。このことは数人の子どもたちを指名して答えや考えを発表させることで確認できる。もしこの時、教師一人と子ども一人しかいなければ、教師がその子どもの理解の程度に応じて、段階的に指導をして完全な理解へ導けばいいことになる。しかし、40人の子どもたちに一斉授業をしなければならない場合はこうした個別の指導はほとんど不可能である。そうすると次善の策として考えられるのが、理解の程度が低い子どもに理解の程度の高い子どもを教材として与えることで、全体としての理解の程度を向上させる方法である。その方法とは、理解の程度が高い子どもと低い子どもとを混合した数人の子どもたちのグループをつくり、グループの中でそれぞれが意見発表したり、意見交換をしたりして、彼らが相互に言葉を交わし合うことを基本にした交流をさせることであり、これによって学習内容についてお互いの理解を深めさせることである。たとえば、A、B、Cという子どもが一つのグループにおり、CはBより、BはAより、それぞれ理解の程度が高い場合、AにとってBの理解は、Aが自分の理解を進めるための教材の役割を果たし、同様にCの理解はBが自分の理解を進めるための教材の役割を果たす。つまり、集団学習では子どもたち自身がお互いにお互いを教材化することで、学習内容としての教材の理解度を高めあうことが期待できるのである。教材としての他者とは要するに、授業の場においてある子どもが同じクラス内の別の子どもの意見や考え方を聞いて、「それは自分と同じ考えだ」や「この意味はそういうことだったのか」といったように、他の子どもたちの意見や考え方がちょうど目的地への階段のような役割を果たすということである。言い換えれば、集団学習は、学習している教材がその子どもにとっては非常に難しい、すなわち、目指す目的地への途中の道の傾斜が急すぎて、もし他の子どもたちのそうした意見や考え方を聞かなければ、あるいは目的地へのゆるやかな階段がなければ、目的地への到達としての教材の理解は不可能であったかも知れないことを可能にする方法である。集団の中での学習では他者が教材となる可能性があるということは、単に個々の子どもたちの理解の程度を向上させるというだけではない意義がある。それは何か新しいものを発見することが起こる可能性が高くなることである。本来理解することは、わかることとしての発見することとそのメカニズムは同じである。集団の中での学習は多様な理解の内容や高度な理解の形成を可能にする。すなわち、集団の中での学習の場合は発見することの可能性が個人での学習の場合と比較して格段に高まるのである。知識はより多くの人々に学習されることを通して、知識自身が発展していくという法則がここでも確認される。

一斉学習とグループ学習

発見学習をはじめとしてすべての学習においては、人間の認識の過程との関連から集団学習の授業形態が基本である。一般に学習集団を組織する目的として次のような事柄が考えられる。第一に多くの子どもたちを同時に教育することができることで、この場合の授業形態としては一斉学習となる。第二に子どもたち一人ひとりの学習能力の差に応じた教育ができることで、この場合の授業形態としては能力別学習、具体的には習熟度別クラスとなる。第三に子どもたちが共同して学習を行うことで、社会的協調の精神を養うことができる。授業形態としてはグループ学習となる。第四に子ども一人ひとりの興味や関心に沿った教育ができることで、授業形態としてはイギリスやアメリカの〝オープン・スクール〟や〝フリー・スクール（エデュケーション）〟のような形態となる。以上のことから集団学習の授業形態は、大きく一斉学習とグループ学習とに分けられる。まず一斉学習であるが、これは一般に学級単位、あるいは俗にクラス単位での学習である。一学級の現在のわが国の平均的な子ども数は四十人を標準とし、状況に応じて三十人、二十人という構成になっている。つまり、一斉学習とは四十人なら四十人全員の子どもたちを対象として行われる学習である。

わが国の現状はこの一斉学習が基本となっている。次にグループ学習であるが、これはたとえば、四十人の子どもたちで構成される学級があり、授業を行う時、四十人の子どもたちをたとえば五人ずつのグループに分け、そのグループ内での子どもたちの学習活動を軸に展開する学習である。五人ずつのグループの分け方は、通常特定の基準や規則など特に決められておらず、いわば適当に組み合わせられた不等質集団である。このグループ学習は現在でもすでに一斉学習と並立する形で教育実践の場で実施されている。つまり、一斉授業を基本としながら、教材やその時の授業内容によって五人ないし七人の子どもたちからなるグループ学習が実施されている。学力の向上を可能にする学習方法としての発見学習においては、他者と共にあることが必要条件である。したがって、この条件を満たすという意味では、一斉学習であれ、グループ学習であれ、特にどちらが望ましいということはない。集団学習の意義は、子どもたちが互いに他者と共にあり、互いに不断に言葉を交わし合うことができる機会をより多く持つことができることにある。しかし、単に子どもたちが集団で時間と空間を共有していれば良いというのではない。そして集団学習における発見学習の鍵となるのは、個々の子どもたちが活発に言葉を交わし合うとともに「手許にある――身体表現」を行うことが十分に保証されているかどうかである。こうした視点から一斉授業とグループ学習とを比較してみると、その差は歴然である。学習の過程で子どもたちが活発に言葉を交わし合うとともに、「手許にある――身体表現」を行うことが十分に保証されているのは、もちろん圧倒的にグループ学習である。一斉学習では授業時間の制約からすべての子どもたちにこうした機会を保証することはきわめて困難である。したがって、発見学習を可能にする授業形態は、一斉学習を基本としながらグループ学習を織り込んでいくという形態となる。

学力の向上をめざす学習方法の究極の目的は、学習を通して学習内容を理解することとしての発見するという体験をすべての子どもたちの中に生み出させることである。このための集団学習の展開の柱となるのが、子どもたちが互いに言葉を交わし合うことを積極的に行っているかどうかである。そして、子どもたちの中でこうした理解の過程が進行しているかどうか、すなわち、認識の過程が展開しているかどうかは、子どもたちが積極的に互いに「問い――問いかけ」を行っているかどうかで判断することができる。もちろん、集団学習による授業の展開は、子どもたちの個々の反応時間まで考慮すると、通常の一斉授業より多くの時間がかかるとみられる。したがって、より効果的な集団学習を行うためには、個々のグループの構成人数をある程度少人数にしぼることである。しかし、同時に一斉授業としての展開も必要であるので、一斉授業における子どもたちの数も自ずから限定される。理想とすべき人数としては一学級集団が二十五人から三十人程度と考えられる。この数は一斉授業と並行して実施するグループ学習において、五つか六つのグループに分けられることとも関連した人数である。〝人数規模の効果〟という点からこのことを考えるとこの人数は最適な数であると考えられる。この人数はまた授業展開における子どもたちの授業態度などに対する指導も可能となる人数である。

第二節　学習集団の編成

「身分け――総合」の外化としての学習集団

認識には二種類が区別される。一つは直観であり、もう一つは分析である。しかし、本来の認識は直観であり、分析もその本質は直観である。というのは、分析は「言葉を交わし合う――言葉を話す」行為を通して再構成された直観であるという点で、この「言葉を交わし合う――言葉を話す」行為を通さないで生み出される本来の直観とは異なる。すなわち、本来の直観は、本質的に個人の「言葉を交わし合う――身体表現」意識に伴う相互主観の介在なしに、「手許にある――身体表現」意識の「身分け――総合」の過程をへて生み出される認識であり、その内容は誕生以来の過去の体験や思考によって生み出された「身体表現」意識が総合されて得られる認識である。これに対して分析が「言葉を交わし合う――言葉を話す」行為を通して再構成された直観であるということは、分析は他者と共に在ることにおける相互主観のはたらきによって形成される直観としての認識であることを意味する。すなわち、分析は自我の意思を受けて、「身体表現」意識の接続の切断という作用により生み出される直観である。いずれにしても直観であれ分析であれ、ともに共通しているのは、認識の過程の「身分け――総合」の過程をへて生み出されるということである。

私たちは認識の過程における「身分け――総合」の外化というものが存在すると考える。すなわち、認識の過程における「身分け――総合」という過程は、実際の学習の過程においてそれに対応する何らかの具体的な学習形態が存在するということである。それが集団での学習活動であり、具体的にはクラスごとの学習およびグループ学習である。前者はいわゆる一斉授業の形態であり、後者は班別学習の形態である。つまり、認識の過程における「身分け――総合」という過程に対応する学習形態は、一斉授業とグループ学習との併用した学習形態である。学校教育における学習活動は基本的に集団学習という形態において行われる。この最大の理由は学校経営上の理由による。つまり、本来なら一人ないし数人の子どもに一人の教師がつくといういわばマンツーマン方式で授業を行うのが最善とされる。しかし、このような考え方をすると特に子どもが成長するにつれて、一教科に最低一人の教師が必要となりそれにかかる経費は莫大なものになるだろう。個人的にも公教育的にもそれではとてもすべての子どもたちに十分な教育を受けさせることはできない。そこで一定の人数の子どもたちを集めて授業を行う集団学習という形態に落ち着くのである。言い換えるならば、集団学習という形態は第一義的にこうした学校経営上の理由からとられているのであるが、もちろん集団学習の意義はこれだけではない。集団で学習することによって望ましい教育的な効果が得られるということもある。集団で学習することは、さまざまな子どもたちが一緒に机をならべて学習するということである。すべての学習において優れた素質を持った子ども、反対にすべての学習において劣った素質しか持たない子ども、ある面では優れた素質を持つが、ある面では平凡な、あるいは全く劣った素質しか持たない子どもなどさまざまな子どもたちが一つの集団の中に存在し、そうした集団として一緒に学習するのである。こうした中でたとえば、先述した教材としての他者のように、それぞれの学習において高い理解を持つ子どもが低い理解しか持たない子どもに教えるということが期待される。つまり、集団を構成する一人ひとりの子どもが互いに他の子どもの教材となり、結果として集団に属する全員からなる理解の階段が構成されることも期待される。また集団での生活や行動によって子どもたちが互いの理解を深め、人間的な成長をも期待される。こうした集団学習によって得られるさまざまな望ましい教育的な効果については、これまでにも十分理解され、すでに現実にそうした教育的効果を目的に集団学習が行われてきたのである。

しかし、このような集団学習の教育的な効果についての理解の中にまだ不足している理解がある。それは集団学習には認識における「身分け――総合」という過程に対応する学習形態が見出されるということである。つまり、集団学習においては、人間の意識の内部で展開している認識の過程と同様の過程が展開するということである。集団学習においては、教師と子どもたち、あるいは子どもたちどうしの間で言葉を交わし合うことを通して学習が展開する。この他者との言葉を交わし合うことを通しての学習の展開には、同時に一人ひとりの子どもにおける自己と言葉を交わし合うこととしての反省の作用が随伴する。他者との言葉を交わし合うことと、反省としての自己との言葉を交わし合うこととは、学力の形成、及びその向上をはかる両輪である。自己と言葉を交わし合うこととしての反省においては、生み出される対象についての意識の意味づけとしての「身体表現」意識は、その内容は自己の過去の体験や経験の範囲に限定されている。また個人の反省においては、自己の言語表現能力や対象を受容する知覚能力にも限界があり、偏った傾向性があり、生み出される「身体表現」意識はさらに限定されてくる。これに対して、他者と言葉を交わし合うことにおいては、こうした個人の思考における限界や限定は取り払われる。このことは言い換えれば、次のような事態である。他者が言葉を話すのを聞くと、反射的に自己の「言葉を話す――身体表現」意識がそれを模倣し、「手許にある――身体表現」意識を刺激する。こうして、意識と意識の接続、その切断、さらに意識と意識の接続……という作用の連鎖が起こり、やがて、相互主観のはたらきを介して「身体表現」意識が生み出される。この過程はいわば他者が自己の中に転入することである。同様に、自己が言葉を話すのを聞くと、反射的に他者における「言葉を話す――身体表現」意識がそれを模倣し、「手許にある――身体表現」意識を刺激する。こうして、他者においても意識と意識の接続、その切断、さらに意識と意識の接続……という作用の連鎖が起こり、やがて、相互主観のはたらきによって「身体表現」意識が生み出される。この過程は自己が他者の中に転入することである。私たちは自己と他者とが言葉を交わし合うことの中でおこるこのような出来事を〝自他の転換〟と呼ぶのである。〝自他の転換〟は、私たちに発見することが起こる可能性を無限に拡大する。すなわち、この発見することとは、対象についての意識と精神としての「身体表現」意識とが直接的に結びつけられた結果の発見することである。それは、目前にあるものの存在の意味に初めて気づく、目前にないもの（見えないもの）が見えるようになる、目前に存在しないものの存在を予測する、目前にないものに気づく等々である。〝自他の転換〟における認識の過程を通して生み出された「身体表現」意識は、それ自身ノエマとして体験に実的に属さないものである。実的に属さないものということは、現実に存在しないものということである。すなわち、〝自他の転換〟における認識の過程を通して生み出された「身体表現」意識とは、たとえば目に見えないものを見る、聞こえないものを聞く、触れることができないものに触れることである。学力のノエシス――ノエマ構造の作用を含む認識の過程は、本質的にこのような意味での発見する過程である。学問上のさまざまな発見は、この学力のノエシス――ノエマ構造の作用を含む認識の過程により産出されるノエマの成果である。すなわち、偉大な発見とされるものは基本的にこのメカニズムのもとで生み出されたものである。もちろん、このメカニズムによる発見することがすべて偉大な発見につながるものではない。ある時は単なる対象の把握にとどまる場合もある。言い換えれば、生み出されたノエマとしての「身体表現」意識が、単なる対象の把握にとどまるか、偉大な発見に通じるかの境はない。だからこそ逆に、このメカニズムは無限の可能性の原動力なのである。そしてこのメカニズムに無限の可能性をもたらすものが、〝自他の転換〟なのである。一般にこのことを考えてみると、社会生活においては学校生活のようにはっきりした認識の過程を意識することはない。しかし、今日のほとんどの職場において会議、ミーティング、プレゼンテーション、意見交換などといった名目で関係する部署に所属する人々や、第三者的な立場の人々と共に在り、互いに言葉を交わし合う機会が設けられている。そしてこうした言葉を交わし合う機会から実際に新しい方針やアイデアなどが生み出されているのである。反対にこうした機会を持たない、あるいは重視しない職場は今日ではしだいに姿を消しつつある。このことはもはやこうした機会なしには職場として、あるいは企業としてやっていくことができないことを意味している。言葉を交わし合うことの意義についての社会一般の理解が進む中、むしろ学校教育の現場がこれへの対応が十分とは言えない。より合理的な学習活動への転換、あるいはグローバルな時代の潮流との関連などを考慮すれば、言葉を交わし合うことを学習活動の中心に導入するという転換すべき時期に来ていると考えられる。たとえば集団学習を行う人数について、単に経営的な視点ばかりでなく、言葉を交わし合うという学習活動を展開するのに最適な規模などの視点に立った検討を行うことが求められる。

集団学習と授業規律の問題

学習集団の組織の方法において、大きく意見が分かれる問題がある。それは授業規律の問題である。これは授業の場における秩序の問題である。欧米の学校とわが国の学校とを比較してよく話題になるのは授業中の雰囲気である。欧米の多くの学校では授業中、子どもたちが教師の話をきちんと聞いておらず、思い思いの会話をしたり、手遊びをしたりしている様子が多くみられるという。これに対してわが国の学校では授業中、子どもたちはきちんと座って静かに教師の話に耳を傾けている。どちらが望ましい授業風景であるかと言えば、もちろん後者のわが国における授業風景であるというのである。欧米の教育現場にはかつての児童中心主義の考え方の伝統が息づいている。児童中心主義の考え方とは、子どもを伝統的な抑圧的な教育から解放し、自由にのびのびさせ、子どもの興味や関心を尊重しようという考え方である。これに対しては、〝はいずり回る経験主義〟などという批判がなされるなど紆余曲折はあったものの、子どもの興味や関心を尊重するという意味での子どもの立場を大事にしようという伝統が息づいているとみられる。これがこのような欧米の学校の授業風景をつくっている背景にあると考えられる。

一方わが国の学校の授業風景は、表面的には欧米のそれと非常に対照的である。この背景にはやはりわが国の歴史的な、伝統的な考え方があると考えられる。わが国の学校教育の現場では、まずは人の話をしっかり聞くということが何よりも価値のあることだと考えられている。これはいわば幼児教育から大学教育までわが国の教育全体に共通する価値観と言えるだろう。このことは教育現場だけには限らない。社会人になっても基本的にはこの価値観が支配している。たとえば、一人の大学生が就職活動である企業の説明会に参加した時であった。その大学生は説明の間ずっと下を向いたままであった。数日後に行われたその企業の面接試験を受験した時のことである。企業の面接官がその大学生に対して「あなたは説明会の時にずっと下を向いたままでしたね。私たちの企業に関心がありますか？」と問うたのである。その学生はその質問に大きなとまどいを感じたという。このようにわが国ではまず人の話をしっかり聞くことがなにより重視され、社会常識とさえなっているのである。

わが国の学校教育の現場では、授業中教室にまるで子どもたちが一人もいないかのように静かな整然とした授業を行うことができる教師が指導力のあるすぐれた教師とされる傾向がある。わが国の教育の現場では概して、こうした厳しい授業規律が高く評価される。このような状況の中では、欧米の学校現場でよくみられるような自由な雰囲気の中での教育実践は普及しにくい。しかし、わが国の学校教育の特色でもある厳しい授業規律にはそれなりの一定の価値がある。それは日本人の道徳心が他国の人々に比較して非常に高いとされることの原因がこの厳しい授業規律にあると考えられるからである。そしてこの厳しい授業規律が基本的に一斉授業の中で養われていることは疑いがない。しかし、一斉授業には大きな問題点がある。まず何よりもこうした授業に子どもたちが強い興味や関心を示さないことである。またこうした授業では、個人差を無視した画一的な授業におちいりやすい。さらにこの一斉授業では、基本的に教師の説明や話を子どもたちが整然と静かに聞くことが中心の学習活動になり、この中では子どもたちは自己と言葉を交わし合う機会や、子どもたちが互いに言葉を交わし合う機会も非常に少ない。このことは、学力のノエシス――ノエマ構造の作用を含む認識の過程が十分に展開されないことを意味する。言い換えれば、こうした一斉授業は学力の作用が十分はたらかず、その結果として学力の向上がきわめて限定されたものにならざるをえない。子どもたちの学力の向上にとって、「言葉を交わし合う――言葉を話す」という行動は欠かすことができないのである。整然とした授業風景に象徴される授業規律の徹底と、子どもたちが自由に多くの発言をするにぎやかな、ある意味では騒々しい授業風景とは、基本的に矛盾するという受け取り方が我が国の教育現場では一般的である。わが国では圧倒的に前者に傾斜した授業風景が実践されている。しかし、私たちはこの二つの授業風景がほどよく両立することが理想であると考える。というのは、好ましい授業規律を実現しながら、同時に子どもたちが互いに言葉を交わし合い、自ら思考する機会を与えられる学習をとおして発見することを実現することが私たちがめざす発見学習だからである。発見学習とは、こうした理想を実現する学習方法なのである。

発見学習と授業規律

私たちは秩序ある授業規律の中での子どもたちの自由な、のびのびとした学習活動は可能であると考える。発見学習はまさにこうした学習活動を実現する学習方法である。そのためには子どもたちの学習活動のあり方を、認識の過程の視点からもう一度見直すことが必要である。すなわち、認識の過程が十全に展開する学習活動は、子どもたちの学習内容に対するどのようなあり方から生まれるか、あるいは子どもへのどのような関わり方から生まれるのかをあらためて問い直す必要がある。子どもの興味や関心を重視し、中心に据える授業と規律ある授業とは、従来より相反するものと考えられてきた。すなわち、子どもの興味や関心を重視する授業では、授業の規律が保てず子どもたちの指導に追われる。他方、厳しい規律下の授業では、子どもたちののびのびとした学習活動が見られず、子どもたちの創造的な思考や行動が育たない。結局、子どもたちに求める資質や学力に最も適した授業形態は何かという視点から、どちらの授業形態が、あるいはどちらかに重点をおいた授業形態が望ましいかで対応が分かれた。わが国では一般に後者の対応、すなわち、厳しい規律下の授業のあり方がより望ましい授業形態とされた。

規律ある授業と子どもたちが強い興味や関心を持つ授業との両立をどのように実現するかということは、発見学習のみならず、すべての学習形態において共通する課題である。私たちはこの両立が可能な授業形態こそ発見学習であると考える。つまり、発見学習という授業形態においては、子どもの興味や関心を重視する授業と規律ある授業とが両立するのである。これは発見学習の実践から得られた結論である。発見学習では、授業規律を維持しつつ、子どもたちに学習内容や教材に強い興味や関心を持たせることが可能であるが、そのためには学習内容や教材が「手許にある」というあり方をするようにすればよいのである。学習内容や教材が「手許にある」というあり方をするとは、学習内容や教材をより具体的な身体の動きで表現することによって可能となる。例えば、対象が物である場合、その物そのものを、あるいはそれらのレプリカでもミニチュアでもよいが準備したり、また対象が事柄であれば、その事柄が際だつような臨場感を身体の動きで表現したりするのである。具体的な身体の動きによる表現、すなわち、「身体表現」は、子どもたちの学力のノエシス――ノエマ構造の作用を刺激し、その対象への強い興味や関心を子どもたちに向けさせるのである。

子どもの興味や関心を尊重する授業がともすれば、規律のない授業になってしまう傾向があったのは、学習内容に強い興味や関心を持たせることは、学習内容が学習者にとってどういうあり方をするかということについて明確ではなかったからである。いわば、手探りの試みになりがちであり、これが授業規律に抵触する事例となったのである。ここで参考になるのが日本に〝オープン・スクール〟を紹介したシルバーマンの児童中心主義の考え方である。シルバーマンが紹介した〝オープン・スクール〟とは次のようなものであった。

【資　料】

オープン・スクール

子どもたちがいる教室は一般的な意味での教室ではなく、「作業室」というべき部屋で、従来の机や椅子の代わりに「興味の領域」というものがおかれていた。たとえば読書コーナー、数学の領域、音楽の領域などである。読書コーナーには子どもたちが寝そべることもできる敷物やカーペットがしいてあり、二、三個の安楽椅子、さらにもっと居心地のよいベビーベッドとか、ソファーがあり、そして子どもの目の高さに読書欲をそそられるような本がならんでいる。……理科の領域には岩や貝、その地方の植物、ろうそく、モーター、電池、電球、針金があったり、ウサギやカメ、子猫などの動物がいたりする。このような中で**活動する子どもたちの中心には教師がいて、一人一人の子どもたちと言葉を交わしながら、指示を与えたり、励ましたりしながら**記録をとっていく……。（太字は引用者）

（井上弘『教育方法学』(註49)より）

このような〝オープン・スクール〟は通常の授業形態としては全く考えられないであろう。何らかの特殊な目的や意図があって、また周囲の相当な理解があって初めて可能になる授業形態である。私たちはこの〝オープン・スクール〟

について次のように考える。子どもたちは目の前にいろいろな多様な対象、すなわち、学習内容を与えられているが、まずそのいくつかに興味や関心を示し、その興味や関心を持ったものを手にとってみようとするであろう。この時その子どもが示した興味や関心は、その子どもの生得的な気質や素質とともに、その子どもが誕生以来見たり、聞いたり、触れたりしてきた、これまでのすべての体験や経験が認識の過程を通して生み出した「身体表現」意識としての意識体験を起源とするものである。つまり、その子どもが興味や関心を持った対象というのは、自分にとって何らかの意味づけされた、したがって、自分にとって何らかの意味を持つと感じられた対象である。この時点でこの対象はその子どもにとって「身近にある」というあり方をしている。というのは、子どもの目の高さに読書欲をそそられるような本がならんでいる読書コーナーでは、本の表紙の絵の鮮やかさ、奇抜さ、わかりやすさという印象を与える。もし、それらの本の内容について全くの予備知識がなければ、おそらく内容を知りたいと手を伸ばす子どもは少ないと思われる。たとえ手にしたとしても数ページをめくっただけでもとに戻してしまうであろう。また、理科の領域には岩や貝、その地方の植物、ろうそく、モーター、電池、電球、針金があったり、ウサギやカメ、子猫などの動物がいたりするが、直観は珍しさ、奇妙さ、かわいさという印象を与えるだろう。もし、これらに対して全くの予備知識がなければ、読書コーナーの場合と同様さらにこれらのものにそれ以上にかかわろうとする子どもは少ないと思われる。

子どもたちが最初に興味や関心を持ったものを認識しようとする時、すなわち、学力の作用を含む認識の過程が展開しようとする時は、これらの対象が子どもたちにとって「手許にある」というあり方をする時である。本に手を伸ばす、数ページをめくる、岩や貝や植物に触れる、モーターを回してみる、ウサギやカメや子猫に触る、等々の行動は、まだそれらが「身近にある」というあり方である。つまり、この段階ではまだ全く認識の過程の展開は始まっておらず、したがって学力の作用も起こっていない。次に想定されるのは、この資料では叙述されていないが、子どもたちの間で言葉のやりとりが起こっているのではないかということである。一般に子どもたちはこうした状況の中で、特別に誰に言うわけでもなく、実質的に独り言のようにして感想や「問い」を発しているものである。すると周囲にいた別の子どもがそれを聞いて、その対象に興味や関心を持ち、同様に感想や「問い」を発する。時には子どもたちの間でお互いの

「問い」に対する答えを出し合っていることもある。この子どもたちのやりとりの中には、対象が「手許にある」というあり方をすることに成功し、認識の過程が展開することもあるであろう。しかし、この状態における基本的な段階としては「身近にある」であり、本来の「手許にある」とはなっていない。

この〝オープン・スクール〟の目的や意義について理解しない人々には、おそらくこの学習風景は無秩序な、規律のない、およそ教育とはかけはなれた取り組みに映ることであろう。このシルバーマンの〝オープン・スクール〟では一見無秩序状態といえるような状況の中心に教師がいる。教師はつねに子どもたちと接し、話したり、聞いたり、慰めたり、叱ったり、指示を与えたり、励ましたりしているとされる。そして教師は自分の記録帳に子ども一人ひとりについて、たとえば「エブリンは明るい絵を描いている、ジョンは算数に抵抗を示しているようだ……」のようにメモしていくという。このような報告から判断するかぎりシルバーマンの〝オープン・スクール〟は、子どもたち一人ひとりの生来的な興味や関心（傾向性）の特徴を見出すことを目的にしているように思われる。私たちはこのような試みは特に幼児期においては特別な意味があると考える。というのは、幼児期は認識の過程の発達がまだ不十分であり、純粋意識としての学力のノエシス――ノエマ構造の作用が露出している状態にあるからである。純粋意識としての学力のノエシス――ノエマ構造の作用が露出しているというのは、裏を返せば「言葉を交わし合う――身体表現」意識の発達が未熟であることを意味する。「言葉を交わし合う――身体表現」意識の発達が未熟であることは、純粋意識としての学力を制御するはたらきをする主体的意識としての相互主観の発達が未熟であることを示すものである。したがって、幼児期は、その子どもの意識と意識との接続、その切断……という学力のノエシス――ノエマ構造の作用の特質が表面に露出していると考えられるのである。幼児期におけるいわゆる自己中心性はこのことを裏づけるものである。先ほどの〝オープン・スクール〟の事例でも、何らかの対象に興味や関心を持った子どもは、その対象に対して動きや形を模倣する、手に触れる、手に摑む、耳を傾ける、集中して見るなどの自己中心的な態度をとる。

この〝オープン・スクール〟では教師はつねに子どもたちと接し、話したり、聞いたり、慰めたり、叱ったり、指示を与えたり、励ましたりしているとされる。子どもたちにおいて学力の作用としての認識の過程が展開し始めるのは、まさにこの時、すなわち、資料中に太字で示した「**活動する子どもたちの中心には教師がいて、一人一人の子どもたちと言葉を交わしながら、指示を与えたり、励ましたりしながら**」の時である。ではこの教師の果たしている役割は何であろうか。それは子どもたちに目前のさまざまな対象を自分の身体の動きで表現してみることを示唆しているとみられる。自己の身体の動きで表現しようとすることの刺激を受けて、学力のノエシス――ノエマ構造の作用は動きだすのである。〝オープン・スクール〟の子どもたちは、多様な対象を目前にして、実は次から次へとわき起こる「問い」に襲われているのである。もし、この時大人の場合のように学力の発達が十分であれば、したがって、相互主観としての「言葉を交わし合う――身体表現」意識の発達が十分であれば、学力の作用としての認識の過程が展開し始めているはずである。つまり、自分の中でわき起こる「問い」へ「問いかけ」ることが起こっているはずである。しかし、子どもたちにはまだ相互主観による「言葉を交わし合う――身体表現」意識の発達が不十分であるがゆえに、わき起こる「問い」への「問いかけ」が起こらない、すなわち、認識の過程が十分に展開しないのである。ここで教師の役割が必要になる。それが子どもたちの中にわき起こる「問い」へ「問いかけ」るという役割である。資料における「**活動する子どもたちの中心には教師がいて、一人一人の子どもたちと言葉を交わしながら、**」という部分がこれに相当すると考えられる。つまり、ここでは教師の言葉を交わしながらということは、子どもたちの純粋意識としての学力の構造における相互主観のはたらきをしていることになる。

〝オープン・スクール〟における教師の語りかけ、指示、注意などを受けて、子どもたちの態度はさまざまに変化する。この中に何らかの目前の対象についての興味や関心の高まりがみられる。一般に人間がさまざまな対象に対して持つ興味や関心の起源は、認識の過程における対象が「手許にある」というあり方をする過程である。つまり、この時の教師の言葉を交わしながらは、さまざまな対象を子どもたちの「手許にある」というあり方にもたらすと考えられる。この過程を通して対象は、認識の過程におけるさまざまな身体の動きで表現される「身分け」の過程へ、さらには「総合」の過程をへと移行していく。授業規律との関係が深いのは、一連の認識の過程が展開する過程である。というのは、一連の認識の過程は、「問い」に対する「問いかけ」、すなわち、「問い――問いかけ」という相互主観による言葉を交わし合うはたらきである。先述したように、このはたらきは子どもたちのある一定の時期までは未発達であるがゆえに、教師による介在が必要である。言い換えれば、この教師による介在がなければ、子どもたちの認識の過程は十分に展開せず、結果として十分に思考することもない。子どもたちはただめずらしい対象、おもしろい対象を求めて徘徊するのみである。こうなると授業全体の雰囲気は乱れ、落ち着かないものになる。いわゆる授業規律の乱れが起こるのである。

子どもたちに学習内容に対して興味や関心を、あるいは学習意欲を持たせようとすると、一般に私たちはどうしても子どもたちの行動に対する規律を求める指導が後回しになる傾向がある。それは授業規律の徹底と学習意欲を高めることが必ずしも両立しないという経験的法則に基づくものである。このことは裏を返せば、授業規律の徹底と学習意欲を高めることとの両立について十分な確信がないことを示すものである。しかし、この両立は可能である。その鍵を握るのが「身体表現」である。「身体表現」は、生得的な学力のノエシス――ノエマ構造の作用を刺激し、「問い」を生み出させる。人間が「問い」を持つ時、あるいは「問い」に取り憑かれる時、人間はそれに強い興味や関心を示している時である。このようにすれば、子どもたちに学習内容に真の興味や関心を持たせることができ、授業規律が乱れることはあり得ないのである。子どもたちに学習内容に強い興味や関心を持たせることと、授業規律を確立することとは、教育実践の場における永遠の課題のようなものである。しかし、この課題は発見学習の学習方法に自覚的に取り組むことによって克服することができるのである。

能力別編成への対応

発見学習における授業形態は、一斉学習とグループ学習とから構成される。この場合問題となるのは、子どもたちをクラスごと、グループごとにどう分けるかという、それぞれの形態における編成の方法である。一般的には学力の差に基づく能力別編成が考えられる。一人ひとりの子どもには生得的な能力及び受けてきた教育など環境的な要因による格差があることも事実である。この一人ひとりの子どもたちの間にある格差をふまえてどのように学習集団を編成するかは大きな問題である。さまざまな身体の動きを構成する感覚的受容能力、言葉を交わし合うことを可能にする言語能力など、子どもたちの認識の能力にも当然生得的な能力の格差がある。こうした能力の格差は、環境的要因が原因であればその後の教育によって是正できる可能性は大きいが、生得的要因が原因であれば是正できる可能性は少ない。したがって、能力に応じた学習集団の編成はこうした二つの視点をもとに行われる必要がある。たとえば、能力別学習集団を編成するにおいて、生得的能力の格差を縦軸、環境的要因による能力の格差を横軸として一人ひとりの子どもたちの位置づけを行うことができる。そして、より多くの子どもたちが密集している領域を一つの学習集団として編成するのである。しかし、これは理論的に考えられる学習集団の編成であり、実際に具体的に行うとすれば多くの困難がある。概して能力別の学習集団の編成はこれまでに世界でもいろいろな試みがなされてきているが、どれもそれぞれ一長一短があり、完全といえるものは生まれていない。完全な能力別学習集団を編成することは、言い換えれば完全に等質な学習集団を編成することであり、このようなことは人間の本質からしても不可能に近い。したがって、能力別学習集団の編成は、現在わが国においてみられるように、学年制を基本としながら、教科別、分野別など部分的領域において取り入れることが最も合理的であると考えられる。

私たちは発見学習の、子どもたちがお互いにお互いを教材とするという視点から、子どもたちの間における能力格差の問題に対して、総合的に判断して個別学習能力を基礎として、それに集団における学習能力を組み入れる形の能力別学習を提起する。学校教育の本来の目的は、一人ひとりの子どもの学習を確保し、それぞれの子どもたちの成長や発達を促進することである。とすれば、まず教育計画の基本となるべきものは生徒個人であり、個人としての学習活動についてのしっかりした計画が立てられねばならない。そのために毎週1時間学習計画のための時間が設定される必要がある。一人ひとりの子ども個人の学習計画は、教師がその子どもの学習実態をもとに作成した計画をもとに、子ども本人との面談をとおして最終的に完成する。たとえば、中学生を例にとると、三年間で学習するすべての教科の内容を詳しく記述したシラバスをあらかじめ作成し、生徒たちに配布する。シラバスには三年間で学ぶ教材の範囲がそれぞれの学年の何月頃に学習することが書かれている。そしてすべての学年の教科書を含む教材が進路室、あるいは図書室や学習室に準備されている。このような準備をしておけば、もし一年生の生徒が二年生の数学に興味をもって勉強したいと思った時、その生徒はシラバスを参考にしながら自由に勉強できる。反対に三年生の生徒が苦手な英語を一年生の英語からやり直したいと思った時、その生徒はシラバスを参考にしながら主体的に勉強できる。

学級単位の集団学習は基本的には従来までと同様な授業形態で行われるが、発見学習の展開には集団学習と個別学習とが合理的に組み合わせられねばならない。基本となるのは一斉学習やグループ学習などの集団学習であるが、これに個別学習をどのように組み合わせるかが鍵となる。組み合わせ方としては、集団学習の進行とともに個別学習を位置づけるやり方と、集団学習から独立して個別学習を位置づけるやり方とに分けられる。基本となるのは前者の方法である。というのも、集団学習と個別学習といずれにおいても共通するのは、個人における認識の過程の展開である。つまり、発見学習では常に、すでに個人の認識の過程が展開していることを受けて、集団学習を展開することになるのである。発見学習の展開は、授業を中心とした集団学習の充実と、一人ひとりの子どもと面談し、それぞれの子どもの学習能力や性格的な特徴の把握を基礎として編成されたグループ学習の充実により可能になるのである。これは今学校教育に求められている緊急の課題である。

第九章　発見学習の授業展開

第一節　授業過程論

授業過程

いよいよ授業の場において一時間の授業を行おうとする時、単元としての学習内容をどういう順序で展開していくかが問題になる。これは授業過程と呼ばれる。言い換えれば、授業過程とは一定の学習内容を子どもたちに理解させる、認識させる、判断させるというその授業の目的を達成するためには、授業はどのような流れで展開されなければならないかを考え、それを受けて授業全体をいくつかの段階に分けることである。授業過程をこのような授業内容の組み立てとして考えるならば、授業過程は授業を行う主体としての、したがって教える側の教師からみた指導の過程ということになる。しかし、授業過程を授業における主体が学習する子どもたちにあるとする視点からすれば、子どもたちの学習活動の過程ということにもなる。つまり、授業過程には授業における立場の相違からこのような二つの授業過程が考えられるのである。要するに授業過程とは、これらの立場を異にする双方の共同の活動の過程ということができる。したがって、本来の授業過程とは教師の指導の過程と子どもの学習活動の過程とが緊密に融合されたものでなければならないのである。

今私たちの手許に三つの授業過程がある。それらの一つめは、現在の多くの教育現場で使用されている、①導入、②展開、③まとめ（整理）という三段階であり、二つめは系統学習の授業過程であり、三つめは問題解決の授業過程である。このうち、一つめの三段階の授業過程について少し詳しくみていくことにする。というのも、この三段階はわが国の教育界の現場で最も広くかつ普通に用いられている授業過程だからであり、実際私たち自身も最も多くこの授業過程を利用した学習指導案を作成し、参観授業等を行ってきた経緯があるからである。三段階の授業過程における①の導入とはその授業を始める入り口の部分で、多くは前の時間の授業内容の復習とそれを受けて、これから行う授業の内容を概略的に子どもたちに説明する部分である。またその時間に学習する内容についての興味や関心を高める動機づけの部分でもある。②の展開とはこの授業における学習の内容の順序のことで、通常2～3の部分からなる。③のまとめ（整理）とは、その授業で学習したことを概観的に復習する部分である。教育の現場ではこのように三段階の構成にすることについては、特にその理由や根拠等については説明されることがない。また、授業する教師からも特に異論は出ない。それは一言でいえば、この三段階が授業の流れを組み立てる上で、わかりやすく誰にでもすぐに受け入れられやすいからであり、それはある意味では理屈抜きなのである。すなわち、この三段階の授業過程が今日これだけ教育現場で普及しているのは、この授業過程はいわば授業の周辺的な形式、すなわち授業の準備、授業の参観や評価、子どもたちの授業における理解等に適した形式を表しており、そういう意味でも客観性があると考えられ、とりあえず基本の授業過程として最適であるという共通理解ができあがっているからであると考えられる。

この三段階の授業過程の最大の特徴は、授業過程が学習方法の骨格となる認識の過程と全く関係なく考えられ、設定されているということである。授業過程の三段階が特定の学習方法と関係なく、広範な一般的な学習方法として実践されているということはどういうことを意味しているのであろうか。このことは、授業過程と認識の過程との関係を考える上で重要な意味を持つ。結論から言えば、私たちはこの三段階は本来の授業過程の主旨からすれば、それ自体一つの有力な授業過程であるとは言えないと考える。というのも、この三段階は単なる授業の展開の流れを表現したものにすぎず、実質的に無内容な段階にすぎないからである。本来の授業過程とは、先述したように教師の指導の過程と子どもの学習活動の過程とが緊密に融合されたものでなければならないのであり、子どもの認識の過程に確実に対応したものでなければならないのである。そこでこれから系統学習の授業過程と問題解決学習の授業過程とを比較考察することを通して、私たちの主張する発見学習の授業過程とはどのようなものであるかを明らかにしていくことにする。

系統学習の授業過程

授業という場は、教師の指導する活動と、子どもたちの学習する活動とが同時に行われる場である。この授業の場は、子どもたちに学力、すなわち、学習内容を理解したり、認識したり、判断したりすることを通して、具体的に行動する力を獲得させる場である。いわゆる授業過程とは、授業を展開していく順序段階ともいうべきもので、これまでは学習内容を認識する順序段階と符号すると考えられてきた。今日教育の場でもっとも一般的に行われている授業過程は、先述したように〝導入→展開→整理（まとめ）〟という三段階である。しかし、この三段階は実際には1時間（実質45分ないしは50分）の授業における教師の指導方法の内容にしたがって三分割したものにすぎない。つまり、学習する子どもたちの認識の過程に応じた区分ではない。どちらかというと教師の側に立って実践の最大公約数的に生み出されてきた授業過程である。しかし、子どもたちの学力を向上させるという視点に立てば、本来の授業過程は子どもたちの認識の過程と融合した授業過程でなければならないはずであるから、この三段階の授業過程は発見学習の授業過程とはならない。

教育学の分野では教育哲学における認識論の違いがそのまま授業過程の違いとなり、その結果いくつもの授業過程が生み出されることになった。いわば教育哲学の数だけ授業過程の数があることになったのである。こうして生み出されたいくつもの授業過程はやがて、系統学習の授業過程と問題解決学習の授業過程との二つに集約された。前者は学問的知識を絶対的真理であるとする信念を出発点とする教科カリキュラムである。これは子どもたちが教師が注入的に与えるものを受容し、それを吸収する過程を認識する過程とする考え方で系統学習と呼ばれる。これに対して後者は、日常的な生活上の問題の解決を通して得られる知識が真の知識であるとする経験カリキュラムである。これは子どもたちが自らの知性を道具として使用し、生活上の問題を解決し、真理を獲得する過程を認識の過程とする考え方で問題解決学習と呼ばれる。前者の系統学習の理論を主張する代表的な教育学者としてヘルバルトがあげられる。ヘルバルトは人間が科学的認識を獲得していく過程として「明瞭―連合―系統―方法」からなる『四段階説』を主張した。（註50）そして教授の進行もこの四段階によるべきであるとした。これはやがてヘルバルト及びヘルバルト派の〝形式的教授段階説〟と呼ばれた。その四段階とは、①明瞭（学習内容をその諸性質にそって明瞭に認識する）、②連合（他の学習内容に移り、比較し、表象を連合する）、③系統（学習内容の本質が明らかになると、その結果を概念や法則などの一般化された結論にまとめる）、④方法（一般化された結論の真偽を確認するために応用する）である。この四段階は、やがて後継者のチラーやラインらによって改善され、『五段階教授法』としてその影響は広範囲に広がった。

私たちはこのヘルバルト派による『五段階教授法』は、基本的には教材内容の取り扱いの順序と人間の認識過程とを混同した教授法であると考える。そのことは、「新教材を適当に分節し……直観に訴えつつ教授する」、「……類似の教材とを比較し……概念、法則の下にまとめる」、「かくてえられた知識を……これまでに学習し、獲得した知識系統の中に編入し……」などの表現の中に見出される。(註51) たとえば「新教材を適当に分節し」というのは教授側の準備作業であり、「直観に訴えつつ」における訴えるのは教師であり、直観（する）のは学習者である子どもたちの認識の過程である。また「他の学習内容に移り」は教授側の操作であるのに対して、「表象を連合する」は学習者における学習活動の過程である。この教授法は基本的には教える側に重心をおいた授業過程であるが、その中に学習する子どもたちの学習活動の過程と思われる過程がとり込まれている。これは、教授側の操作や作業と学習者側の学習活動の過程とが混同されているのである。この授業過程では、教授側の操作や作業と学習者側の学習活動の過程とは相互に影響し合う関係にはあることは容認されるが、それらが緊密に融合されたものとなっていない。だから実際にこれに基づいて授業を行おうとすると、その煩雑さや困難さによって行き詰まるのである。『五段階教授法』という授業過程がその後の教育実践の場でどのように変遷していったかをみればこのことが明らかである。以上のように、この系統学習の授業過程は認識の過程そのものの解明が十分でなかったことによって、授業過程における教える側と学ぶ側との立場が混同されることになったところに問題点があったと考えられる。

問題解決学習の授業過程

問題解決学習の授業過程は、問題解決の認識論を基礎とする授業過程論である。問題解決学習は経験カリキュラムにおける経験単元の授業過程を一括総称するものであり、この経験単元には問題単元、作業単元などがある。しかし、典型的な問題解決学習は問題単元における問題解決法である。問題解決学習の理論を主張する代表的な教育学者としてジョン＝デューイがあげられる。問題解決法とは社会に存在する現実の問題から構成される問題単元の授業過程であり、その授業過程の段階はデューイのいう反省的思考の段階そのままである。すなわち、デューイは人間が問題に直面した時、問題解決のためにはたらく思考を反省的思考とし、次のような五段階からなるとした（デューイ *How We Think*）。それは①困難の漠然たる自覚、②困難点の明確化、③仮説の着想、④推論による検証、⑤高度の検証の五段階である。デューイは学習はこのような反省的思考を呼び起こし、子どもをして主体的に問題解決に取り組ませるようにしなければならないとしている。そしてこのような問題解決学習を実施するためには、教材の作成が工夫されねばならない。それは学習内容としての教材を生活の現実の問題として作成することで問題単元と呼ばれる。

デューイの『五段階説』を具体例を通して少し詳しくみていく。まず①困難の漠然たる自覚について、これは実生活における「困った」、「どうしたらいいか」などで表現される実感をさすと考えられる。人間が何らかの問題に直面した時に発する言語表現である。この時人間の中には何らかの問題についての意識、すなわち問題意識が生まれていることになる。①の困難の漠然たる自覚はこのような状態をさしていると思われる。人間が困難の漠然たる自覚を持つ時とは、出会った事象にどのように対応していいかわからない時である。言い換えれば、つまり、一般的に人間が何らかの事象や事態に対して疑問や問題意識をもつ時とは、実際にどのような身体の動きをしたらいいかわからない時である。次に②の困難点の明確化とは、①で漠然と自覚された困難が何か、言葉で表現されることである。困難の漠然たる自覚とは直観であるから、困難が何か、その時点では具体的に言葉で表現されていない。次に③の仮説の着想とは、対象についての「身体表現」意識の中にはない何かについて仮説を立てることである。仮説とは一般にある現象を理論的に統一して説明するためにたてられた経験科学上の仮定のことであり、実験や観察によって検証された仮説は法則や理論として公認される。ここまでの段階を具体例で考えてみる。今から1世紀以上前の物理学者たちは「光は電磁波（波動）であり、したがって、より大きなエネルギーを持つ光を金属にあてると、金属の中の電子は、金属原子から受ける引力にうちかって、外に飛び出してくる」とする原理を確信していた。ところが、「より大きなエネルギーを持つ光を金属に当てたが、金属から電子が飛び出してこなかった」という実験事実に出会って、当時の物理学者たちは大いに困惑した。この段階が①の困難の漠然たる自覚である。これを受けた②の困難点の明確化とは、「光は電磁波（波動）であるという原理のどこに問題があるのか」である。つまり、「光は電磁波（波動）である」という原理と出会った実験事実との比較対照から、この原理に何か誤りがあるのか、というのが困難点の明確化である。これを受けて③の仮説の着想となるが、これはたとえば、「もっと大きなエネルギーを持つ光が必要なのか」、「金属によって電子の飛び出しに違いがあるのか」、「光は電磁波（波動）以外に何かもう一つの性質を持つのか」等々である。これら一つ一つが仮説である。実際の物理学の研究においては、これらの個々の仮説について地道な実験と検討がなされたはずである。この過程が④推論による検証にあたる。では、③の仮説の着想と④推論による検証は、具体的にどのように行われるのであろうか。何が手懸かりになるのであろうか。たとえば「光は電磁波（波動）以外に何かもう一つの性質を持つのか」という仮説を例にとる。光が波動であるとすると、光は振幅と振動数という二つの性質を持つことになる。そこでこの仮説を検証する実験が行われる。金属の原子から電子を飛び出させるためには、ちょうど太鼓をたたいて大きな音を出そうとする時のように、振幅を限りなく大きくすることが考えられる。しかし、これでは全く電子の飛び出しは見られなかった。他方振動数では、振動数がある値より小さい時には電子が飛び出さないが、それより大きい値の時には電子が飛び出してきた……。歴史的事実は、これらの実験事実からやがて、１９０５年にアインシュタインが光はエネルギーのかたまりの流れであることを提起したのであり、そのかたまりは光量子、または光子と名付けられた。つまり、「光は電磁波（波動）以外に何かもう一つの性質を持つ」という仮説が真実であることを発見したのである。次に⑤の高度の検証とは、④の推論による検証で真実ではないかとされた仮説を実際に真理として確実であるかどうかを検証することである。この場合の具体例でいえば、アインシュタインの仮説をもってすると光電効果はいとも簡単に説明することができ、アインシュタインの仮説は真理であることが検証されたのである。その結果、金属から電子をひきだすには、その電子が金属原子から受ける引力にうちかつだけのあるエネルギー量を持った光子が金属の電子に衝撃を与えねばならないということが判明したのである。これは物理学における偉大な発見であった。以上がいわゆるデューイの授業過程の『五段階説』の主張である。私たちはこの『五段階説』は問題解決学習の手順であると考える。つまりこの『五段階説』は、何らかの問題あるいは課題に直面した時、どのような手順でその問題ないし課題の解決に取り組むべきかを五つの段階に区分したものであり、具体例でみるかぎりいささかも議論の余地もないように思われる。しかし、このデューイの授業過程の『五段階説』の主張については、きわめて人工的な分析であり、人間が思考する時には常にこの五段階を通るというわけでもなく、またこの五段階を順番に直線的に進行するというわけでもない等々の指摘がなされている。私たちもこのデューイの授業過程の『五段階説』については、実際に授業で実践するのには少なからぬ困難を伴うことを実感した。

あらためて私たちの視点でこの『五段階説』をみていくことにする。まず①の困難の漠然たる自覚についてである。私たちは日常的な生活をさしあたり「知っている」、「わかっている」という意識において過ごしている。そうした中でこれまでに見たこともない、聞いたこともない、触れたこともない物や出来事等に出会うと瞬間的に「何か？」、「どうすれば？」という問いを持つ。これは一般に私たちが何らかの問題や課題に直面した時に起こることである。私たちはこの状態は、学力を構成する「手許にある――身体表現」意識と「言葉を話す――身体表現」意識とが瞬間的にそのはたらきを停止することによって起こると考える。というのは、この時には私たちの身体の動きも、言葉を話すとともに停止状態に陥るからである。この時私たちに「問い」を出現させるのは主体的意識である相互主観である。というのは、困難の漠然たる自覚が相互主観を刺激したのである。この刺激（ストレス）を受けた相互主観は、一旦停止した「手許にある――身体表現」意識と「言葉を話す――身体表現」意識とを刺激し、これらの意識を再起動させる。再起動したこれらの意識は相互に刺激し合い、直面した問題や課題、すなわち、困難点について認識しようと努める。やがて認識の過程から困難点が何であるかが生み出される。この困難点の何かを生み出すのが学力のノエシス――ノエマ構造の作用である。これが②の困難点の明確化であり、この②の困難点の明確化は、私たちを思考へ、すなわち、問題や課題を解決すべく認識の過程へと導くのである。②で思考が駆動し始めるのであるが、これはデューイが反省的思考とよぶものに相当すると考えられる。次に③の仮説の着想についてである。この仮説とはその本質において否定性であり、学力における反省意識の作用が仮説の生成を可能にしている。仮説とは先述したように、一般にある現象を理論的に統一して説明するためにたてられた経験科学上の仮定のことであり、これは学力のノエシス──ノエマ構造の作用によって生み出されるノエマと考えられる。というのは、ノエマはノエシスの作用によって対象についての意識が何ものかに意味づけられたものであり、それ自体は非実在的なものであり、仮説もまた本質的に非実在であるからである。つまり、③の段階においては明らかに認識の過程が展開していることになる。さらに④の推論による検証についてである。仮説の検証ということは、仮説が認識の過程における対象となるということである。この過程では仮説とノエシスが生み出すさまざまな「手許にある──身体表現」意識の接続と「言葉を話す──身体表現」意識によるその接続の切断とが繰り返され、その中でノエマとしての新たな「身体表現」意識が生み出される。この検証によって問題解決となる確度の高い仮説が確定される。そして⑤の高度の検証は、認識の過程における「総合」の過程に相当する過程である。ここでは④で問題解決へ導く確度の高いとされた仮説が、真の原理や法則となり得るのかについて、すでに真とされている他のいろいろな原理や法則と照合することによって確認する段階である。この過程はいわばノエマの実在化を根拠づける意味を持つのである。

私たちは問題解決学習の授業過程について、次のような問題点を指摘することができる。それはすでにこれまでにも繰り返し指摘されてきたことであるが、この授業過程は過去に偉大な業績をあげた人々の学習方法や研究方法がその下地となってつくられたものであろうと考えられることである。したがって、この授業過程には実際の認識の過程が組み込まれていないのではという印象を拭いきれないのである。というのも、実際の思考としての認識の過程は、その循環する時間というのはさまざまである。わずか1秒にも満たない瞬間的な過程もあれば、数分、数十分、あるいは1日、数日、数年と長期間にわたる過程もある。後者の長期間にわたる過程の場合は、いわゆる「考え続ける」こととして実際の認識の過程が途中で停止して、時間をおいて再び展開するということを繰り返した場合である。したがって、通常では思考としての認識の過程の1回に要する時間は、数秒から数分程度だと考えられる。デューイの『五段階説』に代表される問題解決学習の授業過程は、したがって、こうした個々の認識の過程は組み込まれていないと考えられる。このことは、この五段階を用いて実際の授業を行うとしてもうまくいかないことがあり得るということである。実際の授業は個々の認識の過程を組み込んで実施するものだからである。

私たちがこの『五段階説』に対して問題があるとするのは、この五段階の授業過程と個々の認識の過程とが一致しない点である。個々の認識の過程が組み込まれない授業過程では、実際の授業で用いることはできないのである。言い換えれば、この『五段階説』には次のような難点が見出される。まずは学習活動においてはたらく学力、すなわち、デューイのいう反省的思考は、いつ、どのような状況下で起動するのかという問題である。一般に思考はいつ、どのような状況下で起こるのかは予測できないし、また制御できないとされる。言い換えれば、思考が起こる原因にはさまざまな要因や状況が考えられ、特定できないと考えられているのである。しかし、学習活動は定期的に、また計画的に実施されるものであり、このためには反省的思考もまたそれに相応して起動することが求められる。

次の問題は反省的思考のこの五段階は、すべての思考で通過されるとはかぎらないとされることである。その例としてあげられるのは、知的な問題解決の場合、行動を用いないで解決されることもあり、この場合は五段階すべてを通過しないとされる。認識の過程は、これまでに述べてきたように、生得的な（＝先天的な）部分と後天的な部分とから構成される過程である。したがって、認識の過程そのものには基本的に意志や意図により介入することはできないのである。すなわち、反省的思考の過程としての認識の過程はそれ自体で一つの全体をなす過程であり、ある対象の認識において、どの過程は必要で、どの過程は省略できる等々ということは不可能なのである。思考の過程はすべての思考において通過しなければならないのである。さらに付け加えるならば、私たちは行動を用いないで解決される問題や課題というものは存在しないと考えている。知性というもの自体が、すでに身体の動きとしての「身体表現」を含むものであり、知性による問題の解決にはすでに、常に「身体表現」としての行動が伴っているのである。

次の問題はこの五段階は必ずしもこの順序で直線的に進行するものではないとされる点である。この点についても先述したように、認識の過程は生得的な（＝先天的な）部分と後天的な部分とから構成される過程であり、認識の過程そのものはそれ自体で一つの全体をなす過程であり、基本的にすべての過程を直線的に進行するのである。この五段階は必ずしもこの順序で直線的に進行するものではないという考え方には、直観と分析的認識という二つの認識についての誤解が背景にあるように思われる。すなわち、たとえば直観はこの五段階のうちの三段階を進行するとか、分析的認識ではこの五段階のすべての段階を進行する、という具合である。私たちはこれまでに述べてきたように、人間の認識は本質的に直観であり、これに相互主観による反省的作用が介在することで、直観と分析的（理論的）認識とに区別されると考える。したがって、基本的な認識の過程はいかなる認識であれ、すべての過程を直線的に進行するのである。この問題と同様な問題として、さらに思考の各段階においてその重みが異なるとすることがあげられる。しかし、これも認識の過程がそれ自体で一つの全体をなす過程であるということから、どの過程も平均しているのである。問題解決学習の授業過程は、このように個々の認識の過程が組み込まれていないという点で不十分さが指摘されよう。

授業過程と認識の過程の区別

系統学習と問題解決学習という二つの授業過程ともそれぞれの認識の過程と結びつけられた授業過程であるとされる。デューイのこの『五段階説』については、純粋な認識論としてみればかなり的を射たものであると考えられる。私たちの認識論ともかなり共通した部分がみられる。しかし、この認識論には相互主観のはたらきとしての言葉を交わし合うという行為に基づく作用が認識過程の中で自律的、あるいは自立的にとらえられておらず、そのため反省的思考の説明が従来の表現のままにとどまっているので不十分さを残している。デューイのこの『五段階説』による授業過程は彼自身の考える認識の過程に基づく授業過程とするものであるが、これら二つとも教育実践の場で実践しようとするとなかなかうまくいかないのである。うまくいかないというのは実践の中でいろいろな矛盾が出てくるからである。何よりもまず人間の認識の過程の進行する時間は一般的に瞬間的できわめて短いものであり、また一定していないことがあげられる。たとえば、私たちの認識の過程における「身分け――総合」という過程にしてもそれはほとんど数秒もかからないほどの短時間の過程であり、しかもこの二つの過程は同時進行する過程である。しかも思考する時間は数分から数時間に及ぶことがあるにしても、その思考において進行する認識の過程そのものは瞬間的な過程であり、通常の思考に要する時間はこの過程の限りない反復の積算された時間である。これに対して、授業における学習過程は教師と子どもたちとの意識の相互作用という過程であり、この過程が展開する速さは認識の過程の進行する速さとは比べものにならないほど遅いものである。すなわち、認識の過程と結びつけられた授業過程が実際の授業実践ではうまくいかないのは、このような質の違う二つの過程が混同されていることに由来する。言い換えれば、認識の過程の時間区分と授業過程の時間区分とは基本的に一致しないのである。したがって、たとえばデューイの『五段階説』をそのまま授業過程の区分として取り入れると、教師の授業の進め方とそれに対する子どもたちの反応とが当然ながら完全にずれてしまうことになり、授業の進行が混乱した印象を与えることになってしまう。その結果往々にして教師主導の一方的な展開の授業となってしまうのである。

思考における認識の過程と、授業の過程との質的な相違を実証する次頁のような【実践例】がある。この【実践例】はある小学校の3年生の理科の授業の風景である。まず教師がこれから何の勉強で、どういう実験をするかを説明する。これは授業の導入段階である。次に授業の展開に入る。実際にさかさまにしたコップを水槽の水の中に入れようとして、そこで問題を子どもたちに提示する。

「今からコップを水の中に入れます。結果を予想してください」と教師が発言する。水の中に沈めようとするコップの中に水は入るだろうか、入らないだろうかという問題の設定である。子どもたちはこの段階ですでに互いの周囲の子どもたちとの間でどうなるかについて自分の意見を出し合っている。

「自分の予想した結果を発表してください。その時理由も答えなさい」と教師が指示を出す。しばらく間をおいてから、教師は四つの選択肢を板書する。答えは四つの選択肢から一つを選ぶというものである。授業は選択肢のア、イ、ウ、エの順にそうだと思う記号を選んだ子どもたちを起立させて、その記号を選んだ理由を述べさせるという形で展開される。指名された子どもの発言に対して他の子どもたちがそれぞれ自分の意見や感想を自由に述べることができるようになっている。「まずエの人はすべて起立してください」に始まり、その後ア、イ、ウの順にそれが答えと考える子ども

授業通信「ぼくらは,すてきだ」　小学校　3年1組　No. 1（2枚）13. 4.15

「理科が好きになりました」

今年1年間、ぼくが理科の授業を受け持つことになりました。ぼくは「仮説実験授業」という授業をします。たのしい授業になると、自信を持って言えます。たのしいことは、ふりかえってもたのしいもの。授業の様子をこの授業通信で思い出してみましょう。「ぼくらは、すてきだ」という題名にしたのは、授業のなかで、授業通信を読むなかで、自分のすてきさ、友だちのすてきさが見えてくるからです。

☆　☆　☆

1）4月12日（金）5時間目

問題1

ここに、からっぽのコップがあります。このコップを逆さまにして、右の図のようにまっすぐ水の中に入れます。このようにしたら、コップの中に水は入るでしょうか。あなたの予想に○をつけなさい。

みんなの考えを出し合いましょう。ともだちの考えの方がよいと思ったら、予想を変えてもかまいません。

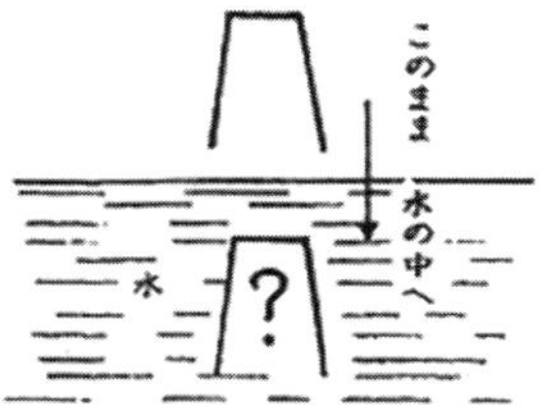

■予想　コップの中に水は、

ア．いっぱい入る　4−　↓　→2
イ．ほとんど入らない　9−　↓1　↓　→7
ウ．半分くらい入る　11−1 1　↓　1→14
エ．その他の考え　4−　↑　2　→5

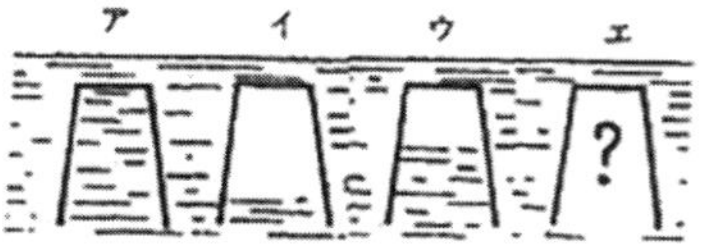

■理由　予想の少ない順に、予想した理由を言ってもらいます。まずは、エの人。どうなると思いますか。そう思った理由も言ってください。

金城：ぜんぜん入らない。家で、水鉄砲をまっすぐに水に入れて、引き金を引いたら、泡が出てきた。逆さまにして水をくもうとしても、水は入らなかった。

指宿：ぜんぜん入らない。お風呂でやってみたら、空気が中に入ってて、泡がシャボン玉みたいに出てきた。

植野：ぜんぜん入らない。やってみたことがある。

エにした人は全員「ぜんぜん入らない」でした。次は、アの人、立ってください。

王　：コップの口の中はからっぽだから、水が入る。

同じ理由だったら、座ってください。でも、言いたいときは、似ていてもかまいません。自分の言葉でどんどん言ってください。イの人、どうぞ。

池田：理由は金城くんと同じだけど、ちょっとは入りそう。

川久保：水鉄砲には、水を入れるところと水が出るところがあって、押さないと水は出ない。でも、コップには、そんなしかけがない。

九里：お風呂でタオルがお湯に落ちたとき、水は入らなかった。

末吉：家でお父さんに教えてもらった。

西岡：前にやったことがあって、手をつっこんだら、水はほとんど入ってなかった。

最後は、ウだと思う人。

片寄：家でやってみた。

田中：なんとなく。

そうそう、なんとなくそう思うのだけど、うまく言葉にまとまらないというときは「なんとなく」でいいよ。それも立派な理由です。自信を持って言ってね。

西野：風呂で、洗面器を逆さまにして湯に入れた。それをひっくり返したら、洗面器の中から大きい泡が出てきた。中には空気があるということ。

島村：お父さんがしてたのを見た。

■討論　理由を聞いたら、討論です。まだ言いたいことがある人、他の人の理由に反対したい人は、手（パーで）を挙げて言ってください。それから、他の人の意見を聞いて自分の予想を変えたくなったら、それもありです。変更した人の数を黒板に書くので、変更のときも、手（グーで）を挙げてください。

自分一人で考えると自分のノーミソしか使わないけれど、人の意見を聞くと、その人のノーミソも使えるから、よけいにかしこくなります。しっかり聞いて。

伊藤（イ）エの人に。「ぜんぜん」と「ほとんど」は同じ意味。

金城（エ）「ほとんど」は、ちょっとだけ入る。「ぜんぜん」は、一滴も入らない。

伊藤（イ）「一滴も入らない」というのは「入らない」に入る。

■実験　では、実験します。水の底に下敷きを沈めて（王くんのを借りました）、コップをその上に沈めます。下敷きでコップの口を押さえて持ち上げて、空中で下敷きをはなします。水がたくさん入っていたらザバーッと、半分くらいならザーッと落ちるはず。入っていなかったら、何も落ちてきません。では、やってみます…水は、落ちてきません。入っていなかった。正解は、イかなアかな。実験の結果を書いてくださいーーコップの中に水はほとんど・ぜんぜん入らない。正解だったら、「予想どおり」でもいいです。感想もついでに書いておいていいよ。

（野口修作『ぼくらはすてきだ』(註52)より）

たちをそれぞれ全員起立させ、一人ひとり理由を述べさせる。これは実験の結果を子どもたちに予想させるのであるが、授業では事前に何の予備知識も与えていないのでこの授業時間のための事前学習はない状態と考えることができる。このような授業の風景からまず気づくことがある。それは子どもたちの実験結果を予想したその理由の発言内容である。「家で水鉄砲でやったことがある」、「風呂の中でしたことがある」。子どもたちのこれらの発言は、彼らがどの答えを選んだとしても、すべてこの授業の時間以前までのすべての経験が背景にあることを示している。他方で特に過去にそうした経験を持たない子どもは「何となく」という答えとなるのである。この場合子どもたちにおけるノエシスは、提示された問題に対してそうした過去の類似した体験についての意識を接続したのである。ここで示された子どもたちの意見は直観である。

「理由を聞いたら討論です」という教師の発言で授業は次の段階に入る。この討論の時間では、選択肢の表現をめぐって子どもたちが意見を出し合っている。「ぜんぜんとほとんどは同じ意味ではないかな」、「いや違う。ほとんどは少しは入る、ぜんぜんは一滴も入らない」、「一滴も入らないというのは入らないに入る」。これらの発言は、自分たちが選択しなかった選択肢について、選択しなかった理由を選択肢の表現にちなんで互いに述べ合っている。これは提示された問題に対して、子どもたちの学力のノエシス――ノエマ構造の作用が生み出した各自の答えが微妙に選択肢の表現と異なっていたためと考えられる。しかし、これはこの時確かに子どもたちが思考したこと、すなわち、認識の過程が展開したことを示している。つまり、子どもたちは学習を行ったのである。そしてこの時行われた学習における認識の過程は、分析的認識の過程である。というのは、この討論の時の子どもたちの意見は、自分たちが最初に予想した答え、すなわち、直観を思考の対象として、認識の過程を展開させ、その結果として生み出された答えを自分の意見として互いに出し合ったからである。ここには認識の過程における相互主観の刺激によるノエシスの作用、すなわち、接続と切断の過程が明らかである。

「では実験します」という教師の発言で授業は次の段階に入る。前の段階から授業の過程における展開に入ったとすれば、この段階は展開の第二段階ということになる。子どもたちに実験の結果を確認させたらそれを記録させる。「感想もついでに書いておいて」という教師の発言で授業は最後の段階に入る。授業ではこの段階で終わっているが、もし時間があれば子どもたちに感想を発表させながら、この時間の授業のまとめが行われる。

この実践例から授業の過程と認識の過程との質の違いは明確にみてとれる。授業の流れ、ないしは展開としての授業の過程は、教師の立場からの授業の組み立てとしての段階の流れである。この授業では、「今からコップを水の中に入れます。結果を予想してください」、「自分の予想した結果を発表してください。その時理由も答えなさい」、「理由を聞いたら討論です」、「では実験します」という教師の発言がこの授業の過程を構成していることがわかる。この授業の過程は、したがって、導入→結果の予想→意見の発表→討論→実験→まとめ、ということになるであろう。この実践例でもわかるように授業の流れとしての各段階において、子どもたちの認識の過程はめまぐるしく展開している。すなわち、結果の予想、意見の発表、討論等の段階で、認識の過程は幾度となく繰り返されているのである。授業の過程と子どもたちの認識の過程とはあたかも完全に独立した過程のようである。以上のことから、少なくとも授業の過程と認識の過程とは全く一致するものではないことがわかる。そういう意味では授業の過程と認識の過程とは基本的に噛み合うものではないのである。とすれば、この二つの過程はどういう関係にあるとみなければならないのであろうか。

一般に授業過程は認識の過程にしたがって構成されるべきだとされる。そしてこの意味するところは、授業が学習内容についての認識を獲得させることを目的とする営みである以上、その順序段階というものは、認識がどのように進行してゆくかを表現するものでなければならない。またその各段階では、どのような認識の過程が進行しているかを表現するものでなければならないということである。この実践例で判断するかぎり、授業の過程は教師側の裁量によって設定されており、子どもたちの認識の過程はこの授業の過程の中に組み込まれているという関係にあることがわかる。では、授業の過程の中に認識の過程が組み込まれるとはどういうことであろうか。授業の過程と認識の過程とを単純に比較した場合、決定的な相違となるのは、それぞれの過程における各段階の展開に要する時間である。したがってまず言えることは、授業の過程の各段階を認識の過程の各段階の名称で表現することはできないということである。すなわち、たとえばヘルバルトの『四段階説』における「明瞭―連合―系統―方法」や、デューイの『五段階説』における①困難の漠然たる自覚、②困難点の明確化、③仮説の着想、④推論による検証、⑤高度の検証のような表現を、授業の過程の段階の名称とすることはできないということである。授業の過程の各段階の名称には、認識の過程の各段階の名称とは異なる名称を使用しなければならない。私たちはその1時間の授業の学習内容をもとに、授業全体の流れを示す名称を採用すればよいと考える。そういう意味では最初に取り上げた授業の過程、すなわち、導入↓展開↓まとめという段階の名称もあり得ると考えられる。この三段階の授業の過程は確かに認識の過程を何一つ表現しておらず、一見空虚な授業の過程のように思われるが、先に見たように本来授業の過程と認識の過程とは平等なものとしてかみ合うことがないのであるから、それ自体問題はないと考えられる。むしろ授業の基本的な流れを表現するこの三段階の授業過程は、そのわかりやすさという点ですぐれていると言えよう。問題は認識の過程をこの三段階の中にどのように組み込むかということである。言い換えれば、三段階の中に認識の過程を組み込むということはどういうことかがまず明らかにされねばならない。私たちの発見学習の授業過程は、したがって、この三段階を用いたものになる。

発見学習の授業過程

授業過程については従来から系統学習と問題解決学習という二つの代表的な考え方があった。これらは基本的な点について鋭く対立する授業過程であり、教育哲学としての教科カリキュラムと経験カリキュラムとの対立を起源とする。しかし、これらの授業過程についての考え方には共通する難点があった。それはこれらの授業過程に基づいて実際の授業を行うことがきわめて困難なことである。たとえば、1時間の授業で、デューイの『五段階説』に基づいて授業を行おうとすると、おそらく第三段階の仮説の着想の途中で時間切れとなることがほとんどである。もちろん、その続きは次の2時間目の授業で行えばよいのであるが、実際の教育現場では教科科目の授業時間数が限られており、すべての学習範囲をこのような授業過程に基づいて授業を実施することはできないのである。もし、『五段階説』のような授業の過程でなければ、子どもたちの学力を向上させることができないとするならば、子どもたちの学力の向上という目標の達成はなかなか厳しいと言わなければならない。

私たちはこれらの代表的な授業過程についての問題点がどこにあるのか、これまで探究してきた。その結果これらの授業過程は、認識の過程と学習活動の手順とが混同されていることが明らかになった。それがこれらの授業の過程に基づく教育の現場での実践を困難にしている原因であった。本来あるべき授業過程では、認識の過程と学習活動の手順というこれら二つのものは明確に区別されねばならない。つまり、授業過程の中に認識の過程が組み込まれねばならないのである。言い換えればこれら二つは対等な、並列するものとして考えられねばならないのである。私たちは本来の学習は発見学習であると考える。発見学習とは、学ぶ側の立場を視点においた授業過程である。実はここにも一般的に当然なこととして受け取られている一つの誤解がある。それは学ぶ側に立つという意味についてである。すなわち、学ぶ側の立場に立つことは指導する側がそれに従属するかのように受け取られる傾向があることである。特にこの傾向は問題解決学習において顕著である。問題解決学習では、何を学ぶか、いかに学ぶかが全く学習する子どもたちの判断にゆだねられている。デューイのシカゴ大学の実験室学校の例は有名である。この学校の特色は「子どもが学校にいる時にも、家庭にいる時とできるだけ同じような態度をとらせ、物事に対する同じような観方をとらせたほうがよい[註53]」というデューイの言葉の中に象徴されている。発見学習はこうした意味での学ぶ側に立つ授業過程ではない。学ぶ側の認識の過程を基礎におくという意味での学ぶ側に立つということであり、教える側の主体性は何ら損なわれない。発見学習は双方の主体性を尊重する学習方法である。私たちの発見学習は、従来から主張されてきた発見的学習とは区別される。従来の発見的学習は系統学習と問題解決学習との対立の中から生まれてきた授業過程である。すなわち、発見的学習は系統学習のいうように科学の客観的組織としての存在を認めつつ、同時に子どもをただ教師の説明を聞くだけの受動的立場に立たせるのではなく、問題解決学習のもつ子どもの主体的な思考活動を尊重することを両立させようとする授業過程である。しかし、この授業過程が発見学習ではなく発見的学習と呼ばれるのは、授業の場における真理の発見という点では思考の過程としては同じ段階で示されるとしても、科学者の発見における思考の過程とはかなり異質なものであるという考え方に由来するものである。これに対して私たちは子どもたちの学習もやはり同様に発見学習と呼ぶべきであると考える。それは先述したように、本質的な認識の過程は子どもでも大人でも同じであり、ただ対象を受容する

「身体表現」に成長、発達の程度の差があるのみだからである。私たちの発見学習においては、学習内容を自らの知識として獲得すると同時に、認識の過程を通して学習能力を向上させる可能性をもつものである。

私たちにおける発見学習は、系統学習と問題解決学習の対立の妥協の産物などではなく、唯一真正な学習方法である。このような私たちの発見学習の授業過程は、基本的に「導入↓展開↓まとめ」という三段階の授業過程である。そしてこの中に認識の過程が組み込まれることになる。発見学習における認識の過程とは、「手許にある↓身分け↓総合↓手許にある」という過程である。この授業過程を貫くのはさまざまな「身体表現」である。したがって、この授業過程はまた、「身体表現から入り、身体表現へ出る」と表現されるところのものである。そして、この授業過程の進行を実際に牽引するのが、「問い――問いかけ」である。発見学習はすでに完成品となっている知識の結論を、教師が一方的に提示し、解説し、記憶させるという学習方法ではなく、たとえば知識をその知識を発見するきっかけとなった体験や経験に押し戻し、その体験や経験を経験することから生まれる「問い」を通常の問題や課題の形に組み直して子どもに投げかけ学習の端緒とするのである。このような「問い」を授業の場における学習の柱にするものである。これが「問い――問いかけ」が発見学習の授業過程の進行を実際に牽引するという意味である。

これから発見学習の授業過程について、1時間の授業を念頭において詳細にみていくことにする。まず導入についてであるが、これは従来から行われているのと同様に、前の授業時間の内容を要約し、それを子どもたちに思い出させ、本時の授業の内容の概略を説明する。これによって子どもたちにその授業にのぞむ心構えをつくり、興味や関心を起こさせることになる。この導入で最も重要なのは本時の学習内容への子どもたちの興味や関心を引き立たせることである。そのためには、たとえばその授業の中で子どもたちが最も興味や関心を持ちそうな内容を「問い」の形にして提示するのである。たとえば、「本能寺の変で織田信長が討たれたことを知った信長の重臣の羽柴秀吉は、その時驚くべき行動をとったがどうしたと思うか」等である。導入に割り当てられた時間はせいぜい五分程度と少ないので、もちろん子どもたちからの応答は求めない。この投げかけられた「問い」によって子どもたちの学力の作用が喚起されればよいのである。

次に展開についてである。この段階は基本的に学習内容に応じて、たとえば展開(1)とか展開(2)というようにいくつかに区分してもよい。問題はこの区分の中に認識の過程をどのように組み込むかである。基本的には「問い」を立てることである。すなわち、「問い」を立てることによって認識の過程を組み込むという手法である。この手法の根拠については これまでにも繰り返し述べてきた。私たちは「問い」と遭遇することによって、一時的に判断停止に陥る。と同時に純粋意識としての学力が自らを顕わにし、その作用が喚起されるのである。学力の作用の特質は志向性と反省であり、これによって遭遇した「問い」、すなわち、目前の問題や課題の解決をはかろうとする。いわゆる認識の過程が展開するのである。こうして展開という授業過程の中に認識の過程が組み込まれることになる。授業形式にはクラスの全員で行う一斉授業と数人ずつのグループに分かれて行うグループ（判別）学習とがある。どちらの形式で授業を展開するにしても、基本は「問い」を立てることによって、学習活動の展開に認識の過程を組み込むのである。一斉授業に比較してグループ学習のほうが、一人ひとりの子どもがこの認識の過程を遂行する機会は多くなるという点からすれば、学力の向上にはグループ学習は重要な学習形態ということができる。しかしもちろん、学習内容によって、あるいは定められた授業時間数等の諸制約によって、十分にその形態をとることが難しい場合も少なくない。

発見学習の認識の過程は、先述したように「手許にある」→「身分け――総合」→「手許にある」過程として、「身体――表現から入り、身体――表現へ出る」過程として、直観としての「身体表現」意識を生み出す過程であった。この過程の中で学習内容についての意識は、学力のノエシス――ノエマ構造の作用によって意味づけられ、すなわち、理解され、認識され、判断されるのである。授業において目標となる学習内容の理解、認識、判断は、立てられたそれぞれの「問い」を通してそのつど目指されることになる。もちろん、1時間の授業としての目標というのがそれ自体存在する場合もあるが、その場合はまとめの中でその確認が行われねばならない。それに対して個々の知識の理解、認識、判断は、展開の中でそのつどそれらが確認されることになる。こうした確認も基本的には「問い」を立てることで行われる。

発見学習の授業過程はこれまでみてきてわかるように、学習内容から立てられた「問い」を柱にして展開される過程である。この発見学習の成否は、「問い」が学習の展開に応じて過不足なく立てられるかどうかにかかっているとも言える。「問い」は基本的に「身体表現」から生み出される。つまり、具体的な身体の動きから生み出される。したがって、発見学習の授業過程には常に「身体表現」が伴っている必要がある。発見学習の認識の過程が「身体——表現から入り、身体——表現へ出る」過程とされるゆえんである。

第二節　発見学習の学習活動

「手許にある」と学習活動

発見学習としての授業における学習活動はどうあるべきであろうか。認識の過程の解明は、私たちに学習内容が「手許にある」というあり方をする必要があることを教えている。このことは、学習活動そのものが同様に「手許にある」というあり方の中で行われなければならないことを意味している。認識の過程において「手許にある」過程とは、学習内容との直接的な出会いの過程であり、それは学習内容が概念として意識の中に取り入れられる過程である。学習内容が認識されるためには、学習内容が学習内容についての意識になっていなければならない。学習内容が学習内容についての意識になるということは、学習内容がいわゆる五感に基づく身体の動きで表現されることである。すなわち、学習内容が「見る」、「聞く」、「触る」、「嗅ぐ」、「味わう」という身体の動きについての意識として表現されることである。学習内容がこのように五感によって表現されるためには、学習内容を認識する主体が何よりもあるあり方をしていなければならない。それは認識する主体が「手許にある」というあり方をすることである。「手許にある」という表現はここでは文字通り人間の身体の「手許にある」ことである。つまり、身体の前で両手を広げ、身体と両手で何かを表現する様態である。この様態で表現される範囲が、人間が対象を認識することができる範囲である。言い換えれば、認識にはこのように認識の過程が展開される範囲があるということである。「見る」、「聞く」、「触る」、「嗅ぐ」、「味わう」という身体の動きは、この範囲における身体の動きにおいて意味を持つのである。学習内容が学習内容についての意識となることは、学習内容がこれらの「見る」、「聞く」、「触る」、「嗅ぐ」、「味わう」という身体の動きで表現されることである。たとえば「見る」は、「見に・行く」、「見・上げる」、「見・積もる」、「見・守る」、「見・通す」等々、さまざまな動詞と接続され、より複雑な身体の動きを表現することができる。他の「聞く」、「触る」、「嗅ぐ」、「味わう」についても同様である。

私たちの日常的な経験の対象は、このような「身体表現」意識の「身分け――総合」という感性的・受動的総合を通して私たちにあらかじめ与えられ、「手許にある」ものとして直観される。しかし、この直観は同時に対象と共存または継起する背景、周界の多くの存在と、対象と関わる多くの現実的ないし可能的事情関連との非主題的直観を伴っている。すなわち、対象についての認識はこの主題的直観と非主題的直観とから構成されているが、このことは対象についてのこのような認識の全体が、同時にその対象の存在を事実として根拠づけている世界もまた「手許にある」というあり方をしていることを意味している。言い換えれば、私たちは世界という概念を「手許にある」というあり方をする対象の存在の事実性として持つのである。したがって、人間が世界の内に存在する存在者であることは、あらゆる対象が「手許にある」というあり方をすることの中で人間の思考が生起し、認識の過程が展開し、その結果として生み出される「身体表現」意識によって人間はそのつど自己を超え出る自己となるのである。

人間は「手許にある」というあり方をする時、世界の内に存在するが、他者もまた「手許にある」というあり方をする時、同様に世界の内に存在する。このことは「手許にある」というあり方をすることにおいて、人間は自己も他者も世界の内に存在する存在者として共に在ることになる。人間の主体的意識としての相互主観が、自己と他者とが言葉を交わし合う存在として自らを示すというのはこうした事情に基づくのである。対象が「手許にある」というあり方をする時とは、具体的には対象がたとえば、鉛筆やハサミのような物である場合はもちろんであるが、悲しみや喜び、困難な課題など概念でしか表現できないような事柄の場合もやはり同様である。では、学習内容が「手許にある」というあり方をするという時、子どもたちの個々の具体的な学習活動はどのように意味づけられるのだろうか。そこで私たちは、これから「聞く」、「見る」、「書く」等々のこれまで教育実践の場で漠然と経験的にとらえられてきた個々の学習活動を

「手許にある――身体表現」という視点でとらえ直し、それらの学習活動の意義をあらためて考察することにする。

聞く

発見学習は基本的には問題解決学習と系統学習との対立を止揚する学習である。そして、この学習は単に対立する双方の妥協の産物というものではなく、学力のノエシス――ノエマ構造の作用に着目することから根拠づけられる、真に人間の認識の過程に基づく学習である。したがって、発見学習においてはこれまでのさまざまな学習活動のあり方があらためて問い直されねばならない。一般に学習活動とは、子どもたちの学習のための活動をいい、学校教育の現場では、授業でのいろいろな教科・科目の学習をはじめ、ロング・ホーム・ルーム、総合的な学習、体育祭や文化祭などの学校行事、部活動、ボランティア活動などを含める。子どもたちは学校生活の中で、これらの諸活動にかかわることを通して、授業においてと同じように学習活動を行っているのである。すなわち、子どもたちにとっては学校でのすべての活動を学習活動と考えることができる。これらのさまざまな学習活動の中で、学習の過程としての認識の過程が進行している。先述したように基本的に認識の過程を遂行するのは、他者と共に在ることにおける「言葉を交わし合う――言葉を話す」行動の中で自らを顕わにする主体的な意識としての相互主観である。すべての学習活動はこの相互主観を触発源とし、「言葉を話す――身体表現」意識と「手許にある――身体表現」意識との相互の触発を軸に展開される。そこで具体的な身体の動きという視点から子どもたちの学習活動をあらためて振り返ってみることにする。

まず学習活動の基本である教師や他の生徒の話を「聞く」ことがあげられる。学習活動としての「聞く」は、聞くことを通してその内容を知る、及び理解することである。この理解する場合、学習活動における「聞く」には基本的に認識の過程が同時進行していると考えられる。「聞く」内容は教師や他の生徒が話す言葉である。教師や他の生徒が話す言葉は、その音色や高さや強さは「手許にある――身体表現」意識を触発し、その指示する内容は「言葉を話す――身体表現」意識を触発する。これらは相互に触発し合い、融合されて概念となり、「身分け――総合」という認識の過程へ投入される。認識の過程では、反省の作用とともに学力のノエシス――ノエマ構造の作用がはたらき、そのつど「身体表現」意識を生み出す。これがこの場合における意味づけとしての理解である。しかし、この学習活動における「聞く」には、基本的に認識の過程が同時進行していない場合も考えられる。それはただ聞いている場合である。この場合は「話の内容はわからないが、内容は覚えている」である。これは話を聞きつつ、ひたすらその内容を記録することに集中した時などに起こる。反対に基本的に認識の過程が同時進行している「聞く」場合は「話の内容がわかった（理解した）」である。話を聞きつつ、その内容を理解することは、その内容についてそのつど「問い」が浮かび上がってい ると考えられる。一般に話を聞きつつその内容を理解することは、その話の内容にもよるが聞き漏らし等もあり、必ずしも十分であることは少ない。聞き漏らしたり、それによって理解が不十分である場合、私たちの中に「問い」が生み出される、あるいは私たちは「問い」に襲われる。「聞く」場合が講義調の授業や講演会等の一方的に話を聞く場合だと、この浮かび上がった「問い」に対して「問いかける」という衝動は抑制しなければならない。「問い」への衝動は学力のノエシス――ノエマ構造の作用を顕わにさせるが、この場合はこの学力の作用が起動しないことになる。いわゆる〝一方通行〟の学習活動に終わってしまうのである。これに対して、対話や討論や議論等質疑応答を交えた学習活動では、〝双方向〟の学習活動が行われる。対話や討論や議論では、言葉を話すこととしての反省の作用が学力の作用に絡み合う。これによって、認識の過程が十全に展開され、聞いた話の内容についての「身体表現」意識の形成、すなわち、理解、認識、判断が形成されるのである。言い換えれば、対話や討論や議論では自分の意見が形成され、生み出されるのである。この時学力の作用は全開となり、学力そのものも向上することになる。

対話や討論や議論等では、次の場合が区別されねばならない。それは、対話や討論や議論等が自己と他者の二者で行われる場合と、対話や討論や議論等が自己を含めた三者以上で行われる場合とである。前者の場合と後者の場合との大きな違いは次の点である。前者の場合は、基本的に交互に言葉を交わし合うのであるが、これにより触発されるのが「言葉を話す――身体表現」意識としての反省である。このことは特に幼児期に顕著な現象であるが、幼児は他者の言葉の話し方をしばしば真似る（模倣する）ことがある。実はこれは幼児期のみならず大人でも同じことが起こっている。幼児と大人との違いは、幼児は声に出して真似る（模倣する）が、大人は声に出さずに真似る（模倣する）ことである。人間は基本的に他者の話を聞きながら、その話し方を無意識のうちに、あるいは条件反射的に真似て（模倣して）いる。このことは、他者が言葉を話すのを「聞く」ことを通して、自己の「言葉を話す――身体表現」意識、すなわち、反省が触発されているのである。つまり、前者の場合、自己と一人の他者との間の対話や討論や議論では、話しては聞き、聞いては話すが反復される。他者が話すのを聞くと、自己では反射的に言葉を話す。それは反省となり、学力のノエシス――ノエマ構造の作用における接続を切断する。接続が切断される時「問い」が生まれる。次に新たな接続が行われる。他方で、自己が話すのを聞いた他者においても同様のことが起こる。そしてそれを受けて生み出された「身体表現」意識によって他者へ話す。このように反省は学力のノエシス――ノエマ構造の作用に交互に絡み合うことになり、そのノエシス――ノエマ構造の作用である意識と意識との接続、切断、接続、切断……が交互に行われることになるが、特にこの二者の場合は〝自他の転換〟が起こることが最大の特質である。〝自他の転換〟とは、自己と他者とが互いの認識の過程を介して入れ替わることであり、自他が相互に自己が自己を超え出ることである。言い換えれば、他者が話すのを「聞く」ことを通して、自己が自己を超出することである。自己は他者を通して初めて自己を自分の手にすることができる。つまり、自己を知ることができるのである。自己を知るには他者の話す言葉を「聞く」ことが必要である。これが「聞く」ことの本質的な意義である。この〝自他の転換〟は、カウンセリング等の領域において決定的な役割を果たす。

後者の場合は、二者の間で展開される対話や討論や議論を一者が聞くという形態になる。この場合の特徴はこの一者においてどのような精神の変化が起こるかということである。というのは、対話や討論や議論を行っている二者の間に起こることは前者の場合と同様だからである。二者の間で対話や討論や議論が行われる時、一者はそれを「聞く」ことになる。この場合特徴的なことは、二者の間での言葉を話すやりとりは、一者にとっては思考そのものが対象となることである。思考とは本来「手許にある――身体表現」意識を介して、「言葉を交わし合う――身体表現」意識（外言）と「言葉を話す――身体表現」意識（内言）との間での相互触発であるが、それがこの場合は自己の外に存在し、それを自らが対象としているのである。思考が自らの思考の対象となる、これが後者の場合の最大の特徴である。実は人間の思考はこうして形成され、こうした経験を通して発達していくのである。言い換えれば、後者のような経験を持たなければ、すなわち、自己を含めた三者以上の間での対話や討論や議論の経験を持たなければ、人間は思考することの技術（スキル）を学ぶことはできないのである。このことは次のように説明することができよう。自己を含めた三者以上の間での対話や討論や議論の経験を持つことは、認識の過程が「手許にある」というあり方をすることである。認識の過程が「手許にある」というあり方をするとは、認識の過程、すなわち、思考の過程が具体的に目に見える形で自らを示すことである。このことは、言い換えれば、思考の方法、あるいは考え方というものがどういうものかを目の当たりにすることであり、それを学ぶことである。三者以上での対話や討論や議論の経験は、こうした意味できわめて重要な意味を持つと考えられる。一斉授業の問題点としてあげられるのが、子どもたちの個人差や個人の中で起こっていることを無視した画一的授業になりやすいことである。しかし、先の事例でみるように一斉授業の中でも「問い――問いかけ」を軸とした展開をすることによって限定的な状況においてではあるが発見学習を展開することが可能である。もちろん、この一斉授業を行うにあたっての一クラスの子どもたちの人数には一定の制限が必要ではあるが、むしろこのような一斉授業におけるこのような子どもたちの学習過程は本来の発見学習にとって不可欠である。というのも、「聞く」という学習活動は、このように子どもたちの中で展開していると思われる認識の過程へ配慮するという意味を持つものであり、ひいては子どもたちの思考の可能性をさらに拡大する可能性を持つという意味できわめて重要な学習活動である。同時に、このような授業の流れにおける配慮としての「間《ま》」は、認識の構造とその過程を理解することによって初めて実践できる教育上の必須の技術である。

見る

学習活動としての「見る」には、視聴覚教材や絵画等の視聴や鑑賞、史跡や職場の見学などがある。「見る」は認識の過程でどのような意味をもつのだろうか。「見る」ことは知覚的には対象となるものをあたかも鏡に映すように「見る」ことである。「見る」は「百聞は一見に如かず」という諺にあるように五感の中で最も強い印象を与える知覚であ

空也像

る。「見る」という学習活動について具体的な例でみていく。上図は高等学校社会科の日本史の教材から引用したもので『空也像』である。授業において教師がこの絵を子どもたちに提示する。提示された絵を見た子どもたちは一人ひとりこの絵に持った印象を口にする。たとえば「誰？」、「僧侶かな？」、「口から何かが出ている！」、「右手に何か持っている」等々。これらは子どもたちが『空也像』という対象（写真）に出会い、目の知覚刺激を受けての反応である。つまり、目の知覚という身体の動きについての意識が「言葉を話す――身体表現」意識を刺激して生み出した発言である。この写真を見てまず子どもたちが口にしたことは「問い」であるが、まだ認識の過程は進行していない。やがてある子どもが「坊さんの口から出ているのは仏たちだ。この坊さんの口から出た言葉が仏たちに変わったんだ。この坊さんはきっと何か尊いことをみんなに話してるんだろう」と発言する。この発言は明らかに認識であり、直観である。というのは、写真には説明として何も書かれておらず、この子どもの発言内容は全くこの子どもの独自の発想だからである。「なぜ、そのように考えたのかな？」という教師の質問にその子どもは次のように答えた。「坊さんの口から出ている六体の仏像は何かを象徴しているに違いない。実際に口から仏たちが出てくるはずがない。この坊さんの口から出た一つ一つの言葉が、それを聞いた人々には、この仏像を作った人も含めて、あたかも仏の言葉のように尊く、ありがたいものであると感じられたということを表現したものではないか。この坊さんは身なりは貧しそうだが、みんなから慕われていた偉い坊さんなのではないか。……」。いわばこの子どもの発言の内容自体は一つの発見である。おそらくこの発言は次のような経過をへて生み出されたものと考えられる。この写真を見たその子どもは、まず「問い」を持った。「口から出てきた六体の仏像は何を意味しているのだろう？」である。すると子どもの学力が自らを顕わにした。相互主観がはたらき、その子どもは自らの想像力をはたらかせてこの写真の人物と同じ身体の動きをしてみたと思われる。両足を心持ち広げて立ち、右手に金鼓を持ち、左手に長い錫杖を持つ。そして顔をやや上にあげて遠くを見つめるようにして口を半開きにする……。このように想像したものが対象となり、認識の過程が展開した。その結果として生み出された「身体表現」意識が、「坊さんの口から出ている六体の仏像は何かを象徴しているに違いない。……」という知識が生み出されたのである。人間においては「見る」という視覚は、他のいかなる知覚よりもすぐれた知覚である。子どもたちはこの絵を見た瞬間に無意図的にこの絵の人物の姿形を自分の身体の動きで模倣をするが、これはノエシスの作用によるものである。大半の子どもは頭の中で想像するが、中には実際に同じような身振り、手振りをする子どももいる。つまり「見る」は他のいかなる知覚よりも早く、正確に対象についての意識をもつことを可能にするのである。この事例における授業は、次のような教師の説明が加えられることによって展開する。「この『空也像』は市聖《いちのひじり》とよばれた空也が民衆の間を念仏行脚している姿をあらわしたものと言われています。当時貴族にしか信仰することが認められていなかった仏教を、空也は苦しむ民衆を救うために広めたのです。口に南無阿弥陀仏ととなえると、その一音一音が阿弥陀仏になったと伝えられています」。この説明を聞いた子どもたちは「南無阿弥陀仏という言葉は民衆にとってとてもありがたく感じられただろう」、「空也は心から苦しむ民衆を救おうと思ったのだろう」等々のさまざまな反応を返してくる。これらは学力の作用を含む認識の過程から生み出される「身体表現」意識であり、この絵を理解することとしての発見でもある。「見る」という学習活動は、通常の各教科の学習ばかりでなく、総合的な学習における職場体験や史跡見学等の学習も含まれるが、これらが学習活動となる基本的な過程は同じであり、あらゆる身体の動きの中で最も有効なものの一つである。

書く

学習活動としての「書く」ことにはどのようなことがあるだろうか。教師がした板書事項をノートに写し取る。プリント等で出された課題や問題を解答する。さらには作文や小論文を書く。また授業の場以外では、教科としての書道、ロング・ホーム・ルーム活動における報告書、特別活動としての生徒会の生徒会新聞、報道部の報道新聞等があげられる。こうした「書く」ことにおける作文することは、基本的に総合的な学力の一つであると私たちは考える。ところで、作文すること、すなわち、文章を書くことは、何かについて思考したことを文字で表現することである。したがって、何かの文章を書くにはそのつどそれに伴う何かについての思考がなければならない。何かについて思考することは何かを認識することである。この何かを認識する過程は、先述したように一定の同じ過程を繰り返す循環過程である。言い換えれば、認識の過程をへてそのつど「身体表現」意識が生み出されてはすぐにそれについての意識が対象となり、認識の過程をへて「身体表現」意識として更新される……。認識の結果として生み出されるこの「身体表現」意識は、意識体験的には思い浮かぶことやひらめきという形で出現する。というのは、「身体表現」意識は常に直観だからである。これらの思い浮かぶことやひらめきによって生み出される「身体表現」意識が学習活動における理解することであり、発見することであり、判断することである。

単に何かを写し取るのではない何かを書くことにおいて、私たちは絶え間なく自己と言葉を交わし合い、「書く」ことの中で自分の思考内容が刻々と変化していくことを経験する。「書く」ことは手に鉛筆やペンを握って、文字を書いたり、図や絵を描く行為である。私たちは、「書く」ことと学習活動における理解することや発見することとは深い関係があると考える。つまり、「書く」ことはある特別な意味を持つのである。それは、「書く」ことは文字を書くにしろ、絵や図を書くにしろ、そういう行為を通して、あらゆる対象を「手許にある」在り方へともたらすのである。つまり、「書く」ことは特別な「手許にある——身体表現」である。言い換えれば、「書く」という行為そのものが認識の過程に直結する行為だということである。もちろん、「書く」こと自体がそのまま認識の過程であるということではなくて、「書く」ことが何らかの「問い」を受けて、学力の作用が自らを顕わにすることが伴われる時、認識の過程となるのである。私たちは書かれたもの、描かれたものを通して、その中に書いた人、描いた人の精神を見出すことができる。いわば、書かれたもの、描かれたものは、精神そのものが目に見える姿形で表現されていると受け取ることができるのである。こうした意味において「書く」ことは、精神と直結する行為である。

私たちはこの「書く」という行為の中には認識の過程の展開そのものが含まれており、また「書く」という行為は認識の過程をへて生み出される「身体表現」意識、すなわち、精神を実体化するという役割を果たしていると考えるのである。このような「書く」ことの学習活動に持つ意義の大きさははかることができない。私たちが作文するという学習活動を総合的な学力の育成につながると考えるのはこうした意味においてである。作文することは、意識としての思考内容を実体化することである。というのは、思考という目に見えない、捉えられないものを、書くことを通して目に見える、捉えられるものにするからである。パスカルはかつて〝人間は考える葦〟として人間における思考の持つ意義の大きさを主張したが、もし人間が自分の思考を書くことで表現をしなかったならば、人間の偉大さは見出されなかったかも知れない。「書く」という行為はこのような意味でも重要な学習活動である。従来からさまざまな学習の領域で「書くことは思考することであり、思考するとは一つ一つの言葉を組み立てることである」という考え方がみられる。確かに実際に文章を書く時、一つ一つの言葉をあたかも積木を積むように組み立てていくという感覚がある。しかし、それは思考とはまた異なった次元の行為である。発見的思考は他者との交流の中で、自己が自己を超え出て自己に還る認識の過程であり、いわば自己を限りなく〝拡張する〟思考である。この「書く」という行為は人間の思考を整理し、鮮明にし、鋭く正確にしていくと言われる。言葉を交わし合うことと「書く」こととは、こうした発見的思考を導くための重要な契機を所有するものである。

実習と実験

実践的な行動をとおしての学習活動のうち実際の仕事をするのが実習である。具体的には食物の調理実習、農業実習など、おもに実業系の教科や科目が中心となる。要するに実際にやってみるということである。実際にやってみるということには、たとえば調理実習であれば、事前に何をどうするかについて教科書や副教材などを通してその内容を学習していることが前提にある。つまり、理論的に学習したことを実際にやってみるのが実習である。人間にとっての対象とは、自分と何らかのかかわりをもつもの、あるいははたらきかけの目標や目的となるものをさす。したがって対象を認識することは、対象についての知識をより正確に知る、理解することだけではなくて、それによって自己の対象にかかわるかかわり方が変化する、あるいは変化させることを意味する。私たちは人間の心（精神）をもう一つの身体として「身体表現」意識とした。この心のはたらきが認識することであるとすれば、何かを認識するとは、それによって

「身体表現」意識が変化することであり、「身体表現」意識が変化することは、その対象に対して向き合うことである。つまり、私がある対象を認識することは、私のある対象へ何らかの新たなかかわりが可能になることである。以上のことから実習をするとは、ある対象を認識することによって再構成された身体の動きで、新たなその対象へのかかわりが可能になることであると言える。

同様なことは実験についても言える。実験とはある事態に人為的統制を加え、直接的、目的的な変化を与えて、概念や法則に到達するために行う操作のことである。要するに実験とは、教科書を読んだり、教師の話を聞いたりして学習したこと、あるいは自ら認識したことを、真に確実な知識であるかどうかを確かめるための方法である。すなわち、実験とは学習して得た知識を仮説とするならば、それが真であるか偽であるか、あるいは実際の行動においてそれが実行できるかできないかを検証する手段である。実験そのものは自然科学の分野において有力な検証の手段として発達してきたものであるが、一般に子どもが何らかの問題に直面し、その問題を解決するための答え（仮説）をたて、その答え（仮説）が合っているかどうかを検証するといった場合にも適用される手段である。歴史上有名な実験としてはガリレオ＝ガリレイの４００年以上前の実験がある。そのガリレオはアリストテレス以来の重い物は軽い物よりも早く地上に落下するという説に疑問を感じ実験を行った。つまり、重い物と軽い物とを同時にピサの斜塔から落とし、どちらが先に地上に落下するかを実験したのである。このように実験はこれまでに知られている知識や予測や可能性等が真実であるかどうかを確認するために行われる。実験は行う前にあらかじめ条件を設定する。これが人為的統制である。そして得られた結果は事実として尊重されねばならない。つまり、最初に設定した人為的統制と結果とを照合し、それが最初に予想した結果、すなわち仮説と合致しているかいないかを判断する。ガリレオは実験を行う前に「どんな重さの物体も同じ速さで落ちる」という仮説を立てていた。実験は重さが異なる二つの物体を同時に落下させることであった。実験の結果は事前の仮説を立証するものであった。

このように実験における仮説と結果の関係は「発見する」関係にある。つまり、不連続の連続の関係である。実験前の仮説は認識の過程の所産であり、実験の内容もまた認識の対象であり、その実験の結果もまた認識の過程の所産である。言い換えれば、実験の過程は「発見する」過程と、したがって認識の過程と同じ過程を持つということができる。「発見する」過程が実験の過程と同じ過程を持つことは、実験することは人間の認識の過程を共有することである。このことは実験することが、実験そのものが「手許にある」というあり方をすることを意味している。たとえば、先ほどのガリレオの実験では、重い物と軽い物を同時にピサの斜塔から落とすことを行ったが、これらの実験の過程はすべて「手許にある――身体表現」がその中心となっていた。実際の教育実践の場で、実習や実験に対して子どもたちは大きな興味や関心を持つし、もちろんその内容による場合もあるが、全体として生き生きとした姿を見せるものである。これは、実験や実習が「手許にある」という認識の過程を含むものであることを示すものである。実験や実習という学習活動はこのように認識の過程とその過程を同じくするものであり、人間の認識の過程の実体化という面を持っており、発見学習においてきわめて重要な意義を持つものである。

劇化

授業の場における学習活動の一つは、劇化あるいはロール・プレーイングである。劇化とはたとえば子どもたちが自ら何かの劇を計画し演出する学習活動である。幅広く考えれば寸劇から本格的な劇、人形劇、影絵、紙芝居等いろいろなジャンルがあるが、授業という場での学習活動として考えると自ずから出来ることは限定される。しかし、これらは子どもたちの集団的な共同作業として行われることがあり、共同的精神の育成、積極的な知識の獲得や技術の開発等ある意味では総合的な学力の育成やその効果が期待される。また劇化の一つとしてロール・プレーイング（役割劇）がある。これはある想像上のシチュエーションを設定し、その場面に出てくる人々の役をそれぞれ何人かの子どもたちが分担し、その人々の立場や役割を担ったつもりで、即席の台詞を言い合い、そこに社会的問題や人間関係のある状況を描き出す即興劇である。発見学習にとって授業の場におけるこれらの劇化は、きわめて重要な意味を持っている。というのは、発見学習は基本的に学習内容としてのさまざまな教材や経験などを「手許にある――身体表現」化することを通して行う学習方法だからである。すなわち、劇化は認識の過程をまさに「手許にある」ようにして行う学習活動なのである。

ロール・プレーイング（役割劇）において、劇を演じた後で演技者の子どもたちと観覧者の子どもたちとの間でそれぞれが感じた問題点を出し合う時間を設定し、話し合いをさせると予想以上に子どもたちの間の議論が活発であることに気づく。これは劇の内容が基本的により具体的な身体の動きで構成されていることから、双方の子どもたちの中に多くの「問い」が自然発生的に生み出されたことを示すものである。すなわち、劇化において演技をする演技者は、演技の動作や振り付けを習得する間に、劇の内容について、あるいは演技の方法についてさまざまな「問い」を生み出している。他方、劇を観覧する子どもたちは、観覧している間に無意識に演技者の演技を模倣しており、それに伴って「もし自分がその時その場にいたらどう思ったか？」、「自分の場合だったらどうしただろう？」等の「問い」が生まれているのである。こうして劇化を通して子どもたちの間には数多くの「問い」が生まれている。それが劇が終わった後に行われた子どもたちの議論が活発になる傾向の理由である。これまでにも述べてきたが、人間は対象となるものを、それが「手許にある」というあり方をすることによって認識の過程へ取り入れることができる。それは言い換えるならば、対象となるものを身体の動きで表現する、あるいは、身体の動きを創作して表現することによって取り入れる。劇におけるさまざまな身体の動きを、それを観覧する者は無意識のうちに模倣することによって取り入れている。取り入れられた後は、認識の過程を経て生み出される「身体表現」意識によって対象の理解へと至る。劇は基本的に演技としての身体の動きと、台詞としての言葉を話すことから構成されている。そして劇の内容は何らかの問題（困難、困窮）を主題として取り扱っている。つまり、劇は発見学習における教材設定とその構成がきわめて類似しているのである。発見学習はいわばこの劇化の原理を授業の場に導入しようとする学習方法である。

劇化という学習活動は、実際の学校教育の現場でも、社会や人間行動のあるべき姿、社会的、道徳的規範を子どもたちの中に確立しようとする時、きわめて有効な方法としてすでに実践されている。しかし、それは主に子どもたちの生活指導や道徳教育、人権教育等の指導の方法として使用されることが多く、日常的な教科の学習においては、ほとんど使用されることがない。理由は授業時間数との関係において困難だからである。しかし、劇化の過程やその観覧が人間の認識の過程を共有することを考慮に入れるならば、劇化の手法こそあらゆる学習活動の基礎としてとり入れられねばならないと考える。私たちは劇化といっても決して大がかりなものを想定してはいない。各教科に配当されている授業時間数は限られていて、時間的な余裕がないことは承知している。発見学習における一つの劇化は、二、三分から五分以内程度のいわば寸劇のようなものである。それは認識の過程における「手許にある」過程として位置づけられる。発見学習における教材の設定はいわば劇化そのものである。たとえば、教科書の内容を「問い――問いかけ」の形式に再編成することは、あたかも劇における登場人物の台詞を作成するのと類似している。また劇における具体的な身体の動きは、発見学習における「身体表現」としての身振りや手振りと類似している。学習活動としての劇化は、発見学習の実践に大きな可能性をもたらすものである。

発表すると討議する

学習活動にはこれまでの「聞く」、「見る」、「書く」、「実験・実習」、「劇化」以外にさらに「話す」がある。学習活動としての「話す」は、「書く」、「実験・実習」、「劇化」とともにコミュニケーションの表現手段の一つである。「話す」という学習活動の中で特に重要なものが「発表する」と「討議する」である。発表することは、たとえばグループ学習などで割り当てられて行う報告することとは異なり、自由研究の成果やそれについての自分の意見を全体の子どもたちに知らせることである。つまり、「発表する」は自分で思考したこと、全員で学習したこと、グループで話し合ったこと等を総合し、それを自分の言葉で表現し、他者に伝えることとして広めていくことである。「発表する」にはそこに到達するまでの間に発表する子どもの中では、認識の過程によって生み出された「身体表現」意識がそのまま認識の対象となり、さらに新たな「身体表現」意識を生み出すというように無数の認識の過程が展開される。何かを「発表する」までには認識の過程が総動員されるのであり、何かを「発表する」ことは、いわば総合的な、そして高度に発達した学力を必要とする学習活動の一つである。

「発表する」に関連して、より総合的な、そしてより高度な学力の表現として考えられるのが「討議する」である。結論から言えば、「討議する」は総合的な学力が最高度に発達した段階にみられる学習活動である。「討議する」には、対話、討論、議論、弁論等さまざまな形態が含まれる。また「討議する」には何らの制約を設けずに行うフリー・トーキングから、司会者や記録者を決めて一定のルールにしたがって進行する形式、その他パネルディスカッションや、シンポジウムなどがあるが、基本的なしくみ（メカニズム）は討議することと同じである。すなわち、これらは基本的には同じ学習活動と考えられる。「討議する」においては、まず話し合う相手の発言や意見を聞いてその内容を理解し、要約しなければならない。このように相手の発言や意見を聞いてまとめる内容も、相互主観の認識の過程への刺激により生み出される「身体表現」意識である。さらに、その中に含まれる問題点や疑問点を洗い出し、それらを「問い」の形式にして相手に返すという行為を反復することもまた同様である。そして、これらの一連の認識の過程は非常に短時間の内に行われなければならない。すなわち、「討議する」はまず他者の意見を冷静に、正確に受け止め、理解しなければならない。これは先述した「聞く」という学習活動によって養われる。他者の言葉を「聞く」ことは、それに触発された自己の言葉を話すという刺激を受けて、「身体表現」意識が「身分け――総合」されることであった。これにより自己を超え出た自己は、すなわち、自己から引き出された自己は、反省の自己の言葉を話すという刺激を受けて、再び自我としての自己へと立ち戻る。この一連の過程が他者の発言を理解し、要約し、その中に含まれる問題点や疑問点を洗い出すことであり、それらを「問い」の形式にして他者へ問うことである。これらすべてが相互主観の認識の過程へのかかわりによって展開される。このように「討議する」は「発表する」過程の繰り返しの中で進行するのである。

「討議する」ことができることは、総合的な学力が最高度に発達した段階にみられる学習活動であるとするゆえんである。発見学習の方法の確立を目指す本書も、この「討議する」学力の育成を大きな目標として目指している。「討議する」は、集団の中で相互に平等の立場で発言し、互いの意見発表に耳を傾け、同時に自分の意見や知識を他者に知らせ、最終的に集団全体として問題を解決していく学習活動である。このような学習活動によって育成される「討議する」学力は、子どもたちが最終的に学校を卒業し、社会人となった時、議会制民主主義社会を生きていく、また議会制民主主義社会を発展させる原動力となる学力でもある。今日のわが国の多くの分野で課題とされていることが発信力の不足である。発信するとは、直接的には電信・電波等を発することという意味であるが、今日では発信力とは積極的に自分の考えや意見を述べ、人々を何らかの方向に導く力というような意味で使用される。そしてわが国の将来を担うべき子どもたちにはこの発信力が不足していると言われる。このような発信力は、日常的な学習活動が学習者の主体的意識である相互主観に触発される「言葉を交わし合う――言葉を話す」という行為を通して育成されるものである。言葉を交わし合うこととしての「討議する」という学習活動はこのような意味でもきわめて重要な意味を持つと考えられる。

第三節　発見学習の指導計画作成

「言葉を交わし合う」機会と指導計画

授業を行おうとする時、教師はあらかじめ指導計画を立てる。この指導計画は学習指導案をもとにした本格的なものから、教師の頭の中で描いた略案のものまで形式はさまざまであるが、必ず作成されるものである。この教師による指導計画は最小限の指導計画である。というのは、個々の授業の指導計画は、本来学校全体の指導計画に従ったものでなくてはならないからである。先述の『学習指導要領』の総則では、「各学校においては、……地域や学校の実態、課程や学科の特色、生徒の心身の発達の段階及び特性等を十分考慮して、適切な教育課程を編成するものとし、……」と記されている。このことは、『学習指導要領』が各学校が地域や学校の実態などに配慮して、より望ましい指導計画を自主的に編成することを権利として認め、また期待をしていることでもある。

近年の教育現場においては、毎年年度末に学校全体としての次の年度の教育目標や教育方針が各校務分掌の代表からなる運営委員会で議論され了承される。これを受けて全教職員が参加する職員会議が開催され、学校全体としての次年度の教育目標や教育方針が管理職から提示される。職員会議ではこれらについて教職員に質問や意見を述べる機会が与えられるが、基本的にはそのまま了承される。それを受ける形で、各教科で次年度の授業指導計画が話し合われ、指導目標が決定される。したがって、こうした指導計画編成の手順でみるかぎりかなり整備されてきたと言える。学校全体としての次年度の教育目標や教育方針について具体的な例で考えてみる。たとえば、地域から高い大学進学率を期待されている公立の高校や自ら高い大学進学率を謳い文句にしている私立の高校では、大学進学率の向上がそのまま学校の目標であり、そのための生徒たちの学力向上が授業の目標となる。また地域から将来のその地域の発展の中核となって活躍する有為な人材の育成を期待されている高等学校では、教科の学習の学力と教科外の学習の学力とのバランスのとれた有為な人材の育成がその学校の教育目標となり、授業の目標となる。実際に子どもたちや生徒たちの実態をふまえて、学校の教育目標が立てられ、また授業で使用する教科書や教材も選択されている。学校全体の教育目標を受けて各教科の指導計画が作成される。私たちは基本的に「わかる」ことは「発見する」ことだと考えている。したがって、教科のカリキュラムの編成もこの「発見する」ということがどうしたら子どもたちに起こるかという視点から行われる必要があると考える。これまでにも述べてきたように、発見学習においては基本的に学習の主体である子どもたちが互いに言葉を交わし合うという行為を軸にした学習活動がその中心となる。この言葉を交わし合うという行為は、子どもたちの認識の過程を刺激し、その展開を通して学力を形成するのである。したがって、この言葉を交わし合いつつ学習するという学習行動を取り入れた授業が展開されるようにしなければならない。言葉を交わし合うという行為を取り入れた授業の展開でまず浮かんでくる問題は学習進度の遅れの問題である。学習進度の遅れはやがて、教科の指導計画全体にも影響を与え、ひいては学校全体の指導計画にもかかわってくる。実際に難関とされる上級の学校への進学を目標としている学校ほど学習進度の遅れは大きな問題となる。しかし、言葉を交わし合う過程は子どもたちの真の学力形成には不可欠な過程である。というより、この過程なしには真に学力を向上させることは不可能である。したがって、子どもたちが教師と、あるいは子どもたちどうしと相互に言葉を交わし合う機会を、授業を含めた子どもたちの学校生活全体の中に位置づけられねばならない。この言葉を交わし合う機会は、思考することとしての認識の過程が展開される機会であり、そのもとで子どもたちが自分たちで何らかの課題を見つけ、自分たちでその課題を解決していく機会でもある。したがって、ここでいう言葉を交わし合う機会とは、単なる会話や雑談としてではなく、授業をはじめとするすべての学習における学習内容を、授業時間以外の時間を含めて、すなわち、自習の時間や特別活動の時間等で話題にする機会を含めた機会である。そのためには一人ひとりの子どもたちの学校生活全般について、授業を含めたその他のさまざまな活動をあらためて点検し、それに基づいて教育課程全体が再検討される必要がある。

相互主観の発達と指導計画

指導計画作成において次に留意する点は、子どもたちの認識能力の発達への配慮である。私たちは一般的に子どもの認識能力が子どもの心身の成長にともなって発達することを確認している。指導計画はこうした視点をふまえて立てられねばならない。基本的には基準としての『学習指導要領』にしたがって編成されるのであるが、教育現場ではこれまでにも心理学の分野での成果を参考に、たとえば「この教材は三年生ではできるだろうが、二年生では無理だろう」、「この単元は四年生で学習することになっているが、この学校の子どもたちには難しいかもしれない」等と議論しあいながら、指導計画が定められてきた。つまり、指導計画の編成において困難なことは、子どもの認識能力の発達度の判別である。できないことは容易に判断がつく。できないことは教師の話や説明の内容が理解できない、あるいは問題が解けない等から、子どもの理解力や認識力の発達がまだ不足していると判断できる。これに対してできることの判断は難しい。もちろん、容易に判断する方法はある。たとえば小学校三年生に四年生の問題を与えて解答させてみて、完全に解答できればその子どもの認識能力の発達度は小学校四年生であると判断できよう。しかし、子どもの理解力や認識力はこのような方法だけでは確定できない。もう少し科学的な基準や判別方法が考えられるべきである。また、たとえこうしたことについてある程度精確な判断ができるようになったとしても、わが国では六三三四という学校制度が確立していて、たとえ小学校三年生の子どもが小学校六年生の学習内容を完全に理解したり認識したりできたとしても、簡単にはいわゆる〝飛び級〟は出来ない。最近もっと柔軟に対応しようという動きが活発化しているが、本格的な〝飛び級〟をはじめとする制度改革は始まったばかりである。

今から五十年以上前、アメリカにおいて算数、理科の〝現代化〟運動が起こった。これは指導計画では高学年で教えることになっている高度の学問的内容であっても、教え方によっては低学年でも教えることができるという仮説に基づく運動であった。この仮説はアメリカで開発された新カリキュラムの影響によるものである。この影響はわが国にも及び、〝教材の高度化〟という形で取り入れられた。具体的な例では、たとえば算数でこれまで中学校で学習していた不等号を小学校二年生で学習したり、小学校三年生までかけて学習していたかけ算九九を二年生で終了したりするようになった。このようにもともとは高学年の教材が低学年におろされて学習させられることになった。このようなアメリカで起こった新カリキュラムの流れの背景にはいわゆる〝スプートニク・ショック〟があった。これは1957年、ソ連の宇宙船スプートニク（衛星という意味）の打ち上げによって史上初の人工衛星が誕生したことに対するアメリカ合衆国の、特に学校教育が受けた衝撃（ショック）のことである。アメリカ国民はアメリカの学校教育がソ連の学校教育より遅れていると痛切に感じざるを得なかった。その結果がPSSCの教育課程改訂作業の動きを加速することになった。1960年、ブルーナーはその著『教育の過程』の中で、「どの教科でも知的性格をそのままにたもって、発達のどの段階のどの子どもにも効果的に教えることができるという仮説からはじめることにしよう……[註54]」と述べている。

私たちは先に人間の認識の過程を明らかにした。この認識の過程による学力の形成の鍵をにぎるのは、純粋意識としての学力への相互主観によるはたらきかけであった。つまり、相互主観による「言葉を交わし合う――身体表現」意識という行為の学力へのはたらきかけにより認識の過程が展開され、「身体表現」意識が生み出されることが可能であれば、どの教科のどのような学習内容であれ、また発達のどの段階のどの子どもであれ、それらを効果的に教えることができると私たちは考える。この認識の過程は実際の学習活動においては「問い――問いかけ」の過程である。この「問い――問いかけ」という過程を遂行するのはまさしく相互主観のはたらきである。言い換えれば、この相互主観が十分に発達していれば、どの教科のどのような学習内容であれ、年齢的な発達の段階に制限されることなく、あらゆる学習が可能である。この相互主観のはたらきは、授業の学習活動をはじめ、その他のあらゆる学習活動における対話、議論、討論を通して高められる。こうした相互主観のはたらきの高まりが、発見する力としての、そしてめざす学力の向上としての理解力や判断力の高まりにつながるのである。

第四節　学習内容の選択

知識と学習内容

教育実践においてあらためて問われるとその返答に窮する、いわゆる明確でない事柄や事象が多いのに気づかされる。その一つが学習内容と知識の関係である。一般に学習内容は基本的に知識から構成されているが、体験や経験が学習内容となる場合これらは知識ではない。したがって、学習内容という場合、私たちは知識としての学習内容と知識ではない学習内容とを区別しなければならない。後者の知識ではない学習内容の場合は、まず学習内容を知識化することから取りかからねばならない。ところで、知識からなる学習内容を学習した結果獲得せられるところのものは何であろうか。知識自体は学習されることによって何ら変化しない。変化するのは学習者の学力である。すなわち、学習することによって学習者は自分の学力を変化させるのであり、向上した学力を獲得するのである。私たちはこれらの問いに対して明確に答えられるだけの十分な思索をしてこなかったように思われる。長い教育実践の中でこれらの問いに対しては、私たちはただ漠然と、曖昧なままの態度に終始してきたようである。

学習内容と知識との関係を明確にすることは、学習することの意味をあらためて明らかにすることである。結論から言えば、学習することによって変化するものはまず学力であるが、よく考えてみれば変化するものは学力だけではなく、実は学習内容としての知識も変化するのである。学習によって学習内容としての知識が変化するとは、次のような意味においてである。知識を学習することは、知識が学習者によって「身体表現」され、それが認識の過程をへることで学習者にとって何かに意味づけられることである。言い換えれば、学習者において何かに意味づけられた学習内容としての知識は、もはや当初の学習内容としての知識と同じではないはずである。つまり、学習内容としての知識は、学習者の学習を介して何かに意味づけられた知識へと変化しているのである。変化した知識はさしあたり、学習者の「身体表現」の変化、すなわち、学習者の行動の変化を通して自らを顕わにするのである。学習することが基本的にこうした意味を持っていなければ、学習することが発見することにはつながらないであろう。私たちは学習することは、したがって、常に、すでに、何らかの新しい知識の発見へとつながっていると考えるのであり、そうした意味で学習とは、発見学習であるというのである。したがって、学習内容としての知識を学習することには、二つの意味、すなわち、学習者の学力の向上と新しい知識の発見という二つの意味が含まれるのである。学校教育において子どもたちが学ぶ内容である学習内容は、基本的に過去から現在にいたるさまざまな学問領域においての専門的な知識を基礎として構成されている。そして、子どもたちの学習において期待されているのは、学力の向上であり、新しい知識の発見ではない。しかし、学習には常に新しい知識の発見という可能性が伴っていることは念頭におかれねばならない。

子どもたちの教育において、学習内容の選択の問題は、教科の学習であれば既存の教科書や副教材の選択の問題であり、既存の教科書や教材がない教科外の学習であれば教科書や教材をいかに創作するかという問題である。どちらの場合でも、学習内容は知識という体裁をとることになることから、学習内容の選択の問題は、どのような知識を選択するかという、知識選択の問題である。人間は学習する方法は一つしか持っていない。それは対象や事柄についての意識が、学力のノエシス――ノエマ構造の作用を含む認識の過程をへて、「身体表現」意識として生み出されるという方法である。私たちは数千年前の人類の祖先たちがどのようにして知識をつくりあげ、手にしてきたかに思いをはせるべきである。人類は無数の膨大な量の知識を獲得してきたが、そのつど認識の方法を変えたわけでもなく、認識のしかたが変化したわけでもなかった。人間の認識の過程は常に一つでありすべての人類に共通していた。もし、ある知識が人間の認識能力から独立した独自の過程をへて獲得されたとすれば、その知識は人間にとって理解不能な知識であろう。そうではなく、すべての知識はすべての人間が共有する認識の過程を自らの構造として持っているのである。したがって、知識を学習し、その結果として知識を理解し、認識し、判断することができるためには、学力の作用を含む認識の過程に基づいた学習方法がとられねばならないのである。

学習内容と単元

実際に授業を行うには、その授業の学習によって子どもたちをどこへ導くかという教育目標が求められる。そして、その目標を達成するためには何を教えたらいいかという具体的な学習内容が問題となる。学習内容については、その内容から大きく二つに分類される。一つは教科学習の内容で、これは法的な基準としての『学習指導要領』によって準備された教科書や教材の内容である。教育現場では毎年、年度途中に来年度の教科書採択を行う。つまり、来年度各教科で使用したい教科書を主として教科を担当する教師たちの議論によって決定するのである。この時決定された教科書や教材の内容が学習内容となる。したがって、教育現場ではこの教科書の採択によって実質的に子どもたちの学習内容が選択されることになる。もう一つはいわゆる教科外の学習内容で、これは学校行事、総合的な学習、児童会（生徒会）活動、クラブ活動、ボランティア活動等の内容である。これらの学習内容は、教科の場合と異なり共通の教材というものが準備されておらず、それぞれの学校や学年で準備されねばならない。当然この学習内容の選択にはそれぞれの学校の特色、経営・運営方針、生徒の実態などが考慮される。

教育現場で実践のための指導計画を編成するにあたって、その単位となるのが教育課程の構成要素としての単元である。単元とは学習内容の統一性のあるひとかたまりのことである。教育現場ではこの単元のことは、「題材」、「題目」、「主題」、「学習問題」等と呼ばれることもある。学習内容はこの単元が要素となって構成されている。したがって、指導計画もこの単元の配列によって立てられることになる。教科学習の単元は教材単元と呼ばれ、教科外の学習の単元は経験単元と呼ばれる。教材単元とは体系的な学問的知識または技能の体系が客観的に存在することを前提とし、それを教師が系統をおって子どもたちに伝達するために組織した単元である。この単元の場合、内容そのものが完全に体系化されているので、この内容を子どもたちが学習するには内容にしたがってそのまま受け入れる学習とならざるを得ない。この単元の場合、学習の主体が子どもたちにではなく、単元としての学習内容にあることになるので、この場合問題となるのは、こうした学習内容と学習する子どもたちの実情や実態とが大きく乖離している場合はどうするかという問題である。このような単元を発見学習として行うとすれば、この教材単元の内容が、すなわち、学習内容が「問い――答え」という形式に再構成されることが必要である。なぜなら、学力の作用はこの「問い――答え」という形式で与えられる学習内容において自らを顕わにするからである。

経験単元というのは、単元というものを客観的な知識や技能を忠実に伝達するものとは考えず、学習者としての子どもが自分のおかれた環境や状況の中で、どのような問題に直面し、それをどのように解決していくかという問題解決の活動として組織されたものである。したがって、これは教科外の学習内容の単元という場合に相当する。すなわち、学校行事、総合的な学習、児童会（生徒会）活動、クラブ活動、ボランティア活動等での子どもたちの活動を内容とする単元である。これらの活動では、子どもたち自身の活動の過程、すなわち、創造的な思考の過程が重視される。言い換えれば、こうした子どもたち自身の活動を通して、教材単元で学習内容となる客体としての知識や技能を間接的に習得することを目指そうとするものである。この単元においては教材は子ども自身の内部に存在すると考えられるのである。私たちはこのように教材単元と経験単元とは相互に補いあう関係にあると考えるところから、これらは適切に組み合わされることによって、子どもたちの学力の十全な向上が期待できると考える。

学習の指導計画は実際の教育現場においては、生徒の実態や学校行事との関係などによって、授業で取り上げる単元の順序に変更を加えるという方法で立てられることが多い。たとえば「この単元の学習はこの次の単元の学習を先にやってからしよう。そのほうが子どもたちはわかりやすいだろう」、「この単元の学習にはまとまった時間が必要だから、大きな行事が終わった後の落ち着いた時期に回そう」等々というようにである。私たちは単元を単位とした指導計画が単に学校行事の都合や教師の都合によって立てられるのではなく、教材単元および経験単元のそれぞれの特質に基づいて、子どもたちの学力の十全な向上という視点から立てられるべきだと考える。学習内容の学習が単元の学習という視点で適切に指導計画が立てられるならば、子どもたちの学校生活がより均衡のとれた望ましいものになるであろう。

経験単元と教材単元の調和のとれた設定

教科学習の単元は教材単元と呼ばれ、教科外の学習の単元は経験単元と呼ばれる。先述したように、経験単元とは一般に単元というものを客観的な知識や技能を伝達するものとは考えず、学習者としての子どもの経験や要求、目的を中心とする活動と考える単元である。この経験単元については認識の過程との関連で留意しなければならないことがある。

それは経験単元が子どもが自分のおかれた環境でどのような問題に直面し、それをどのように解決するかという問題解決の学習として組織された単元だということである。すなわち、経験単元では学習者としての子どもの経験が学習内容となるが、では子どもの経験が学習内容となるとはどういうことであろうか。まず言えることは、この場合の学習内容は子どもたち自身にとっても未知の内容であることである。場合によっては、教師自身にとっても未知の内容であることがある。このことは学習内容が子どもたち自身の経験を通して生み出されることを意味する。つまり、子どもたちが何かについて経験したことを学習内容とすることである。このことについて具体例についてみてみる。

【具体例】

将来保育士を志す生徒が保育園での初めての体験学習を行った。数人の幼児たちと一緒に遊んでいる時、一人の幼児がその生徒に「嫌いだ」といってわざとぶつかってきたり、足で蹴ったりしてきた。その生徒はその幼児に「どうして嫌いなのか、教えて」と繰り返し聞くが、その幼児はそれには答えず相変わらず乱暴な行動をし続けた。そして次のようなことが起こった。蹴ってきた幼児の足を避けようとして、その生徒が思わず幼児の足を掴むと幼児は尻餅をつき、「痛い」と大声で泣き始めた。この出来事に生徒は完全に動揺してしまい、その場で呆然とした。その時、その生徒は「自分は保育士に向いていないのではないか」と感じたという。ところが、泣いていた幼児は、しばらくした後、その生徒のところにやってきて、にこにこしながらその生徒の手を引いて遊具のところへ連れていって、一緒に遊ぶようにせがんだ。

この出来事はこの生徒にとって経験である。この経験の中でその生徒は問題に出会った。それは一人の幼児との関係がうまくいかない、どうしたらいいのかという問題である。体験学習を終えた生徒は、この問題を解決しようとその幼児の「嫌いだ」という言葉の意味や自分に対する乱暴な行動の意味を考えた。また、友人や教師、家族にもこの出来事を話し、相談した。この生徒にとってこの出来事の意味を考え、理解することは、学力の作用としての認識の過程が展開することである。まず対象となったのは、一連の幼児の言動である。すなわち、認識の対象となったのは幼児の「嫌いだ」という言葉や自分に対する乱暴な行動であり、認識の過程では幼児のそれらの行動をとった意識についての意味づけを行った。前半と後半とで幼児の態度は、敵対的なものから親密なものへと変化した。きっかけは生徒が幼児の足を摑んで幼児に尻餅をつかせ、幼児が大声で泣いたことであった。これに対してこの生徒の思考によってさまざまに意味づけられた「身体表現」意識が生み出されたが、どれが正しい意味づけかは最終的にその幼児との関係がうまくいくようになったという結果との照合によって明らかになったのである。それが「身体表現」意識としての「前半の幼児の行動は自分ともっと遊んで欲しいという幼児の心理に基づくものであった。つまり、自分の態度が幼児の要求に消極的であったために起こった出来事だった。後半の幼児の好意的な行動はこのことを裏付けている」というものである。この生徒にとってこのことに気づいたことは発見である。それは同時に幼児期の子どものいわゆる〝自己中心性〟についての理解の習得の瞬間でもあった。この生徒は問題を解決する過程で、したがって認識の過程で周囲の友人や家族とも意見を交わしている。この意見を交わすことは、相互主観の言葉を交わし合うというはたらきに基づく行動である。経験単元では教材単元と異なり、こうした子どもたちの直接的な経験がそのまま教材となり学習内容となる。経験単元にはこの具体例のような問題単元と何か明確な目的をもって行動する作業単元とが区別される。このことから、教材単元で認識の過程の雛形を学習し、経験単元で認識の過程の実践的な使用を学習すると考えることができる。教材単元と経験単元とはそれぞれ学力の十全な発達に欠かすことができない単元であり、その調和のとれた単元設定が必要である。

第五節　教材の精選構造化

知識爆発の時代

20世紀後半は〝知識爆発の時代〟と呼ばれた。これは自然科学の分野をはじめとしてあらゆる分野の学問が急速な発展を遂げ、それに伴う知識量が加速度的に増加したことを表現したものであった。この知識の急激な増加は、子どもたちの学習内容の急激な増加となって教育の現場にも大きな波となって押し寄せてきている。これを受けて教育の現場では、このように急激に増加する知識をどのように子どもたちに理解させ、生きる力としての総合的な学力へ結びつけていけばよいかが大きな問題となった。学校現場ではとりあえず学習内容の増加に対応するために授業時間数をできる限り増やす努力がなされた。各学校現場では、年度当初に一年間の毎日の授業計画が立案され、教科、科目ごとに配当される単位数に基づき年間授業時間数が計算された。そしてその授業時間数を確保するために、いろいろな学校行事を縮小したり、削減したり、あるいは廃止したりした。時には始業式と入学式とはこれまでは別々の日に行っていたものを同一日に行うことで、授業日数の増加をはかったりした。また家庭での宿題や課題を増やしたりしてこれに対応している。そうした中で我が国では２００３年度から週五日制が実施されたこともあり、子どもたちの毎日の学校生活はいっそう窮屈なものとなり、教師自身にはいわゆる「多忙化」が進行した。

知識の大量化という現象はさらに、子どもたちの学習内容の選択に大きな影響をもたらしている。たとえばこれまでは大学の教養課程で履修していた数学の内容が高校の数学の学習内容になり、高校の数学の学習内容が中学校の数学の学習内容になり、中学校の数学の学習内容が小学校の算数の内容になったりしている。このような動きの背景にあるのが増大し続ける知識である。増大し続ける知識を子どもたちに履修させるには、このようにそれぞれの学習内容を履修する年齢を引き下げていくしかないのである。しかしこのことは、同時に子どもたちにとっては学習内容が急速に高度化することでもある。すなわち、かつて大学生が学習していた内容が高校生に、高校生が学習していた内容が中学生におりてくるということは、高校生や中学生にとっては学習内容の難易度が高まることであり、この意味で高度化することである。このような学校教育で教える学習内容の大量化、高度化は、こうした学校側の対応にも限界があり、当然のごとくそれに対応できる子どもたちと、対応できない子どもたちとの間に著しい学力格差を生み出している。しかも子どもたち全体に占める学習内容を〝わかる子ども〟の割合はしだいに低下しつつあると言われ、子どもたち全体の学力の質の低下が案じられている。現在の学校教育がかかえる深刻な問題の一つである。こうした知識量の急激な増大に伴い学校教育が直面する状況は欧米諸国も例外ではなかった。その中で議論されたのがそもそもすべての知識は学習されるべきか否かであった。すなわち、急速に増大し続ける膨大な量の知識をすべてそのままに子どもたちに学習させることは、物理的にも、精神的にももはや限界に来ている、ましてや子どもたちが学習する目的は学問の習得ではなく、生きる力としての学力の向上であり、すべての知識を教える必要はないのではないかという考え方の台頭である。

増加し続ける知識をすべてそのままに子どもたちに学習させることができないとするならばどうしたらいいのか。子どもたちの学力を低下させずに、しかも学習しなければならない知識の量を抑制するにはどうしたらいいのか。言い換えれば、すべての子どもにこの増大する知識を学ばせることができるのか、あるいは増大する知識を必ずしもすべて子どもたちは学ぶ必要はないのか、もしそうであるならば、それはどのような考え方で学習する必要のある知識と学習する必要のない知識とを分けるのか、学習する必要がないとされた知識については今後どのように取り扱うべきなのか。こうした問題に直面してさまざまな考え方が提案され、対応策が講じられた。その結果、子どもたちの学力を低下させずに、同時に子どもたちが学習しなければならない知識の量を抑制する方法として注目されたのが知識の構造に基づく学習内容の精選であった。すなわち、膨大な量の知識の中から子どもたちの学力を向上させるのに必要不可欠と思われる知識を選び出し、それを子どもたちに学習させるのである。それがいわゆる学習内容の精選と呼ばれるところのものである。

学習の転移の過程

教育学では、従来から実質陶冶説と形式陶冶説という二つの相対立する考え方があった。実質陶冶説とは子どもたちに必要なすべての知識を教えるべきだという主張で、形式陶冶説とは子どもたちの記憶力、推理力、洞察力などの心的能力をより鍛えることによって、すべての知識が学習されなくても、過去に学習した知識の転移により、学習されない知識を自分の力で習得することができるという主張である。現在ではこれら二つの説のどちらか一方を選択することは誤りとされる。理由はそれぞれにこの主張にあてはまらない事例があげられるからである。しかし、形式陶冶説の〝転移〟については、ある程度その効果が認められている。すなわち、ある適切な内容が選ばれて心的能力が鍛錬されるならば、その能力が他のある知識の学習のさいに〝転移〟して、学習が容易に行われるということは可能であるとされる。学習の〝転移〟は、日常的にたとえば「これは前にしたことと似ているから、わかる（できる）」という表現等にみられる。たとえば木片に釘を打つ場合を考えてみる。前にしたことがあれば、次にする時には前よりもうまく釘を打つことができるであろう。またbase（土台、基底）という英単語を知っている時、abaseという知らない単語に出会った時、baseという意味から、評価（地位）を下げるという意味が推測できるということがある。これも転移の一つの例と考えられる。今日では増大する知識を子どもたちに学習させることについて、学習の〝転移〟を利用して膨大な量の教材から適切な教材を精選し、それを子どもたちに学習させることが指導計画の編成における最も合理的な原理と考えることができるという考え方が主流となっている。

〝転移〟とはいわゆる「（〜の）経験（知識）があるから、似たようなことであるこれもできる」ということである。似たような知識・技能を学習する時におこる転移は〝特殊的転移〟と呼ばれ、一般的なものの学習から特殊なものの学習にすすむ時におこる転移は、〝非特殊的転移〟と呼ばれる。このような〝転移〟はどのように考えられるのだろうか。たとえば、先ほどの木片に釘を打つ場合、真っ直ぐに釘を木片に打ち込むことができるということは、それ自身が一つの学習の成果である。初めて木片に釘を打つ経験をした時のことを思い出してみる。最初はうまく打てなかったが、何度もやっているうちに少しずつ上達した。この過程には釘を打つという身体の動きと並行して、「木片に対して垂直に最初は弱く打ち、少し釘が入ったら強めに打つ。途中釘を打つごとに、真っ直ぐ釘が木片に打ち込まれているかを確認する」という言葉を話すこととしての反省が伴っている。すなわち、釘を木片に打つという経験において、たとえば釘を打つごとに、「次は強めに打とう」とか、「少し斜めに打とう」という反省が挿入されている。これは、この釘を木片に打つという行動において、学力のノエシス――ノエマ構造の作用がはたらいていることをうかがわせるものである。言い換えれば、釘を木片に打つという行動において、その行動からいくつもの身体の動きが分節されているのである。これらの身体の動きは、それぞれ「手許にある――身体表現」意識として存在する。そして、たとえば別の機会に同様に釘を木片に打つことになった場合、以前に行った時の身体の動きについての意識がこの場合の意識に接続されて、前より上手く釘を木片に打つことができるようになるのである。これが〝転移〟のしくみである。つまり、〝転移〟とは私たちにおける学力のノエシス――ノエマ構造の作用を含む認識の過程が持つもう一つの側面なのである。

知識の〝転移〟としての認識の過程は、すべての知識を完全に学習しないでも、適切な教材を選択し、学習しさえすればその他の教材の学習が容易になったり、その他の教材の学習を省略する方法を可能にするのである。そしてこの〝転移〟の可能性は、増大し続ける知識をすべて学習しなくても、一定の基礎的な教材を精選し学習することによって、すべてを学習したのと同じ成果が得られると考えられる。というのは、知識を認識することは、単に知識を鏡に映すように取り入れ、保存することではなく、その知識をいくつもの身体の動きについての意識に分節することであり、その分節された身体の動きについての意識が、いわばランダムに接続し合う中で〝転移〟という現象が起こるのである。学習における知識の〝転移〟は、人間の認識の過程においてのみ起こるはたらきであり、知識の内容、すなわち、学習内容からは独立したはたらきである。学習における知識の〝転移〟は、知識の構造が基本的に認識の構造に従うものであることを証拠だてるのである。

教材の精選

知識の構造は認識の構造に従うのであるが、現実の教育実践の場においては、認識の構造が知識の構造としての知識の内容の構造にしたがうという考え方が主流をなしている。それを象徴しているのが教育の現場で日常的に使用される〝教材の精選〟という表現である。この〝教材の精選〟という表現は、次のような場合に使用される。たとえば、現在のわが国の高等学校の生徒は国家によって世界史という科目を必ず履修しなければならないと定められているので、すべての高等学校では「世界史A」か「世界史B」のどちらかの科目を生徒たちに履修させている。その中の「世界史A」という科目は、標準単位数は2単位で、教科書は２００ページ前後ある。標準単位数が2単位ということは、1週間に授業が行われる時間が2時間あるということである。しかし、この配当時間数では1年間でこの教科書全体の学習を終えることは実質的に不可能である。そうなると必然的に授業を行う箇所ないしは範囲を選択しなければならない。授業を行う範囲を選択することは、それ以外の範囲は授業で取り扱わないということである。教育の現場ではこのことを〝教材の精選（＝学習内容の精選）〟と呼んでいる。

この場合の〝教材の精選〟とは、知識の爆発的増加に伴う学習内容の急激な増大に対して、子どもたちに与えられた学習時間が限られているという事情を背景にして提起されてきたものである。『論語』の公治長には「一を聞いて十を知る」という表現がある。この〝教材の精選〟という発想には、この「一を聞いて十を知る」という理想が背景にあるように思われる。この〝教材の精選〟という考え方は、知識の内容の構造に基づく学習方法の実践という考え方と結びつき、教育内容の取捨選択における有力な原理となった。すなわち、この原理は、それぞれの教科、科目の学習内容を、それらの構造を解明し、精選し、それを学習の転移やその応用を利用することによって合理的に、限られた時間の中で子どもたちによりわかりやすく学習させることができるという考え方である。ブルーナーは、「教科の過程はその教科の構造をつくりあげている根底にある原理について得られるもっとも基本的な理解によって決定されねばならない……」として、さらに「事実を、それが意味づけられている原理や観念（＝構造）と結びつけて組織することは、人間の持っている記憶が失われていく急速な速度をゆるめるただ一つの方法として知られている」(註55)と述べている。つまり、ブルーナーは教科の構造というものが存在し、教科の過程、すなわち、その教科の学習の過程はその構造についての基本的な理解に基づいて決定されねばならない。そしてそれが増大し続ける知識を人間が記憶し続けるための、すなわち保持し続けるための唯一の方法だというのである。またブルーナーは構造の重要性において、「科学のほとんどすべての部門において、いくつかの観念がしばしば繰り返し現れてくる。もし、ある一つの教科においてそれらの観念を上手に、また一般的に学習するならば、それを学習したことによって科学のほかの部門の教科においてそれらの観念を異なった形で再び学習することが非常に容易になるはずである。これらの基礎的観念を、いわば〝分離させ〟、科学の特定の分野から解き放してもっとそれ自体としてはっきり教えられないか……(註56)」と述べている。

確かに実際の教育の現場では、こうした教科の構造という視点からの授業が試みられている。たとえば、社会科という教科においては、学習内容は身近な話題からしだいにその範囲を拡大し、やがて国家や世界にまつわる話題へと進んでいくように編集されている。また国語という教科では、学習内容は具体的な事柄についての文章の読解からしだいにその範囲を拡大し、やがて抽象度の高い文章の読解へと進んでいくように編集されている。さらに数学という教科では、基本的な演算の方法からしだいに複雑な演算の方法へと進んでいくように編集されている。これらがそれぞれの教科の構造に基づく学習方法と考えられている。こうした意味での教科の構造は、一般的には〝教科の論理〟と表現される。たとえば「各教科にはそれぞれ教科の論理があり、他の教科の考え方とは区別される」というような表現がなされる。しかし、私たちはこのような教科の構造についての考え方は採用しない。というのは、この議論では学習内容の配列としての教科内容が教科の構造と誤解されていると考えるからである。すなわち、ここには教科内容の構造と、認識の過程を織り込んだ知識としての教科内容の構造という二つの異質な構造が混同されているのである。この混同は人文科学系の教科と自然科学系の教科の内容の構造化において明確になる。

教材の精選構造化

一般に知識の構造という時、私たちは知識の内容の構造と、知識が形成される過程としての構造とを区別することが必要である。すなわち、知識は内容としての構造と、知識が形成されるその形成過程としての構造という二つの面を持っているのである。前者は知識内容の配列の仕方による構造であり、後者は認識の過程に基づく「問い――問いかけ」という構造である。知識内容は、大きく人文系学問と自然科学系学問との二つに分けられる。人文科学系学問の身体の動きの中心をなすのは人間関係である。他方、自然科学系学問の身体の動きの中心をなすのは運動関係である。ここではまず前者の知識内容の配列の仕方による構造についてみていくことにする。人文系学問の事例としてここでは「世界史A」という教科・科目の内容を取り上げる。

世界史Ａ　～目次

（『世界史Ａ』東京書籍　２００８年より）

高等学校における「世界史A」はいわゆる通史ではなく主題史である。このことは例示した目次からもうかがえる。歴史学習は過去から現在にいたるまでの時間的系列による出来事を学ぶことを通して、未来への展望を持つ学習である。したがって、基本的には主題の項目は古代から中世をへて近・現代へという時間的な流れに沿った配列となっている。これは世界の歴史という学習内容の構造に着目した編集であると考えられる。これに対して学習する生徒たちの置かれた状況に配慮したのが、たとえば第1部の小項目の配列である。学ぶ生徒たちは日本人であるということから、まず身近な東アジアと中国文化からはじまり、東南アジア世界、南アジア世界、西アジア世界とその範囲を拡大し、これらを受けて最も遠いヨーロッパとキリスト教文化へと配列されている。これ自体は子どもの興味・関心はまず最も身近な事柄から、その心身の成長にしたがって少しずつ遠く離れた事柄へと拡大していくという発達心理学的な視点に配慮したものと考えられる。そういう意味では認識の過程を織り込んだ配列と言えないこともないであろう。しかし、こうした視点に基づく学習内容の配列は他のすべての教科・科目においても一般的に採用されるものであり、この教科・科目に限定されることではない。したがって、こうした視点に基づく学習内容の配列は学習内容に基づく学習内容の構造と考えられるべきであろう。

これに対して生徒たちが「世界史A」という教科・科目を学習することは、日本という国が周辺のどういう国々に囲まれ、それらの国々との交流を通してどのような影響を受けつつ、今日にいたったかを主題学習を通して学習することである。歴史の学習であるから基本的にはまず歴史的事実の正確な理解と把握が求められる。すなわち、歴史的な知識の獲得である。しかし、この教科・科目は単に学習内容としての知識の獲得をめざしているのではなく、これらの知識がどのような具体的な出来事や事実を受けて生み出されたか、すなわち、どのような認識の過程をへてそのような知識が生み出されたかという知識形成の過程を学ぶことをめざしているのである。この学習で学習者が獲得するものは、学習内容としての知識自体ではなく、その知識を自らの身体の動きで表現する「身体表現」意識である。言い換えれば、歴史的な出来事や事実を学ぶことは、それらが起こった年号やそこに登場する人物の名前を知り記憶することを超えて、自分がもしそのような出来事に出会ったらどうするか、あるいはどのように考えたか、という意味での「身体表現」意識を獲得することである。そして、このような学習は、学力の作用を含む認識の過程を遂行することで、したがって、「問い――問いかけ」を柱とする学習を通して行われるのであり、その時学力は確実に向上するのである。

〝知識爆発の時代〟の到来に対する教育過程の編成の問題は、子どもたちの学力向上をはかりながら、一方で増大する教材の量をいかに抑制するかという問題である。これに対してまず転移の可能性が浮かび上がった。これは増大する教材の中から、より転移の可能性が高い教材、すなわち、他の多くの教材に共通した構造をもつ教材を選び出し、子どもたちに学習させるのである。これが教材の精選構造化（＝知識の精選化）と呼ばれ、これによってすべての知識を学習することなく、しかもすべての知識を学習したのと同じ結果を得ることができるとするのである。すなわち、この教材（学習内容、知識）の精選構造化という考え方は、非特殊転移という一般的なものの学習から特殊なものの学習に進む時に起こる転移の原理を利用して、すべての教材（学習内容、知識）を逐一学習するのではなく、あらかじめ精選された教材を完全に理解することによって、いわゆる基礎学力を身につけ、それを他の教材の学習に拡大転移させるという考え方である。私たちは基本的にはこうした考え方に同意するものである。というよりも発見学習そのものがこの非特殊転移という転移の原理をより具体化及び詳細化したものだからである。

教材の精選構造化という考え方は、現在世界の教育界に共通する最大で緊要な課題であるといわれている。そしてこの教材の精選構造化の代表的な取り組みがアメリカの「新カリキュラム」である。この「新カリキュラム」に共通する特徴は、知識の量よりも質を、内容よりも方法を重視したカリキュラムとなっていることで、アメリカでは教育が科学に傾斜し、ＢＳＣＳの生物、ＰＳＳＣの物理、ＣＡＢの化学、ＳＭＳＧの数学等の数学及び自然科学関係の教科書が多数開発された。この「新カリキュラム」構成の理論の基礎となっているのは、ブルーナーが『教育の過程』で展開している教科の構造の考え方である。すなわちブルーナーは「教科の構造を把握するということは、その構造とほかの多くのことがらとが意味深い関係を持ちうるような方法で、教科の構造を理解することである。簡単にいえば、構造を学習するということは、どのようにものごとが関連しているかを学習することである[(註57)]」と述べている。ブルーナーは教科の構造を教科の内容にあるとしている。そしてこのような教科の構造に基づく教育に最も早く成功した分野として物理や数学をあげている。またもう一つの例は、西ドイツの「範例方式」であるとされる。これはこれまで別々の独立した教材として羅列的に教えられていた教材の間にある共通の基本的性質をひとまとめにして「類型」教材とするところから取り組みを始めようとする考え方に基づくものである。この「範例方式」は教材の精選構造化のすぐれた実践であるとともに、知識の学習が人間教育の機能を持つことになるという特徴を持つものである。こうした意味における教科の構造に着目した教科書は、わが国においても作成され、すでに教育現場で使用されている。しかし、それが十分に成果を上げ得ているとは言い難い状況である。このような基礎科目の実際の授業で教師や子どもたちからよく聞かれる声は、「おもしろくない」、「役に立たない」、「もっと詳しく知りたい」等である。私たちはこの原因をこれらの基礎科目の学習が単なる各分野の基礎知識を獲得させるだけに終始していることにあると考える。真に見方や考え方を学ばせる学習が行われるならば、したがって学力の作用を含めた認識の過程を柱にした学習が行われるならば、こうした基礎科目に対する子どもたちの興味や関心を強く引くことができ、何より学力の確実な向上に結びつけられるであろう。

教材の精選構造化の問題点

私たちは学習の転移やそれに基づく教材の精選構造化という考え方は、確かにこれからの時代の教育課程の編成に欠かせないものであると考える。しかし、こうした考え方には問題点がある。それは、教材の精選構造化ということは、実質的に教科の系統性と基本的な考え方が同じと考えられることである。すなわち、教材の系統性という考え方によれば、教材の内容の構造というものが人間の認識能力から独立して存在していて、その教材を学習することは、人間の認識能力がその教材の内容の構造に従い、みずからのはたらきを変えることによって可能となるというのである。この教材の精選構造化にとって最も重要なことは、具体的に何が基礎的で、何が基本的な教材であるかという点を明確にすることであるが、この点になるとアメリカの「新カリキュラム」にしても、西ドイツの「範例方式」にしても見解が一つにまとまっていないとされる。またブルーナーの主張に基づく取り組みも必ずしもうまくいったわけではなかった。主として理数科系統の教科、科目では比較的容易に行うことができたが、その他の教科、科目では容易ではなかった。私たちはこの原因を知識の構造についての誤解が根底にあるからではないかと推測している。その最大の誤解は、認識の過程を織り込んだ知識の構造を、いわゆる知識の内容の構造と混同してしまったことで、系統化がしやすい理数科科目でしか有意味な成功をおさめなかったゆえんである。

私たちは教科の構造という主張に対してあらためて問いたい。教科の構造という時、教科内容の構造と教科内容が認識の過程をへて形成された知識の構造とは区別されるべきなのではないだろうか。一般に教科の構造といわれているものは、教科内容の構造と教科内容が認識の過程をへて形成された知識の構造とが同一のものと見なされているものである。このような視点に立った教材の精選構造化という考え方には、意識の主体性という視点が看過されているのではないだろうか。基本的に学ぶことはこの意識の主体性としての相互主観に基づくものである。確かに人間の認識能力のはたらきが学習内容に応じて変わることはあっても、この相互主観の認識能力へのはたらきかけというしくみは一定であり、ゆるがないものである。私たちは相互主観に基づく人間の認識能力が、学習における知識からなる教科の構造をつくっていると考える。教材の精選構造化は、時代の要請でもあり現実の教育実践の場でも緊急に求められる課題である。この教材の精選構造化が遅々として進まない原因は、人間の認識能力が教科の内容の構造にしたがうと考えられていることにあり、そのために教材の精選構造化が人文系の教科および自然科学系の教科に共通する統一した形で確定されないのである。たとえば、BSCSの生物の教科書は単一のものではなく、黄版、青版、緑版という三種類の異なったものがある。これは教科書を書くために集まった生物学者の間に生物学へのアプローチの仕方に違いがあり、したがって基本的概念のとらえ方に違いがあり、どうしても統一することができなかったのである。このような事情は教材の精選構造化が人間の認識能力の構造に基づかず、逆に人間の認識能力に従わねばならない教科内容の構造に基づいて編成されたことを示していると考えられる。教科書が教科内容の構造に基づいて編成されているにしても、授業における学習では「問い —— 問いかけ」という方法を展開の柱にして行うようにすれば、いわゆる教科の精選構造化がすべての教科において統一的に可能になっていたはずである。教材の精選構造化が困難な原因は、知識内容の構造と知識形成の構造とが同一視されていることにあるのは確実である。確かに学習内容についてはその背景となる学問の内容にしたがい編成されねばならないが、他方、学習の内容の学習においては、認識の過程にしたがい学習が展開されるべきである。教材内容の構造とは、教師の側の教えやすさ、子どもたちの側の学びやすさを基準として構成された教材内容であり、いわば教授側の論理に基づく教材内容の構成や順序を指示している。これに対して、一般に学習内容における「世界」や「構造」という概念は、人間の認識能力のはたらきが対象と対象との関係を規定した結果生み出された概念であり、純粋に人間の認識能力の所産である。したがって、教材の構造においては、人間の認識の過程に基づく構造が基礎になり、その基礎の上に教材の内容が構築されるのである。言い換えれば、教材の精選構造化は、人間の認識の過程に基づき、子どもたちが自らの人生において出会う課題や問題をその内容として、それらを自ら解決していくことができる学力としての認識する力の向上を目標として行われねばならない。

学習内容の配置〜単元の設定

教育過程の編成において、学習内容の次に問題となるのは、単元としての学習内容の配置の問題である。つまり、教師の側からすると、単元をどのような順序で配列し、教えていくかという問題である。実際の教育現場では基本的には教科書の叙述の流れに沿って教えることが行われている。しかし、先述したように必要によっては学習する単元の順序を変更したり、後で学習する内容と関連しているからという理由で、その単元を後回しにしたり、省略したりすることがある。したがって、教科の学習でみるかぎり大きな問題とはならない。学習内容を教える順序の問題として、これに関連して想起されるのは教材（学習内容）の系統性である。これは教材の系統性の尊重ということで、これから取り上げようとする新しい教材はこれまで子どもたちが学習してきた教材とどのような関係にあり、また今後どのように発展し、どんな教材とかかわりをもつのかという見通しを持って教材の編成は進められるべきだと考えられてきた。しかし、このような考えに基づき実践に移そうとすると何ら具体的な成果がみられなかった。というのも、教材の系統性は学問の内容の系統性を基礎にしているが、実は学問の内容の系統性そのものの実体がはっきりしないのである。教材の系統性という表現は、現在でも教育現場では〝教科の論理〟という意味で使用されることがある。〝教科の論理〟とは、教科の特色ないしは教科の本質というような意味で、各教科にはそれぞれその教科として独自の学習方法や指導方法があるとする考え方である。

私たちはこの教材の系統性については、次のように考える。それは人間の認識の内容はあたかも粘土細工の粘土のようなものであり、対象としての学習内容に応じて形がつくられ、こうしてできた形が認識や理解であるという考え方である。したがって、教材の系統性に基づいて認識や理解が可能になるとする。言い換えれば、教材の系統性というものが人間の認識の外に独立して存在しており、私たちの認識はそれらに合わせて生み出されるというものである。これは先般来の知識の内容の構造に、認識の構造が従うという考え方と軌を一にするものである。これに対して私たちは学習の実態はむしろ逆だと考える。つまり、人間の認識の構造に合わせて知識は形成され、この知識から教材はつくられるのである。何よりも教材の系統性なるものは、教材自体にはじめからあったわけではなく、人間の認識のはたらきから生み出されたものである。このことは世界概念についてみれば明らかである。世界という概念はよく使用されるが、私たちはともすればこの概念を私たちから独立した何かの実体として考えがちである。しかし、世界という概念に相応するものは実在しない。この世界という概念と同様、教材の系統性という概念もこれに相応するものは実在しない。つまり、系統性も世界も人間の認識が生み出したものについての概念であり、人間の認識の過程の構造に基づいて形成されたものである。教材の系統性という考え方が現実におけるその統一性という点でうまくいかなかったのもこのような誤解によるものである。

系統性や世界という表現には、いろいろなものが一つにつながっているという意味がある。現実に存在するものは個々の物であり個々の事柄である。これらのものにつながりをつけるのは学力の作用を含む認識の過程である。つまり、本来個々に独立したものが対象として認識され、さらにその認識されたものが対象として認識され……というように認識の過程の連鎖の中でつながりが形成されていくのである。つまり、世界や教材の系統性というこれらの表現は、人間の認識から生み出されたことを意味している。私たちは先に人間の認識の過程を解明した時に、人間の思考としての認識の過程は、対象についての意識が「身分け――総合」という過程を通して繰り返されるというしかたで循環する性質をもっていたことを明らかにした。この循環性が系統性や世界という概念を生み出すのである。したがって、教材（学習内容）の中に系統性を見つけようとすることは、自分の姿が映った鏡に向かって自分をつかもうとするようなものである。私たちは教材と教材との間をつなぐもの、それらを可能にする原理や法則というものは、教材を認識する過程を通して生み出されたものと考える。本来自然の摂理の中には人間の意識や認識のはたらきから独立した原理や法則があることは事実である。しかし、その自然の摂理を人間は自らの身体の動きで表現することを通してこれらの原理や法則とつながるのである。「自然は服することによって征服される」とされるが、この〝服する〟ことが自然の現象を具体的な身体の動きで表現することにほかならない。自然を認識することは自然を〝征服する〟ことなのである。

「問い――問いかけ」による教材内容の精選

人間の認識の過程が対象についての体験や経験から知識を生み出す。この知識から構成されるのが学習内容であり、教材である。通常はこれらの学習内容や教材は知識そのものと考えられる。したがって、教材は認識の過程をその構造として持つ。認識の過程を構造として持つということは、教材の内容が「問い――問いかけ」として自らの構造を示すことである。このことは教材の作成、あるいは教材の編成は、この「問い――問いかけ」という方法を念頭において行われるべきだということを意味している。つまり、「問い――問いかけ」に基づき教材の内容の構成をはかるということである。人間の精神は意識体験というスクリーン上に映し出される映像のようなものである。意識体験上の映像は次から次へと刻々と変化する。この映像は大きく二つの種類に分けられる。一つは対象についての映像であり、もう一つは対象についての映像が何らかに意味づけられた映像である。この二つの映像は「身体表現」意識を媒介として繋がれている。このような映像の変化を起こす動因がノエシスであり、動因を受けて生み出される映像がノエマである。したがって、知識とは対象についての映像を意味づける映像が、概念として意識体験から切り取られ、表現されたものである。したがって、知識は（対象についての意識）→（身分け――総合）→（対象についての意識の意味の意識）→（身分け――総合）→（対象についての意識の意味の意識）→……という構造を持っていることになる。このような知識の形成過程における「身分け——総合」の過程が、知識をして自らの構造を「問い——問いかけ」として顕わにさせるのである。そしてこのような構造を持つ知識の内容は、具体的な身体の動きについての概念が言葉で表現されたものである。知識がこのような構造を持つことは、知識と知識とがまた「問い——問いかけ」によって繋がれているということでもある。言い換えれば、教材と教材とが繋がれていることとしての教材の系統とは、教材と教材とが「問い——問いかけ」によって繋がれているということである。本来の系統化された教材とは、このような人間の認識の過程に基づいて構成される構造を持つ知識からなる教材である。したがって、このような教材は教材の内容が「問い——問いかけ」という問答形式で再構成されることが必要である。教材の内容が「問い——問いかけ」という問答形式に再構成されることは、教材を構成する各単元が「問い——問いかけ」によって繋がれることである。こうして系統化された教材はそれ自体が精選された教材となる。つまり、教材の内容を「問い——問いかけ」という形式で再構成することが、同時に教材の精選になるのである。この「問い——問いかけ」という過程は、教材内容を相互主観のはたらきによって身体の動きに変換するさいに生み出される「問い」へ「問いかけ」ることによって得られる。

一般に私たちは何かについて思考する時、その何かが具体的な身体の動きとどのようなかかわりにあるかを考えようとする。言い換えれば、その何かを具体的な身体の動きで表現しようとする。その時私たちはその何かの単純な模倣からはじめるがそれでもうまくいかない時は、言葉でのさまざまな表現を試みながら、それを手がかりにしてさまざまな身体の動きをつくり、その何かを表現しようとする。実は私たちの中におけるこのような現象を生み出すのは学力の志向性であり、ノエシスの作用によるのである。この過程を通して私たちは自分の中に「問い」が生まれ、あるいは「問い」に襲われているのを感じる。つまり、言葉でのさまざまな表現を試みながら、それに基づくさまざまな身体の動きをつくり、その何かを表現しようとする中で、無意識のうちに私たちは「問い——問いかけ」を行っているのである。この湧き上がってくる「問い——問いかけ」の中から、最も適したその何かを表現する身体の動きを選択し、それを繋いでいくのである。先述したように、これらの展開には明らかに学力のノエシス——ノエマ構造の作用が存在している。本来の教材の系統化とはこのように「問い」によって生み出された教材の内容を繋いでいくことによって得られるものである。そして、本来の教材の精選もこのような「問い――問いかけ」によって可能になる。身体の動きは、本質的に特別な制限がなされないかぎり無限であるが、この中には実在するものと非実在のものとが混在している。他方、時間や空間という制限の中にある。空間でいえば上下、前後、左右という三方向に限定されているし、時間では今という時《とき》に限定されている。過去や未来とは、人間の精神や思考の可能性の中で存在するにすぎない。このような具体的な身体の動きを介在させることを通して、教材内容は実体化され、必然的に精選を行うことが可能になるのである。

教材の精選と授業過程の変革

教材の内容を「問い――問いかけ」という形式で再構成することが本来の教材の精選を可能にする。教材の精選を行う目的は、近年急速に増大する多くの知識を、平板に網羅的に教えることではなく、何が基礎的な教材であるかを選定し、その基礎的な教材の学習がそれだけで完結することなく、その学習で得られた見方、考え方を類似の他の教材にも適用し、類推思考をはたらかせ、学習の拡大転移をはかろうとすることである。つまり、教材の精選を行うことは増大する知識の取捨選択を行うことである。本来ならばすべての知識を学ぶことが必要であろうし、望ましいことであるはずだが、子どもたちや生徒たちに与えられた学習する時間には限りがある。そこで与えられた学習する時間の中で子どもたちや生徒たちに必要とされる学力を身につけさせるためには、教材の精選ということが必要によって要請されていたのである。

では、ここで問題となるのはすべての知識を学習することによって身につく学力と、精選された教材の学習によって身につく学力とはどう違うのであろうか、あるいはどのような差があるのだろうかということである。この問題は、言い換えれば、あらためて私たちが子どもたちや生徒たちに期待している学力とは何かということと関連する。学力とは何かという問題は、私たちを人間が認識することをどう考えるかという認識論へと導いていく。私たちは先に私たちの認識論を明らかにした。それによれば、学力とは少なくとも教材としての学習内容を単に自らの中に取り入れる力、すなわち知って、それを保存するのみの力ではなかった。学力とは教材としての学習内容をわかる（＝理解する）ことを通して、学習者に自己を超え出させる具体的な「身体表現」を可能にすることであった。言い換えれば、精選された学習内容の学習によって、自己を超え出させる具体的な「身体表現」が獲得さえできれば、すべての知識を彼らが学ぶことは必ずしも必要ないということである。また、子どもたちは第一に生きる力としての学力を身につけることを目的に知識を学習するのであって、何らかの学問を専門的に習得するために学習しているのではないのである。したがって、教材を精選すること、すなわち、教材の取捨選択を行うことは何ら問題ではないことになる。では、あらためて子どもたちや生徒たちに身につけさせるべき学力とは何かが問われることになる。それはこれまでの探求で明らかになったように、ある教材の学習で得られた見方、考え方をその他の教材にも適用し、類推思考をはたらかせ、学習の拡大転移を可能にする力である。このことを一般的に表現すると、どんな問題に出会ってもその解決方法を自らの力で探し出し、そして解決していく力が、私たちが学校教育を通して子どもたちに身につけさせようとしている学力なのである。いかなる学力も必ず何らかの「身体表現」されるところのものであり、「身体表現」を通して教材の精選化は必然的に定まってくると考えられる。私たちはこうした意味においてあらためて「身体表現」に注目したいのである。

これまでの授業過程がすべての知識を学習させるべきだという考え方によって作成されてきたとするならば、教材の精選構造化という事態を受けてこれまでの授業過程も何らかの変更を迫られることになる。すなわち、授業過程の変革が求められることになるだろう。この授業過程の変革における基本的な考え方は、すべての教材の中で何が基礎的な教材であるかを選定し、選定された教材をもとに新たな授業過程を編成するということである。発見学習において実際に編成を行うその方法は、すべての教材の内容を「問い――問いかけ」の形式に再構成することを通して、内容を精選するという方法である。この「問い――問いかけ」化による教材の内容の精選は、教材の内容を具体的な身体の動きで表現するという操作によって可能となる。したがって、授業過程の変革は、まず授業の展開の中に「問い――問いかけ」という学習行動をどのように組み込んでいくかという視点から考慮されねばならない。そして実際の教材の内容を精選するにあたっては、時代の流れや時代の要請などにより必ず選択されねばならない内容というものがある一方、必ずしも選択される必要がないものがあり、内容の面からの取捨選択もまた必要である。特に数学や理科や社会などの教科においてはそうした傾向がある。また、学力の基礎基本となることから常に選択されねばならない内容というものがある。これらのことへの配慮が不可欠である。こうしたことを受けての授業過程の変革は、特に展開についての変革が中心となるであろう。詳細については、後述する学習指導案の中で示すことになる。

教材内容の再編と「ゆとり」

科学技術の急速な進歩は、教育界にも大きな変化を求めてきた。何より教育の質と知的目的に対する関心が広範囲にわたって復活してきている。現在の世界経済は地球規模で展開するいわゆる〝グローバル化〟が進展し、ほとんどすべての分野で激しい競争が展開されている。技術革新が経済成長の大きな鍵を握っていることは広く知られている。技術革新（イノベーション）とは、一般には生産技術の改良、革新のことであるが、本来は産業によって使用される科学的、社会的現象の諸原理に関する革新的な知識を、新しい生産方法や生産物、あるいは新しい経営組織、経営管理、マーケティングやデザインなど利用技法の改良、革新という形で具体化されるものをさす。そして、この激しい競争に打ち勝って、安定した経済発展を行っていくことがどの国においても強く求められている。もちろん、こうした事情はわが国においても同様である。しかし、教育の質と知的目的に対する関心の広がりは、民主主義社会の健全な発展のために、調和のとれた市民を育成するという側面を犠牲にして行われるべきではない。つまり、両立がはかられなければならない。こうした教育界への要請に対して教育界で浮上してきたのがアメリカでの取り組みを起源とする教材の精選構造化に基づく学習理論であった。知識の急激な増加に伴う教材の精選構造化は、一方で学習内容の高度化、すなわち、学習内容の難化をもたらしたが、その原因の一つが教材の内容の極度な抽象化である。つまり、知識量の増大に伴う精選化の進行によって教材の内容がしだいに具体性を失い、抽象度を増していったことである。教材の内容が具体性を失い、抽象度を増していったということは、教材の内容から具体的な事例や事件、実験や観察などの内容が削減され、それらが抽象的な言葉で単に表現されるにとどまるようになったということである。その一つの背景となったのは、教材である教科書に収容できる容量にも限界があることである。したがって限られたスペースにできるだけたくさんの知識を収容しようとすると、どうしても内容が抽象化せざるをえなくなるのである。

私たちはこうした背景を踏まえて、教材の精選構造化を実施するにあたって次の二つの変更が必要になると考える。一つは教材の作成方法についての変更であり、もう一つは教材の編成方法についての変更である。教材の作成方法についての変更というのは、あらかじめ「問い――問いかけ」という学習活動の展開を意識して教材の内容を作成することである。教材の内容の作成に携わる人々とは、多くの場合は教科書を執筆される人々ということになるが、そういう人々が意識して教科書の内容を学習する子どもたちや生徒たちが自分だけの力で問答形式に再構成できるように執筆するのである。おそらくこうした意図のもとに執筆された教科書やその他のすべての教材は、これまでのものと比較して格段に子どもたちにとってわかりやすいものになっているはずである。なぜなら「問い――問いかけ」という問答形式が、「身体表現」意識を生み出す学力のノエシス――ノエマ構造の作用を引き起こすからである。このことに関連して、もう一つの教材の編成方法の変更が必要になる。それは教材の分量を増やすことである。教材の分量を増やすことは一見教材の精選構造化に逆行するように思われるが、教材の内容が「問い――問いかけ」という学習活動の展開を意識して作成されることは、教材の内容がより具体的な身体の動きで表現されることであり、それによって子どもたちが自分の力で学習できる部分がこれまでと比較して格段に増加すると考えられる。したがって、教材の分量が増えても子どもたち自身で学習できる量が増えるのであれば、学校の授業時間の増加には直接つながらないはずである。

教材の内容の変更によって教材の内容を増やしても、なおかつ教材の精選構造化は可能である。知識の増加と教材内容の増加とは単純な比例の関係にあるのではない。このことは、急激に増加する知識量の学習を学校教育における授業と子どもたちの独学とで分担すべきであることを意味している。急増する知識の学習のある部分を子どもたちが独学で取り組むためには、そのための時間が保障されなければならない。私たちはその時間を〝ゆとり〟と考えている。平成8年に中央教育審議会はこれからの学校のあり方として打ち出した方針で、「自ら学び、自ら考える力などの生きる力の育成を基本とし……」と述べて〝ゆとり〟の実現をはかろうとしたが、私たちにおいては教材内容の編成の変更に基づく子どもたちの独学の時間を保障することとしての〝ゆとり〟こそ、真の〝ゆとり〟であると考えるのである。

第六節　授業の場の特質

教授——学習過程としての授業

教育学には〝教授——学習〟の過程についての分野がある。この分野はどのように教育を行うかという具体的な教育方法についての研究分野であり、いわば教育学の心臓部にあたる領域である。教育方法についての研究にはその基礎に「人間とは何か」という視点が不可欠である。しかし、この場合の「人間とは何か」という問いはいわゆる哲学的人間学的な問いではなく、教育学における問いである以上、それらの間には決定的な相違点があるといわねばならない。そしてそれは授業の場における「問い」であるという点である。授業は〝教授——学習〟過程、すなわち、〝教える——学ぶ〟過程の場である。この授業という場は、時間や場所が限定された非常に特殊な場であるが、この授業の場で子どもたちの基本的な学力が形成され、発展させられるのである。しかし、見方を変えるとこの授業こそ人間が学習する基本的な形態であるとも言える。というのは、人類の歴史を振り返ってみても、学習が行われる形態は現在の学校教育で見るような授業という形態で行われてきたことがわかる。また一般社会においても、「今回の出来事はいい授業になった（大切なことを学ぶ経験になった）」という表現にみられるように、授業という表現は必ずしも学校教育の場のみでなく、幅広く学習の場という意味で受け取られている。こうしたことから私たちは人間が学習する場や形態が授業であると考える。したがって、授業とは普遍的な〝教授——学習〟過程の営みであると言えるだろう。

〝教授——学習〟過程としての授業の分析は教育学の心臓部である。哲学や心理学には授業を主題とした分析論は存在せず、授業の分析は、哲学や心理学等他の諸科学にはない教育学独自の内容をもたらすはずである。授業の形態が基本的に〝教授——学習〟過程であることは、授業の場には教える者と学ぶ者という立場の異なる人間がいるということである。学校現場では教える者は教師であり、学ぶ者は子どもたち、生徒、学生である。また場合によっては子どもたちや生徒たちの間で、教える者であったり、学ぶ者であったりする。次の図はこのような授業の場を図示したものである。

授業は【図６】に見るような〝教授する者——学習者〟という人間関係が基本となって成立する場であり、空間的

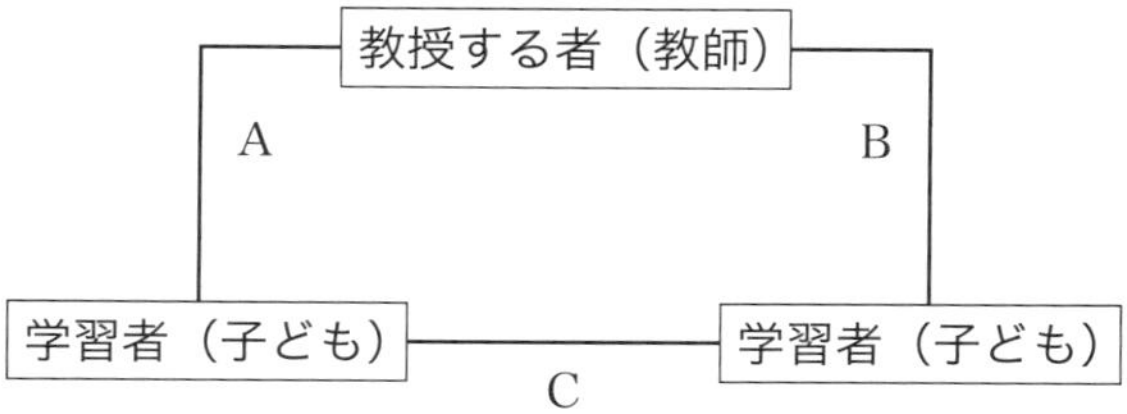

【図６　授業の場】

な場所そのものには限定されない。したがって、一般的に授業の場は〝教授する者——学習者〟という関係で考えられる。それは図中の線分Aや線分Bに相当する。しかし、線分Aや線分Bは個別的な関係であり、通常の授業の場ではむしろ特別な場合である。この図から次のような授業の構図の種類が考えられる。一つ目は、いわゆる一斉授業の場合である（A plus B）。この場合は教師が一方的に学習内容を説明するのを、子どもAと子どもBとが共に聞いている。いわゆる講義式授業の場合である。二つ目は、教師が子どもの誰か一人を指名し、一対一での質疑応答をする場合である（A or B）。この場合は、たとえばAが指名されて教師との間で問答が行われるが、ここで重要なことは、子どもAと教師とのやりとりを子どもBが聞いているということである。これは三人で行う対話と同じ状況である。子どもBは、必ずしも1人ではなく40人のクラスでいえばAを除いた39人全員でもよい。子どもAと教師とのやりとりが行われている時、教室では二種類の学習過程が同時進行しているのである。一つ目は子どもAと教師との間で、二つ目は二人のやりとりを聞いているBないしは39人の間で、それぞれ異なった学習の過程が進行している。三つ目は、子どもAと子どもBとの間での学習活動である（A and B）。授業の場の分析はこの三つの場合に分けて行われる必要がある。

授業の場における子どもたちは、相互に意識し合うことを通してつながる存在であり、個々の子どもたちは「授業の場―内―存在」として自らを示すのである。これは子どもたちが授業においては、空間的な教室という部屋の中にいる自分を意識しているのではなく、授業という場《ば》の中にいる自分を意識していることを意味している。場という概念は何らかの物事が行われる具体的な場所ではなく、何らかの物事が行われるその時々に感じられる状況や雰囲気についての意識を表現している。これはもし教室に40人の子どもたちがいれば、そのすべての子どもたちに共有されている意識である。したがって、授業の場におけるすべての子どもたちには根源的に「他者と共にある」ことが属している。「他者と共にある」ことには、授業の場における子どもたちのみならず、もちろん教師自身も属している。すなわち、授業の場における子どもたちが、教師を含めて他者と共にあることは、きわめて大きな意味を持っている。授業の場においては、何よりも「他者と共にある」ことができなければ、学習内容をわかることそのものが成立しないのである。というのは、学習内容を知ることは一人でもできるが、わかるということは本質的に自分がわかっていることを他者と共有できてはじめて確認できることだからである。しばしば耳にする言葉がある。それは「勉強は一人でできる」、「勉強は一人でするもの」という言葉である。これは「わかる」ことについての真の理解が欠けているところからきており、誤解を生みやすい表現である。

また「他者と共にある」ことが学習の成立に欠かせない理由がもう一つある。それはたとえば40人の子どもたちが一人の教師から学習内容を教授されるとすると、極端に言えば一人の教師が40人の子ども一人ひとりを指導しなければならない。なぜなら、実質的に子どもたち一人ひとりは基礎学力としての理解力に格差があるからであり、厳密に言えば一斉授業においては40人の子どもたちに同時に、同等の理解を得させることはできないからである。実際の授業の場では、これを補う出来事が起こっている。それは【図6】における線分Cの関係である。つまり、子どもどうしの関係である。子どもたちは先述したようにお互いがお互いを教材とし合うのである。すなわち、子どもたちは自分と同じくらいの基礎学力をもつ子どもどうしで補い合ったり、少し自分より高い基礎学力をもつ子どもから教えてもらったり、逆に自分より低い基礎学力をもつ子どもに教えてやったりするのである。このような線分Cの関係があって、初めて授業を通じて子どもたちに必要な学習は成立しているのである。さらに、子どもたちが「授業の場―内―存在」であることには、根源的に学習内容が「手許にある」ことが属している。学習内容が「手許にある」は、学習内容（教材）が子どもたちの学習活動において対象となる時のあり方である。学習内容は周囲にあるたんなる事物や事柄がそのままで学習内容になるのではない。それらが学習内容となるには、それらが「手許にある」というあり方をしていることが必要である。学習内容が「手許にある」とは、具体的には学習内容が自分の身近にあるのでもなければ、ただ見えるのでもなく、まさに手の中にあるということである。学習内容が手の中にあるということは、学習内容に対する学習する子どもの個々の身体の動きとの関係が成立する状態にあるということである。私たちは対象となるものを自分の身体の動きによって表現することによって対象を認識するのである。授業の場における子どもたちは、したがって学習活動を行っている子どもたちは、学習内容がこのようなあり方をする中にある。授業の場における子どもたちは、自らを「授業の場―内―存在」として示している。そしてその子どもたちに所属しているのが「他者と共にある」と学習内容が「手許にある」という二つのあり方である。この二つのあり方の中で、子どもたちの学習活動は展開されるが、私たちが問うのは子どもたちの学習活動の内面的要因としての、子どもたち自身の認識の構造はどうなっているのかである。これは教材の作成やその与え方等の教授側の配慮を排除することによって得ることができる。すなわち、意識体験一般から教授側の配慮によって構成されているものを取り除き、ある意味では純粋な意識の部分を取り出すことによって得られるものである。この純粋な意識の部分が全体の意識をさまざまに構成する原動力となっているものであり、ひいては学力を構成するのである。言い換えれば、子どもたちが「授業の場―内―存在」であるためには、子どもたちの学習活動が展開する場所が「他者と共にある」と学習内容が「手許にある」という二つのあり方をしなければならないのである。

第七節　発見学習の授業の実際

発見学習における「問い――答え」の形態としての学習内容

かつて系統学習と問題解決学習という二つの学習方法が提起され鋭く対立したが、これは学習内容と概念についての考え方の対立であったとも言える。系統学習では子どもたちの学習における学習内容は、はじめからそれ自体が絶対的真理である学問的知識であり、その知識の体系をそのまま概念として子どもたちに与えるべきだとする。この系統学習においては学習内容は概念として最初に与えられる。この概念は本来絶対的真理としての知識であるから、それ自体は完結したものであり、したがって系統学習においては絶対的真理としての知識を完全な形でそのまま保存（記憶、習得）することが学習することであり、認識することなのである。すなわち、このような系統学習においては、学習の目的ができるだけ多くの完結した学問的真理としての知識を保持（記憶）することなので、この学問的真理としての知識から新しい知識を生み出す、すなわち、新しい知識を発見するというような可能性はきわめて限定されたものとなる。

これに対して問題解決学習では、子どもたちがその経験の中で実際に遭遇する何らかの問題がそのつど学習内容となり、その問題を解決する過程をへて知識が生み出されるが、その知識が真であるかどうかは、その知識によって自らが遭遇した問題が解決されるかどうかで判断されるとする。この問題解決学習は、問題の解決を通して新しい学問的知識が生み出される、あるいは新しい学問的知識が発見される可能性を秘めている。すなわち、問題解決学習においては学習内容は具体的な形では何も与えられない。つまり、概念として与えられない。まず何か困った問題、解決されなければならない課題は、子どもたちが自ら自分の手で探し出すことになる。つまり、将来の知識につながる問題は、子どもたち自身が自らの認識の過程を通して見つけ出すのである。その問題や課題を解決する方法（仮説）は、自ら思考したり、誰かと話し合ったりする。そしてやがて浮かんだひらめきや思いつきとしての仮説を推論によって正しいかどうか検証する。最終的に最後まで残った仮説を実験、観察、行動などで検証し、知識として確定する。このような授業過程をとる問題解決学習は、授業の場という制約を考慮に入れなければ、子どもたちにとっては非常に高度な授業過程ということができよう。しかし、問題解決学習を授業過程の中心におくことは、時間的、空間的にも、また経費的にもこれを完全な形で実施することは実質的に不可能である。

私たちは以上の系統学習と問題解決学習との対立について次のような疑問を持つ。そもそもこのような二種類の学習論が存在するということ自体が問題である。本来人間の生得的な学習機能なるものは一つであり、二つあるということはあり得ない。したがって、このように二つの学習論が存在するというのは、全く人間の側の学習機能についての見解の相違ということになる。言い換えれば、学習論がもしこの二つしか存在しないとすれば、この二つのどちらかは正しくて、どちらかは誤りである、あるいは二つとも適切ではないということになるであろう。私たちはこの二つの学習論を目の前にして、これらを主張する人々は、双方とも実は学習することのしくみ（メカニズム）が真に明確ではないのではないかと考える。学習することには、学力のノエシス――ノエマ構造の作用を含む認識の過程が必ず存在する。そして、これまでにも詳述してきたように、この認識の過程をへることを通して、学習内容である知識自体は変化しないが、学習者が獲得したその知識についての意識、すなわち、知識についての「身体表現」意識において変化しているのである。言い換えれば、学習者がその知識を認識することは、学習者はその知識に対して向き合い、その知識にかかわることができるようになることである。つまり、学習者が変化しているのである。私たちは学習を通してこのように学習者の行動が変化することを、学習者の学力が向上したと言うのである。このようなことは、系統学習においても、問題解決学習においても実質的に起こっていたはずである。ただこうしたところに注目がいかなかったと考えられる。あらゆる何らかの発見も、あるいは偉大な発見も、まず学習者の行動として出現するのであり、決して意識体験の中に忽然と何らかの理論的意識として浮かび上がってくるものではない。系統学習と問題解決学習ともこうした視点が欠けているように思われる。つまり、学習することによって何が変化するのかという視点である。言い換えれば、この点においてすべての学習は共通しているのであり、したがって、系統学習と問題解決学習とは教授方法の相違ということになるであろう。

系統学習と問題解決学習に対して、発見学習においては学習内容は最初から問題（問い）の形式で与えられるが、その学習内容は学問的真理として概念として与えられるのでもなく、学習者自らが体験や経験を通して手探りで探し出すのでもない。発見学習ではまずすべての学習内容が「問い」の形式となっている。すなわち、知識としての学習内容が問題（「問い――答え」）の形式に再構成されて、子どもたちに与えられるのである。あるいは、子どもたち自身が知識としての学習内容を問題（「問い――答え」）の形に自ら再構成して自らに与えるのである。さらに体験や経験が学習内容となる場合でも、基本的な学習内容は、問題（問い）の形式で設定されるのである。これが発見学習の最大の特徴である。発見学習において学習内容がこのような問題（「問い――答え」）の形で与えられることを、私たちは発見学習における問題の設定と呼ぶ。

発見学習は学習形態的には「問い――問いかけ」の学習である。発見学習において学習内容が問題（問い）の形で与えられることは、認識の対象としての学習内容が概念として与えられることである。このような学習内容としての問題（問い）は、あらかじめ教師によって準備される場合と、子どもたち自身によって創り出される場合とがある。教師によって準備される場合は、主に教科の学習の場合である。というのも、教科の学習内容は基本的に、それ自体が絶対的真理である学問的知識であり、その膨大な、そして高度な知識の体系であるから、このような学習内容を「問い――答え」の形式に再構成するということは、その分野である程度の専門的知識を修得している教師でなければ不可能である。他方、問題解決学習のように、子どもたちのさまざまな経験から発せられる「問い」を基にして設定される場合でもやはり教師の主導的な対応が不可欠である。というのも、子どもたちが自分たちの経験から導き出した「問い」は、限られた経験や未熟な判断力等により、本格的な授業の展開の「問い」としては不十分であるからである。

学習内容を「問い」化するのがどちらの場合でも、基本的には授業を担当する教師が年間計画にしたがって、あるいは子どもたちの理解力の程度に応じて、綿密な指導計画に則って準備される。またどちらの場合でも、問題（問い）は、知識としての学習内容そのものが答えとなるように創作される。授業の場という時間的にも空間的にも限定された場においては、このように学習内容を問題（問い）という形にして子どもたちに与えることが最も効果的である。なぜなら、すべての学習は学力の作用が不可欠であり、その学力の作用に学習者が出会うためには、「問い」と出会う必要があるからである。また問題解決学習のように子どもたちが自ら「問い」を導き出すには、かなりの長い時間が必要であるという時間的な制約があり、またそのために必要な施設、設備などの準備という制約があるからである。私たちにおける「問い」とは、身体の動きへ問いかけることとしての「問い」なのであり、単なる何かを指し示すこととしての「問い」ではない。すなわち、何らかの出会った対象を、あるいは与えられた対象を、自分の身体の動きでどのように表現されるかと問いかけることとしての「問い」なのである。したがって、学習内容を単純に「問い――答え」に再構成することとしての「問い」とは区別されねばならない。

発見学習は、授業の場における最も基本的な授業過程である。系統学習や問題解決学習等のいくつかある学習の中の一つの学習というのではなく、本来の学習といえば発見学習である。発見学習では学習内容が問題（問い）の形で与えられるが、実際にこうした授業を行ってみると、これは特別に意識して行う取り組みではなく、このようなあらかじめ設定した問題（問い）による学習の展開は実は最も自然な、最も合理的な授業の展開であることが知られる。発見学習における ような「問い」を柱にした授業展開はこうした意味で、その類似する授業はすでに多方面で実践されている。ただ、なぜそうするのかという点に関しては、実践報告のほとんどが経験則の域を出ないのが実情である。私たちはこの論考を通して、発見学習こそ本来の学習であるということが教育現場の共通理解となることを願うものである。

学習内容の「問い――問いかけ」による再構成

発見学習の授業を行うのにまず必要なのは、学習内容の「問い――問いかけ」化である。学習内容の「問い――問いかけ」化とは次のように行われる。まず具体例からはいることにする。ここで取り上げる学習内容は高等学校日本史教科書の中の一節である。

【学習内容例】

近代国家の成立

1．開国と幕末の動乱

【開国】 18世紀後半、イギリスで最初の産業革命がはじまり、工業化の波はさらにヨーロッパ各国やアメリカにもおよんだ。巨大な工業生産力と軍事力を備えるにいたった欧米諸国は、国外市場や原料供給地を求めて、きそって植民地獲得に乗り出し、とくにアジアへの進出を本格化させた。

清国がアヘン戦争でイギリスに敗れて南京条約を結び、香港を割譲し、開港を余儀なくされたことが日本に伝わると、1842（天保13）年、幕府は異国船打払令を緩和していわゆる薪水給与令を出し、漂着した外国船には燃料と食料を与えることにした。

しかし1844（弘化元）年、オランダ国王が幕府に書簡をおくり開国を勧告しても、世界情勢の認識にとぼしい幕府はこれを拒絶し、あくまでも鎖国体制を守ろうとした。
アメリカは、北太平洋を航海する自国の対清国貿易船や捕鯨船の寄港地として日本の開国を強く望んでいた。1846（弘化3）年、アメリカ東インド艦隊司令長官ビッドルが浦賀に来航して通商を要求したが、幕府は拒絶した。しかし、アメリカが1848年にメキシコからカリフォルニアをうばって太平洋岸に到達すると、同国と清国との貿易はいっそうさかんになり、ますます日本の開国を必要とするようになった。
1853（嘉永6）年6月、アメリカは東インド艦隊司令長官ペリーが軍艦4隻をひきいて浦賀沖にあらわれ、フィルモア大統領の国書を提出して日本の開国を求めた。

（『詳説　日本史』山川出版社　2004年より）

この学習内容を「問い――問いかけ」の形に再編成する。作成方法は教科書の文章が答えとなるように「問い」を作成することである。これが学習内容の「問い――問いかけ」化の例である。

【学習内容の「問い――問いかけ」化】

【開　国】
（1）欧米列国のアジア進出
《どういうことか》 18世紀後半以降、欧米列国が相次いでアジアへ進出してきたこと。
《なぜ進出したか》 産業革命によって巨大な工業生産力と軍事力を備えるにいたった欧米諸国は、国外市場や原料供給地を求めたから。
《日本はどう対応しようとしたか》 鎖国政策のため、通商要求を拒否したが、アヘン戦争を機に変更を迫られた。

（2）アヘン戦争（1840年～1842年）

《どういう戦争だったか》英のアヘンの強制的な販売に反対する中国清朝と英との間で行われた戦争で、英が勝利し南京条約を締結し、これ以後欧米諸国による中国の植民地化が始まった。

《日本はこの戦争を何で知ったか》「オランダ風説書」で知った幕府は大きな衝撃を受けた。

《日本の政策はどう変化したか》異国船打払令を緩和したが、鎖国体制は維持した。

◇薪水給与令の制定……燃料、飲料水、食料の補給に限り、外国船の寄港を認めた。

◇鎖国体制の継続……1844年オランダ国王の開国勧告を拒否。

（3）アメリカの日本接近

《背景には何があったか》①日本を北太平洋捕鯨船の寄港地に望んだ。②対中貿易の中継地と考えた。③1848年にメキシコからカリフォルニアを奪い、清国との貿易はいっそうさかんとなった。

《使節として派遣されたのは誰か》

◇ビッドル……東インド艦隊司令長官で、1846年浦賀に来航し、開港を要求する。幕府は拒否。

◇ペリー……東インド艦隊司令長官で、1853年アメリカ大統領フィルモアの国書を提出して浦賀に来航し、強硬に開港を求めた。

教科書の内容は、個々の知識がいくつも結合し、絡まりあって一つのまとまった知識を構成している。個々の知識はそれ自体で完結しているが、一方でその他のさまざまな知識とつながりあい、重なり合っている。私たちは教科書の内容におけるこのような特質は、その知識の生成が「問い――問いかけ」という過程をへて形成されたことを物語るものと考える。したがって、教科書の内容の「問い――問いかけ」化は、こうして連携し、重層化した、知識の生成の過程をちょうど逆回転するような意味を持っている。つまり、知識とは体験や経験における身体の動きについての意識が認識の過程の「身分け――総合」をへて生み出されたものであるが、この過程はそれに伴い発せられる「体験――問い」と「発見――問い」とが互いに問いかけ合う、すなわち、「問い――問いかけ」の反復の過程として自らを示すのである。これは他のすべての知識でも同様である。したがって、知識としての学習内容を理解、認識、判断することは、その知識を構成している何重にも積み重なり、結び絡まっている意識を、「問い――問いかけ」を通して一つ一つほどいていくことにほかならない。この事例のように与えられた学習内容を基本的な形式としての「問い――問いかけ」化されたものは、これから実際の授業の場で子どもたちの学習活動を展開していくことにおいて導きの糸となるのである。

学習内容の「問い――問いかけ」化の基本は、中学校や高等学校におけるいわゆる中間考査や期末考査などの定期考査で問題を作成する要領と同じである。すなわち、作成の基本は教科書の本文としての学習内容が答えとなるように「問い」を作成するのである。具体的に「問い――問いかけ」化の作業を詳しくみていくことにする。まず1行目から3行目をその内容に即して要約すると、「欧米列国のアジア進出」となる。これが小題となる。これに対してまず小題そのものへの「問い」がつくられる。それが欧米列国のアジア進出とは「どういうことか」である。この「問い」に対する答えは、「18世紀後半以降、欧米列国が相次いでアジアへ進出してきたこと」である。ここで子どもたちに注目させる表現は「進出する」である。この動詞をどのような身体の動きとして思い浮かべさせるかである。実質的にこの「進出する」は武力を背景にした侵略行動であった。次にこの「どういうことか」という「問い」に、「(進出してきた)理由は何か」と「問いかけ」る。この「問い」に対する答えは、「産業革命によって産業が著しく発達したヨーロッパ諸国やアメリカが、国外市場や原料供給地を求めたから」である。ここで子どもたちに注目させる表現は、「市場」と「供給」である。この「市場」には自国で生産した大量の綿糸や衣類等の商品を「売りさばく」、また「供給」には大量の綿糸や衣類等の原料である綿花を「安く手に入れる」という動詞が隠れてるのである。したがって、この表現はもちろん教科書の本文中には記述されていない。つまり、子どもたちに「産業革命によって産業が著しく発達したヨーロッパ諸国やアメリカが、国外市場や原料供給地を求めたから」という答えの中には、隠された「問い――答え」があることを気づかせるのである。動詞による表現が増えることは、それだけ多様な、具体的な身体の動きでの表現が可能となることであり、より正確な、より深い認識が可能になることである。このような教科書の本文中にない隠された「問い――答え」は、教師が自らの判断で創作することになるのは当然である。言い換えれば、このような隠された「問い――答え」を子どもたち自身が生み出すことができるようになることは、子どもたちの学力が向上したことと判断できよう。同様なことは、「日本はどう対応しようとしたか」という「問い――答え」に相当する教科書の本文は存在しない。これは「18世紀後半以降、欧米列国が相次いでアジアへ進出してきた」という記述から、当然日本へも進出していたはずだと推測され、そこから生み出された「問い――答え」である。

同様なやり方で、第二段落に入る。まず取り上げる箇所は4行目の「清国がアヘン戦争でイギリスに敗れて南京条約を結び、香港を割譲し、開国を余儀なくされた」というくだりである。これが答えとなるように「問い」を作成する。すると「アヘン戦争とはどういう戦争だったか?」という「問い」が作られる。答えとなる箇所「清国がイギリスに敗れて南京条約を結び、香港を割譲し、開国を余儀なくされた（戦争）」となる。次に取り上げられるのは5行目から6行目にかけての「1842（天保13）年、幕府は異国船打払令を緩和していわゆる薪水給与令を出し、漂着した外国船には燃料と食料を与えることにした。」というくだりである。これが答えとなるような「問い」を作成すると、「日本はどう対応したか」、あるいは「日本の政策はどう変化したか?」となる。さらに7行目から8行目にかけての「しかし1844（弘化元）年、オランダ国王が幕府に書簡をおくり開国を勧告しても、世界情勢の認識にとぼしい幕府はこれを拒絶し、あくまでも鎖国体制を守ろうとした。」が答えとなるように「問い」を作成すると「幕府は鎖国政策をどうしたか?」となる。このように「アヘン戦争とはどういう戦争だったか?」という「問い」に、「日本の政策はどう変化したか?」、さらにこれに「鎖国政策はどうしたか?」と「問い」が続く。これが「問い――問いかけ」である。さらに9行目から14行目にかけてを読んで、要約をし、小題を立てる。それが「アメリカの日本接近」である。この小題に対して、本文の内容から、アメリカが他のヨーロッパ諸国よりもより熱心に日本の開国を求めたその背景を「問い」とする。それが「（アメリカの日本接近の）背景は何か?」である。そしてさらに、教科書の本文からそれを受けて日本を開国させる使命を帯びて、使節として派遣されたのは誰かを「問い」とする。それが「使節として派遣されたのは誰か？」である。

知識とは何かをあらためてその意味を振り返ってみると、広義には知るといわれる人間のすべての活動とその内容をさし、狭義には原因の把握に基づく確実な認識をいう。この教材の例でいう知識とは、広義と狭義とで二種類の知識が区別できる。広義の知識としては、日本が開国をするきっかけは何だったか、どういう事情があったかを知ることである。他方で、狭義の知識としては、たとえばアヘン戦争とは西暦何年から何年まで行われたか、どこの国とどこの国とが戦ったか、戦争の原因は何か、戦争の結果はどうなったか等々のいわゆる個々の事実を知ることである。しかし、教育現場のすべての実践でこうした二種類の知識の区別はあまり意識されないのが実情である。ほとんどこの二種類の知識の習得は混合した形で学習が行われている。つまり、ある場合には考える学習をということで広義の知識の習得が目指されるが、ある場合には基本的な事項の獲得をということで、狭義の知識の習得が目指される。このある場合とはいろいろな場合があるが、大まかに言えば授業時間に余裕がある場合や、また概して子どもたちの学習能力が高い場合には広義の知識の学習が行われ、他方で授業時間に余裕がない場合、概して子どもたちの学習に対する関心や意欲が低い場合には狭義の知識の学習が行われる傾向がある。したがって、どちらの知識の習得の学習に重点を置くかは、そうしたさまざまな条件や状況によって判断されることになる。

授業の場における本来の学習としての発見学習が習得を目指している知識とは、明らかに広義の知識である。学習の順序から考えるとまず狭義の知識の習得をめざし、それを受けて広義の知識の習得を目指すということになるだろう。そして基本的には狭義の知識の習得は予習や復習としての子どもたちの個人学習の領域であり、広義の知識の習得は多人数の子どもたちによる共同学習の領域と考えられる。発見学習の授業の指導を行うにあたって最も重要なことは、学習内容が子どもたち自身が解決することができる問題の形で提供されねばならないことである。その基礎の段階がこの学習内容（教材）の「問い――問いかけ」化である。この方法は学習内容が「問い」の答えとなるように作成することであるが、このような問題の形に学習内容を組み直すことは、第一義的には教師の役割である。というのも、この作業を行うには、かなりの程度で学習内容に精通していなければならないからである。学習内容についてのかなりの知識や判断力がなければこの作業は困難である。しかし、このような「問い――問いかけ」化の作業が、全く子どもたちの作業の領域ではないということではない。その子どもの学習能力の高さやその学習分野に対する興味や関心の高さによっては、「問い――問いかけ」化の作業は可能である。この作業はある意味では最も高度な学習活動ということができ、学力の向上を確認することができる学習活動の最終目標と考えることもできる。学習内容の「問い――問いかけ」化は、作成例からわかるように学習内容が問いと答えとで再構成されることである。しかし、実際に作成していると、時々学習内容のある部分が問いと答えとでつながらないことがあることがわかる。つまり、その部分が他の部分から独立しているのである。それは教科書等のような教材の作成段階の事情によるものと思われる。たとえばスペースの都合上どうしても削除されねばならなかった部分があるとか、この主題では是非とも語っておきたいことがあるとか、そうした事情があったものと思われる。こうした時は「問い」を作成する側は全体の流れに立ち戻り、そこからその部分をどのように意味づけるかを考慮して、あらためて「問い」を作成することになる。この時にはその主題についてのより幅広い知識や理解が必要となる。すなわち、高度な技術が必要となる。したがって、学習内容の「問い――問いかけ」化は子どもたちの学習活動の最終目標ではあるが、必ずしも到達しなければならない目標とは言えない。今日の教材の作成段階ではこのような「問い――問いかけ」化まで考慮されているとは言えない。しかし、最近では主題ごとに設問や問いを設定したり、問答形式による解説を掲載している教材も見られるようになってきた。これは学習活動における「問い――問いかけ」の意義が少しずつ理解されはじめていることの現れとみることができる。このような傾向がさらに進んで、学習内容が執筆されたり、作成されたりする段階で「問い――問いかけ」を意識した叙述や編成がなされることが望まれる。というのは、学習内容が「問い――問いかけ」化を意識した叙述や編成がなされることによって、学習する子どもたちはより容易に、すなわち、自分の力で学習内容の「問い――問いかけ」化が可能となり、学習内容を認識の過程へと導くことができるようになるだろうからである。

発見学習は以上のような学習内容の「問い――問いかけ」化から始まる。この学習内容に即した「問い――問いかけ」化から生み出される表現の中で特に注目するのは動詞表現である。というのは、動詞表現は具体的な身体の動きを導き出すからである。つまり、動詞表現は学習内容を具体的な身体の動きで表現することを可能にするのである。例えば、アメリカの日本接近においてその背景として考えられたのが、アメリカが日本を北太平洋捕鯨船の寄港地に望んだことと、当時次第に増加しつつあった対中貿易の中継港としてであった。ここで注目すべき表現は、寄港地と中継港である。寄港とは一般的には、目的地へ向かう船舶が途中で他の港に立ち寄ることであり、したがって寄港地とはその途中で立ち寄る港のこととなる。この動詞表現には「向かう」、「立ち寄る」がある。この中で「立ち寄る」という動詞表現を具体的な身体の動きで表現すると自ずから湧き起こってくる「問い」がある。それは、「何を求めて立ち寄るのか？」である。教科書の本文にはこの答えは存在しない。しかし、もしこの「問い」に対する答えが明らかになれば認識はいっそう深まるであろう。答えは当時の船舶は石炭を燃やして航行する蒸気船であり、航路の途中にこの石炭を備蓄しておく場所が必要であり、それが日本の港だったということである。このように学習内容を自分の身体の動きに変換して表現しようとすれば、本来学習内容にない内容に思い到ることがある。私たちはここに学力の志向性を見出すのである。志向性としての「身体表現」は、「身体表現」に変換される対象に何らかの意味を付与するのである。

学習内容を「問い――問いかけ」化することは、系統学習の難点を克服すると同時に問題解決学習の難点をも克服することを可能にする。というのは、問題解決学習では学習内容が体験や経験を基礎にしているので、生み出される「問い」がどのような内容になるかあらかじめ予測したり、設定したりすることが困難であり、計画的な学習指導ができにくいのに対して、発見学習における学習内容の「問い――問いかけ」化は、学習内容があらかじめ定められた教科書や教材等であり、そこから「問い」を起こしてくるので、「問い」がどのような内容になるのかという心配はないことになる。言い換えれば、学習内容についての「問い」起こしは自由に行うことができるが、決して該当する学習範囲を逸脱することはないのである。また学力の志向性としての「身体表現」は、本質的に子どもたちに学習内容に対する強い興味や関心を引き出すはたらきを持つのである。したがって、いわゆる問題解決学習において課題となる授業規律の問題も、このような発見学習においては起こりにくいのである。

授業展開における問題（問い）の作成

知識としての学習内容を、一つ一つの「問い――問いかけ」を通して「身体表現」に解体し、再構成する過程が発見学習の授業過程である。したがって、一つの「問い――問いかけ」がほぐれると次の「問い――問いかけ」が現れ、さらにそれをほぐしていく。したがって、授業の展開もこの「問い――問いかけ」を柱として構成されることになる。実際の授業においては、次のような問いが展開の柱となる。

〈展開Ⅰ〉

①【問い】19世紀に欧米諸国の社会では何が起きていたか？
②（問いかけ）産業革命で産業が発展するとなぜ海外に進出するようになるのだろうか？
③【問い】アヘン戦争とはどういう戦争だったか？
④（問いかけ）なぜ中国（清王朝）は敗北したのか？
⑤【問い】アヘン戦争後、日本の対外政策はどう変わったか？
⑥（問いかけ）日本国内ではどういう議論があったか？

〈展開Ⅱ〉

⑦【問い】欧米諸国の中で日本の開港に積極的だった国はどこか？
⑧（問いかけ）なぜアメリカは日本との交渉に熱心だったか？
⑨【問い】日本に交渉を申し込んできたアメリカの使節は誰か？
⑩（問いかけ）江戸幕府はどう対応したか？
⑪（問いかけ）ビッドルとペリーとの違いはどこにあったか？

【問い】の①から⑥までが展開の柱となる問いである。この柱となる問いに対する子どもたちの答えに応じて**「問いかけ」**がなされる。子どもたちの答えの内容によっては、さらにさまざまな**「問いかけ」**が可能である。発見学習とはこのような「問い――問いかけ」を軸として展開される授業であるが、この過程が繰り返されるほどいわゆる理解が深まることになる。問いが途切れてしまうと理解や認識の深まりもそこで終わることになる。したがって、「問い――問いかけ」の過程が繰り返され、認識が深まるようにしなければならない。

これらの一連の問い、問いかけは先ほどの学習内容の「問い――問いかけ」化によって創作されたものである。すなわち、これらの「問い」は学習内容の叙述にしたがって創作されたものであり、したがって、実際に授業を行う時にはこれらの「問い」が展開の柱となる。これらの「問い」と「問い」との間に子どもたちの学習活動が展開するが、この子どもたちの学習活動が認識の過程である。その結果生み出された「身体表現」意識が答えとなる。この「身体表現」意識としての答えは、学習内容についての身体の動きについての意識とは異なる身体の動きについての意識である。また答えとしての「身体表現」意識の内容は、子どもたち一人ひとりで異なっている。なぜなら、子どもたち一人ひとりの答えとしての「身体表現」意識は、個々に異なる子どもたちのノエシス――ノエマ構造の作用によって生み出されたものだからである。たとえば、「2＋□＝5」という問題において、一人ひとりの子どもたちの答えとしての「身体表現」意識には3という問題の答えは必ず含まれているが、それに加えて、それだけではない「何か」が含まれている。この「何か」の意識の内容は、理解が形成される中で学習内容にはない内容が付与されたものである。理解が形成されると、学習内容の次の内容の部分が自ずから見えてくることがある。これは認識によって生み出された「身体表現」意識が、学習内容の次の内容の「身体表現」を含んでいる場合である。言い換えれば、新しい「何か」は言葉で表現される以前に、まず「身体表現」の中に先んじて生み出され、表現されるのである。つまり、真に理解することとは、当該の学習内容の先の内容が自ずから明らかになることでもある。発見学習における授業の展開はこのように「問い」で始まり、「問い」で終わる。「問い」は教師があらかじめの教材研究によって創作したものもあれば、授業の展開の中で即座に創作したものもある。また子どもたちと言葉を交わし合う中で生み出されたものもある。どういう場合にしろ、教師は臨機応変にそのつど「問い」を創作し、子どもたちに問いかけられることが望ましい。では、どうしたら臨機応変に「問い」を創作できるのだろうか。基本的には学習内容を自らの具体的な身体の動きで表現することをあらかじめ準備しておくことである。

授業仮説としての学習指導案の作成

学校教育がめざすものの一つは、子どもたちの知識の習得とその学び方の習得である。しかし、このための教育は学校だけで行われるのではない。さまざまな場所や機会を通していたるところで行われるものである。しかし、その基礎となるのは学校教育における授業の場である。つまり、何について、どれだけの量の知識を習得したらよいか、また知識の習得の仕方としての学び方はどうしたらいいのか、といったその基礎が授業の場を通してつくられる。それが将来、ある意味では生涯を通して行われるすべての学習で応用されることになる。それゆえに授業の場は、すべての学習活動の基礎となる場である。このように重要な意義を持つ授業を実際にどのように行うかはまた重要な課題である。

授業の展開計画が学習指導案である。学習指導案はこれから行う一時間の授業をこのように行うという計画案であり、この授業によって子どもたちに何の知識をどのように理解させ、あるいはどういう技術を習得させ、最終的に子どもたちにどのような学力を持たせるのか、そのために何をどのように教えていくかという仮説である。たとえば、高等学校においては一人の教師は毎日数時間、少なくとも年間５００時間を超える授業を行っている。本来であればその一時間ごとにその授業の仮説としての学習指導案が作成されねばならないが、それだけの時間的余裕がないのが実情であり、教師はほとんどの授業においてその仮説は頭の中で、言い換えれば、仮説をイメージすることによって授業を行っている。

一時間の授業展開の仮説としての学習指導案には、その授業を行う教師の、教師としてのすべての資質、すなわち、教育哲学、教育課程、授業過程、学習活動、人権、学級経営等についての考え方が凝縮されている。いわば教師としての総合的な力量が示される。よく教師という職業は〝専門職〟であるとされる。これは教師という職業が高度な専門知識や技能が求められる特定の職種であるという意味である。これは教師という職業が単なる知識の切り売りを仕事としている職業だとする見方が一方にあることに対するものである。すなわち、教師は現存する知識を深く研究することによって、新しい知識を生み出す専門家ではなく、知識を子どもたちに伝える技術の専門家なのである。この知識を伝える職業というとらえ方が教師の世間一般の評価をある意味で低いものにしてきた。私たちも教師は〝専門職〟であると考えるが、しかし、それは単に知識を伝える技術の専門家としてのみでなく、間接的にではあるが子どもたちの学力を向上させる技術の専門家としてである。確かに授業で教師が行う仕事は、既存の知識を子どもたちにわかりやすく理解させることとしての伝える部分が多いが、同時にこれまで述べてきたように、学習とは本来発見学習であり、学習によってある知識を理解させることは、その子どもの現在の学力を超える学力を子どもに導いてやることでもある。この発見することとは、認識の過程をへて生み出される「身体表現」意識において起こることであり、そしてその発見されたものに根拠を与え、確証するのが分析である。このような分析はきわめて哲学的な領域に属することである。教師の仕事は子どもたちに認識能力としての学力を向上させるという意味では、きわめて高度で難解な仕事であり、まさに哲学の実践でもある。

学習指導案の作成は、このような授業の目的を達成するために作成されるものである。学習指導案は基本的に学習を行う子どもたちの認識の構造とその過程に基づいて立案されるものである。したがってまず、子どもたちの認識の構造とその過程とについて明確な視点を持っておかねばならない。すなわち、まず認識の過程は相互主観の言葉を交わし合うというはたらきが純粋意識としての学力へかかわることによって展開されること、その認識の過程は対象が「手許にある」というあり方をする中で、身体の動きで表現されることについての意識が「身分け――総合」という過程をへて何らかに意味づけられ、その意識が「身体表現」意識として生み出される過程であること等々である。しかし、この認識の過程はいわゆる授業展開としての授業過程とは一致しない。というのも、先述したように、認識の過程は授業課程から基本的に独立した過程だからである。言い換えれば、授業の流れと認識の流れは、並行した流れであり、基本的には授業の流れの中に認識の流れが位置づけられる関係にある。認識の過程に基づく学習指導案の作成は、教師のさまざまな教育活動の中でもっとも高度で難解な仕事である。よりよい指導案を作成することができるようになるには、日頃のたゆまぬ努力と研鑽が必要である。

学習指導案の作成

以上の準備をしていよいよ実際の授業にはいることになる。以下はその学習指導案例である。

【学習指導案例】

授業課程	学習内容と学習活動	留意点
導　入 （説明） ［三分］	一斉学習 ①前時の復習 **【問い】19世紀初頭の日本の社会状況はどういう様子だったか？** 19世紀初頭の江戸時代の日本の社会 ・幕府政治の衰退……天保の改革 ・雄藩のおこり……薩摩・長州・肥前・土佐 ②本時の学習 **【問い】欧米諸国のアジア進出は日本にどういう影響を与えたか？** 欧米諸国のアジア進出……日本への影響	・深入りをしない。 ・幕府政治の混迷と雄藩の台頭を対照させる。 ・一国の政治が変わるきっかけは何かを問う。
展開Ⅰ	一斉学習 ①教科書を読む……本時の学習内容を知る ②**【問い①】「19世紀初頭欧米諸国では何がおきていたか」** ・産業革命による欧米諸国の発展 ↓巨大な工業生産力と軍事力	・全員黙読か誰かを指名して読ませる。 ・事実を正確に把握させる。 ・生徒間の反応をみながら「問いかけ」を行う。

	・アジア進出の本格化と日本接近	・経済的な知識を入れて説明を行う。
［十四分］	③**【問い②】「産業革命で産業が発展するとなぜ海外に進出するようになるのだろうか？」** ・国外市場の拡大 ↓生産した商品の販売を増やす ・産業の原料の獲得 ↓綿花、香辛料 ④**【問い③】「アヘン戦争とはどういう戦争だったか？」** ・戦争の原因 ↓「三角貿易」による中国へのインド産アヘンの輸出↓社会の疲弊 ・戦争の結果 ↓中国の敗北、南京条約締結 ⑤**【問い④】「なぜ中国（清王朝）は敗北したのか？」** ・軍事力の大きな差 ⑥**【問い⑤】「アヘン戦争後、日本の対外政策はどう変わったか？」** ・異国船打払令の緩和 ↓薪水給与令の制定 ・鎖国政策は維持 ↓オランダ国王の開国勧告拒否 ⑦**【問い⑥】「日本国内ではどういう議論があったか？」** ・開国論と鎖国論との対立	・アヘン戦争について知っていることを問う。 ・事実の正確な把握に留意。 ・自由に意見を発表させる。 ・中国敗北の原因を具体的に実感させる。 ・アヘン戦争の結果はなぜ日本の外交政策に変化を与えたかを問う。 ・自分だったらどの立場に立つかを問う。

展開Ⅱ
［三十分］

グループ別学習

①【問い⑦】「欧米諸国の中で日本の開国に特に積極的だった国はどこか？」

■アメリカ
■オランダ
■ロシア

【問題】次の図は19世紀半ばの列強のアジア進出の状況を示している。次の問いに答えよ。

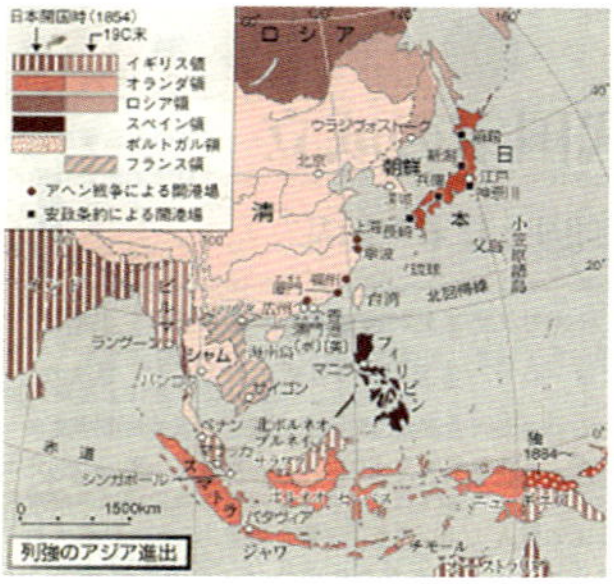

列強のアジア進出

②【問い⑧】「なぜアメリカは日本との交渉に熱心だったか？」

■対清貿易の中継地にしたい
■捕鯨船の寄港地としての役割
　石炭の貯蔵、食料・飲料水の補給

■5～6人のグループに分け、机を互いに向き合わせる。
■グループの一人が【問い⑦】を問題として出す。
■教科書に掲載されている史料地図を見て、グループごとに読み合わせをする。
■教師が問題の補足説明とグループで話し合う内容について指示を出す。
　aこの図から何がわかるか？
　bアメリカにとって日本とはどういう国と考えられていたか？
■【問い⑧】についてグループで話し合うように指示する。

	・各グループの代表者による発表 一斉学習 ①【問い⑨】「日本に交渉を申し込んできたアメリカの使節は誰か？」 ・ビッドル ・ペリー ②【問い⑩】「江戸幕府はどう対応したか？」 ・鎖国を国法として拒絶 ③【問い⑪】「ビッドルとペリーとの違いはどこにあったか？」 ・ビッドル……日本が開国の意思があれば通商条約を締結する ・ペリー……必ず日本を開国させる	・どういう見方、考え方があるかに関心をもたせる。 ・事実を正確に把握させる。 ・アメリカの意図について自由に意見を述べさせる。 ・中国への進出で英仏などに遅れをとったアメリカの戦略との関係について考えさせる。 ・ビッドルとペリーの交渉姿勢はどう違っていたかに注目させる。
まとめ ［三分］	一斉学習 ①【問い】「自分が当時の幕府の責任者だったらどうしたか？」 ・開国か鎖国か	・その時代に自分がいたらどう判断し、どう行動したかを問う。

発見学習は、このように「問い――問いかけ」の形式で展開する授業である。この指導案では「問い」は全部で14個ある。このうちの11個の「問い」は、学習内容の問い起こしから創作されたものである。したがって、これらの「問い」の答えは教科書の叙述の中に見出される。いわばこれらは一問一答形式の「問い」である。この一問一答形式の「問い」は、授業の流れに子どもたちの関心を引き込むはたらきをする。というのは、授業の中で問われる「問い」が教科書の内容から全くかけ離れていると、子どもたちは自分たちが今教科書のどこの、どういう内容を学習しているの

かわからなくなり、ひいては授業そのものに関心を失っていくからである。この一問一答形式の「問い」に対する答えは、ほとんどすべての子どもたちが答えることができるものであり、そういう意味で子どもたちの授業への関心を引き留める役割を果たす。そして、これらは授業過程全体の柱となる「問い」である。つまり、授業の流れを構成する「問い」である。

これらの14個の「問い」の中に、授業過程の区切り目となる「問い」がある。たとえば、導入と展開Ⅰとを区切る「問い」としての「欧米諸国のアジア進出は、日本にどういう影響を与えたか」である。これはこの授業全体の主題への「問い」であり、ここで直接子どもたちの意見を求めるものではなく、授業に臨む子どもたちの認識の過程を刺激する意味を持つものである。また同様に、展開Ⅰと展開Ⅱとを区切る「問い」としての「欧米諸国の中で、日本の開国に特に積極的だった国はどこか」である。この「問い」は、欧米列強のすべての国が日本の開国に熱心であったわけではなく、ある特定の国、ここではアメリカであるが、なぜアメリカだったのかを考えさせる、したがって認識させる「問い」、すなわち、意味を付与する「問い」である。この「問い」は、ここではグループ学習への導入の役割を持っている。さらに展開Ⅱとまとめとを区切る「問い」としての「自分が当時の幕府の責任者だったらどうしたか」である。この「問い」は言うまでもなく、教科書の叙述にはないものであり全くの創作した「問い」である。この「自分が～だったら」という問いかけは、知識の学習における最も本質的な問いである。というのは、知識としての学習内容を学習することは、知識を学習者の身体の動きで理解することにほかならないからである。学習者の身体の動きで理解することが、すなわち、「自分が～だったら」という問いかけに対して答えることなのである。これらの「問い」は授業過程と認識の過程とが共有する「問い」であるが、その他の「問い」は授業過程から独立した、すなわち、認識の過程によって生み出される「問い」である。

発見学習は、知識としての学習内容を、学習者の身体の動きでの表現に変換することを通して行う学習である。というのも、先述したように、学習内容そのものが出来事や事柄がそうした身体の動きへ変換され、それについての意識が認識の過程をへることによって生み出された知識から構成されており、したがって、このような知識としての学習内容を学習することは、この学習内容を、学習者が自らの身体の動きに変換し、それについての意識が認識の過程をへることを通して、学習内容が「身体表現」化される、すなわち、学習内容に意味が付与されることにほかならない。それが先ほどの「自分が～だったら」という問いかけとなるゆえんである。

これに対して、展開Ⅱにおけるグループ学習の場合には事情が異なる。この場合は史料地図が学習内容として与えられている。発見学習は「問い」に始まり、その「問い」へ「問いかけ」る学習である。したがって、まず史料地図から「問い」が起こされねばならない。グループ学習ではまずこの「問い」起こしについてグループ内で議論することが求められる。「この史料地図をみて、疑問に思ったこと、何か気づいたこと等について話し合いをしてみよう」と教師が各グループに向かって指示を出す。教師によるこの指示は学習内容的にはかなり難易度の高い指示である。というのは、教師の提起した「問い」に対する答えとなるような教科書の本文の記述は皆無だからである。つまり、この場合子どもたちは全く無の状態から「問い」を生み出さねばならないのである。やがて子どもたちの中から次のような意見が出される。「当時、アジアでは中国と日本以外はほとんどヨーロッパの植民地になってたんだ」、「この史料ではアジアにはアメリカの植民地が一つもない」、「本当だ、どうしてだろう」等々。ある程度グループ内での意見が出た頃を見計らって教師が次の指示を出す。「では、各グループで出た疑問やわかったことを発表しよう」。各グループからの発表が一通り終わると次の段階に入る。教師は次のような指示を出す。「各グループからいくつか出された疑問の中に、アジア地域へのアメリカの植民地、すなわち、進出地域がないというのがあった。このことは、アメリカがヨーロッパ列強よりもアジア進出が出遅れていたことを意味している。この背景にあるのは、当時アメリカ国内ではさまざまな問題をめぐって南北に分裂して対立しており、アメリカはこの国内問題の対応に追われていたために、アジア地域への進出が遅れたことである。そこでもし、自分がアメリカの支配者（＝大統領）であったら、このような状況を受けてどうしようと考えるか、この史料地図を参考にしながら、各グループで話し合ってみよう」。教師のこの指示を受けて再び各グループでの話し合いが行われる。やがて子どもたちの中から次のような意見が出される。「アメリカは中国との貿易を増やしたかった。そのための拠点としてアジア地域に植民地が欲しかった」、「つまり、蒸気船の燃料である石炭の補給や、食料や水の補給のために、自由に出入りができる港が欲しかった」、「でも大半のアジア地域は、この史料地図からわかるようにすでにヨーロッパ列強に支配されていて、残っていたのは日本だけだった」、「アメリカが日本への進出を強く望んだのには、もう一つ理由があった。それは当時の日本近海では鯨がよく獲れ、アメリカ漁船による捕鯨の寄港地として、日本の港はとても便利だったことだ」等々。こうした各グループでの討議の状況を見計らって、教師は再び全体での各グループでの討議内容を発表させる。

このような各グループ内での学習の展開を牽引するのは、教師が指示した「もし自分が〜だったら」という「問い――問いかけ」である。この場合では「もし、自分がアメリカの支配者（＝大統領）であったら、このような状況を受けてどうしようと考えるか」である。この「もし自分が〜だったら」という「問いかけ」は、一人ひとりの子どもたちの相互主観への触発である。この「もし自分が〜だったら」という「問いかけ」は、子どもたちにこの問題を自分の身体の動きで考えるようにし向けるはたらきがあるのである。言い換えれば、この問題を自分の問題として考えさせるのである。子どもたち各自の相互主観は、このように自らが触発されることにより学力の作用を含む認識の過程を触発するのである。この場合アメリカが日本への進出を強く求めてきたという歴史的事実があるので、この教師の「問いかけ」に対する答えはすでに明らかであるから、ここで子どもたちはもっぱらその理由は何かを思考することになる。

各グループからの発表が一通り終わると次の段階に入る。すなわち、グループ学習の形態を、通常の一斉学習の形態に戻すのである。そして、教師はさらに次のような指示を全員に対して出す。「アメリカは日本との通商を求めて使節を派遣した。ビッドルとペリーである。この二人の交渉の仕方にはどんな違いがあったか」。しばらく時間をおき、子どもたちの様子を見計らいながら、教師は子どもたちに意見の発表を求める。もし発言者が出てこない時は適当な子どもを指名する。そうして出された子どもの発言の中に次のようなものがあった。「日本の幕府が伝統的な鎖国政策を理由に開国を拒否するとビッドルはあきらめて帰国したのに対して、ペリーはそれでもあきらめずに交渉を行い、日本を開国させることに成功した」。この答えの内容そのものは、学習内容からおおよそ導きだすことができる。そこで教師はこの子どもの答えに、「二人の交渉の仕方はどう違っていたのだろう」という「問いかけ」を全員に対して行う。実はこれに対する答えに該当する箇所は学習内容には存在しない。ということは、この「問いかけ」に対して子どもたちは、自分の身体の動きで、したがって自分の「身体表現」意識としての答えを出さねばならないのである。これに対しては次のような答えが子どもたちの間から出た。「ビッドルは紳士的なやり方をしたのに対して、ペリーはかなり強引なやり方をしたのでは？」、「その反対だったかも知れない」、「ペリーのほうが幕府を上手に説得できたのかも？　たとえば、ヨーロッパ列強よりアメリカと先に条約を結んだほうが日本にとって有利になるとか……」等々。

発見学習はこの指導案のように一斉学習とグループ学習との組み合わせから構成される。そして一斉学習は、教師の提起する「問い」に対して、学力のノエシス――ノエマ構造の作用を含む認識の過程を通して生み出される「身体表現」意識をその答えとする学習である。これに対してグループ学習は、教師の提起する「問い」に対してこの「問い」の答えを、グループを構成する数名の子どもたち同士の間での対話や議論等を通して、その答えを生み出させようとする学習である。このグループ学習では主として学習内容にはない内容を答えとして求めるような「問い」が設定される。つまり、グループ学習は個人を超えた、より高度な認識の過程を必要とする「問い」が提起される場合に採用される学習形態である。言い換えれば、グループ学習は本来の意味における「発見学習」には欠かすことができない学習形態ということができるのである。

第十章　発見学習を支える領域 ～特別活動

第一節　学力の発達と心身の発達

認識の過程と「身体表現」

私たちはこれまで学校教育における授業の場を中心に、子どもたちの認識の過程の構造とそのはたらきについてみてきた。授業という場は人間の一生の中で特別な場である。というのも、人間を人間たらしめている知性がこの授業の場において形成され、確立されるからである。やがてすべての人間は学校を卒業し、社会人としての一生をおくるが、この学校時代に確立した知性がその人間のその後の長い人生を支えているのである。もちろん、この知性としての認識のはたらきは学校生活のみならず学校以外の生活、すなわち家庭生活、地域生活、学校卒業後の社会生活の中でも形成され、育成されるであろう。しかし、この場合でも学校生活における授業の場での学習がその基礎になっている。すなわち、人間の知性の最も根本的な部分、すなわち最も基礎的な部分を形成し、育成するという意味で授業の場は特別な意味を持つ場である。

人間の知性を創造する認識の構造の形成とその発達は、授業の場のみで行われるのではない。先述したように授業の場以外の場でも行われる。たとえば学校生活で言えば、体育祭や文化祭等の学校行事であり、さまざまなクラブ（部）活動であり、体験学習等がある。また学校生活以外の場では、家庭での手伝いやさまざまな役割であり、地域の行事への参加であり、ボランティア活動等がある。このようなさまざまな場でも人間の知性は形成され、育成される。したがって、確かに授業の場は知性を創造する認識の過程の構造を形成する基礎となる場ではあるが、そのさらなる発達はそれ以外の場において行われることを考慮にいれると、授業の場以外の場についてもその意義やあり方に注目しなければばならない。

私たちはこれから授業の場以外の場における認識の構造の形成とその発達についてみていくことにする。まずこのような場について私たちが指摘しなければならないことがある。それはわが国では多くの人々が知性の発達は脳を働かせることによって行われるので、そのためには直接身体を動かす活動はなるべく控えた方が良いと考えていることについてである。たとえば、学校教育の現場では学力をつける教科は直接身体を動かさない教科であり、国語、算数（数学）、理科、社会等とされている。他方、学力をつける教科ではないとされるのは、美術、音楽、技術家庭、体育などの直接的な身体の動きが中心となる教科である。いわゆる実技教科である。これらはわが国では特に上級学年に進むにつれて明確に分離される。大学進学を主たる目標とする学校においては、実技科目の時間は可能な限り圧縮され、学習指導要領の最低配当時間数に設定されている。これに対して多様な子どもたちや生徒たちを擁する学校では、普通教科の時間数に比して、実技教科の時間数が増大する。私たちはこうした対応が間違っていると言っているわけではない。確かに子どもたちの実態に即した対応という点では妥当性がある。問題は直接的な身体の動きの意味についてのとらえ方である。身体の動きは人間の認識の過程の構造を形成する中核となる、不可欠な要素である。何らかの認識が形成される時、その過程には必ず「身体表現」が存在する。つまり、この「身体表現」は実際の身体の動きを基礎とし、対象についての意識の意味づけを可能にするものである。この意味づけを行うのが学力のノエシスの作用なのである。対象と精神とは「身体表現」において出会うのである。こうした身体の動きが持つ意味についての理解がもっと深められる必要がある。身体の動きを人間の知性との関係において否定的にとらえる人々は、ある意味では非常に単純なものの見方をしていると言わざるをえない。というのは、知性とは首から上の頭部でのみ行われるはたらきであり、首から下の部分は知性に関係ないというのと同様だからである。これはあくまでも表面的にとらえたイメージであり、何らの根拠もないことである。しかし、現実の多くの教育現場ではこうした単純明快な考え方が依然として主流であり、それをもとに日々の教育実践が行われている。これに対して私たちは、身体の動きこそ人間の認識を形成する基本的な要素であり、この身体の動きを注意深く、精確に言葉で表現することを通して私たちが探究している真の学力の向上は得られると考えるのである。

「身体の動き」の言葉化

人間には「二つの口」があるという考え方は必ずしも目新しいものではない。昔から人間の身体的に特に発達した部位については、それを伸ばしていくことがひいては全人格的な人間形成につながるという考え方があった。これは経験的な視点に基づくもので理論的な基礎づけは持っていなかったが、精神をもう一つの身体としての「身体表現」意識とすることを実感として経験的にとらえていたということができる。一般的に人間は誕生以後成長するにしたがって言葉を話すという行動が増加するが、それに伴って精神の表れとしての身体の動きは少しずつ減少していく。この身体の動きの減少は、自分の意志や考えを表現するのにこれまで必要であった具体的な身体の動きに代わって、発達した想像力がこれまでの経験から得られた具体的な身体の動きを想い浮かべることで置き換えることができることによるものである。したがって、子どもたちは成長とともに精神の存在を表現する実際の身体の動きは確実に減少していくのであるが、人間の精神は自己の具体的な身体の動きの中に確かに存在し、その身体の動きを通して対象についての意識を理解し、認識し、判断するという基本的なメカニズムは変わらないのである。

人間の精神には私たちは言葉を話すことを通して間接的にではあるが確実にかかわることができるのである。幼児期の子どもたちの行動を観察してみると、その身体の動きの多様さ、複雑さがわかる。子どもたちにおいては、明らかに身体の動きの中にかれらの精神が動いているのが感じられる。私たちはこの幼児期の子どもたちの身体の動きの特質は、純粋意識としての学力の構造が露出していることに起因すると考える。すなわち、この時期はまだ「言葉を話す——身体表現」意識が「手許にある——身体表現」意識に比して未発達であり、精神の表現において「手許にある——身体表現」意識が「言葉を話す——身体表現」意識を上回っていることがこうした特質をつくりあげているのである。幼児期から学童期の低学年へ、低学年から高学年へと移行するにつれて、子どもたちにおける言葉を話すという身体の動きが増加していく一方、それ以外のそれまで活発であった身体の動きが減少していくことがこのことを裏づけている。

成長に伴う想像力の発達とそれに比例する具体的な身体の動きの減少傾向は、精神の変化にどのような影響をもたらすのであろうか。この傾向そのものは基本的には人間の成長に伴うもので自然なことだと考えられる。与えられる対象が過去に自分の身体の動きで表現したことがあれば、その後その対象はもはや実際の身体の動きで表現される必要がなく、想像力によって代替表現されることができる。実際に行われる身体の動きと、想像力によって表現される身体の動きと、認識の過程を通した「理解する、認識する、判断する」ことにおいて両者に本質的な違いはない。しかし、いかに両者に本質的な違いがないといっても、すべてが想像力による身体の動きの表現だけで、実際の具体的な身体の動きでの表現が全く必要でないということではない。というのは、想像力による身体の動きの表現は、過去の経験における身体の動きでの表現の範囲にとどまるのであり、出会う対象によっては過去の経験における身体の動きでの表現では対応できないからである。実際の具体的な身体の動きによる表現は、過去の経験の範囲を超えて、未知の経験の領域に達し得るからである。

学習活動における実際の身体の動きの減少傾向は、学習内容を知ることと、わかることとに学習活動を二極化することになる。問題なのはこうした現象が起こっているのは教育実践の場だけではなく、現代人の生活全般においても起こっていて、この身体の動きが持つ意義が見逃されたり、忘れ去られたりすることによって、現代人は「知る」と「わかる」とを往々にして混同してしまっているのである。つまり、現代人は「知ってはいるが、わかっていない」という状況におかれてしまっているのである。この「知ってはいるが、わかっていない」という状況は、子どもたちの中に基本的な学習意欲の減退という現象を生み出しつつある。私たちはこの背景には、知ることとわかる（＝理解する、認識する、判断する）こととの深刻な区別と向き合っていないことがあると考える。現在の学校教育の場で徐々に進行しつつある子どもたちにおける基本的な学習意欲の減退という現象に対して、教育実践の場では必ずしも有効な手だてが講じられているとは言い難い。私たちはこうした教育実践の場における危機的状況の改善には、学習活動における実質的な認識の過程を確保する時間としてのゆとりが必要であると考える。すなわち、すべての学習活動の展開において「身体表現」に十分な時間を配当することが必要である。

子どもたちのあらゆる活動は、学力の作用を含む認識の過程の展開にかかわり、それによる認識能力の発達が学力の向上につながる。この場合における子どもたちのあらゆる活動の鍵となるのが身体の動きを言葉で表現すること、すなわち身体の動きの言葉化である。私たちは先に人間は「二つの口」を持つとした。一つは顔の中央にあり、食物によって身体を養っている口である。もう一つは身体のある部分にあり、心を養っているいわば心の口である。この場合の身体のある部分とは、具体的には一人ひとりが最も得意とする身体の動きの部分である。一人ひとりが最も得意とする身体の動きの部分では、自己の身体の動きが最も活発に言葉化されている部分である。この身体の動きの言葉化という視点から授業の場以外の場での子どもたちの活動がいかに認識能力の発達と深いかかわりがあるかを弓道という競技を通して検証する。弓道という競技があり、現在では多くの中学校や高等学校でこの競技が正規のクラブ活動として取り入れられている。弓道は、基本的には弓の張力を矢に伝え、円形の的に的中させる競技である。この競技においては、射形（型）と呼ばれる独特な身体の動きが矢が的に正確に的中するための重要な鍵を握る。特に重要な身体の動きは『射法八節』と呼ばれる身体全体の動きである。この競技特有の身体の動きがしっかり習得されることによって的中率が上がる。しかし、この場合の身体の動きが自己の視覚によって確認できる範囲はきわめて限られている。すなわち、この競技に必要な自己の身体の動きを自己自身で完全に確認することは不可能である。実質的に自己の視覚によって確認できる範囲は身体の動き全体のわずかな部分にとどまると考えられる。したがって、弓道という競技においては、自分の正確な身体の動きは他者によって観察してもらう必要がある。このことは自分の身体の動きを知るには、自分の身体の動きを他者に観察してもらい、他者に語ってもらうこととしての言葉にしてもらわなければならない。つまり、この例でみるように私たちは自己の身体の動きを自分で完全に把握することはできず、他者を介してのみ私たちは自己の身体の動きを知ることができるのである。

人間は精神と身体とが融合された「身体表現」意識――存在である。言い換えれば、人間は自己の身体の動きで表現できることのみ知ることができるのであって、自己の身体で表現できないことについては知ることができないのである。しかし、この自己の「身体表現」を形成する自己の身体の動きは、先ほどみたように、自己自身で完全に知ることはできない。すなわち、自らの身体の動きを知るには他者の存在を必要としているのである。言い換えれば、人間は自己自身を知るには、他者が自己の身体の動きについて語るのを聞くことが不可欠なのである。このことは人間がその本質において他者と共に在る存在とされるゆえんである。学校教育における諸クラブ活動は、このような人間の本質を実体験することができる学習活動であると言える。議論することも基本的には同様である。自分の考えを表明するという「身体表現」は自分でその全体像を見ることができないので、他者と議論することによってお互いの自己の「身体表現」の全体像を認知し合うのである。人間は言葉を介してはじめて自己の身体を含む自己の全存在に対してあらゆるかかわりが可能になる。しかもこのことは他者と言葉を交わし合うことによって生み出されるものである。すなわち、他者との交流の中でのみ人間は自己自身と向き合い、自己の存在にかかわることができるのである。多くのクラブ活動では以上のような意味での他者とのかかわりが可能となることが最大の特質である。そして何より自分が自分の存在にかかわるためには、自分の存在が自己の身体の動きを通してまず言葉になっていなければならない。人間はいわば言葉の海の中を泳ぐ生きものなのである。私たちはこのような意味においてクラブ活動や特別活動等が学校教育全体の中で大きな役割を果たしていると考える。一時間一時間の授業の場では、すべての子どもたちが自己の身体の動きを言葉化する機会及びそれを訓練する機会は、非常に限定的にしか与えられていない。自己の身体の動きを十分に言葉で表現できない子どもたちは、授業の場における学習活動においても十分な成果をあげることはできないのである。後述することになるが、授業時間以外のクラブ活動をはじめとするさまざまな特別活動は、学習者による学習者自身の身体の動きの言葉化をもたらすものであり、これがひいては学力の作用としての認識の過程の十全な展開を可能にすることになるのである。

学力の作用としての「身体表現」の創造

学習内容を身体の動きで表現することが、学習内容をわかることを可能にする。ここで私たちの中に浮かんでくるのは体験と学習との関係である。よく学校教育では体験学習という表現が使われる。通常、体験学習とは通常の授業の場を離れて、さまざまな場所でいろいろな人々と出会い、またいろいろな物や出来事と出会うことによって、すなわち、それらを体験することを通して行われる学習のことである。たとえば、自然にあふれた環境の中での宿泊訓練、いろいろな職場を訪問して仕事の内容を聞いたり、そこで働く人々との交流等を持つ職場訪問等々。体験学習とは、こうした体験で獲得した成果を、授業での学習活動の成果と結びつけることによって、子どもたちに総合的な学力を身につけさせようという学習活動の一環である。しかし、現実にはこうした体験学習によって得られた成果としての学力と、通常の授業の場での各教科・科目の学習活動で得られた成果としての学力とを直接結びつけることは難しく、教育現場では実質的にそれぞれ質の異なった学力を得る独立した学習活動として受け取られている。したがって、授業の場での各教科・科目の学習活動で得られた学力を本来の学力と考える人々からは、体験学習の時間の増大は子どもたちの学力の低下につながるという批判がなされる。他方で、体験学習が子どもたちの総合的な学力の向上をはかることになるとその意義を認める人々からは、すなわち、〈ゆとり〉教育の一環としてその必要性を主張する人々からは、体験学習のさらなる充実を求める声が上がっている。これら対立する双方の主張は体験学習によって得られる学力と教科・科目の学習によって得られる学力とが現実に一致しないとみるところからきている。

私たちはこれに対して、これらの二つの学習活動において醸成される学力は、「身体表現」に注目することによって一つの総合的な学力に結びつけられると考える。というのは、体験学習によって得られる学力と教科・科目の学習によって得られる学力とは、ともに認識の過程を介して結びつけられるからである。まず各教科・科目の学習では学習内容が「問い ―― 答え」の形式に変換される。それを受けた相互主観の介在により学習内容を具体的な実際の身体の動きで表現しようとする、すなわち、学習内容を具体的な実際の身体の動きに変換して表現しようとする。この過程の中で学習内容は何らかの意味が付与されるが、それが理解、認識、判断となる。この学習内容に意味を付与するはたらきが学力のノエシス ―― ノエマ構造の作用である。他方、体験学習における学習内容は文字通り何らかの体験におけるさまざまな個々の身体の動きである。このさまざまな個々の身体の動きには必ず「問い」が伴っている。というのは、体験学習における体験は基本的に初めて見たり、聞いたり、行ったりする行動であり、したがって、その一つ一つの行動には「どのようにすればいいのか」という「問い」が伴うからである。つまり、体験学習における体験は「身体表現」に着目すれば「問い――答え」の形式を持つ学習内容とみることができるのであり、これは体験においても学力のノエシス――ノエマ構造の作用が存在すること、すなわち、認識の過程が展開していることを示すものである。私たちが往々にして見落とすことはこのことである。たとえば、子どもたちがある病院を訪問して、そこの医師にさまざまな質問をしたり、またいろいろな説明を聞くという体験学習を行ったとする。例えば医師が、来院した患者の様子を見て、あるいは患者や家族の話を聞いて、あるいは実際に患者の脈拍、心拍、熱等の状況をみて、患者の病気を推測するという説明をしたとすれば、この場合の学習内容はこの医師の話の内容である。これ自体は知識である。この話を聞く子どもたちは、その話の内容についてそのつど質問、すなわち、「問い」をしたとする。このことは、子どもたちはこの医師の話を聞きつつ、その話の内容を実際に自分の身体の動きで再現しようとしていたことを示す。というのは、そうでなければそのつどの「問い」は生まれてこなかったであろうからである。

さらに次のような事例をみてみる。幼稚園で幼児たちと遊ぶという体験学習をした後のミーティングで、ある生徒が「幼児たちとダンスをしたけど、幼児たちは私たちの身体の動きを真似ようと一生懸命に見ていた。その集中力はすごかった」という反省がなされたとする。この場合の体験学習における学習内容とは、幼児たちとの交流から何を学ぶことができたかということである。先ほどの反省の中に幼児たちの動きについて語られている箇所があった。「……幼児たちは私たちの身体の動きを真似ようと一生懸命に見ていた……」である。この反省から体験者は幼児たちの身体の動きにまず関心を持ったことがわかる。これは同時に体験者自身の身体の動きを表現していることでもある。つまり、体験者は幼児たちの身体の動きを注視していたのである。ここから幼稚園で幼児たちと遊ぶという体験学習をすることは、体験者が幼児たちの身体の動きを注視するという、自己の身体の動きを学習することである。また、体験者の自己の身体の動きは、幼児たちの興味や関心を引くものであることを学習することでもある。このように体験学習において何が学習されたかは、具体的な身体の動きへの関心として確認されるのである。身体の動きへの関心が確認されると、その身体の動きについての意識が体験学習における学習内容となる。この学習内容は認識の過程を通してその意味づけを得る。こうして各教科・科目の学習で得られる学力と体験学習で得られる学力とは結びつくことになる。

このように各教科・科目の学習と体験学習とは、学力の作用を含む認識の過程を媒介とする双方向の学習過程なのである。双方向のそれぞれの学習過程は対立するというよりもむしろ相互に補完し合う関係にあるということができる。というのは、各教科・科目の学習の結果得られるところの「身体表現」意識は、体験学習における体験内容に相当するものであり、他方、体験学習の結果得られるところの「身体表現」意識は、学習内容としての知識についての意識に相当するものである。すなわち、各教科・科目の学習と体験学習とは、知識（教科・科目の内容）→認識の過程→体験・経験の内容、体験・経験の内容→認識の過程→知識（教科・科目の内容）、……という関係にあり、これが思考という形態で繰り返されるのである。この反復する過程で重要なことは、学力の作用を含む認識の過程によって生み出される「身体表現」意識は、対象となる学習内容を超え出る「何か」を含んでいることである。この「何か」は単に対象となるものに付加しているというようなものではなく、学習者そのものにもたらす変化である。つまり、この変化としての「何か」とは、対象を理解する（わかる）こと、その理解を深めること、対象について新しい何かを発見することにほかならないのである。

これまでの教育の実践の場では認識するとはどういうことかについて、十分な検討が行われてきたとは言えなかった。私たちは認識することは、理解すること、判断することと同様、すべて学力のノエシス――ノエマ構造の作用を含む認識の過程を通して生み出された「身体表現」意識であり、この意味においてほとんど同じ内容を意味するものと考えるのである。というのも、現実に、教育実践においては、理解する、認識する、判断することを個々に厳密にそのつど区別することは不可能であるからである。私たちはこれらの概念の間の相違は、対象の与えられ方、したがって、対象の「手許にある」在り方によって異なると考えるのである。つまり、対象となるものが何を求めているか、すなわち、理解されることとか、認識されることとか、判断されることか、によって区別されるのである。このことは言い換えれば、これらは対象に対する学習者の態度、すなわち、かかわり方を区別するのである。

体験学習は以上のような意味において、各教科・科目の学習における学力の形成と発達に大きな役割を果たす。というのは、体験学習におけるさまざまな身体の動きについての意識は、認識の過程をへて生み出される「身体表現」意識として、身体の動きについての意識の雛形を提供する役割を果たすのである。このような「身体表現」意識の雛形がなければ、各教科・科目の学習における学力の形成と発達そのものも不可能なのである。言い換えれば、認識の過程の展開によって現在の日常的な生活世界における「身体表現」には存在しない新しい「身体表現」を生み出す力が学力であり、その学力を形成し、充実させ、向上させる過程が本来の学習活動である。教科・科目の学習を通して向上した学力によって新しく生み出される「身体表現」意識が、直面するさまざまな問題や課題を解決する身体の動きをもたらすのであり、そして体験学習を通してそれらを解決する糸口を自ら見つけ出すことであり、あるいは、その可能的な体験や経験を生み出すことである。すなわち、これらはいずれも新しい「身体表現」意識を創造することである。新しい「身体表現」意識を創造することは、それに基づく新しい行動の可能性を拡大することであり、それが同時に新しい精神を創造することであり、あるいは新しい精神の誕生を準備することである。私たちが目指す子どもたちの学力の向上には、こうした意味において教科・科目の学習と体験学習との連携が不可欠である。

「総合的な学習」の意義

学習とは、学習者の身体の動きという視点でみると、常に新しい知識や行動が誕生する源泉としての営みである。このような視点に立つ時、体験学習との関連で思い起こされるのが「総合的な学習」である。「総合的な学習」とは、第15期中央教育審議会第一次答申において提起された「ゆとり教育」の学校現場への導入に伴って実施されることとなった新しい学習である。この「総合的な学習」の時間で子どもたちに身につけさせたい学力として次の二つがあげられている。まず第一に自ら課題を見つけ、自ら学び、自ら考え、主体的に判断し、よりよく問題を解決する資質や能力を育てることであり、第二に学び方やものの考え方を身につけ、問題の解決や探求活動に主体的、創造的に取り組む態度を育て、自己の（あり方）生き方を考えることができるようにすることとなっている。言い換えれば「総合的な学習」は、子どもたちが何らかの知識の単なる記憶、技能の習得を目的とするのではなく、思考や判断、学び方や考え方、主体的・創造的な態度といった基礎的な学力としての資質・能力の育成を目的としているのである。つまり、子どもたちの学習指導の基本が問題解決学習にあることでは共通しているが、教科教育では各教科の背景にある学問体系から提起される問題を解決するという方法がとられるのに対して、「総合的な学習」では日常の生活の中で生じる現実の問題を子どもたち自身が発見し、自らの力で解決していこうとする方法がとられるのである。

この「総合的な学習」が教育現場に導入された時、教育現場はかなり混乱することとなった。そしてその結果として当然のごとく、望ましい成果を期待することはできなかった。この最大の原因は、何より「総合的な学習」という新しい学習についての十分な理解が教育現場にできていなかったことである。と同時に、教育における学習とは一体どういうことかという、学習という基本的な概念についての理解が不十分であったことである。私たちはこうした「総合的な学習」にまつわる問題に対して、特に一体教育における学習とはどういうことかという視点から解明をしていきたいと考える。この「総合的な学習」では、子どもたちの知識・理解・技能の習得を特に気にせず、学ぶ意欲や思考、判断、表現といった資質・能力の育成に重点をおいた学習であるという点が特に強調された。ここには子どもたちへの学習指導についてのある根本的な見方が前提とされている。つまり、教科教育で育成された学力は学問体系の世界の問題には活用できるが、体系の異なる生活世界の問題には適応できないという見方である。これはどういうことを意味しているのであろうか。私たちはこれについて次のように考える。いわゆる教科教育における学習は、すでに評価が定まり、真実と判断された、いわば完成した、あるいは完結した知識を学ぶ学習であり、したがって、学習の目的はその知識を理解すること、そしてその知識を使いこなせるように習熟することとなる。そのために、このような学習ではこの知識を使って解決できる問題や課題があらかじめ準備される。それに対して子どもたちは、その準備されたとおりの方法によって問題を解答したり、課題を解決したりする。この知識がどのような体験や経験から生み出されたか、あるいはどのように形成されたか、等々については特に問題とされない。これに対して、このようなやり方では、体系の異なる生活世界の問題には子どもたちが実質的に対応できていないではないかという見方が他方で起こってきた。すなわち、子どもたちが実際の生活世界の中で遭遇する問題や課題の解決は、教科教育を通して育成された学力では対応できないのではないかというのである。何より実際の生活世界の中で何が問題か、何が課題かということは、教科教育の場合のようにあらかじめ準備されているのではなく、生活世界の中で実際に生活する子どもたち自身が発見しなければならないというものである。「総合的な学習」が、第一に自ら課題を見つけ、自ら学び、自ら考え、主体的に判断し、よりよく問題を解決する資質や能力を育てること、第二に学び方やものの考え方を身につけ、問題の解決や探求活動に主体的、創造的に取り組む態度を育て、自己の（あり方）生き方を考えることができるようにすることを目的にかかげていることとは、このような問題意識に基づくものである。

教科教育の学習と「総合的な学習」とについてのこのような考え方を私たちはどのように受け取ったらいいのであろうか。私たちはこの二つの質的に異なる学習が存在するという指摘には同意するものである。しかし、これら二つの質的に異なる学習には必ず共通するものがなければならず、またそういうものが存在すると考える。そうでなければ、これら二つの学習は子どもたちの中に質の異なった別々の学力を形成することになり、生きる力としての総合的な学力の向上をめざすという所期の目的は達成されないことになるであろう。実際に教育実践の場ではこうした現象が起こったのである。つまり、教育実践の場に「総合的な学習」が導入された時、教育実践の場に不足していたものは、これら質の異なる二つの学習をつなぐもの、あるいは共通するものは何かであった。私たちはこの問題に対する何らかの解決の手がかりを求めて、従来の教育学の諸文献を紐解いてみたが、これという明確な答えを見出すことはできなかった。

教科教育の学習は本来生活世界からはなれた学習内容ではなく、基本的には生活世界から発生した問題を解決する学習である。人類の数千年に及ぶ歴史の中で、人類が遭遇したさまざまな問題を解決した結果としての知識が積み重ねられたものである学問の体系を学習することである。つまり、教科教育の学習は、知識を認識することであり、知識を認識することは、「手許にある——身体表現」意識と「言葉を話す——身体表現」意識とが相互に刺激し合うことを通して何らかに意味づけられた「身体表現」意識としての可能的体験ないしは可能的経験を生み出すことである。つまり、学習内容としての知識へかかわりうる「身体表現」としての行動を創造することである。他方、「総合的な学習」は、体験や経験を認識すること、それは体験や経験を学習内容とし、「手許にある——身体表現」意識と「言葉を話す——身体表現」意識とが相互に刺激し合うことを通して、その体験や経験にかかわりうる「身体表現」意識を創造することである。「総合的な学習」が本来の目的としているのは〝方法知〟であるとされる。とするならば、「総合的な学習」は、体験や経験にどのようにしてかかわり得るかという方法を知る、すなわち、体験や経験に対して、もし自分がその場に立ったら、あるいはそういう状況に置かれたらどのように行動するかという方法を身につける学習ということになる。こうして二つの学習が認識の過程という共通の過程で媒介される学習活動だとすれば、これらの二つの学習をつなぐものは学力の志向性としての「身体表現」ということになる。

　教科の学習によって子どもたちが習得する学力とは、その内容である知識が生み出されるにいたった経験や体験を再現することを通して、可能的体験や可能的経験に立ち向かう力である。しかし、教科教育の学習自体は子どもたちが生活世界で遭遇するさまざまな問題や課題を直接解決する学習ではないので、この学習だけではそれらの問題や課題の解決に役立たない。そのために、子どもたちが実際の生活世界で遭遇するさまざまな問題や課題の解決に役立つ学習というものが別に考えられねばならない。それは体験や経験として与えられるが、それらを学習内容とする学習を行うことになる。このような体験や経験に伴って生み出された「問い」を認識の過程のきっかけとし、体験や経験を認識することは、それらの体験や経験へかかわることができる知識を創造することである。そしてその知識というのが、それらの体験や経験に対して自分だったらどう行動するかという「身体表現」についての知識なのである。教科教育の学習では、学習内容は初めから知識として与えられており、したがって、その知識を認識することはその知識へのかかわりを可能にする「身体表現」意識を生み出すことである。こうして二種類の学習を比較してみると、体験や経験を学習内容とする「総合的な学習」は、教科・科目の学習よりもより多くの労力と、学習自体への努力を必要とすることがわかる。また「総合的な学習」の展開の中には、教科・科目の学習の過程が含まれることもわかる。つまり、教科・科目の学習の過程は「総合的な学習」を遂行する時の基礎をなす過程と考えられる。言い換えれば、「総合的な学習」は教科・科目の学習と密接な関係を保つ中で展開されるべき学習なのである。「総合的な学習」の目的は、日常的な生活世界で子どもたちが将来遭遇するであろうさまざまな問題や課題を自ら発見し、それらを自ら解決する力としての生きる力を育成することである。これまでのわが国の教育がどちらかというと教科・科目の学習に重点が置かれてきたことは、本来の学力の育成という視点からすると不十分であったということができる。「総合的な学習」における体験・経験から学ぶ学習は、学力の本来のあるべき姿を取り戻すという意味で重要な意義を持つと考えられる。このような可能性を持った「総合的な学習」は、これからのわが国の学校教育に必要不可欠な学習であり、今後一層の充実が期待される。

第二節　人間関係の安定化

自他の転換による人間関係の安定化

子どもたちの健全な成長、発達のためにはすべての周囲の人々とのできるかぎり安定した人間関係が構築されることが必要である。そしてそのためには人間の本質にかかわる領域にまでさかのぼった考察が求められる。人間の本質にかかわる領域とは、人間の精神が「身体表現」意識であるという精神と身体とが一体となった領域であり、この領域にまでさかのぼるとは人間を精神としての「身体表現」意識を持つ存在として考察することである。したがって、私たちは子どもたちの健全な成長、発達のためには、子どもたちの身体の動きにまず注目すべきであること、そして子どもたちに他者と共に在ることを通して、自己と他者との間に起こる〝自他の転換〟を体験させることが必要だと考えるのである。〝自他の転換〟とは、他者と言葉を交わし合うことに伴い自らを顕わにする相互主観が、自他の純粋意識を相互に刺激し合うことによって、自己が他者へ、他者が自己へ、それぞれ転入し、自他の意識が入れ替わることである。言い換えれば、〝自他の転換〟とは自己の中に他者が入り込み、自己が自己から分離されることであり、同時に他者の中に自己が入り込み、他者の自己が自己から分離されることにより、互いの精神の構造的な再構成が互いの自我を超えて行われることである。このような〝自他の転換〟は、一般的には「相手の立場に立って物事を考える」という表現となってすでに知られているところのことである。

人間はその本質において他者と共に在る存在であり、一人で在ることはその欠如態にすぎない。他者と共に在ることが基本的な人間関係であるとすれば、人間関係そのものも人間の本質に属することになる。その人間関係の不安定化は、子どもたちの健全な成長、発達を疎外する大きな要因である。学校教育においてもまた同様に、子どもたちにおける人間関係が不安定化することは最も避けられねばならないことである。学校教育では、児童・生徒の単位集団として学級制がとられている。学級とは一般にクラスとか、組とも呼ばれ、通常では同一学年の児童・生徒によって編成される単式学級であるが、小規模校や特別の事情がある場合には二学年以上にまたがる複式学級を編成することもある。この学級の中での人間関係は子どもたちの日常生活のあらゆる面にわたって大きな領域をなす。これまでに述べてきたように、あらゆる学習活動において子どもたちはお互いが、お互いを教材とし合うこととしての共に学び合うことで、自己の学力の向上をはかっていくという意味では、健全で、活発な学習活動を展開する上でも良好な人間関係は不可欠である。しかしながら、他方で学級を単位とした集団において、個々の子どもたちが良好な人間関係を維持し続けることは現実問題としてきわめて困難なことである。言い換えれば、子どもたちの人間関係はあたかもガラス細工のように傷つきやすく、そして壊れやすい、すなわち、不安定化しがちである。学級担任となった教師にとって子どもたちの人間関係が不安定化することは最大の悩みである。私たちは先に人間は「二つの口」を持っていると述べた。一つは身体そのものを養っている口であり、もう一つは精神を養っている口としての身体の動きである。人間関係の不安定化は、精神を養っている口としての身体の動きの不活発化として顕わになる。たとえば、学習の成績が下がる、クラブ活動を休みがちになったり、やめたりする、毎日の生活において遅刻や早退、欠席などが増加する等々。学級を担任する教師は、子どものこうした変化をみて、その子どもの人間関係が不安定化しているのではないかと推測し、その子どもへの取り組みを始めることになる。一人の子どもの人間関係の不安定化は、もちろんたとえば家庭内の不和、親子の対立、その子どもの気質や性格等その子どもの個人的な事情による場合もあるが、学級内の他の子どもたちとの人間関係が原因となっている場合は、一人の子どもの人間関係の不安定化は、学級の全員の子どもたちとの間の人間関係の不安定化であり事態は深刻である。こうした子どもたちの人間関係の不安定化に対する教師の対応としては、子どもたちとの間で言葉を交わし合う、また子どもたちどうしで言葉を交わし合わせる、こうしたことを通して子どもたちにおける〝自他の転換〟をうながすことで、子どもたちの精神の構造を再構成し、精神を安定化させるという方法があるのみである。これから具体的な事例を通してこのことを実証することにする。

いじめ

認識の構造と認識の過程についての探求は、子どもたちの学校生活におけるさまざまな問題の解決の糸口を提供している。その一つが子どもたちの人間関係についての問題である。学級担任として数十人の子どもたちの学校生活を預かる立場になった教師にとって最も気を遣うのが学級内の子どもたちの人間関係である。学校に登校しづらくなる不登校、小学校高学年から高校生までの幅広い年齢層にみられるさまざまな悩みを苦とした自殺、中途退学等最近各地の学校でいわゆるいじめを原因としたいろいろな問題が起こっている。表沙汰になるのは氷山の一角といわれることからすると、教育実践の場で起こっているそうした問題の数は実際よりはるかに多いと推測される。いじめを原因としたいろいろな問題は現代の学校教育がかかえるきわめて深刻な問題の一つである。

教育現場で学級担任になったらまず自分の学級内で子どもたちの間での対立やいじめ等が起こらないことに最も気遣う。というのも、子どもたちの間での対立やいじめ等が起こらないことが、すなわち、子どもたちの人間関係が安定していて、良好であることが、子どもたちの学校生活そのものを成り立たせる基礎となるからである。そこで学級担任となった教師は、学年のはじめに家庭調書や調査書等ですべての子どもについてできるかぎりの情報を集めて、いじめの原因となるような要因を探し出す。そして少しでも心配な点があれば、その点についての詳しい情報をさらに集めたり、学年担当者の会議で提案したりして、対応策を練ることになる。学年のはじめの担任教師としてのクラスの子どもたちへのメッセージは、「全員がお互いのことに気を配り合って仲良くして欲しい。楽しいクラスにしよう。」である。義務教育の段階でもそうだが、高等学校でもどのような子どもたちが一つのクラスに編入されているかは実際問題として全くわからない。もちろん、特に前学年からの申し送りがあったり、保護者からの申し出があったりして特別な配慮が求められる子どもについての情報はあるが、ほとんどの子どもたちの実状については未知のままである。

具体的な事例として実際に経験したいじめ問題を取り上げる。いじめは、たとえば容姿の良し悪し、学力格差、家庭の事情、子どもの性格等その他さまざまな理由を原因として子どもたちの間で起こる。その形態は陰口、いやがらせ、無視、暴力、脅迫などがある。いじめの多くの場合、表だった行為で行われることは少なく、裏での行為で行われる。したがって周囲の人間はそうした行為に全く気づかなかったり、見落としたりしがちである。たとえば〝はずし〟といういじめがある。特に女子の子どもたちの間で見られるが、ある特定の女子に対して数人のグループが事前に話し合いをして、その特定の女子と口をきかない、目をそらす、わざと避けるなどの態度をとるのである。第三者がこのようなことに気づくことはほとんどない。それは学級担任にしても同様である。なぜこのような〝はずし〟といういじめが起こるのか、その原因についてはさまざまであるが、単なる遊びとして、あるいは教師から褒められたり、周囲から注目されたりする等、最近目立っていることに対する嫌がらせ、グループ間の対立の中でいじめやすい存在としてターゲットにされる等が主なものである。このいじめはまさに静かに進行していくのである。原因が単なる遊びやいたずらの場合は、時間の経過とともにいじめそのものも解消していくが、そうでない場合は事態は少しずつ深刻化していくことが多い。このいじめの場合、その〝はずし〟の対象となった女子の行動に変化が見え始める。授業時間中にもかかわらず保健室などへ行き、情緒の不安定や、体調の不調を訴えるようになる。そして遅刻や早退が増え始める。やがて欠席しがちとなり、最終的に長期の欠席となる。いわゆる不登校状態に陥るのである。一般に学級担任はこの女子の行動に変化が見え始めたこの頃から異変に気づき対応しはじめるが、その頃は事態はすでにかなり深刻化している。教師はいじめがあるのではないかという疑いを持ち、まず該当の女子を個人的に呼んで話をしたり、日頃その女子と親しいと思われている数人の女子を呼んで話を聞いたりする。しかし、こうした学級担任の取り組みはほとんどが功を奏さない。面談での彼らの答えは概して「いじめなんてありません」、「勘違いですよ、みんな仲良くしてます」、「個人的な問題じゃないですか」等々である。これらは明らかに当の女子をはじめとして誰も学級担任に真実を話そうとしていないのである。というのも、彼らは学級担任に真実を話すことで、事態が明るみになることを当事者のみばかりでなく、周囲の子どもたちも恐れているからと考えられる。このような場合事態はさらに深刻化していく。

いじめは学級担任の学級経営に大きく影響を与える。四十人の子どもたちからなる学級で、いじめと思われることが原因で一人の長欠の子どもが出ると、それは単に四十分の一の出来事ではなく、四十人全体の問題として考えねばならないからである。というのも一人の子どもが長欠するにいたる原因は、残る三十九人の子どもたちの側にもあると基本的には考えられるからである。確かに〝はずし〟というじめをしたのは数人のグループの子どもたちかもしれないが、それを見て見ぬふりをした子どもたち、知ってて止めようとしなかった子どもたち、その女子を友達として守ろうとしなかった子どもたちも実質的にそのいじめにかかわったと考えなければならないのである。こうした状況にあると思われる学級担任はその対応に心身ともに非常に重いストレスを感じることになる。

私たちはいじめは基本的に反射であると考えている。反射ということは、いじめはいじめを行う子ども自身の何かに対する反発が原因となって起こるということである。何かとは身近な存在としては親、兄弟、親族等である。また学校では教師や友人等である。つまり、こうした人々への反発から、自分の周囲の人間に対するいじめが起こるのである。具体的な例をあげると、まず厳しすぎる親の場合がある。親の中には親としての自分が子どもから馬鹿にされないようにとして、すなわち、親としての権威を保ちたいとして、普通以上に強いところを子どもに見せようとする場合がある。この厳しすぎる親に対しては反発心が生まれるが、親への抵抗は出来にくいことから不満のはけ口として、自分より弱いと思われる相手を見つけ出していじめるのである。そのいじめ方は自分が親からされていることを模倣することが多い。兄弟関係の場合も同様である。いじめにかかわる子どもたちの心理的背景としては、この反射以外に自分自身に対する劣等感、ひがみ等々があげられる。このような場合、注意しなければならないことは、いじめにおいていじめる側に立つ場合と、反対にいじめられる側に立つ場合とに子どもたちの立つ位置が分かれることがあるという点である。前者の場合は「やられたから、やり返す」という発想に基づく他者へのいじめの行動となるが、後者の場合は自分に加えられる周囲の圧迫に反発心そのものを失ってしまい、自信をも失って自分自身を見失うことが原因と考えられる。

さて、この〝はずし〟といういじめにあった女子の場合への担任としての対応であるが次のような経過をたどった。まずいじめにあっていると思われる女子との数回にわたる面談を行った。それと並行してその女子と親しいと思われるクラス内の数人の女子とも個別に、あるいはグループで面談を行った。その結果は、先述したように原因はおろか、いじめの存在そのものさえ確認できなかった。そうした中で、遅刻や欠席が増え、成績も低下する等その女子をめぐる状況は明らかにしだいに悪化していった。こうした状況が好転するきっかけとなったのは、その女子が所属している部活動の他のクラスの部員と担任との接触であった。その部員との面談で初めて担任としていじめが実在していることを確認することができたのである。「部活もやる気が見えない」、「クラス内で立場が苦しそう」、「かなり悩んでいる」等々。そこで担任はその部活の他クラスの部員たちに、該当の女子を部活動でしっかり引っ張ってくれるように頼んだ。他方で担任はロング・ホーム・ルームの時間を利用して、「学校生活における人間関係」という独自のテーマを設定して、一般的な話題としていじめの問題を取り上げた。その後、朝と午後のショート・ホーム・ルームの時間にも数回にわたってこの問題を取り上げて子どもたちに話をした。

いじめは図式的に考えれば、これまでみてきたようにいじめる側といじめられる側とにそれぞれ要因がある。ある学級の担任になることが決定した教師はこうした視点から自分が担当する学級でいじめがおこる要因がないかを事前に慎重に判断することになる。まず第一には自分の指導が子どもたちの間に差別と受け取られないようにすることである。しかし、これが教師の指導上最も困難な対応である。というのもたとえば、ある子どもが何らかの悩みを抱えていると感じてその子どもへの集中的な関わりを深めていくと、他の子どもたちにはそれがその子どもへの特別な配慮と受け取られることがあるからである。これに関して次のような事例がある。何か悩み事を抱えているのではないかと気になっていた子どもがいた。担任は例によってその子どもに事あるごとに声をかけたり、面談をしたりしていたが、その子どもが最近特に服装の乱れが著しくなった。教師はそのつど注意するがいっこうに改善されず、むしろさらにひどくなるように思われた。ある時教師はついに大勢の子どもたちの前で、大きな声を出してその子どもを叱った。教師はこれでこの子どもとの人間関係は大きく傷ついたかも知れないと感じて、その後の子どもの変化に注目した。結果は教師の心配とは逆に、その子どもはむしろこれまでより積極的に教師の声かけに応えるようになったのである。後日この子どもから聞いた話では、自分に対して担任が特別に気をつかっているように周囲の子どもたちにはうつっており、そう見られるのが嫌でわざと目立つ格好をしたのだという。あの時教師から大勢の前で、大きな声で叱られたことから、周囲の自分に対する疑いは薄まり、自分へのいじめはあまり感じられなくなったという。これに類した事例は振り返ってみると、数多くあったように思われる。特に服装違反については、多くの場合教師は自分たちに対する子どもたちの反抗心の表れと考え、それに対して強い指導を行うが、実はその多くは子どもたちの中での人間関係を動機とするものであることが多いのである。

教師は自分の指導が子どもたちの間に差別と受け取られないように注意しなければならないが、その一方で、子どもたちには能力に応じた指導をしなければならないという原則がある。子どもたちには事実として一人ひとり明らかな差がある。いわゆる個人差である。この差が一定の範囲内であれば問題は起こりにくいが、かなり大きな差がある場合は、どうしてもそれを考慮した指導を行わなければならなくなる。つまり、学力の高い子どもたちは学習内容の理解が容易なので、教師は彼らが理解できたと確認すると、次に学力の低い子どもたちの指導へと移る。この指導にかかる時間は当然学力の高い子どもたちにかけた時間の倍以上を要する。この間学力の高い子どもたちは置いてきぼりになる。もちろん、学力の高い子どもたちにはこの間を練習問題等何らかの別の課題を出して解答させる時間にする。しかし、この学力の低い子どもたちへの指導にかけることができる時間は限られており、やがて学力の低い子どもたち全員の理解が得られなくても、全員の子どもたちの学習を優先し、先へ進めることになる。この対応を誤ると子どもたちの間で、学力で優位に立つ子どもと劣勢に置かれる子どもとに立場が分かれ、このことをきっかけとしていじめの原因が醸成され、時としていじめが発生する。いじめる側といじめられる側との間の気持ちの差が子どもたちの間でいじめの原因となるのである。一人ひとりの子どもたちの能力に差がある以上こうしたことは必ず起こる。もちろん、いじめはこのような能力差だけに原因が求められるわけではない。これ以外にもさまざまな原因が考えられる。中でも大きな要因は家庭状況である。家庭状況が何らかの原因で不安定であると、子どもは自分で自分を守ろうとする本来の自己防御性が弱体化する。すると子どもはいじめに耐える精神力が欠けたり、反発力が不足したりする。すなわち、耐性が低下するのである。人間は誰しもがいじめられる立場におかれる可能性を持っていると同時に、反対に他者をいじめる資質や可能性を持っている。しかも、いじめは子どもたちの世界に限定されるのではなく、成熟した大人の世界でもさらに厳しい形で見出されるのである。

いじめるということそのものは、学力の作用を含む認識の過程によって生み出されるところの「身体表現」意識である。このことは、裏を返せば学力の作用を含む認識の過程によって生み出されるところの「身体表現」意識自体は、善悪の対象ではないということを意味している。すなわち、「身体表現」意識自体はいじめる意識でもあれば、そのいじめを批判する意識でもある。問題はこうして生み出される「身体表現」意識が、人間関係をどうにでも意味づけすることができるということである。どのように意味づけるかを決定するのは、他者と共にあり、互いに言葉を交わし合うということとして自らを顕わにする相互主観である。ある意味ではいじめとは、人間が他者と共にある存在であり、他者と言葉を交わし合う存在であるという人間の本質の負の側面であると考えられる。しかし、このいじめの問題の解決、ないしはその緩和は、学校現場における子どもたちの健全な成長、発達のためには不可欠である。そのためには、子どもたちが安定した人間関係を保てるような環境づくりやそのための支援が何よりもまず必要である。教育現場に身を置く者にとってこのいじめ問題への基本となる唯一の方法が「言葉を交わし合う――言葉を話す」ことによる子どもたちの心（精神）を変化させることであり、その実践が面談であり、カウンセリングである。

面談

「言葉を交わし合う――言葉を話す」に伴う相互主観のはたらきのみが精神の形成および再構成にかかわることができる。そしてこれが言葉の本質である。学校教育における教師の役割、あるいは教師が子どもたちの教育においてできることは、子どもたちの精神や身体をより望ましいものに形成していくことである。そのために教育実践において実質的に教師ができることは、子どもたちと言葉を交わし合うことのみであり、身体へ直接強い刺激を与える体罰等を行うことは許されないのである。すなわち、教育実践の場で教師ができることは、子どもたちと言葉を交わし合うことを通して、子どもたちの心を変化させ、行動を変化させていくことのみである。教師は子どもたちの身体の動きに対しては直接触れることはできるが、精神としての「身体表現」意識には直接触れることはできない。しかし、この「言葉を交わし合う――言葉を話す」によって子どもたちの精神に間接的に触れることができるのである。教師はこの「言葉を交わし合う――言葉を話す」ことを通して、子どもたちの「身体表現」意識を変えるのである。教師は子どもたちと言葉を交わし合うことを介して、子どもたちの成長、発達を促す職業であり、こうした意味において専門職である。言うならば教師は言葉を交わし合うことを通して子どもたちの心をつくり、心を育てる専門家なのである。

教育実践の場における教師の仕事の一つに面談がある。これは子どもたちとの直接的なかかわりという点で重要な仕事である。面談は学期に一回等のように定期的に行う場合と、担任が必要に応じて随時行う場合とに分けられる。また面談は、教師と子どもとの二者面談と、教師と子どもと保護者との三者面談と、数人の子どもたちと教師とのグループ面談とに大きく分けられる。定期的な面談は学期の終わりに成績票の配布とともに学習状況や学校生活状況について話を行うもので、多くの場合保護者を交えた三者面談となる。この三者面談では、主としてその子どもの家庭状況が話の中心となる。家庭での学習状況や家族関係、家庭の経済的状況などが取り上げられる。この三者面談では子どもと保護者の話にくいちがいがある時、その真偽を確認したり、保護者が子どもについて気にかかっていること、気がついていないこと等についての情報交換が行われる。また教師と子どもとの二者面談は、随時、教師の判断で行われる場合と、子どもの方からの相談という形で行われる場合がある。三者面談に比較すると二者面談は、その内容において子ども自身の内面的な事象や事柄に関するものとなる傾向があり、場合によっては深刻な面談となる。そしてグループ面談はその内容においてクラス内の事象や事柄に関するものとなる傾向があり、特定の子どもについての相談にはならない場合が多い。しかしもちろん、場合によっては特定の子どもについての苦情や不満を内容とする場合もある。

(a)　三者面談

三者面談とは教師と子どもと子どもの保護者という三者によって構成される面談である。一般的な形としては、子どもと保護者が横に並んで座り、教師がその二人に対面する配置となる。場合によっては、教師と子どもが一対一で正面で対面し、保護者が二人からやや離れて座る配置となる。後者の場合は子どもと保護者の関係がしっくりいっていないと判断されたり、話題が子どもと保護者との考え方が一致せず暗礁に乗り上げている進路上の問題であったり、もしくは子どもの問題行動に対する処分にかかわる問題等の深刻な内容である場合にとられる配置である。いずれにしても典型的な面談の一つの形である。三者面談では子どもと教師、教師と保護者、保護者と子どもという三通りの言葉を交わし合う場面が区別される。すなわち、子どもと教師が会話している時は保護者がその会話を聞いている。同様に教師と保護者が会話をしている時は、子どもがその会話を、さらに保護者と子どもが会話をしている時、教師がその会話をそれぞれ聞いている。三者面談の展開はいくつかに分かれる。基本的に学習状況が良好であれば、話はなごやかに進展することが多い。たとえ家庭的な状況が子どもにやや負担となっているとみられる場合でも、深刻な展開になることは少ない。これは保護者からすれば子どもに期待していることは基本的に学習の成果であることを示している。また学習状況が必ずしも芳しくなくても、子どもが生徒会活動や部活動などの特別活動に積極的に参加したり、熱心に取り組んでいる場合にも、やはり面談の展開はなごやかになる場合が多い。これらのことから保護者は自分の子どもたちが元気で学校生活をおくっていることを最も願っていることが窺われる。三者面談で子どもが最も大きな関心を持つのは保護者と教師の会話である。それは教師と保護者という日常的に自分と最もかかわりあっている二人が自分のことをどのように感じ、またどのように自分をみているかが明らかになる機会だからである。具体例としてある三者面談における保護者（母親）と教師との会話を取り上げる。それは保護者（母親）が自分の子どもの学習態度について担任である教師に語った内容である。「この子（生徒）は十二時前には部屋を暗くしている。勉強時間が少ない。どうしてもっと勉強しないのか」三者面談では、言葉を交わし合うのは二者であるから、誰か一人は必ず二者のやりとりを聞くことになる。この例では言葉を交わし合う二者は保護者と教師であり、このやりとりを聞いている一者は、すなわち、子どもである。二者が言葉を交わし合うのを一者が聞くということはどういう意味を持つのだろうか。この例の場合保護者と教師とが話している話の内容を聞いているのは子どもである。この話を聞いた子どもはまず母親が自分のことを日頃どう思っているかを知ると同時に、この母親の言葉を聞いた教師が自分のことをどう思うかを考えるであろう。こうした三者面談が子どもにとって持つ最大の意義は、自己という存在が教師や保護者から語られることによって、自己が自らの認識の対象として自己に与えられることである。自己が自らの認識の対象となることは二者面談でもあり得るが、二者面談の場合と三者面談の場合とでは対象となる自己に差異がある。二者面談における自己は面談する相手によってかなり内容を異にする自己となるが、三者面談における自己は二者によって語られる話題の自己としてかなり客観的な内容を持つ自己となる。ある意味で自己に対する相対的な評価がつきつけられる。対象となる自己の内容によって自己認識の内容も異なってくる。他方で、このような三者面談ではこの自己に対する評価の内容によって、逆に自己の二者に対する評価が大きく変化することにもなる。たとえば、この例における教師と保護者とは子どもにとってこれまですべてにおいて絶対的な存在であったが、この三者面談での自己への評価に対して反発し、教師や保護者との関係を意識的に自覚し、彼らからできるだけ距離を置く方向へと向かうことにもなる場合もある。

三者面談が持つ意義としてもう一つ挙げられるのは、二者が言葉を交わし合うのを一者が聞いている時、一者において思考の過程としての認識の過程が「手許にある」というあり方をしていることである。つまり、三者面談において一者が二者の会話を聞くことは、一者において二者の会話は認識の過程そのものとして、認識の過程が「手許にある」という在り方をするのである。言い換えれば、認識の過程が一者において現前化することである。認識の過程が現前化することによって、一者は認識の過程を対象として学習することができるのであり、これは思考することを学ぶことである。実は一般に人間が思考することを学習するのは、こうした三者以上の間での会話や討論等を通してなのである。多人数の討論会に参加した時などで、他者による二者の討論を聞く時に感じられるものは、認識の過程が「手許にある」という在り方をしていることについての感じなのである。三者以上の対話や討論等において、私たちは不特定の二者が対話をしたり、議論をしたりするのを聞きつつ、同時進行で自らも思考しているのに気づく。このことは一者において認識の過程が「手許にある」というあり方をする中で、一者自身が二者の会話で話題となっている事柄を対象として認識の過程を展開させることを学ぶのである。三者面談はこのように、三者を構成する他者がどういう他者であるかによって、その持つ意味が異なってくるのである。

(b) 二者面談

教育実践の場では、二者面談は子どもと教師との間で行われるのが通常である。これは学年全体として期間を設けて行う定期的な面談と、特に期日を設定しないで、子どもや教師のどちらかが必要だと感じた時に随時行う面談とに分けられる。学級担任となった教師は、担当する子どもたちの状況を観察しながら頻繁に実施する場合もある。面談の形態的には二者面談は三者面談の中に含まれていると考えられる。しかし、二者面談は三者面談とはその本質において根本的に異なる。二者面談はいわば〝さし〟で言葉を交わし合うことである。〝さし〟とは一般に二人で一緒に仕事をしたり、また向かい合って何かをする状態をいう。二者が交互に言葉を交わし合う中で起こることは、自己と他者とが相互に自己を超え出て、ふたたびそれぞれの自己へ還ることである。自己と他者とが相互に自己を超え出るというのは、他者の言葉を話すことが自己の学力への刺激となって自己の中に他者を起源とする意識が生み出され、他方、自己の言葉を話すことが他者の学力への刺激となって他者の中に自己を起源とする意識が生み出されるということである。そして、再びそれぞれの自己へ還るというのは、自己と他者とがそれぞれ自己の言葉を話すことにより、本来の自己意識が自己へ還ることとして、それぞれの中に生み出されることである。私たちは一連のこの展開を〝自他の転換〟と呼ぶが、これが二者面談の持つ最大の特質である。二者面談は子どもたちに自己が他者へ超え出ることで自己を変えるという過程を通して子どもたちの成長、発達を促す可能性を生み出すのである。二者面談は三者面談とともに子どもを教育する基本的な手法である。

(c) グループ面談

私たちは面談の特殊な形態として〝グループ面談〟というものを考える。これは教師と学級（クラス）に所属するすべての子どもたちとの間の面談であるが、その子どもたちを3人から5人くらいのグループに分けて行う面談である。いわば二者面談、三者面談の発展型ともいうべきものである。実施方法としては次のようなものである。予め年度当初に子どもたちにはこういう趣旨でグループ面談を定期的に行うことを予告する。これは二者面談や三者面談のような面談の一つであることの理解をあらかじめ得るためである。そして少なくとも学期に1回以上実施する計画を立てる。グループの分け方は、実施する回ごとに変えてもいいが、状況によってはそのままでもよい。たとえば第1回目は出席番号順に、男女別にグループ分けを行い、2回目以降は状況に応じて、ランダムに、男女混合でグループ分けを行う、あるいはクラスの枠を越えてのグループ分け等々。また教師側には担任はもちろんであるが、副担任、あるいは教科担任、学年主任、養護教諭等々さまざまな領域の教師の参加も検討されてよい。

学校教育におけるすべての教育的営みは、教師と子どもたちや生徒との間の言葉を交わし合うという方法を通して行われる。極端に言えば、基本的には教師は子どもたちや生徒の身体に全く触れることなしに、ただ言葉を交わし合うことのみを通して、彼らの成長、発達を可能にするのであるし、また現実に可能なのである。こうしてみると言葉を交わし合うことの持つ意義の大きさをあらためて感じさせられるのである。言葉を交わし合うことが子どもたちの成長や発達を促すことを可能にするということは、自ら言葉を話す、および他者が言葉を話すのを聞くことが、子どもたちの精神や身体の動きに変化をもたらすことを意味する。さらに人間において言葉を話すことと身体を動かすこととは、本質を同じくしながら分離しつつ、相互に刺激し合う関係になければならないことを意味する。

私たちはこれまで意識体験における純粋意識を学力として、この学力のノエシス——ノエマ構造の作用を含む認識の過程を「身体——表現から入り、身体——表現へ出る」過程としての認識の過程ととらえた。そして、この学力の作用を統握するのが相互主観であった。相互主観は、人間が共に在り、共に「言葉を交わし合う——言葉を話す」ことを通して、人間の全存在、すなわち、人間という精神と身体とが総合された存在を、その本質において再構成すること、言い換えれば、人間が成長、発達することとしての生まれ変わることを可能にするのである。グループ面談はこうしたことをふまえての取り組みなのである。グループ面談は、広い意味で二者面談、三者面談をも含むものであり、いわば面談の基本態というべきものである。というより、グループ面談の基本的なメカニズムは、二者面談、三者面談の中にすべて含まれている。ただ、面談を構成する顔ぶれが、単にクラス内の子どもたちだけではなく、クラスの枠を越えた子どもたちであったり、さらに教師側も担任や副担任だけではなく、さまざまな立場の教師や校長、教頭も含まれる点がそれらと大きな相違である。面談を構成する顔ぶれが変われば、二者面談、三者面談によってもたらされる効果がそれだけ増幅されることになる。面談を構成する顔ぶれが変わることは、面談における〝自他の転換〟や思考過程の「手許にある」という在り方そのものが変化すると考えられる。特にこのグループ面談は、個人的に、あるいはクラス内に、さらに学年内に関して、何らかの困難な問題を抱えていると思われる子どもたちに対してきわめて有効な対応策となるであろう。

カウンセリング

面談と同様な形をとりながら、その目的や手法が異なるものにカウンセリングがある。カウンセリングとは、一般的には心理相談のことをさし、健常なクライアント（来談者）がいだく心配、悩み、苦情などを、面接、手紙、日記などを通じて本人自身がそれを解決することを援助する方法とされる。学校の教育の現場では、近年このカウンセリングの手法を積極的に取り入れる動きがある。中でもいじめや体罰等が原因となる問題で、不登校になったり、引きこもったり、自殺したりする事例が増加しつつある今日、カウンセリングの手法を取り入れた取り組みはますます重要性を増している。このカウンセリングという手法は、現代では臨床心理学や精神分析学の成果が積極的に取り入れられ、また数多くの臨床経験が蓄積されることによってほぼ確立されていると考えられる。私たちもこのようなカウンセリングの学校現場への積極的な導入は好ましいと考える。

人間は日常生活において、何らかの対象に出会い、それについての「問い」がわき起こると、純粋意識としての学力が自らを顕わにし、そのノエシス――ノエマ構造の作用に基づき、そのつどその対象についての「身体表現」意識を生み出し、それが核となって総合意識としての意識体験を構成する。これに対して、人間は一般に何か自分にとって衝撃的なことを見たり、聞いたり、されたりするとそれについての意識が意識全体を覆ったようになり、いわゆる学力の作用そのものが不調の状態になる。学力の作用が不調になると、対象についての意識を意味づけることができなくなる。この状態は対象についての意識の意味が形成されない、いわゆる「何も考えられない」状態である。このような状態は、意識体験における「問い」がわき起こる、あるいは「問い」に襲われるという状態とは全く異なる状態である。この学力の不調とは次のような事象である。学力の作用は対象についての意識に「身体表現」意識を接続し、意味づけるノエシスの作用と、「言葉を話す――身体表現」意識のこの接続を切断する反省の作用とから構成される。この切断という作用は相互主観のはたらきを受けて、対象についての意識を新たに何らかに意味づけるのを可能にするのであるが、学力の不調とは、この対象についての意識に「身体表現」意識を接続する作用と、その接続を切断する反省の作用とが不調になることである。つまり、このような場合には接続の作用と切断の作用は不規則に、無秩序となり、対象についての意識と無関係に接続と切断が起こり、結果として精神は混乱状態へと陥るのである。学力の不調とはこのような学力の作用が変調をきたすことである。こうなると、認識の過程による対象についての意識の「身分け――総合」も正常に行われなくなり、対象についての意識の正常な意味づけが出来なくなったり、対象についての意識の「身分け――総合」の過程は行われるが、それが偏った過程となり、それによって意味づけされた対象についての意識が、あたかも痙攣したように同じ内容が限りなく繰り返されたりすることになる。この結果、新しいことを考えたり、新しく何かを実行しようということが出来なくなる。この学力の不調は、同時にこの学力という領野を共通の領野に持ちつつ、この領野を超え出て認識の過程を統握する相互主観の不調でもある。相互主観の不調は、他者と共に在り、共に言葉を交わし合うことの不調である。つまり、相互主観の不調においては、他者と共に在ることができず、したがって他者と言葉を交わし合うことができなくなることである。こうした状況になると、いわゆる〝ひきこもり〟の状態となる。教育現場においては、こうした状態に陥った子どもたちがいわゆる不登校状態となるのである。

このような学力の不調に陥った思考の特色は、次から次へといろいろな考えや想いが湧き上がってきて、頭の中がいっぱいになると感じられることである。これらのいろいろな考えや想いの内容は、過去に実際に起こった出来事だったり、その出来事の実際とは正反対の結果だったりする。しかし、この錯綜した内容には全く経験したことのない出来事が含まれることはない。どこまでも実際に見たり、聞いたりしたことを含めた体験に基づく内容である。全く体験しないことを私たちは考えたり、想い浮かべたりすることはできない。このような症状はノエシスの、対象についての意識に「身体表現」意識を接続するという作用が乱調となって起こるのである。接続としての作用が乱調となるとは、その接続を切断する作用としての反省の乱調に基づくのである。反省の乱調は相互主観の不調に基づく。私たちは不断に言葉を話しているが、このことは同時に相互主観がはたらいていることを意味する。本来ならばこの相互主観のはたらきによって、ノエシスによる対象についての意識への「身体表現」意識の接続を切断しつつ、すなわち、接続を選択しつつ、正常な意味づけを確保するのである。

このような症状に陥った思考を正常な状態へとその本人の自力で回復することは一般的に困難である。まず何より乱調状態にあるノエシスの作用を正常な状態に回復させねばならない。このためにはノエシスの作用によるランダムな意識と意識との接続を切断しなければならない。意識と意識との接続を切断する作用を行うのは、「言葉を話す――身体表現」意識としての反省である。したがって、このノエシスの作用の乱調を整えるためには、この反省の作用が正常にはたらくように整えなければならない。反省の作用を統握するのは相互主観であるから、まずは相互主観の不調を回復させることから始めなければならない。一般にこうした症状に陥った子どもたちは自らを他者に向けて開こうとはしない、というよりむしろ他者に対して背を向けようとする。したがって、こうした状態にあると思われる子どもたちに対しては、周囲が意図的に他者と言葉を交わし合うようにし向けてやらなければならない。この他者と言葉を交わし合うことには、基本的にまず他者と共に在るが所属している。つまり、他者と言葉を交わし合うことには、他者と何らかの身体の動きを共有することがその前提として必要である。したがって、このような精神の不調に陥った人の回復には、まずその人と行動を共にする、ないしはその人に言動に共感するという態度が必要である。そして共に在る他者が悩める人の言葉を話すことにしっかり耳を傾けること、すなわち、しっかり聞くことである。相互主観はそのはたらきの起源を他者と共に在り、他者と言葉を交わし合うことに持っていた。ということは、相互主観の回復には他者からの声かけとしての言葉を交わし合う意図的なかかわりが必要であることを意味する。それが他者からの語りかけ、あるいは他者からの声かけである。人間は他者が真剣に、誠実に自分が話すことに耳を傾けられると、それに呼応して自ら言葉を話そうとするものである。この自ら言葉を話そうとする努力が、不調に陥った「言葉を話す――身体表現」意識としての反省の作用を回復へと向かわせる。したがって、精神の不調に陥った人の回復には、その人と特定の他者の二者との会話が設定される必要がある。これがカウンセリングという形態になるのである。カウンセリングにおいては何よりも本人をして自己を語らせることが必要である。すなわち、自己を語ることによって、ランダムな意識と意識との接続は切断され、次から次へといろいろな考えや想いが湧き上がってきて、頭の中がいっぱいになると感じられる症状がしだいに緩和されてくるのである。

カウンセリングの基本的な手法は、カウンセラーが相談者（クライアント〈来談者〉）の話をひたすら聞くことであると言われる。カウンセリングは、相談者（クライアント〈来談者〉）は自分の話をカウンセラーに話すことで、したがってカウンセラーはクライアント（来談者）の話をじっくり聞くということで展開する。私たちもまた基本的にこうした考え方に同調するものである。というのも、実際に教育実践の場における多数の実践例は、こうした手法の正当性を裏付けるものであったからである。カウンセリングにおいては、カウンセラーと相談者とが言葉を交わし合うことで、相談者の心が整理されるといわれる。相談者が自己の心が整理されると感じることを、私たちは純粋意識のノエシス――ノエマ構造の作用が改善しつつある証拠だと考える。したがって、カウンセリングの有効性については、基本的には面談の場合と同様に考えられる。つまり、他者と言葉を交わし合うことにおける〝自他の転換〟による効果である。

教育実践の場における具体的な事例でみていく。たとえばある子どもが学校でどうも元気がない、そして最近学校を遅刻したり、欠席しがちであるとする。周囲からみて明らかに心に何らかの悩みを持っているようであると推測される。このような場合、教育実践の場では教師が、その多くは学級担任であるが、まずその子どもとの面談を試みる。二者面談である。教師はその子どもが元気がない理由をさぐろうといろいろな質問をする。教師としてはその子どもの悩みの原因がまず学校に関連したものではないかと考え、勉強のこと、友達関係のこと、課外活動のこと等について質問を行う。そして返ってきた子どもの答えをもとに話をする。たとえば「勉強がわからない」という答えが返ってくれば、具体的ないくつかの勉強の仕方を紹介し、その子どもにあった仕方を選ばせようとする。要するにこうした時に教師が行う面談の目的は、その子どもが本来の学校生活を送れるようにすることである。したがって「友達関係がうまくいかない」という答えが返ってきても基本的には同様である。その面談における子どもの返答の内容によっては、あるいはその後の子どもの生活行動上における改善がみられない時には、保護者に連絡し、保護者との二者面談を、あるいは本人をいれての三者面談を行うことになる。そうした中で原因が学校に関するものではなく、学校外の要因、たとえば家庭内に原因がありそうだということになり、しかも子どもの悩みの原因が根深いことが推測されるような場合には、教師は保護者との連絡をとり、専門のカウンセラーによるカウンセリングを受けるように勧めることになる。カウンセリングでは、専門のカウンセラーがこの子どもと面談をしてたとえば「元気がないね、どうしたの？」と問いかける。いろいろな場合があるが、その子どもが「学校がおもしろくない。学校に行きたくない」と答えたとする。すると「そうなんだ。学校がおもしろくないんだね、あなたは」とカウンセラーが返す。以後こうしたやりとりの中でカウンセリングが展開されていく。この展開で注目すべきなのは、カウンセラーの返答の仕方である。それは相談者（クライアント）、この事例では子どもであるが、その子どもの返答に合わせるように、あるいは返答を繰り返すような応答をしていることである。いわゆる〝オウム返し〟のような応答である。これは相談者の心にできるだけ寄り添うことが、相談者の心を開かせるのに最も効果的であるという考え方に基づくものであるとされる。

専門のカウンセラーによるこのような手法は十分な意味と効果があると考えられる。私たちはこのような手法の効果を次のように考える。この手法の最大のポイントは相談者（ここでは子ども）に言葉を話させていることである。相談者の返答に合わせてカウンセラーが応答することで、相談者においては自分自身から自分自身が分離し、その分離した自分自身と自分自身が話をしているように感じられる。そして、自分自身と自分自身とで話をすることは、自分自身が自分の認識の対象となることであり、これによって自分自身が「身体表現」意識として意味づけられることである。私たち自身も日常生活において常に他者と共に在ることを通して、自分自身を対象にして、自分自身を意味づけながら生きている。つまり、カウンセリングは、こうした人間本来の在り方を回復させることを目的としているのである。カウンセリングにおいては「言葉を交わし合う――言葉を話す」ことは、いわば精神（心）の病を治療する〝メス〟のようなはたらきをする。すなわち、「言葉を交わし合う――言葉を話す」という行為自体が強力な〝メス〟である。言い換えれば、このことは一般的にはこの行為によって人間の精神（心）をどのようにでもつくることができることを意味しているのである。ということは、これによって心の病を治すことができる一方、深く傷つけ心を病にすることもできるということである。まさにこの〝メス〟は、両刃の剣なのである。

しかし、カウンセリングは万能ではない。確かにカウンセリングという手法は私たちの理解によれば、「言葉を交わし合う――言葉を話す」という行為によって人間の精神をどのようにでもつくることができる可能性を持っているが、精神はもう一つの身体として「身体表現」意識である。つまり、人間の精神を新たにつくる、あるいは変えるということは、新たに「身体表現」意識をつくる、あるいはこれまでの「身体表現」意識を変えるということでもある。「身体表現」意識とは、具体的な身体の動きについての意識を基にノエシスの作用によって形成されるものであるから、人間の精神を新たにつくる、あるいは変えるということは、対象についての意識とそれに応じてノエシスによって形成された「身体表現」意識との接続を、反省によって切断しつつ、さらなる接続によって新しい「身体表現」意識を形成することができるという意味においてである。先天的なノエシスの作用によって形成される「身体表現」意識そのものには干渉することができないのであり、したがってカウンセリングで可能なことは、反省の作用を通して新たな身体の動きをつくる、あるいはつくり変えることである。身体の動きを新たにつくる、あるいはつくり変えることは、その身体の動きを取り囲む環境を新たにつくる、あるいはつくり変えることでもあり、およびその身体の動きに影響を与える人間関係を新たにつくる、あるいはつくり変えることでもある。つまり、このような状況の中でカウンセリングはその十全な効果を発揮することができるのである。

本来のカウンセリングと学校におけるカウンセリングとの本質的な相違について具体的な事例でみてみる。ある子どもがいわゆる不登校状態に陥った。まず毎日の学校生活において、寝坊を理由とする遅刻が少しずつ増えていき、やがてぽつりぽつりと欠席する日が出てくる。最初は二週間に一日、やがて一週間に一日、さらに一週間に二、三日……、そして全体へとなっていった。周囲が異変に気づくのは早くて遅刻が少しずつ増えていく段階であり、遅くて一週間に二、三日の欠席の段階である。この子どもの学級担任は、時には副担任と共に対応に乗り出すことになる。しかし、実践例からすると、周囲が異変に気づく寝坊を理由とする遅刻が少しずつ増えていく段階において、その子どもにとっての事態の深刻さはかなりの程度に深まっているものである。この間学級担任は副担任と一緒になってこの子どもへの具体的な対応を模索している。その中には本人との二者面談や保護者を含めた三者面談も含まれている。その間にはさらに学級担任による頻繁な家庭訪問が行われる。これらの段階での対応の基本は、その子どもに登校を促す指導としての子どもと〝話をする〟ことである。つまり、二者面談ないし三者面談を行うことである。この〝話をする〟ことは、必ずしも本来のカウンセリングの手法と同じとは言えない。なぜなら、それは指導だからである。つまり、指導とは、教師や保護者の期待に沿うようになかば強制力でもって子どもを従わせようとすることである。すなわち、子どもを何とかして遅刻や欠席のない学校生活を送るようにさせることである。しかし、当然ながら少なくとも本来のカウンセリングにはこうした意図は含まれていない。本来のカウンセリングは、どこまでもその子どもの気持ちに寄り添い、むしろカウンセラーがその気持ちに従おうとするのである。ここに本来のカウンセリングと学校教育における面談との本質的な差異がある。この事例においては事態は全く改善しなかった。いったんはその子どもは二週間ほど登校したが、その後また不登校状態となり、それ以後は全く登校することはなくなった。実はこのような傾向は不登校となる子どもの特質である。というのは、学級担任の教師や親などの保護者の説得に応えてその子どもはある意味で全精力を出して登校の努力をするのであるが、それを上回る何らかのプレッシャーによって登校が途切れるという傾向があることを示している。やがて、専門のカウンセラーによる本来のカウンセリングが学校や専門の施設で行われる。私たちはこうした事例に数多く出会ってきた。しかし、これまで述べたような対応で期待した成果が得られたケースは多くはない。期待する成果とは、そのような子どもが以前のように登校するようになることである。結果から言えば、最終的にこうした不登校状態にいたった子どもは実質的に〝ひきこもり〟の状態にあり、カウンセリングを主としたこうした取り組みでは成功する例は少ない。多くの実践例から言えば、こうした状態になった子どもは、いわゆる生活環境を変えることで、こうした状況を脱出することができたのである。生活環境を変えるとは、たとえば、現在の家を出て、親戚や知人の家で生活するとか、通う学校を変えるとか、退学して職につく等の進路変更である。私たちはこのことを次のように解釈する。カウンセリングやカウンセリング的手法によって自分自身と向き合うことが出来た子どもは、新しい自分自身を生み出したのである。言い換えれば、カウンセリングを通して生み出された自己とは、学力のノエシス――ノエマ構造の作用により生み出されたノエマとしての自己である。ノエマとしての自己とは非実在的な自己であり、それまでの実在的な自己とは全く異なった自己である。その自己による選択が先述した進路変更という結果になったのである。

私たちは往々にして人間を精神と身体とに分離して考えがちである。そして精神の不調は精神だけの領域の問題だと考えて対応しようとする。しかし、精神の不調は身体の不調でもある。つまり、心身の不調なのである。したがって、こうした心の悩みをかかえた子どもたちへの対応は単なる言葉のやりとりをすることのみで解決されるのではなく、言葉のやりとりをすることを通してその内容を実体化するように反映させなければならない。つまり、話をする話題の内容に即してそれを実現しなければならない。たとえば、心の悩みの直接の原因となっていることがあれば、それを取り除くとか負担を軽減することなどの具体的な配慮が必要である。それがいわゆる実質的な〝環境を変える〟試みである。〝環境を変える〟試みは、その子どもの身体の動かし方を変えることである。こうしたことによって初めて子どものかかえる悩みが実質的に解決されることになるし、カウンセリング的手法を行う意義も認められることになる。〝環境を変える〟ことには周囲の相当な精神的、経済的負担を伴うことがあり得る。このカウンセリング的手法は教育実践の場においては、面談という形式での指導の延長上にあると考えられるが、本来のカウンセリングとは区別されるものである。

第三節　生活行動

規律の問題

私たちは通常学校教育の第一の、そして最大の目的は、教科・科目の学習を通して子どもたちの学力を向上させることだと考えている。毎日の子どもたちの学校生活の大半が教科・科目の授業時間で占められているのはそのためである。

そしてこの目的を達するために最も合理的な指導計画を立案し、それに基づく指導体制を構築する。この目的の達成に障害となるような学校生活面での子どもたちの行動に対しては厳しく抑制しようとする。この学校生活面での子どもたちの行動に対する指導は生活指導と呼ばれ、教科・科目の学習指導と区別される。子どもたちの生活指導において、教師が注意を払うのが規律の問題である。規律とは、社会生活・集団生活において人の行為の規準となるものであり、またそのようなものとしての一定の秩序、きまりであり、教育実践の場では校則という形をとる場合が多い。

教師にとって子どもたちの学校生活における校則に基づく指導は、教科・学習指導に劣らぬ大きな問題である。というのは、子どもたちの状況によっては教師がその指導に要する負担は、教科・科目の学習指導を上回る負担となることもあるからである。規律は違反すると罰則があるきまりであり、違反しても罰則の対象とならない道徳的規則とはこの点で異なる。校則には、服装、髪形、髪の色、喫煙、飲酒、窃盗等の規則がある。また、これらの規則は違反すると罰則が単に学校内での指導にとどまるものと、違反すると一般の法律による罰則にまで拡大するものとに分けられる。しかし、罰則の適用範囲にかかわらず、子どもたちは学校教育の中にあるという点で、校則違反をした子どもたちへの指導に区別はない。校則違反をした子どもに対しては、学校として対応を検討し、何らかの指導を行う。たとえば、校章や学年章をつけていない、シャツがはみ出している、制服が変形している等の服装違反がある。服装違反で近年話題になっているのは、特に高学年になるにつれて増加する女子のスカートの長さである。膝から上へその長さはしだいに短くなりつつあり、一つの社会現象ともなっている。当然こうした服装規律違反に対しては、生徒指導部が中心となって指導の方針を立て、全職員で指導にあたることになる。しかし、現実問題としてはなかなか指導の効果が出ず、違反→指導→違反→指導→……の繰り返しとなっている。具体的な事例でみていく。ある年の卒業式が終わって数日後、三人の女子の卒業生が学校に遊びに来た。在学中の担任だった教師とたまたまその時そこに居合わせた生徒指導担当だった教師とが彼らと雑談した。学校生活のさまざまな行事にまつわる出来事について語り合うなかで、やがて生徒指導担当の教師が彼らに質問した。「なぜ君たちはスカートを短くしたり、髪の毛を染めたりという校則違反を繰り返したのか。どうしてあんなに先生たちの指導に反発したのか?」。これに対して彼らは笑いながらこう答えた。「それは先生たちへの反発からではないです。周囲の人間たちとの人間関係からです。周囲から、特に友達から自分が馬鹿にされたくない、一目置かれたい、注目されたいと思ったからです」教師たちにとってはこの答えは意外なものだった。この三人の中の一人は特に教師の指導に強く反発していたからであった。このように、繰り返される校則違反に対して教師は最初の段階では、子どもたちの教師の指導に対する反発からくる抵抗の行動だと考える傾向がある。そのため違反が繰り返されるごとに指導の内容や方法が厳しくなっていくのである。結果としてそれが体罰等へ発展する場合がある。しかし、実際の子どもたちの気持ちをたどっていくとこうした違反を重ね、繰り返す動機の大半が子どもたちどうしの人間関係に由来するものであることがわかる。つまり、服装違反をはじめとするさまざまな校則違反を繰り返すのは多くの場合、単なる厳しい校則や教師の指導に対する反発からではなく、子どもたちの間での対立や過剰な刺激し合いが原因となっているということである。これは指導する側が十分認識しておかねばならないことである。実際に次のような事例がある。服装違反を繰り返したある子どもが後に語ったところによれば、服装違反を繰り返すことによって、教師から大勢の子どもたちの目の前で大きな声で叱られることを、むしろ他の子どもたちへの自分の存在を示す機会と考えたというのである。つまり、教師から大勢の子どもたちの前で厳しい指導を受けるところを見せることで、その大勢の子どもたちに「みんなにはできないことを自分はやれるのだ」として、自分がいかに強い存在であるかということを見せつけようとしたのである。このことから規律違反のかなりの部分が子どもたちの間の人間関係を原因として生じているのではないかと推測される。また、規律の問題には家庭での人間関係も関連している。規律の問題の根底にある「目立ちたい」という子どもたちの気持ちは、子どもたちの間だけではなく、親や家族に対しても存在する。つまり、親に自分へのより強い関心を持たせようとする場合である。すなわち、子どもが自分の親は自分の気持ちを理解していない、あるいは今の自分の状況をもっと親に理解して欲しいというような場合も、親への反抗的な態度の一つとして校則違反の行動を繰り返すことがある。たとえば、わざと制服を改造したり、破れた服を身に着けたり、濃い化粧をしたり、アクセサリーをつけたり等々には、仲間の子どもたちへの「目立ちたい」という気持ちと同時に、親への反抗や抵抗という気持ちが確実に存在する。こうして校則違反を繰り返すことで保護者としての親が学校に呼び出されたり、学校から注意を受けることで、すなわち、こうして親を困らせることで、親の自分への注意を引きたいと考えるのである。

このように校則違反を起こす子どもたちの心理には、学習意欲がわかない、勉強以外で何か活動したくてもうまくできない等、本人自身の不振を原因とすることもあるが、多くの場合は本人の周囲との人間関係の不具合を背景としている。人間関係の不具合と子どもの認識の構造とその過程との関係については、次のように考えられる。人間関係の不具合とは基本的に「自分が理解されていない（＝自分をわかってくれない）」、「自分のことが低く評価されている（弱い、目立たないと思われている）」ことへの不満や不安が原因となって起こる場合が多い。「自分が理解されていない」と思うことには、「他者が自分を自分が見て欲しいように見ていない、あるいは理解して欲しいように理解していない」という強い自己中心性が存在している。つまり、子どもたちが周囲から「自分が理解されていない」と思うことには、公平な規準で自分をみて欲しいというのではなく、自己中心的に自分を見て欲しいという欲求が背後にある。したがって、こうした自己中心性に基づく不満や不安は、基本的には本人の心身の成長を俟って解消される性質のものである。しかし、子どもの周囲との人間関係の不具合の解消を子どもの心身の成長を俟つことのみで解決されないことはもちろん言うまでもない。規律の問題において、指導の方法としては大きく二つに分けられる。一つは毅然とした指導を行うことである。毅然とした指導とは、厳しい指導であり、厳格な指導である。というのは、子どもたちが抱く不満や不安は、自分自身が未発達であり、未熟であることを原因としている場合があるからである。子どもたちが自分自身が未発達であり、未熟であることを自覚することは、自分自身が何らかの限界を感じている時である。自分が思うように行動したい、自分の思うような自分になりたいという気持ちは、向上心の表れである反面、他方で自己中心性の表れである。このような子どもたちの未発達であること、未熟であることから生じる問題の解決は、ある子ども自身の成長、発達という一定の時間の経過を必要とするものであり、これ自体は手の入れようがない。しかし、だからといって子どもたちの発達や成長を俟つ間、規律の問題を放置することはできない。なぜなら、規律を守らせることが子どもたちの正常な発達や成長を促すことにつながり、ひいては集団生活における人間関係からうける被害から子どもたちを守ることにつながるからである。

　また先述したように子どもたちは自らの人間関係のプレッシャーから逃れるために、あるいはその出口を求めるために、規律違反を起こしたり、繰り返したりする場合がある。したがって、子どもたちからたとえ不満や不安を訴えられたとしても、基本的に規律の問題に対しては厳しい指導を行わねばならない。指導する教師の側がこうした子どもたちが置かれた、あるいは子どもたちを取り巻く状況についての理解が十分でないと、こうした子どもたちの規律違反の行動をすべて自分への反発や抵抗と考えて、自分の指導力の問題として個人的な問題として抱え込んでしまうことが起こる。その場合、教師の側の指導は極端に厳しくなるか、極端に緩んだものになるかのどちらかになってしまう傾向がある。もし、後者のような指導に終始した場合、学級経営上重大な危機に陥ることが考えられる。というのは、教師の側の厳しい指導を受けることで、他の子どもたちへ自分の存在を強く印象づけようとした子どもが、厳しい指導を受けられずにいわば宙に浮くことになってしまい、追い詰められてしまったり、他方で教師の側の緩い指導に子どもたちの多くが「自分たちもやろう」ということで違反をしたり、違反を繰り返したりするということが起こるのである。しかし、総じて厳しい指導の方法とその行使の判断とは非常に高度な教育的な課題である。

　規律の問題において、指導の方法としてのもう一つは、子どもたちの人間関係についての見方、考え方を正しく導くための指導が、厳しい、厳格な指導と並行して行われることである。先述したように、ある子どもにおける他者の自己についての認識が、自己の期待する自己と異なっており、その結果その原因となっている人間関係についての不満や不安を生じさせているのであれば、他者の自己についての認識を変える努力をするように、そしてその努力の方法をその子ども及びその子どもが所属する学級の子どもたちに教えなければならない。たとえば、校則違反を繰り返す子どもが、自分は「臆病な人間ではない、あるいは弱い人間ではない」、「度胸のある人間だ、あるいは強い人間だ」というように他者に理解されたいと思って、こうした行動をとっていたとしたらどうであろうか。その子どもにとってはそのための一つの方法が権威の象徴である学校や教師への反抗的な態度をその周囲の人間に見せることであると考えられる。つまり、こうした態度をとることによって周囲の人間たちの自分に対する認識を、したがって理解を変えさせようとするのである。では、これを受けて指導する側としては、どうしたらいいのであろうか。

ここで想い起こさねばならないのは、学力のノエシス——ノエマ構造の作用である。ある子どもが「自分は臆病な人間ではない、あるいは弱い人間ではない」、もしくは「自分は度胸のある人間だ、あるいは強い人間だ」というように他者に見られたい（＝理解されたい）と思ったとする。ノエシスの作用は対象についての意識に何らかの「身体表現」意識を対応させ、それらを接続し、対象についての意識を意味づけする。ということは、この場合の対象についての意識とは、たとえば「自分は親や教師が怖い、でもこのことが知られたら周囲の人間から馬鹿にされる」である。これにノエシスの作用により生み出された「身体表現」意識がたとえば「学校の規則を破ってみんなを驚かせてやろう」である。そしてその結果がノエマとしての「わざと目立つような校則違反をし、みんなの前で教師に叱られる」となったと考えられる。子どもの校則違反をこうした視点から観察すると、指導する側からの取り組みとしては次のようなことが考えられる。「自分は親や教師が怖い、でもこのことが知られたら周囲の人間から馬鹿にされる」という意識に、ノエシスの作用によって対応するのが「自分は臆病な人間ではない、あるいは弱い人間ではない」、もしくは「自分は度胸のある人間だ、あるいは強い人間だ」というように他者に見られたい（＝理解されたい）、である。これ自体はノエマであり、次にこれが新たな対象としての意識となる。そしてこの意識はノエシスの作用によって「わざと目立つような校則違反をし、みんなの前で教師に叱られる」という「身体表現」意識として生み出される。したがって、教師としてこの子どもにかかわるとすれば、それは「自分は臆病な人間ではない、あるいは弱い人間ではない」、もしくは「自分は度胸のある人間だ、あるいは強い人間だ」というように他者に見られたい（＝理解されたい）という心理に対してである。つまり、この見られたい（＝理解されたい）自己をこの子どもが実現できる方法を、この子どもが自ら考え、自ら発見するように導くことである。すなわち、これは自己に対する他者の認識を変える問題であることに気づかせることであり、自己と他者との間で〝自他の転換〟が起こるように導くことである。この事例では「自分は臆病な人間ではない、あるいは弱い人間ではない」、もしくは「自分は度胸のある人間だ、あるいは強い人間だ」というように他者に見られたい（＝理解されたい）という意識と、「わざと目立つような校則違反をし、みんなの前で教師に叱られる」という意識との接続を、言葉を交わし合うことに基づく反省の作用による切断を行い、その代わりにそうではない「身体表現」意識との接続を促すのである。そうではない「身体表現」意識の具体例としては、その子どもができることで、クラブ活動や生徒会活動等の何らかの活動に参加すること、あるいは、この子どもが大勢の子どもたちの中で何か発表したり、行動したりする機会を設定し、実際に行動させること等々へ、その子どもが思いを馳せるように導くのである。このことは、言い換えれば、教師と生徒との相互主観による〝自他の転換〟をはかる試みの一環として考えることができる。

問題行動

規律の問題の延長線上の領域に問題行動がある。学校現場で問題行動という場合、多くは喫煙、飲酒、窃盗、万引き、交通違反等法律上の違反行為を子どもが犯すことをさす。服装の乱れのような風紀上の規律違反とは区別される場合もある。というのは、どちらの場合も学校現場からすれば規律違反として指導の対象になるが、その問題の深刻度は風紀上の規律違反とは比較にならないほど大きい。もしこのような深刻な問題行動が発生した場合、学校現場では次のような手順で対応する。まず生徒指導部による事情聴取、処分の内容の協議を行い、その報告を管理職に行う。それを受けて管理職は処分の内容を決定する。次に全職員による職員会議が開かれ、質疑応答をへて、管理職が提起した具体的な処分の内容を承認する。そしてこれを受けて該当の子どもと保護者を召還し、処分を申し渡す。処分の内容としては、基本的に家庭謹慎処分か学校謹慎処分かに分かれる。

たとえば万引きをした子どもたちの事例をとり上げる。数人の子どもたちが集団でデパートで衣類を万引きした。彼らはデパート側に取り押さえられ、駆けつけた警官に引き渡された。管内の警察署での取り調べが始まった。最初子どもたちは所属の学校名と担任名については答えたが、親である保護者名を答えなかったので、警察はまず所属の学校へ連絡をしてきたが、これによって問題行動が発覚した。このような事件の場合、原則は拘束されている警察署へ赴き子どもの身柄を受け取りにいくのは保護者であるが、事情によっては担任や生徒指導部の教師が行くこともある。そして、学校現場では先ほどのような手続きをへて子どもを謹慎処分とする。学校謹慎の処分の場合、通常の授業時間帯に生徒指導室、会議室、学習室等を利用して自習をさせる。それを授業の空き時間の教師が交替で監督する。この時監督する教師は子どもの書いた反省文を読み、それについての感想や今回の処分となった問題行動についての説諭を行ったりする。家庭謹慎の場合は、家庭での自習が中心となる。そして毎日分担して教師が家庭訪問を行い、子どもが書いた反省文を読み、それをもとに話をする。謹慎の場所が学校か家庭かの違いはあるが、指導の方法は基本的に変わらない。しかし、謹慎処分とは〝登校停止処分〟であり、考え方によっては子どもの学習権を奪うことである。そこまでしても処分しなければならないのは、こうした問題行動を起こした子どもの内面に緊急に解決しなければならない問題があると学校側が判断するからである。法律に触れる問題行動を起こす子どもの内面には確かに解決されねばならない何かがある。たとえば、過度の精神的ストレスが考えられる。原因としては、学校では勉強が思うように進まない、友人との関係がうまくいかない、部活動等で技術がなかなか上達せず、正選手になれない等がある。また家庭では親の自分に対する評価が兄弟姉妹に比べて低い、両親の関係がうまくいっていない、経済的状況が苦しい等がある。これらのどの原因も一般的にはよくある事象であるが、該当の子どもにとってはこれらの事象を自分自身で解決することが不可能に感じられたと思われる。いわば、これらの難題を前に出口を見出せなかったことが問題行動につながったと考えられる。したがって、教師はこうした視点からその子どもの指導にあたることになる。このような問題行動を起こした生徒に対して教師としての取り組みは基本的に二者面談及び三者面談である。いわゆる徹底した〝話しこみ〟を行うのである。一般に教育現場の教師たちには明確な根拠はないけれども、この〝話しこみ〟によって子どもの心が変えられるという信念のようなものがある。というよりも、これ以外の方法は具体的に見つからないというほうが正確かもしれない。私たちもこのような問題行動を起こした子どもに対する指導の方法としては、この〝話しこみ〟を唯一有効なものと考える。

ここで大事なのはこの方法の有効性についての根拠を明確にすることである。一般に問題行動を起こした子どもたちへの指導の目標は、このような行動をしたことに対する十分な反省、すなわち、このような行動は反社会的な行動であり、大人の社会では重い犯罪にあたることについての認識を持つこと、なぜこのような行動をしたか、あるいはなぜこのような行動を自制できなかったのかについて自分自身の内面を振り返ってみること、二度とこのような行動をしないためにはどうしたらいいかを自ら考えること等々の反省を促すことである。言い換えれば、その問題行動を起こすにいたったその子どもの心をつくり変えることである。子どもの心をつくり変えることは、子どもの考え方をつくり変えることであり、考え方をつくり変えることは、子どもの考え方を再構成することであり、認識の過程の再構成でもある。その際重要なことは、その子どもとの相互主観を通してその子どもの心をどのように再構成するかである。先述したように、一般に教師たちにはいわゆる〝話しこみ〟によって子どもの心がつくり変えられるという信念のようなものがあるが、これもつきつめれば相互主観を通して、本人特有の意識の接続を、どのような反省によってその切断をいかに行うかにかかっているということである。というのも、人間の考え、すなわち、思考における物事や事柄の善悪、真偽等、あらゆる価値的な判断の形成は、相互主観を通しての〝自他の転換〟により形成されるからである。学力のノエシス——ノエマ構造の作用を含む思考の過程そのものは、いわば生得的な構造による作用であり、〝自他の転換〟が起こるためにはこれに相互主観による反省のはたらきがかかわらねばならない。相互主観による反省のはたらきは、他者と「言葉を交わし合う——身体表現」意識が「言葉を話す——身体表現」意識を刺激することを通して展開される。「言葉を交わし合う——身体表現」意識としての相互主観による〝自他の転換〟によって、子どもの心が期待されるような心へとつくりかえられることは、どういう他者と共に在り、その他者とどういうふうに言葉を交わし合うかということによって決定されるのである。この相互主観による〝自他の転換〟によって、自他の自己が相互転入し、いわゆる「自分のしたことの本当の意味が理解できた」という判断が起こるのである。

さて、事例としてあげた集団万引きをした子どもたちへの指導は、一人ひとり個別に行われた。この子どもたちは問題行動を起こすまでは、日常的な学校生活では表面的には少なくとも何の問題もない子どもたちであった。教師の指導や注意には素直に従い、学習態度もまじめであり、また放課後はクラブ活動に積極的に参加し、遅くまで熱心に活動していた。ある意味で模範的な子どもたちであった。まず指導にあたる教師たちは、この子どもたちのどこに問題があったのかを話し合った。その中で出てきたのは、こうした問題行動を引き起こすことで最も困るのは誰かということであった。つまり、彼らは万引きした衣類を買うお金は十分に所持していたのであり、単純にお金がないというわけではなかった。彼らは警察での事情聴取に「代金を払うのが惜しかった」と答えている。教師たちにはそれがこうした行動に走った直接の理由であるかもしれないが、その奥にその行動を抑制出来なかった何かがあると思われた。したがって、問題はその何かとは何かということである。この何かはそのような行動をするようにし向けた思考を形成した認識の過程の結果生み出されたものであり、その過程における相互主観による反省のはたらきにより生み出されたものである。教師たちの話し合いの中でクローズアップされてきたのは、これらの子どもたちは少なくとも学校生活に何らの問題もないとすれば、家庭内に何らかの問題があるのではないかということである。そしてあらためて子どもたちの家庭訪問を実施することになった。子どもたちの中の一人の子どもの家庭訪問を行った教師からなされた報告の内容が教師たちの間で話題になった。その子どもの家庭訪問をすると、訪問した教師を家族全員が出迎えたというのである。しかも両親をはじめ家族全員が笑顔で、明るく振る舞っており、少なくとも集団万引きという罪を犯し、謹慎中であるはずの子どもの家庭の雰囲気としては異例という印象を受けたのである。中でも強い印象を受けたのは、教師の質問や説諭に応ずる両親の反応である。それはその子どもの両親が受け答えにおいて一貫して「私たち家族は本当に仲良しなんです。友達のような家族なんです」という発言を繰り返したことである。家庭訪問した教師は正直なところこれらの状況にとまどってしまったという。このような事例では多くの場合両親はこのような事件を起こした自らの子どもを詰る一方で、教師や学校側に対して謝罪の言葉を繰り返すものである。そして、子どもはこのような両親に対して何らかの不満や反発を蔵しているものである。しかし、この家庭の場合はこうした反応は見られず、どちらかというと自分の家族がいかになごやかで、問題のない家族であるかが強調されているように思われたのである。この報告を受けて教師たちの間でこれはどのように受け取ればいいのかが議論となった。その中で一番多かった意見は「何の問題もありませんと明るく振る舞えば振る舞うほど、むしろその家庭は背後に大きな問題を抱えているということではないか」である。こうして子どもたちの家庭訪問を終えて教師たちが行った報告の内容で共通している事柄として挙げられるのが、子どもたちには家庭における不安定な状況が存在するということであった。

校則のみならず法律を含むあらゆる規則に意図的に違反する行動をとる子どもたちに共通しているのは、学校、家庭、社会一般に対する反発の感情が存在するということである。そしてこれらに対する反発の感情は、融合されて、さまざまな行動となって現れる。その中に規律違反、法律違反という行動が出現するのである。この学校、家庭、社会一般に対する反発の感情は、単に漠然とした内容の場合もあるが、多くはそれらを構成する他者に対する反発の感情である。学力を構成する要素である相互主観は、人間の精神としての心が個人の内に存在しつつ、同時に個人を超えて、個人と個人との間に存在する。何かへの反発の感情、誰かへの反発の感情は、他のさまざまな感情と同様、本質的にはノエシスの意識と意識とを接続する作用によって生み出されるものである。したがって、どのような対象についての意識に、どのような「身体表現」意識が接続されて、このような犯罪行動に結びつく意識が生み出されたのかが分析されねばならない。相互主観とは共に在る他者に対する関係を根拠として存在する主体的自我であり、それに伴う何らかの思いや考えである。その思いや考えの起源となるのは個人個人の「身体表現」意識である。したがって、反発という感情は、共に在る他者についての「身体表現」意識から生み出される感情の一つということになる。したがって、子どもたちが何らかの問題行動を起こすにいたった判断の内容は、子どもたちがこれまでどういう他者と共に在り、それによってどういう「身体表現」意識が生み出されてきたかを反映したものとなっている。その際反発という感情は、ノエシスの意識と意識とを接続する作用に一定の傾向性としてはたらいていると考えられる。この傾向性は個人の生得的な気質や性格に負うところもあるが、他方でその個人を取り巻く環境、すなわち、人間関係に負うところも大きいと考えられる。この傾向性が人間関係に負うところが大きいということは、同時にノエシスの作用である意識と意識との接続を切断する反省の作用に負うところが大きいということである。

こうした問題行動を起こした子どもたちに対する指導の可能性として私たちが考えるのが後者の場合である。つまり、接続された意識を切断する反省の作用が子どもたちに問題行動を起こさせた判断としての意識を更新することができるのではないかと考えるのである。子どもたちが問題行動を意図的に起こす動機は、消極的にみれば彼らにとって最も関係の深い重要な人々の注意を引くことであり、積極的にみれば彼らにとって最も関係の深い、重要な人々を困惑させることである。子どもたちにとって最も関係の深い、重要な人々とは誰かと言えば、家庭を構成する人々、すなわち、家族である。このことは、家族との関係において問題行動を起こした子どもたちの判断を形成した反省の作用、すなわち、意識と意識との接続を切断する作用がはたらいたことを意味する。したがって、問題行動を起こした子どもたちの判断の内容を更新するためには、家族以外の人間と共に在ること、したがって家族以外の人間と言葉を交わし合うことに基づく反省の作用を必要とするのである。この事例において私たちのこれらの子どもたちに対する指導は、こうした事前の分析をふまえて個別に実施した。すなわち、一人ひとりの子どもと私たち教師側との徹底した二者面談を行ったのである。その手法の中心となったのは、子どもたちにできるだけありのままの自己を語らせることである。そうすることで、どのような対象について の意識に、どのような「身体表現」意識が接続されているかが顕わになると考えたのである。そしてそこでたとえば、これらの子どもたちが家族に対して持っている何らかのわだかまりを見出したならば、その意識と意識との接続を切断させること、したがってそれについて子ども自身に自己を徹底して語らせること、すなわち、反省させるのである。対象についての意識からいったん切断された「身体表現」意識にかわって、それとは異なる何らかの「身体表現」意識がノエシスの作用によって接続されることになる。私たちはこの二者面談において、子どもたちの家族との間で起こった過去から現在までのさまざまな出来事についてのやりとりを話題の中心にして、子どもたち自身における意識の切断と接続とを試みたのである。問題行動を起こした子どもへの基本的な指導方法としては、このような〝話しこみ〟という手法を通して、子どもの精神としての「身体表現」意識の在り方を具体的に変えていくことが最も有効である。その際ノエシスの作用と反省の作用とのかかわりがその取り組みを有効にするという視点がその中心におかれねばならない。こうした明確な視点がない〝話しこみ〟では、真の改善につながらないのである。

第四節　特別活動

クラブ（部）活動

正規の特別活動の範疇には入らないが、その一つに加えてもいいのがクラブ活動である。このクラブ活動は、授業が終了した後、二時間ないし三時間子どもたちが自分の希望する分野で自主的に行う活動である。活動する分野は大きく分けて文化部の分野と体育部の分野とに分かれる。たとえば文化部の分野では「天文部」、「物理部」、「化学部」、「生物部」、「吹奏楽部」、「音楽部」、「史学部」、「美術部」、「書道部」、「英語部」、「放送部」、「写真部」、「文芸部」、「映画研究部」、「食物部」、「茶道部」、「華道部」、「報道部」等がある。また体育部の分野では、「野球部」、「庭球部」、「卓球部」、「バレーボール部」、「バスケットボール部」、「剣道部」、「柔道部」、「弓道部」、「山岳部」、「サッカー部」、「水泳部」、「陸上部」等がある。これらのクラブ活動は基本的に子どもたちが自発的な意志に基づいて入部し活動する。活動状況は部によっても、学年によっても異なるが、原則として一年間を通して行われ、熱心な部によってはほとんど毎日活動している場合もある。活動の実質的な時間数でみると授業時間数を超える部もある。そういう意味ではこのような部に所属して活動している子どもたちの成長、発達にとっては、授業での学習活動と同等かそれ以上の意味をもっていることになる。私たちはこのようなクラブ活動に対しては、授業と同様きわめて大きな意義を認めている。私たちは基本的に授業の場と授業以外の場との子どもたちの学習活動について、しっかりしたバランスをとることが必要だと考えている。後述する生徒会活動や学校行事についても同様である。これらのクラブ活動すべてに共通する点として私たちは技能（スキル）の習得をあげる。技能とは一連のある型にはめられた身体の動きのことである。これは体育部の領域でみるとわかりやすい。たとえば野球部であればボールを投げる、打つ、捕る、等の技能をたゆまぬ練習によって身につけることである。また柔道部であれば投技《なげわざ》、固技《かためわざ》、当身技《あてみわざ》の三部門からなる技術（技能）を日々の練習によって習得することである。文化部の領域でも基本的には同様である。つまり、自由な身体の動きを一連の流れの型にはめる学習活動である。たとえば天文部であれば、さまざまな天体現象を天体望遠鏡や双眼鏡などの機材を利用して観測したり、小惑星の位置の確定、変光星についての研究等を行う。また吹奏楽部では、部員全員に何らかの楽器の演奏を割り当て、練習させ、全員での合奏を行う。定期的な演奏会などで発表会を開催したりする。

　私たちがこのようなクラブ活動にとりわけ大きな意義を見出すのは、これらの活動がこれまで述べてきた学力の形成や向上に深く関係するからである。つまり、これらの活動を行うことによって子どもたちは自分の身体の動きを知覚し、認識し、それによって自分の身体の動きにかかわることができ、ひいては教科・科目の学習にも通じる学力を高めることができるのである。すなわち、このようなクラブ活動は経験というさまざまな身体の動きを対象とする学力の作用を含む認識の過程をへて新しい知識を生み出すからである。他方、教科・科目の学習は、教科・科目の内容としての知識が対象となり、認識の過程をへてその知識が意味づけられ、可能的経験ないし体験としての何らかの「身体表現」意識を生み出すのであった。つまり、クラブ活動は教科・科目の学習と認識の過程を共有する学習活動なのである。したがって、認識論的には、教科・科目の学習活動とクラブ活動のような学習活動とは、その本質において同等の意義を有するのであり、認識する力を学力とするとこの二つの学習活動が相俟って本来の学力は発達し、向上していくのである。しかし、わが国の学校教育の実践の場ではクラブ活動についてのこうした認識論的理解が不十分なため、教科・科目の学習活動とクラブ活動とは全く関係がないものとして分離されたり、クラブ活動の意義が過少評価されたりして、子どもたちのすべての学習活動においてこれらの学習活動はきわめてアンバランスな状態となっている。

クラブ活動の認識論的意義についてもう少し詳述することにする。すべてのクラブ活動には活動としてのそれぞれ独自の身体の動きがある。これは運動系のクラブ活動でも、自然科学系・文化系のクラブ活動でも共通している。つまり、クラブ活動とは認識論的には、経験・体験を通して知識を生み出す認識の過程そのものなのである。私たちは先に認識の過程は純粋意識としての学力の作用を含む過程であると述べた。そしてこの認識の過程には知識としての教科・科目を対象として、この知識に向き合い、この知識から可能的体験や可能的経験を生み出す過程、すなわち、可能性を生み出す過程と、対象としての経験や体験から知識を生み出す過程とが区別されることを明らかにした。クラブ活動を含めたいわゆる特別活動は、このような認識の過程を含む総合的な学習活動にほかならないのである。教科・科目の学習は知識である学習内容についての経験や体験の再現を通して展開する学習であるから、クラブ活動のような具体的な経験・体験から知識を生み出す学習は、教科・科目の学習における学力を高めるはたらきにかかわることは容易に推測されよう。具体的な事例でみていく。「天文部」という自然科学系のクラブ活動がある。一般に「天文部」では、天体観測が活動の基本となる。天体観測は大きく昼間の観測と夜間の観測とに分けられる。昼間の観測の主な目的は、太陽の黒点や水星の観測、金星等の惑星による蝕、日蝕や月蝕等である。夜間の観測の主な目的は、月や惑星の観望、星座の観察、流星群の観察、星野写真の撮影等々である。基本的にはこうした活動では天体望遠鏡という機器を利用する活動となる。したがって、まずこの機材の名称や部品についての個々の知識、そしてそれらの取り扱い方を習得することから活動は始まる。次には何を観測し、あるいは測定し、研究するかを学習する。研究目標が定まると次にはその研究の計画をたて、その具体的な実施方法等を検討する……。

このようなクラブ活動は子どもたちには身体を動かす学習として感じられる。教科・科目の学習では、対象としての学習内容が文字・記号・図・写真等で与えられるのに対して、クラブ活動では対象としての学習内容がまさに「手許にある」という在り方において与えられるのである。概してクラブ活動において子どもたちが生き生きとした表情を見せたり、活発に活動したりする姿を見せるのは対象としての学習内容がまさに「手許にある」という在り方において与えられるからであろう。対象としての学習内容がまさに「手許にある」という在り方において与えられることは、学習内容が「身体表現」意識に直接与えられることである。学習内容が「身体表現」意識に直接与えられることは、学習内容を自らの身体の動きで表現しようとすることであり、自らの身体の動きで「観る」ことであり、「考える」ことである。自らの身体の動きで「観る」ことであり、言い換えれば、「考える」ことは、対象を自分の身体の動きを一定の型にはめ込もうと努力することである。先ほどの天文部の活動を例にとれば、たとえば天体望遠鏡を使用してある星座や星雲を観望しようとする時、その星座や星雲の位置を正確に知るためにあらかじめ調べたり、場合によっては計算で求めたりしなければならない。そしてそれをもとに実際に望遠鏡の視野に目的の星座や星雲を導入することになるが、これにはかなりの技術を必要とする。この場合の技術とは目的の星座や星雲を視野に導入するためのさまざまな身体の動きを指している。この過程で子どもたちはそのつど「どのようにしたらいいか」、「次には何をするのか」、「どうしてそうしなければならないのか」等々の「問い」に襲われている。「問い」に襲われながら自分の身体の動きを一定の型にはめこもうと試行錯誤を繰り返す。この試行錯誤の過程には確実に思考の過程としての認識の過程が存在している。つまり、学習が行われているのである。

クラブ活動におけるこのような身体の動きはほとんどの場合つくられた身体の動きである。つくられた身体の動きとは、単なる自然に振る舞うこととしての身体の動きではなく、何らかの目的を持って、意図的に組み立てられた身体の動きである。この身体の動きは「手許にある」という在り方をする道具や物、あるいは事柄を通して、子どもたちが自らの限界を超え出て、自らを拡張するという可能性を子どもたちにもたらすのである。すなわち、こうした活動を行う子どもたちは、そうした活動を行わない子どもたちに比べてより十全に、そしてより精確に志向性としての「身体表現」意識を、すなわち、ノエシス――ノエマ構造の作用の発達を、またノエシスの作用と反省の作用との相互作用の発達を獲得することができるのである。このことは当然のごとく教科・科目の学習において大いに役立つことになるのである。すなわち、クラブ活動を通してこのように子どもたちが学力の作用を含む認識の過程をはたらかせる多様な機会を持つことが、高度な学力の形成や発達を促進することができることにつながるのであり、この意味で私たちはクラブ活動への正しい評価を行わねばならないのである。

生徒会活動

学力の作用の展開としての認識の過程は、教科・科目の学習活動の場としての授業の場ばかりでなく、実は子どもたちの日常的な学校生活のいたるところで展開している。私たちはこの認識の過程を実際にはたらかせ、育成する場が授業を離れた学校生活の中にもあると考える。それは先ほどのクラブ活動の事例に見られるように、たとえばさまざまな特別活動の中にも見出されるのである。すなわち、子どもたちの学校生活を大きく授業の場と授業以外の場とに分けると、授業の場では知識としての学習内容から、知識にかかわることを可能にする経験や体験が認識の過程をへて生み出され、他方授業以外の場では、現実の経験や体験から知識が認識の過程をへて生み出される。そこでここでは特に特別活動と呼ばれる中で認識の過程が実際にはたらき、育成される場についてみていくことにする。一般に学校教育の現場では、授業の場以外の子どもたちの学校生活は特別活動とクラブ（部）活動の二つの領域から構成されている。中学校の学習指導要領には特別活動の目標として次のように述べられている。「望ましい集団活動を通して、心身の調和のとれた発達と個性の伸張を図り、集団や社会の一員としてよりよい生活や人間関係を築こうとする自主的、実践的な態度を育てるとともに、人間としての生き方についての自覚を高め、自己を生かす能力を養う。」そして具体的な活動として、生徒会活動と学校行事とがあげられている。生徒会活動とは、おもに中学校、高等学校で自主的活動を促し、民主的社会の構成員としての資質を育成する目的で、全校生徒集団で構成する自治組織である。ちなみに小学校では児童会がこれに相当する。このような生徒会活動の目標は、「生徒会活動をとおして、望ましい人間関係を形成し、集団や社会の一員としてよりよい学校生活づくりに参画し、協力して諸問題を解決しようとする自主的、実践的な態度を育てる」とされている。生徒会活動の具体的内容としては、生徒会としての計画や運営、異年齢集団による交流、生徒の諸活動についての連絡調整、学校行事への協力、ボランティア活動などの社会参加がある。また、学校行事とは学校がその教育的意義を認めて実施しようとする児童、生徒参加の行事ならびに学校運営上重要と認めて実施しようとする業務上の行事をさすが、具体的には儀式、学芸的行事、保健体育的行事、遠足・修学旅行的行事、安全指導的行事、勤労・生産的行事などが該当する。この学校行事は、子どもたちの知識、技能、社会的能力などを総合して表出する応用の機会を高め、学校と地域社会との結びつきを強めることが期待されている。学校教育における特別活動は、学校行事の意義にみられるように、子どもたちの知識、技能、社会的能力などを総合して表出する応用の機会である。言い換えれば、一人ひとりの子ども及び集団としての子どもたちの持つ総合力を表出する活動の機会だということになる。

今日において、確かに特別活動は教科・科目の学習等とは異なり、めざすべき本来の学力の形成、その育成とは無関係のように考えられがちである。現実に教科・科目的学力を最重要の目標として掲げる学校においては、特別活動は実施しなければならないから実施するという形式的なものになってしまっている傾向がある。しかし、この見解では実質はそうではなく、授業の場で形成され獲得される学力のさらなる発達とその充実にとって、特別活動は必要欠くべからざる重要な学習活動であるとしている。この点に関しては私たちは同意する。すなわち、私たちは特別活動についてのこのような見解は、一定評価すべき点があると考えるが、他方で私たちはこの見解のある部分には同意できない。というのは、私たちはこのような特別活動についての見解における〝応用の機会〟と〝総合力〟という表現に特に注目する。

この見解は特別活動としての生徒会活動や学校行事は、授業の場で形成し、獲得した学力の〝応用の機会〟であり、その中で養われた〝総合力〟をさらに育成する機会であるとしている。つまり、この見解に従えば、あらゆる学習活動の基礎となる学力は授業の場で形成され獲得されるとし、その応用の場および総合力の育成の場が特別活動の場であるというのである。つまり、結局この見解も本来の学力は教科・科目の授業の場によって培われるとしており、特別活動はそれを補完する場であるという位置づけである。私たちはそうではなく、教科・科目の学習活動と特別活動としての学習活動とは学力の形成、充実において双方向の関係にあり、その意味で全く同等の意義を有すると考えるのである。このことはこれまで何度も繰り返し述べてきたように、学力の作用を含む認識の過程の展開から導き出される当然の帰結である。

特別活動の事例として生徒会活動を取り上げてみよう。生徒会活動の主体は生徒会である。組織の仕方の詳細は各学校において少しずつ異なるが、多くの学校では毎年、一学期と二学期の期間の間に新しい生徒会を組織する。たとえば生徒会の中心となるのは生徒会長であり、卒業学年をのぞく全学年から立候補者を募る。そして立候補者の立ち会い演説会を開催し、その後全部の子どもたちや生徒による選挙を行う。こうして選ばれた生徒会長が中心となって副生徒会長および書記の三役などが選出される。いわゆる組閣が行われる。この過程はまさに将来の国や地方の首長や議員の選挙の時の投票行動の模擬となる。自分たちの中から自分たちの代表を選ぶという過程は、民主主義社会の一市民としては必須の経験である。したがって、生徒会活動の持つこうした趣旨はそれ自体が学習である。これとは別に、生徒会活動の持つもう一つの側面がある。それは投票行動における認識の過程の側面である。投票によって人を選ぶということは、選ばれる人がどういう人なのかを理解していなければならない。この場合人を理解することは、その人が主張することを対象として認識することである。通常は選挙の前に行われる立ち会い演説会におけるその人の意見や考え方、印象などをもとに判断する。たとえば、ある立候補者は「私は学力の向上という学校の目標が実現できるように、皆さんの遅刻や欠席を減らし、皆さんが勉強に集中して取り組めるような環境をつくっていきます」と演説した。他方、別の立候補者は「私は皆さんからの意見や要望をたくさん出してもらって、すべての皆さんが学校生活を楽しいと感じることができる学校にしていきます」と演説した。これらの演説内容はおおむね立候補者本人が考えたものである。どちらの演説内容もよりよい学校生活づくりをしようとする点で生徒会活動の趣旨に合致していて問題はない。立候補者の演説を聞いた子どもたちは一人ひとり、演説の内容を自分の中で理解しようとする。ここでは先述した聞くという学習活動が関連する。聞くことは聞く者に他者が言葉を話すことについての意識を持たせ、それによって聞く者の「手許にある——身体表現」意識を刺激し、聞く者に何らかの「身体表現」意識を生み出させる。この生み出された「身体表現」意識が、それぞれの立候補者の主張を聞いての聞く者の感想であり、意見であり、判断である。すなわち、ノエマである。

一般に他者が言葉を話すことを聞くことは、聞く者が他者と言葉を交わし合うことであり、聞く者の自己が他者の自己へと超え出ることである。言い換えれば、立候補者の演説内容は、それを聞く者すべての自己を立候補者の自己へと超え出させせようとするのである。すなわち、演説内容を聞くすべての子どもたちの自己を立候補者の自己へと引き出させようとするのである。すなわち、立候補者の言葉を話すことを聞くことで、聞く者の「手許にある——身体表現」意識が「身分け——総合」され、一人ひとりの子どもたちの自己は自己を超え出て、立候補者の自己のもとへもたらされる。自己を超え出た自己は、自己の「言葉を話す——身体表現」意識、すなわち、反省により本来の自己へ引き戻されるが、こうしていったん自己を超え出た自己は、もはやもとの自己ではない。これは子どもたち一人ひとりの自己が拡大されたことを意味する。これを受けて相互主観は、拡大された自己と、それまでの自己とを向き合わせ、最終的に自己の立場を確定する。この場合はどちらの立候補者の意見に賛成するかという結論が生まれる。こうして生徒会長選挙は立候補者の意見をしっかり聞き、それによって自分の考えをまとめ、それに基づく投票行動が学習活動となる。また生徒会活動では、生徒会は学校生活にまつわるさまざまな問題を取り上げ自分たちの活動をつくりあげていく。たとえば「校内の美化」という問題を取り上げ、生徒会の各部のひとつの環境委員会（あるいは清掃委員会等）を中心に実施計画を立案する。各クラスの清掃係による清掃の時間の見回り、全員での休み時間の自主的なゴミ拾い等々。やがて生徒会での議論を経て、行動計画をまとめて全校生徒に発表する。この一連の過程は、基本的に自分たちで問題を見つけ、自分たちで解決しようとする学習である問題解決学習の過程に基づく実践である。しかし、問題解決学習におけるその対象が、自分たちで問題そのものを見つけるか、あらかじめ問題が与えられているかの違いによって、認識の過程をへて生み出されてくるものが異なることに留意しなければならない。ともに発見学習の過程であるが、自分たちで問題そのものを見つける場合は、その問題を解決するための身体の動きを対象とする認識の過程をへて計画の内容としての知識を生み出すが、後者の場合はその問題を解決するための可能的体験ないしは可能的経験としての身体の動きを生み出すのである。

学校行事としての文化行事

次に学校行事の事例について取り上げてみよう。学校行事についてはまず儀式的行事がある。学期ごとの始業式や終業式、入学式や卒業式、学校の創立記念式典等がある。子どもたちの学習活動という視点からすると、これらの学校行事に共通しているのは聞くという学習活動である。また文化行事としては、年に一回の文化祭（あるいは文化発表会）、随時の文化講演会や芸術鑑賞等がある。文化祭は授業での学習を含めて、日頃の子どもたちの文化・芸術的な領域での研究とその練習成果を発表する行事である。多くの学校で年に1～2日を設定している。具体的にはクラス単位での取り組み、あるいは有志での取り組み、クラブ（部）活動の文化部としての取り組み等が中心となる。たとえばクラブ活動では先に取り上げた「天文部」では、いわゆる天体観測をおもな活動とする部である。定期的に観測日を設定し、望遠鏡を利用した観測を行ったり、眼視観測によるスケッチ等の活動を行う。文化祭ではこうした一年間の活動の成果をさまざまな方法で発表するのである。同様なことは「化学部」、「物理部」、「生物部」等でも行われる。また芸術の領域では、「書道部」、「美術部」、「吹奏楽部」などが日頃制作した作品の展示や練習の成果としての演奏会を行う。

これらの活動に共通しているのは、基本的に授業における教科・科目の学習の延長線上にあるということである。つまり、これらの活動は授業としても学習するが、それを発展させる活動としてさらに独自のテーマ（主題）を設定して実際に実験や観察を行うものである。実験、実習、実技演習などに伴う身体の動きの持つ意義については、先述したクラブ活動の場合と同様である。一方で、いわゆる他の学校行事における学習とこうした活動における学習との相違点は、こうした活動には子どもたちの活動にある程度の自主性が認められていることである。すなわち、テーマの設定や、活動時間、活動日時、活動分担、クラブ活動の役割分担等々について自分たちで話し合って決めるという自主性が認められていることである。自主性とは一般的には自分の判断で行動する態度のことであるが、私たちがここで注目するのはこの自主性である。自主性には「自ら〜したい」という気持ちが含まれているが、これは自我のはたらきに基づく行動である。このことは、自主性は自我と共に自らを顕わにするということである。自我の実体は相互主観であり、したがって、自分の判断で行動するという場合の自分の判断とは、相互主観の学力への刺激によって生み出された「身体表現」意識にほかならない。このことは子どもたちにおける文化行事とは、子どもたちが共に在り、互いに言葉を交わし合う中で、研究や探求のテーマ（主題）を決定し、実施計画を立て、互いに役割を分担して行動する学習活動であることを意味する。私たちが文化行事において、自主性とともに注目するのが、この子どもたちの判断としての「身体表現」意識である。文化行事における子どもたちの行動は、この「身体表現」意識に基づいて展開される。つまり、彼らの行動は毎日の学習の成果、すなわち、教科・科目の学習によって獲得された知識を認識することにより生み出される可能的な経験や体験、そしてまた現実的な経験や体験を対象として認識することにより獲得した知識が総動員された、総合的な学習活動として考えることができるのであり、文化行事ではこうした子どもたちの学習過程を観察することができるのである。すなわち、子どもたちの学力の作用としての認識能力の発達段階、あるいは成長状況を観察する貴重な機会なのである。

このような学校行事の実施において重要なことは、子どもたちが子どもたち同士、あるいは教師たちと言葉を交わし合う場を必ず定期的に設定することである。いわゆるミーティングを持つことである。というのは、子どもたちが自主的に判断し行動する時、常に子どもたちは絶え間ない「問い」に直面したり、襲われたりしているのである。したがって、この認識の過程が連続して展開しているのである。ということは、この活動の中で子どもたちの学力の作用を含む認識の過程が連続して展開しているのである。ということは、この活動の中で子どもたちの学力の作用を含む認識の過程を適性に、かつ十分に展開させることが、さらなる学力の向上を可能にするからである。そのために子どもたちの中にわき起こる「問い」を正面から受けとめる場としてのミーティングの設定は不可欠である。学校行事への参加を通して培われた学力は、当然のことながら教科・科目の学習活動においてはたらく学力と同じ学力であるから、その後の教科・科目の学習において好ましい結果が期待できるであろう。子どもたちの学校生活全般を見渡して、調和のとれた学校行事の設定が望まれる。

運動会（体育祭）

学校行事の中で最大の規模で、近年ほとんどすべての学校で実施されているのが運動会（または体育祭）である。運動会に関して近年興味深いことは、幼稚園から高等学校までの運動会にさまざまな点でかなりの共通点がみられることである。たとえば競技内容においては騎馬戦、棒倒し、ダンス、体操、棒引き、綱引き等が多少の形を変えながらではあるが、幼稚園から高等学校まで繰り返し実施されていることである。このことは、運動会が子どもたちの成長、発達の度合いを測定する場のような一面をもっていることを示すものである。私たちはこのような現在多くの学校で行われている運動会は、特に一人ひとりの子どもたちが各班のリーダーや各係の責任者となることを通して、子どもたちの成長、発達にとってきわめて大きな意義を持つ学習活動の一つであると考える。というのは、これらのさまざまな活動の中には学力の作用を含む認識の過程が展開され、その活動の中で認識の過程が繰り返し反復されるからである。すなわち、知識の認識から可能的経験や可能的体験が生み出され、それに基づく実際の経験や体験の認識から新たな知識が生み出されるというように、双方向の認識の過程が運動会の特に準備段階における活動の中で展開されるのである。このことについての理解を十分に持って子どもたちの諸活動に対して指導にあたれば、運動会は子どもたちの学力を総合的に充実させることが可能となる機会であると考えられる。

ここでは具体的な事例として高等学校での運動会を取り上げる。運動会の開催時期は五月頃から六月頃か、九月上旬頃かのどちらかに分かれている。実際の開催時期はそれぞれの学校の事情によって異なっている。九月上旬に実施する高等学校の場合、本格的な準備は一学期末考査が終了する六月末頃から始まる。全生徒を集めての結団式、各班（グループ）ごとの集会などが行われ、それぞれの班のリーダー、各係の責任者等が選出される。そしてこれらのリーダーたちが中心となって夏休み期間中に準備が行われる。生徒全員が参加する本格的な運動会の練習は、運動会当日の一週間から二週間前から始まる。このような運動会の準備や運営は、必要に応じて教師がアドバイスをしたり、指示を出したりするが、基本的に生徒たちの自主性にまかされている。たとえば、各班の女子全員によるダンス競技では、リーダーとなった生徒たちはテーマ（主題）の決定、振り付けの考案、楽曲の選定等をお互いに議論しながら進めていく。テーマの決定では、たとえば２０１１年に起こった東北地方を襲った大震災やその後の大津波による甚大な被害を受けた人々へ思いをはせ、その人々を励ますことをテーマとする班があった。リーダーたちはこのテーマにそってそれを身体の動きで表現するための具体的な振り付けを考案する。そしてその振り付けに適合する楽曲を選定し、編集する。こうした準備段階において、彼らは日頃の授業の場での学習のみならずさまざまな場で学習し学んだことを総動員して取り組むのである。また各班ごとに応援席の背後に設置するパネル制作では、担当者となった生徒たちがテーマを決定し、それにふさわしい絵として何を描くかを決定し、その後実際に作業に入る。こうした各班の各係になった生徒たちは、その取り組みの中で友人たちや教師、時には先輩などの卒業生との間で活発な議論を展開する。これらの制作過程の中心となるのは、生徒たちの間、生徒たちと教師の間、その他生徒たちをとりまく人々との間で交わされる議論である。これらの制作の過程では、それぞれの部門別にそれぞれ課題が与えられると、責任者や担当者となった生徒たちはミーティングを設定し、課題の内容やそれを実現する具体的な方法、そしてそれらを班に所属する生徒たちにどう理解させ、どう行動させていくか等の方法を周囲の人々と議論をしながらつくりあげていくのである。

私たちはこの運動会という学校行事の準備段階にその教育的意義を認めるものである。特に子どもたちの自主的な活動が増加する高学年になるほどその意義は大きいと考える。その一つは役割分担である。運動会の企画、立案の中心となるのは生徒会の子どもたちである。そして彼らが中心となって運動会の実行委員会を立ち上げ、それぞれの役員を選出し任命する。さらにこの実行委員会が中心となってブロック（あるいは班）ごとにそれぞれの仕事を分担する係の担当者を決定するよう指示を出す。各ブロック（班）ではリーダーが中心となり、応援団、ダンスやタンブリングのリーダー、衣装、パネル、人文字等々の仕事を担当する子どもたちを募り、その中からその係のリーダーを選出する……。こうして最終的にはすべての子どもたちが何らかの仕事を分担するという形で運動会の準備に参加することになる。今日各学校で行われる行事の中で、ほとんどすべての子どもたちに一つの行事のために何らかの役割を割り当て活動させる行事は他に見当たらない。また特にこの行事は学年間の年齢差の境界を越えて子どもたちがそれぞれの役割分担において関係を持ち結びつく。このような活動の中で、最もその成長、発達が行われるのは子どもたちの相互主観である。言い換えれば、相互主観はこの運動会（体育祭）をはじめとするすべての学校行事において中心的な役割を果たすのであり、相互主観が学力を構成する主要な要素であることを鑑みれば、学力の向上にとってこうした学校行事に子どもたちがかかわることの持つ意味はきわめて大きいといわなければならない。そういう意味では運動会は最大の学習の機会であり、最大の学校行事ということができよう。この行事は学校教育という場でしか実現できない貴重な経験や体験を子どもたちにもたらすのである。運動会という学校行事の子どもたちに持つ意義の二つめは、学力の作用を含む認識過程が生き生きと展開されることである。各係の担当者となった子どもたちは、基本的にその仕事のすべてをまかされることになる。年長の子どもが中心となるとはいえ、その仕事に本格的に取り組むのは初めての子どもたちがほとんどである。たとえば、人文字の係になった子どもの場合を例にとりあげてみる。まずどのような内容にするかを決定しなければならない。そのために誰かが作成した内容を担当者の間で検討することになる。すなわち、議論することである。内容が決まると次にそれを人文字としてどのように表現するかを考えることになる。最近では人文字専用のパソコンソフトが利用できるようになり、作業そのものの労力は以前に比べてかなり軽減された。したがって、検討の中心となるのはその表現自体である。たとえば「〇〇（ブロック名）優勝、完全制覇！」、「一致団結、奇跡を起こせ！」等々。またパネルの係になった子どもの場合も同様である。自分の所属するブロック（班）を象徴するイメージを思い浮かべ、それにふさわしい題材を探し、絵画の具体的な構図をつくりあげる。この途中の過程で担当することになった子どもたちの間で議論が行われる。たとえば、構図としてはジャンヌ・ダルクとか、ライオン、鷲等はよく採用される対象である。

運動会におけるこのような人文字制作やパネル制作の過程では、これに携わる生徒たちの中で活発な認識の過程が進行している。活発に議論することとは、活発に言葉を交わし合うことであり、この過程では子どもたち各自の相互主観がはたらき、互いの純粋意識としての学力を刺激し合うことである。これによって学力の作用から生み出される「身体表現」意識が、議論における子どもたち一人ひとりの感想や意見となるのである。また実際に作業に取りかかった中での議論は、実際に作業を行うという身体の動きが経験や体験となり、それが対象となり認識の過程をへることによって、パネルを制作することについての知識が生み出される。さらにこうして生み出された知識は、認識の過程をへることによって、可能的な経験や体験を生み出す。可能的な経験や体験とは、次にどのような身体の動きを行うか、すなわち、次の作業を具体的にどう行うかという考えの内容である。このように活動の過程における活発な議論は、相互主観による学力の刺激で、学力の作用の活発化をもたらし、その結果として学力を向上させることにつながるのである。運動会の準備の過程におけるこのような多様な、反復する認識の過程の遂行は授業の場の限られた時間の中では十分に行うことは不可能である。言い換えれば、運動会や文化祭のような学校行事は、こうした授業の場のみでは不足する学力の形成や育成を補うという役割を果たしている。つまり、これらの学校行事ではリーダーや責任者となる生徒を中心に一人ひとりの生徒たちがそれぞれに自分の役割を持ち、行動することによって、子どもたちの学力を向上させることができるという大きな教育的効果が期待されるのである。こうした意味では運動会の真の教育効果は、本番となる当日の各競技や演技よりも、むしろ数カ月間にわたるそのための準備期間にあると言える。注意すべきことは、子どもたちの自主性を重んじるあまり単なる放任にならないことである。このような学校行事で重要なことは、子どもたちが他者と共に在り、他者と議論しつつ行動することである。そのためには定期的な教師を含めたミーティングを軸に、また子どもたちの活動の中に積極的に入っていき、適宜指導や助言を与えることである。つまり、そうすることが子どもたちの活動に適当な緊張感を与え、またその教育効果も期待できるものになるのである。学校行事の持つこのような教育的意義が十分に理解されるならば、さらなる充実がはかられることになるだろう。

勤労・奉仕活動

特別活動として最後に取り上げるのは、勤労・奉仕活動である。勤労・奉仕活動は、たとえば中学校学習指導要領では、「勤労の尊さや創造することの喜びを体得し、職場体験などの職業や進路にかかわる啓発的な体験が得られるようにするとともに、共に助け合って生きることの喜びを体得し、ボランティア活動などの社会奉仕の精神を養う体験が得られるような活動を行うこと」とされる。学習活動としてのこのような勤労・奉仕活動は、社会人として身につけるべき必要な資質としての要請が背景にある。勤労（もしくは労働）については、このような社会の要請として以外に、これまでにも人間が人間であるための条件として、言い換えれば、労働を通して人間は人間になったという主張がなされてきた。言語の起源や発達についても同様に労働の中で発生し、発達してきたと考えられてきた。つまり、勤労は内外両面からその意義と必要性が主張されてきた。私たちは人間の成長、発達の統一性、一貫性という視点から、また人間の認識構造とその過程から、授業の場における学習活動と授業以外の場における学習活動とは深いつながりがあると考えている。勤労・奉仕活動は第一義的には将来の社会人として子どもたちが習得する必要がある資質という面からとらえられる。しかし、教育現場では、ともすれば授業の場における学習活動とは切り離された学習活動ととらえられる傾向がある。つまり、勤労・奉仕活動は、教科的学力とは無関係であるから、教科的学力を主とする教育指導全体の中では脇へ押しやられた取り扱いがなされるのである。

私たちは勤労・奉仕活動を単に認識の過程の汎化過程とは考えない。確かに授業の場以外の学習活動は、授業の場で形成・獲得された基礎的な学力の応用という面がある。しかし、勤労・奉仕活動には人間の認識の形成にかかわる何らかの重要な内容がある。というのは、勤労・奉仕活動は、具体的な身体の動きが中心となる学習活動だからである。具体的な事例で考えることにする。勤労・奉仕活動の一つとして小学生たちが学校の近くの河川の清掃作業を行うことになった。具体的には河川及び河川周辺のゴミ拾いの作業である。まず通常の授業形式で河川の清掃活動を行う意義についての学習活動が行われた。教師が清掃作業の意義と実際にどのような作業を行うかについて説明した。その後、それについて子どもたちからいろいろな質問を出させたり、意見を発表させたりした。河川の清掃活動が終了した後、再び授業形式で教師が子どもたちに問いかけた。「清掃作業をして河川はどうなったか」、「困ったことはなかったか」、「疑問に感じたことはなかったか」等々。これに対して、子どもたちからは「きつかった」、「汚なかった」、「臭かった」、「なぜみんな川にゴミを捨てるのだろう?」、「川がきれいになって気持ちよかった」、「日頃から川をきれいにしようと思った」、「また清掃活動をやりたい」等々の答えが返ってきた。このような河川の清掃活動は、今日では「総合的な学習」の一環とも考えられている。

しかし、もしこの清掃活動がこれで終わるのであれば、学習活動が行われたとは言い難い。私たちは勤労・奉仕活動が単なる体験や経験に終わるのではなく、授業の場における教科的学力とつながる学習活動になるようにするべきだと考える。とすれば、教科的学力につながる学習活動であるためには、この清掃活動において子どもたちの中に浮かび上がった「問い――問いかけ」に注目しなければならない。この「問い――問いかけ」の過程は認識の過程の展開を表現したものだからである。勤労・奉仕活動は基本的に体験や経験を対象とする学習活動であり、将来の社会への貢献を目的とした活動である。つまり、社会という外界との相互作用とは、この場合では地域社会との相互作用ということになる。地域社会は子どもたちにとっては最も身近な外界でありながら、概念的にはきわめて遠い外界である。勤労・奉仕活動は子どもたちにとってこのような矛盾する対象である地域社会を理解し、自らとを結びつける貴重な機会を提供する学習活動である。したがって、勤労・奉仕活動においては、活動前後の授業形式での学習が準備されなければならない。そしてその学習形態は議論や討論という形式が中心となる。そしてその主題には、勤労・奉仕活動が必要な時、勤労・奉仕活動が必要な場所、勤労・奉仕活動が必要な理由などがあげられる。勤労・奉仕活動は地域社会における問題や課題を発見し、解決する学習の過程であり、この活動をこのような学習の視点から理解することは、この活動が子どもたちにとってはきわめて高度な、かつ有意義な学習活動となるのである。

宗教活動

学力は純粋意識として、そのノエシス――ノエマ構造のはたらきによりノエマとしての「身体表現」意識を生み出すのであるが、この「身体表現」意識は、本質的に非実在的な存在についての意識であった。すなわち、学力の作用は対象についての意識を、何らかに意味づけることとして非実在的な何かについての意識を生み出すのである。言い換えれば、それゆえにこそこの学力に基づく学習は、対象についての意識を超え出る何かの意識を生み出す、ないしは見出すこととして「発見学習」なのである。私たちはこのような学力に基づく学習の延長上に宗教についての学習があると考える。宗教心とは一般に神や仏などの存在や教えを信じて、自らの心の安らぎを得ようとする心のはたらきとされる。そして経験的に、あるいは合理的に理解したり、制御したりすることのできないような現象や存在に対し、積極的な意味と価値とを与えようとする信念や行動ということになる。しかし、この神や仏等の経験的にも合理的にも理解したり、制御したりできないような現象や存在もまた、純粋意識としての学力の作用によって生み出されたものであることは確実である。したがって、学力についての考察においては、宗教心もまたその一つの対象としなければならない。というのも、宗教心は人間の精神の本質を形成するところのものに基づく所産であり、学力の向上という課題を担う意識領域の一つとして、わたしたちは子どもたちと宗教との関係に正面から向き合い、宗教心の実体を解明しなければならない。

わが国の教育基本法は宗教教育について「宗教に関する寛容の態度及び宗教の社会生活における地位は、教育上これを尊重しなければならない。国及び地方公共団体が設置する学校は、特定の宗教のための宗教教育その他宗教的活動をしてはならない」と述べている。宗教に対する寛容の態度は、教育上これを尊重しなければならないという主張は、直接的には日本国憲法の第19条、すなわち、「思想及び良心の自由はこれを侵してはならない」に基づくものである。言い換えれば、このことは教育基本法が子どもたちの宗教心や宗教活動は子どもたちの学力を総合的に向上させる契機を含むものとして必ずしもとらえているわけではないことを示している。それが後半の公立諸学校における宗教教育その他宗教的活動を制限する文脈になったと考えられる。現実にわが国においては、宗教活動を「宗教の時間」として授業を行っているのは民間の諸学校のみである。国公立の諸学校ではこの教育基本法の規定に準拠するという名目で、一切の宗教的活動や宗教教育は実施されていない。ただ特別活動の分野、たとえば部活動においては、その活動における伝統的な慣習を取り入れる形で、宗教的行為や宗教的行事が行われているが、これらも基本的には正規の教育活動とは区別されているのである。

カントはその著『実践理性批判』において、人間の精神を構成する理性には理論理性に対して、実践理性というものが存在し、この実践理性によってのみ道徳的法則がつくられるとした。カントにおいては、この道徳的法則こそまさに人間をして人間たらしめるところの規則であり、神や仏というようないわゆる経験的・合理的に理解し、制御することのできないような現象や存在は、それが存在することを必然的なものとして要請されるのである。もちろん、カントが宗教的行為や活動についてこのような見解を持つにいたったことについては、その時代背景というものが考えられねばならないが、これとは別に私たちが注目するのは次のような主張である。「《神・自由・不死》という概念をわれわれは、理論理性とは異なるしかたで使用したのであるが、これによって理論理性批判の整合的な考え方は、意外ではあるが、しかしまた十分に確かめられることになった。[註58]」この主張の意味するところは、《神・自由・不死》という概念を、理論理性とは異なるしかたで使用した、すなわち、実践理性によるしかたで使用したが、このことがかえって理論理性批判の整合的な考え方を確証することになったということである。このことは、理論理性はその実践的使用の想定によって完全な整合性を得たということであり、言い換えれば、《神・自由・不死》という概念は、人間の理性の使用と不可分な領域を構成するということである。すなわち、人間の宗教的行為や活動は、人間が理性的存在として存在するかぎり不可欠なものなのだということである。言い換えれば、人間精神が十全なはたらきをする上で、宗教的行為や活動は不可欠なのである。では、わが国では教育基本法の規定に準拠するという名目で、特に国公立の諸学校では一切の宗教的活動や宗教教育は実施されていないのであるが、このことはわが国では教育における理性の十全な使用がなされていないことを意味するのではないだろうか。

理性の十全な使用が、学力の作用の十全な発達やその向上につながるとすれば、国公立の諸学校においても何らかの宗教的活動や宗教教育は実施されなければならないのではなかろうか。こうした視点から私たちはまた純粋意識としての学力の真の向上のためには、子どもたちの宗教活動や子どもたちへの宗教教育が基本的に必要だと考えるのである。というより、実際現実にすべての子どもたちは、すでに日常的に宗教的な行為を行ったり、さまざまな宗教的な行事に参加したりしている。また教科・科目においてもすでに宗教についての学習が取り入れられている。たとえば、高等学校の公民科の科目に「現代社会」があるが、その中に「日常生活と宗教や芸術とのかかわり」という単元が設定されている。学習指導要領解説には「宗教や芸術と私たちの日常生活とのかかわりに注目させ、真理や理想を追い求めることの意味や精神的な豊かさについて追究させる。日常生活と宗教についての指導にあたっては、例えば、宗教的な考え方や生き方、信念や信仰などの人生の意義について考えさせる。……」と述べられている。このことと、教育基本法が宗教教育について「宗教に関する寛容の態度及び宗教の社会生活における地位は、教育上これを尊重しなければならない。国及び地方公共団体が設置する学校は、特定の宗教のための宗教教育その他宗教的活動をしてはならない」と述べていることとは矛盾しないと考えられる。すなわち、国及び地方公共団体が設置する学校は、特定の宗教のための宗教教育を禁じているのであって、宗教教育自体を禁じているわけではないのである。

私たちは先述したように、学力の真の向上のためには、子どもたちの宗教活動や子どもたちへの宗教教育が基本的に必要だと考える。この場合における宗教教育とは、《神・自由・不死》という概念に実在性を与える実践理性の存在を子どもたちが確信するように導くことである。私たちは実践理性を道徳的「身体表現」意識ととらえる。具体的には例えば、新年を迎えると初詣に出かけ、また各神社が主催する夏祭りに参加してはそれぞれの神社の神々にお祈りをする。そして冠婚葬祭を神社や寺院や教会等においてとり行うが、道徳的「身体表現」意識とはこれらにおけるお祈り、お参りの行為に伴う意識のことである。《神・自由・不死》という概念は、学力のノエシス――ノエマ構造の作用によって生み出されたものであり、神の存在、不死の存在、自由の存在もすべて非実在的なものであり、これ自体はノエマである。私たちが宗教教育において子どもたちに求めるところのものは、これらの諸概念が生み出される認識の過程における対象についての意識について考えることである。たとえば、死は生きているすべての人にとっては非実在的な存在であるが、すべての人はいずれかは死ぬという意味で死そのものは可能的実在である。先述したように、実際現実にすべての子どもたちは、すでに日常的に宗教的な行為を行ったり、さまざまな宗教的な行事に参加したりしている。そのほとんどが実は人の死にかかわるものである。一見にぎやかな、あるいは華やかな祭りも、その起源を辿れば人の死に直面する。例えば、京都で七月に行われる祇園祭（祇園会）は、日本三大祭の一つとして、現在では盛大に行われているが、その起源は清和天皇の８６９（貞観11）年に天下に疫病（伝染病）が大流行し、多数の死者が出た時、その厄を払おうとして、鉾66本を立て、神輿を神泉苑にかついで行き、御霊会（たたりなす牛頭天王の霊を鎮める祭り）を行ったのが初めとされる。

人の死を主題とする宗教教育は、いわば完全な学力の向上を支える学習として欠かすことができない。というのも、人の死について学習することは、子どもたちが日々学習する内容のすべてと何らかのかかわりをもっているからである。死についての学習からは、道徳的な理解、認識、判断の重要性が生み出されてくる。この道徳的な理解、認識、判断の形成、およびその向上と、社会科学や自然科学の諸学問の発達とは、過去の歴史が示すように密接に関連しているのである。言い換えれば、社会科学や自然科学の諸学問の発達が真に人間社会に役立つものであるには、死についての学習からもたらされる道徳的な理解、認識、判断がそれらに伴っていなければならないのである。私たちはカントのいう実践的理性を道徳的「身体表現」意識と解し、これをもって人間的理性が完全な整合性を持つにいたるという主張に同意するものである。今日ほどわが国の学校教育において、子どもたちの道徳心の向上が叫ばれている時はないように思われる。これは宗教教育の必要性が問われていることでもあると考える。

発見学習論　～結論

後編の「発見学習論」において、私たちは自ら実際に行った教育実践例を中心に、学習とは本来発見学習にほかならないということを実証しようと試みてきた。発見学習とは純粋意識としての学力のノエシス――ノエマ構造の作用を含む認識の過程を通して展開される学習である。学力をこうした視点から捉える時、私たちは学校教育において大きな発見をしたのである。それは、子どもたちにおける真の学力の向上、すなわち、真の学力の育成、発達は、従来言われてきたような座学の学習、たとえば国語、数学（算数）、理科、社会等々の教科・科目の学習によってのみ可能であるのではなく、芸術、家庭、技術、体育などの実技教科・科目の学習およびさまざまな特別活動、すなわち、生徒会（児童会）活動、ホームルーム活動、部活動、文化発表会（文化際）、体育祭（運動会）、ボランティア活動等々においても可能であるということである。言い換えれば、子どもたちにとって不可欠な真なる学力は、学校生活全体を通して初めて養われるということである。このことは教育現場での実践に長期間従事することによって得られた確信である。

私たちにおける大きな発見、すなわち、子どもたちにおける真の学力の向上、すなわち、真の学力の育成、発達は、従来言われてきたような座学の学習においてのみではなく、子どもたちに課せられるすべての諸活動を通して初めて可能であるという発見は、同時に現在のわが国の広範な教育現場が抱える問題点を浮き彫りにしたのである。それは学習方法についての根本的な問題点にほかならない。少なくとも現在のわが国の教育現場で求められている学力は、国語、数学（算数）、理科、社会等々の教科・科目の学習において高い評価を獲得できる学力である。そしてこのような学力の向上のために核となる学習方法と考えられているのが、黙々とひたすら「聞く」ことであり、「書く」ことである。ここで私たちが問題点として指摘したいのはこの〝黙々と〟である。つまりわが国の広範な教育現場において最適な学習方法と考えられているのは、いわゆる「黙って、黙って（＝黙々）」学習を行う方法である。このことは「勉強は一人でやるもの」という従来からの表現に象徴されている。

発見学習論において提示したさまざまな教育実践や引用例は、こうしたある意味で伝統的な学習方法観に深刻な疑問を呈した。何より純粋意識としての学力の構造からは「言葉を交わし合う――言葉を話す」という行為が、学力の作用の向上には決定的な役割を果たすことが明らかになった。つまり、他者と共に在り、他者と不断に言葉を交わし合うことが、「言葉を話す――身体表現」意識、すなわち、反省を形成し、その作用を生み出すのである。反省の作用とは、ノエシスの意識と意識とを接続し、一つの意識に融合するという作用に対して、その接続を切断するという作用である。このような学力の作用は、「言葉を交わし合う――言葉を話す」という行為に伴って展開される作用である。「言葉を交わし合う――言葉を話す」という行為は、まさしく他者と対話する、議論する、討論することである。これを具体化した学習方法が小集団学習、いわゆる「グループ（班別）学習」である。これは「黙々」とは正反対の学習である。

私たちの教育現場では正課の授業と非正課の授業という区別が行われている。前者が本来の学力の向上に関係し、後者はそれを補助する関係にあると考えられている。しかし、私たちはそうした考え方に賛同できない。というのも、学力の構造から本来の学習方法とは、「身体表現から入り、身体表現へ出る」方法であり、それに伴って「問い」へ「問いかける」こととしての「問い――問いかけ」という方法であると考えられるからである。こうした学習方法が行われる機会は、正課の授業と非正課の授業という区別なく、学校教育全体においていたるところに存在している。教育指導に従事する私たちのみならず、子どもたち自身が学力の構造やその作用についての理解を深めることによって、こうした機会を数多く設定し、また子どもたちがその機会へ積極的に参加しようとすれば、子どもたちの学力は著しく向上していくであろうことが期待される。しかしながら、他者と対話する、議論する、討論することを通して学習するという習慣は、指導者にとっても、子どもたちにとっても当然のことながら一朝一夕に修得され得るものではない。より早期に、より十分な時間をかけてその充実をはかっていかねばならないのである。

終章　「身体表現」と学力

人間は自覚的な存在である。自覚的な存在であることは、端的に言えば何かを失うことによって何かを得る存在であること、あるいは何かが失われるかもしれないと考えることによって何が自分にとって真の価値であるかを知る存在であることである。人間はこうして得られた真の価値を何世代にもわたって積み重ねることによって今日の発展した世界を創りあげてきたのである。これはおそらくこれからも永続していくことと思われる。問題は何かを失うことは避けられないにしても、それによって得る自分にとっての真に価値ある知をどこまで最大にできるかどうかである。木村は「人間の本質は自覚的形成的存在であるということであり、その意味において人間は文化を生み出すことが出来るが、そういう人間存在が文化を生み出すところの教育作用をもっているということは、人間の自覚そのものの徹底なのである(註59)」という。人間が自覚的な存在であるということは、人間は〝発見しつつ生きる存在〟であるということでもある。つまり、自覚するとはこれまで全く気がつかなかったことにあることをきっかけにして気づくことであり、あるいは気がついていたが実感が持てなかったことについて、心から実感が持てるようになることである。何かを発見することが常に何らかの自覚につながるとは必ずしも言えないが、少なくとも自覚することは〝発見する〟ことである。自覚することとしての〝発見する〟ことは、学習することによって可能になる。つまり、人間は何かを失うことによって何が自分にとっての真の価値であるかを知るが、そのためにはその前提となる学習が不可欠である。なぜなら、もし十分な学習による学力の裏付けがなければ、何が自分にとっての真の価値であるかを見極めることもできなかったであろうからである。そして少なくともこの知は、学習による学力の度合いに応じている。このように考えてくると、これからの日本について考える時、教育の果たす役割はきわめて大きいと言える。世界の他のいかなる国よりも失うものや無いものを多く持つ国であるわが国は、それだけ真に価値ある知を得られる機会を多く持っているのであるが、それを確実に手にするためにはしっかりした学習が必要であり、それを可能にする手だてや配慮を必要としているのである。

学力とは純粋意識として私たちの精神の中核となり、そのノエシス——ノエマ構造の作用により、経験や体験を知識に変え、その知識から可能的経験や可能的体験、すなわち、「何をなすことができるか」、「いかになすことができるか」という人間の可能性を生み出すところのものである。この学力のはたらきが人間を常に発見しつつ生きる存在へともたらすのである。わが国の国民がこのような学力をより高度なレベルで維持し、発達させていくためには、当然ながら教育の果たす役割がきわめて大きいと言える。学力としての〝発見する力〟とは、たとえばこれまで未知とされたものや事柄を見つけ出す力であり、あるいはこれまで常識と考えられてきたことを吟味し、その真偽を明瞭にする力であり、さらにはこれまで不可能とされてきた事柄を実現する力である。これらの学力を育成するためには、特に人間の認識能力のしくみについて熟知していなければならない。そして〝発見する〟とは認識の過程におけるどのような過程であるか、そして〝発見する〟ことを確実にするためにはどのように学習したらいいのか、あるいはどのような準備をしたらいいのか等について熟知していることが必要である。来るべき未来の社会を生きていく子どもたちに対する教育は中でも特に重要である。

ところで、私たちは来るべき未来の教育について重大な懸念を持っている。それはいわゆる「IT教育」の進展に対する懸念である。「IT教育」とはインターネットやタブレット等を主要な教材として、授業をはじめとするあらゆる教育活動が今後幅広く行われるようになることを指している。私たちは授業をはじめとするあらゆる教育がインターネットやタブレット等を教材として行われることを全面的に否定するものではない。どこまでも補助教材としてそれらが利用される限りにおいては、私たちもインターネットやタブレット等を教材とすることには賛成するものである。しかし、もしそれらが主要な学習内容、すなわち、主要な教材として指定され、体験や経験を取り入れた学習が軽んじられていくとしたら賛成できない。というのは、教材としてのインターネットやタブレット等に依存した学習では、真の学力の向上にはつながらないと考えるからである。というより、こうした学習のみが蔓延していくと、近い将来私たちは真の学力そのものを見失ってしまうのではないかと危惧されるからである。というのは、真の学力とは「身体表現で見る」、「身体表現で考える」ことの中から、あるいはこれらを起源として生い立ってくるものだからである。言い換えるならば、真の学力は「身体表現から入り、身体表現へ出る」過程において自らを顕わにするところのものである。これに対して教材としてのインターネットやタブレット等による学習ではこのような「身体表現」の過程が十分に展開されないままとなり、もし、現状のまま教材としてのインターネットやタブレット等による学習が拡大、浸透していくならば、先述したように私たちは近い将来真の学力の姿を見失い、あらためて「学力とは何か」を問わねばならない深刻な状況に直面するであろう。私たちがめざすべき教育とは「身体表現」の教育である。「身体表現」の教育とは、人間の精神をもう一つの精神としての「身体表現」意識ととらえ、子どもたちにおけるこの「身体表現」意識の育成、発達をはかることを目的とする教育のことである。「身体表現」とは、心と身体とが融合された人間存在が、その具体的な身体の動きを通して、自らの対象となるすべてのものを何らかに意味づけをするところのものであり、それによってその対象から超越し、その対象に向き合い、その対象にかかわることを可能にするところのものである。つまり、「身体表現」とは人間にあらゆる可能性をもたらすところのものである。木村は人間は自覚的形成的存在であり、その自覚は否定性に媒介されてもたらされるとする。「否定に媒介されてはじめて主体と客体とが結びつくことができるのであって、内と外との間のそのような否定媒介を現実化するところの弁証法的な契機がなければならなくなる。かかる技術的契機の最も現実的なものが身体である……かくして内なる生命は、身体を媒介として外に表現されるのであって、身体は表現的機能をもった技術的存在なのである」(註60)。私たちの身体論はまたこうした木村のこのような見解に負うところが大きい。

近年、一部の学校教育の現場で「アクティブ・ラーニング」に取り組む動きがあり、少しずつ拡大している。「アクティブ・ラーニング」とは、「学生にある物事を行わせ、行っている物事について考えさせること」と定義されている(註61)。私たちが注目するのはこの定義を補足する次のような一説である。「……ハーバード大学のエリック・マズールは〝テレビでマラソンを見ているだけではマラソンランナーになれないのと同じように、科学でも、教師がやっているのを見ているだけでなくて、科学する思考プロセスを経験しなければならない〟という。ここでも、科学する思考プロセスを学ぶには、それを実際にやってみた上で、そのプロセスを自覚できることが重要であることが主張されている」(註62)私たちは本稿において学力を純粋意識と考えることによって、意識自体としての学力の構造およびそのはたらきについて解明しようとしてきた。この学力の構造およびはたらきの中心的概念となるのが「身体表現」であった。「身体表現」とは私たちにおいては、単なる身体、あるいは身体の動きではなく、もう一つの精神としての身体の動きである。いわば「身体表現」は、人間の認識の過程が具体的な姿形となって表現されたもの、すなわち、認知プロセスの外化を顕わにするところのものということができる。この「アクティブ・ラーニング」の取り組みが、私たちの「身体表現」の教育の取り組みといずれどこかで出会うこと、すなわち、交差点を持つことになるのではないかと期待するものである。

私たちは教育学の根本理念を「身体表現」に求める。つまり、教育を考えることは、子どもたちの具体的な身体の動きを注視し、その身体の動きが言葉を話すにおいてどのように表現されるかを考えることから、学力の実体を把握し、その作用を理解し、それを受けて学力の確実な向上をはかろうとすることである。私たちが本書において常に念頭においていたのもこのことである。この「身体表現」という概念を中心に据えることによって、私たちはすべての教育の分野を統一的に思考することができるのである。すなわち、従来のように子どもたちの存在を精神（心）と身体とに分けて考え、その結果として教育現場での取り組みも学力に関する領域が精神（心）に、学力に関しない領域が身体に、というように分断してしまう誤解に陥らないようにすることができるのである。私たちはあらゆる可能性の源泉がこの「身体表現」にあることを忘れてはならないのである。

《註及び参考文献》

(註1) I・カント『純粋理性批判』(岩波文庫) 篠田英雄訳　岩波書店　1973年　783頁

(註2) 教育基本法は、2006年12月22日に一部が改正された。

(註3) 昭和22年法律26号。第二章以下の各学校の章では、学校の目的、教育の目標、修業年限、教科、教科用図書、就業義務（小中学校）、教員等について定めた。

(註4) 滝浦静雄『言語と身体』(岩波現代選書) 岩波書店　1978年　233〜234頁

(註5) 熊谷一乗編著『新・人間性と教育』(教育学概論) 学文社　2011年　13頁

(註6) 市川浩『精神としての身体』勁草書房　1977年　118〜119頁

(註7) 山崎正一／市川浩編『現代哲学事典』(講談社現代新書) 講談社　1974年　50頁

(註8) 同右　51頁

(註9) 同右　53頁

(註10) フッサール「ヨーロッパの学問の危機と先験的現象学」『世界の名著　62』(中公バックス) 細谷恒夫編　中央公論社　1980年　440頁

(註11) I・カント前掲書『純粋理性批判』87頁
カントは「先験的論理学では、我々は悟性を全く孤立させ、また思惟の部分――しかもその起源が全く悟性のみに存するような部分だけを我々の認識からそっくり取り出すのである」としている。これは純粋悟性を取り出す手法とされる。

(註12) フッサール『イデーンI－II』渡辺二郎訳　みすず書房　2013年　167〜168頁
この志向性という概念は、周知のようにフッサールの現象学において中心となる概念である。フッサールにおいては、現象とは体験一般のことであるが、これはさらに感覚的体験と志向的体験とに区分される。感覚的体

験とは、「熱い」、「快適だ」のような感覚所与とそれらが複合されたものである。これに対して志向的体験とは、しばしば単に意識と呼ばれるが、表象される対象にさまざまな仕方で関係するという特性、それも志向という仕方で具えているとし、このような志向的体験は、純粋意識の作用についての体験であるが、この中に特定の対象を「何ものかの意識」として意味づける作用が含まれるとした。この純粋意識の存在は、フッサール自身にとっての究極の関心、すなわち、真の学問、妥当な学問そのものには何が属しているのか、学問の理念を構成しているのは何か、という学問論的関心に応えるものとして重要な意義を持っていたのである。

（註13）ブルーナー『教育の過程』鈴木祥蔵／佐藤三郎共訳　岩波書店　２０１０年　序論

（註14）フッサール『論理学研究Ⅱ』立松弘孝／松井良和／赤松宏共訳　みすず書房　１９７８年

（註15）フッサール前掲書『イデーンⅠ－Ⅱ』第三章　ノエシスとノエマ
フッサールはこの意味について「知覚だけでなく、知覚と同様に、およそどんな志向的体験もみな、その『志向的客観』、すなわち、その対象的意味を持っている。まさしくこのことが志向性の根本要素をなしている。言い換えれば、意味（ジン）を持つということ、もしくは或るものを念頭におき・そのもののことを忘れずに思い続け・それを意図するということが、あらゆる意味の根本性格であって、それゆえに意識はただ単に一般に体験であるばかりでなく、むしろ意味を持つところの体験、ノエシス的な体験であるということである」と述べている。

（註16）正木孝昌『受動から能動へ』東洋館出版社　２００７年　68頁
正木は「子どもたちが自分の問題をもつ、つまり問いをもつことの前提の一つは、子どもたちに問題の意味がわかるということである。問題の意味がわかるとは、その問題が自分たちの対岸にあるのではなく、自分の手元に置かれるということである」と述べている。「手元に置かれる」こととは、問題の内容に対して具体的なイメージをもつことであるという。ここには「手元（許）に在る」が特別な意味を持つと考えられている。

（註17）Ｉ・カント『実践理性批判』（岩波文庫）波多野精一／宮本和吉／篠田英雄共訳　岩波書店　１９７５年　緒言

より
（註18）山崎正一／市川浩編前掲書　１２２〜１２５頁「概念」（福居純）
（註19）Ｉ・カント前掲書『純粋理性批判』
（註20）モンテーニュ「随想（エセー）」『世界の名著　24』（中公バックス）荒木昭太郎編　中央公論社　１９７９年
第一巻　26章「子どもたちの教育について」１１８頁
（註21）Ｉ・カント前掲書『純粋理性批判』１７６〜１７７頁
（註22）ヴィゴツキー『新訳版　思考と言語』柴田義松訳　新読書社　２０１０年　２２２〜２２３頁
ヴィゴツキーは概念形成は、常に少年の思考の前に立てられた何らかの問題の解決の過程で発生する。すなわち、この何らかの問題を解決する過程で概念は発生するという。ヴィゴツキーにおける概念はこのように特に限定された意味において考えられていた。しかし、この概念が何らかの問題解決の過程で発生するとしていることは、本書における学力の存在を根拠づけるものとみることができよう。
（註23）ヴィゴツキー前掲書　１４８頁
（註24）勝田守一編『教育学』青木書店　１９７２年
（註25）滝浦静雄前掲書　１４８頁
この表現はメルロ＝ポンティの『眼と精神』の「幼児の対人関係」において述べられている。
（註26）マルティン・ブーバー『我と汝』田口義弘訳　みすず書房　１９７８年
（註27）Ｎ・チョムスキー『言語論』井上和子／神尾昭雄／西山佑司共訳　大修館書店　１９８０年　41頁
（註28）Ｎ・チョムスキー前掲書　56頁
（註29）サルトル『存在と無　Ｉ』松浪信三郎訳　白水社　１９７４年　69頁
（註30）サルトル前掲書『存在と無　Ｉ』１０８頁
（註31）マルティン・ブーバー前掲書　６頁

（註32）サルトル『存在と無　II』松浪信三郎訳　白水社　１９７４年　14頁

（註33）F・ベーコン『ノヴム・オルガヌム（新機関）』（岩波文庫）桂寿一訳　岩波書店　１９７８年　69～70頁
このくだりは「知は力なり、自然は服することによって征服される」という表現によって広く知られている。

（註34）滝浦静雄前掲書　２７９～２８０頁

（註35）N・チョムスキー前掲書　第二章　言語研究の対象より

（註36）正木孝昌前掲書　95頁

（註37）ハイデガー『ハイデッガー　有と時』辻村公一訳　河出書房新社　１９７９年　89～92頁

（註38）同右

（註39）I・カント前掲書『純粋理性批判』８３２～８３３頁

（註40）市川浩「身の現象学」『身体論集成』（岩波現代文庫）岩波書店　２００1年　40頁

（註41）ハイデガー前掲書　２５６～２５７頁

（註42）ゲーテ『ファウスト』（角川文庫）高橋健二訳　角川書店　１９７２年　１２１０４～１２１０５行

（註43）ブルーナー前掲書　第四章

（註44）同右

（註45）I・カント前掲書　第一版　序文

（註46）同右　先験的感性論　緒言

（註47）ブルーナー前掲書　第二章　構造の重要性

（註48）ブルーナー前掲書　第一章　序論

（註49）井上弘『教育方法学』協同出版　１９７8年　２０６～２１１頁

（註50）ヘルバルト『一般教育学』三枝孝弘訳　明治図書出版　１９７6年　70～71頁

（註51）井上弘前掲書　１４６～１４7頁

（註52）野口修作『ぼくらはすてきだ』２０１４年
野口のこの『ぼくらはすてきだ』は、彼自身の実際の授業の様子の記録を起こしたもので、30年以上にわたって発行されたものである。配布先は主として子どもたちの保護者や周囲の関係者であり、これは教育現場での貴重な実践記録と言えよう。
（註53）Ｊ・デューイ『学校と社会・子どもとカリキュラム』市村尚久訳　講談社　２００９年　附章
（註54）ブルーナー前掲書　第三章
（註55）ブルーナー前掲書　第二章　構造の重要性　40頁
（註56）ブルーナー前掲書　第二章　構造の重要性　33頁
（註57）ブルーナー前掲書　第一章　序論　９頁
（註58）Ｉ・カント前掲書『実践理性批判』14頁
（註59）木村素衛『教育学の根本問題』信濃教育会出版部　１９７６年　第五章　65頁
（註60）木村素衛前掲書　第五章　66頁
（註61）松下佳代編著『ディープ・アクティブラーニング』勁草書房　２０１５年　序章　２頁
「アクティブ・ラーニング」とは元来大学教育の新しいあり方を模索する中で提起されてきた学習方法である。この「アクティブ・ラーニング」の一般的特徴としては、①学生は、授業を聴く以上の関わりをしていること、②情報の伝達より学生のスキルの育成に重きが置かれていること、③学生は高次の思考（分析、総合、評価）に関わっていること、④学生は活動（例：読む、議論する、書く）に関与していること、とされる。なお、わが国における「アクティブ・ラーニング」は、２０１２年８月に出された中央教育審議会答申「新たな未来を築くための大学教育の質的転換に向けて―生涯学び続け、主体的に考える力を育成する大学へ―」（いわゆる「質的転換答申」）（ＡＰ）によって、いわば〝公定の教育方法〟となり、普及に拍車がかかった。
（註62）松下佳代編著前掲書　序章　２頁

江上　英雄（えがみ　ひでお）

1951年　福岡県久留米市に生まれる
1977年　京都大学教育学部教育学科卒業
1979年　福岡県立高等学校に教諭として赴任
2012年　同　退職

【著書】
『新大鏡・日本史』（2008）
『身体 —— 表現の教育』（2010）

発見学習論
～学力のノエシス —— ノエマ構造～

2017年9月7日　初版第1刷発行

著　者　江上英雄
発行者　中田典昭
発行所　東京図書出版
発売元　株式会社 リフレ出版
〒113-0021　東京都文京区本駒込 3-10-4
電話（03）3823-9171　FAX 0120-41-8080
印　刷　株式会社 ブレイン

ISBN978-4-86641-069-2 C0037
Printed in Japan 2017

ご意見、ご感想をお寄せ下さい。

［宛先］〒113-0021　東京都文京区本駒込 3-10-4
東京図書出版